Le droit applicable dans l'arbitrage d'investissement

Expérience euro-arabe

Collection « Droit international »

Collection fondée et dirigée par Gérard Teboul,
professeur à l'université Paris-Est

Au regard du champ disciplinaire qu'elle couvre, la collection « Droit international » présente un caractère transversal : si elle accueille des ouvrages de droit international public ou de droit international privé, elle est ouverte également à des études portant sur des thématiques – nouvelles et de plus en plus nombreuses – se situant au confluent de ces deux disciplines. Par ailleurs, la collection « Droit international » n'entend aucunement privilégier des travaux de nature théorique ou de nature pratique : toute théorie maîtrisée doit reposer sur une connaissance sérieuse de la pratique tandis que toute analyse pratique ne saurait valablement éclairer une problématique juridique sans une compréhension de ses fondements théoriques. Ainsi, la présente collection se propose de contribuer à la connaissance de tous les aspects du droit international, branche du droit qui, au fil des ans, tient une place croissante au sein des disciplines juridiques.

Déjà parus

Bienvenu Okiemy, *La justice pénale internationale au prisme du parcours judiciaire de Jean-Pierre Bemba Gombo*, 2022.

Sinem Yargiç, *La visibilité des femmes au Parlement turc. Ordre juridique international et ordre juridique turc*, 2022

Alexandre Zourabichvili, *La sécurité nationale et le droit international. Tome 2 : La sécurité nationale dans la conduite unilatérale des États*, 2021.

Alexandre Zourabichvili, *La sécurité nationale et le droit international. Tome 1 : La sécurité nationale dans les traités internationaux*, 2021.

Nicolas Eskenazi, *La lutte contre le financement du terrorisme et les dynamiques nouvelles du droit international*, volume 1 et volume 2, 2021.

Suzanne Azizé, *L'organisation de la coopération islamique (OCI)*, 2021.

Nadia Belrhomari, *Génome humain, espèce humaine et droit*, 2013.

Hélène Sabalbal

Le droit applicable dans l'arbitrage d'investissement

Expérience euro-arabe

L'Harmattan

5-7, rue de l'Ecole-Polytechnique, 75005 Paris
http://www.editions-harmattan.fr
ISBN : 978-2-14-028914-9
EAN : 9782140289149

À Marie-Luce

Abréviations

AAA	American Arbitration Association
ADCCAC	Abu Dhabi Conciliation and Commercial Arbitration Centre (ou Centre d'arbitrage d'Abu Dhabi)
AFDI	Annuaire français de droit international
Aff.	Affaire
al.	Alinéa
Alg.	Algérien(ne)
ALQ	Arab Law Quarterly
Arb. Int'l	Arbitration International
Art.	Article
BCDR	Bahrain Chamber of Dispute Resolution
BCDR-AAA	Bahrain Chamber of Dispute Resolution-American Arbitration Association
[Boudouhi]	S. EL BOUDOUHI, « L'avenir des traités bilatéraux d'investissement conclus par les États membres de l'Union européenne avec les États tiers », *RTDE*, n°1, 2011
Bull.	Bulletin
Bull. CCI	Bulletin de la Chambre de commerce internationale
BYBIL	British Yearbook of International Law
C.	Code ou Cour
c.	contre
C. civ.	Code civil
C.cass.	Cour de cassation
C.com.	Code de commerce
C.Const.	Cour constitutionnelle
C.o.c.	Code des obligations et des contrats
C.Supr.	Cour suprême
CA	Cour d'appel
Cah.arb.	Cahiers de l'arbitrage
Cass.	Cour de cassation ou Cassation
CCG	Conseil de coopération du Golfe
CCI	Chambre de commerce internationale
CE	Conseil d'État ou Communauté européenne
Ch.	Chambre
Chr.	Chronique
CIA	Cour internationale d'arbitrage
Cie	Compagnie
CIRDI	Centre international pour le règlement des différends relatifs aux investissements ou ICSID (en anglais)
civ.	Civil(e)

CJCE	Cour de justice de la Communauté européenne
CJUE	Cour de justice de l'Union européenne
CNUDCI	Commission des Nations Unies pour le Droit Commercial International
Coll.	Collection
Com.	Commercial
Comm.	Commentaire
Comp.	Comparer
Concl.	Conclusion(s)
Convention de Washington de 1965	Convention pour le règlement des différends relatifs aux investissements entre États et ressortissants d'autres États
CPC	Code de procédure civile
CPCC	Code de procédure civile et commerciale
CRCICA	Cairo Regional Centre of International Commercial Arbitration (ou Centre régional du Caire pour l'arbitrage commercial international)
CVDT	Convention de Vienne sur le droit des traités du 23 mai 1969
D.	Recueil Dalloz
D.R.	Décret royal
D.S.	Décret sultanais
Déc.	Décision
DIFC	Dubai International Financial Centre (ou Centre d'arbitrage de Dubaï)
DIFC-LCIA	Dubai International Financial Centre- London Court of International Arbitration
DIP	Droit international privé
EAU	Émirats arabes unis
Éd.	Édition
EJIL	European journal of international law
Fasc.	Fascicule
Fed.	Fédéral
G.-B.	Grande-Bretagne
G.P.	Gazette du Palais
GAR	Global Arbitration Review
GCC CAC	Gulf Cooperation Council Commercial Arbitration Centre (ou Centre d'arbitrage du Conseil de coopération du Golfe)
Gvt.	Gouvernement
H.	Hégire
H.C.	Haute Cour

Ibid.	Ibidem
IBLJ	International Business Law Journal
ICC	International Chamber of Commerce
ICCA	International Council for Commercial Arbitration
ICDR	International Centre for Dispute Resolution
ICLQ	International and Comparative Law Quarterly
ICSID Rev-FILJ	ICSID Review - Foreign Investment Law Journal
IFCAI	International Federation for the Commercial Arbitration Institutions
IJAA	International Journal of Arab Arbitration
ILM	International Legal Materials
int.	International
Int. Arb. Law Rev.	International Arbitration Law Review
JCl	Jurisclasseur
JDI	Journal du droit international (Clunet)
JIA	Journal of International Arbitration
JO	Journal officiel
JORA	Journal officiel de la République algérienne
JORAE	Journal officiel de la République arabe d'Égypte
Jord.	Jordanien(ne)
JORT	Journal officiel de la République tunisienne
Jp	Jurisprudence
Jud.	Judiciaire
kow.	Koweitien(ne)
LCIA	London Court of International Arbitration
[Najjar]	N. NAJJAR, *Arbitrage dans les pays arabes et commerce international*, Issy-les-Moulineaux, LGDJ, 2016
[Okilassali]	M. OKILASSALI, *La détermination du droit applicable dans la jurisprudence arbitrale du centre international de règlement de différends relatifs aux investissements (CIRDI),* Thèse, Université Paris 5, France, 2000
OUP	Oxford University Press
RBDI	Revue Belge de Droit International
RCADI	Recueil des cours de l'Académie de droit international de La Haye
RCDIP	Revue critique de droit international privé
Rf.	Référence
RGDIP	Revue générale de droit international public

RSA	Recueil des Sentences Arbitrales
RTDH	Revue trimestrielle des droits de l'homme
YCA	Yearbook of Commercial Arbitration

Avant-propos

Cet ouvrage est issu d'une thèse soutenue en 2021 à l'Université Paris 2 Panthéon-Assas et intitulée *Le choix du droit applicable dans l'arbitrage d'investissement : expérience euro-arabe*. Pour les besoins d'édition, certaines parties ont été raccourcies et certains paragraphes font référence à la thèse en question pour des développements plus détaillés.

Sommaire

Chapitre 5 - Droits et règles applicables par l'arbitre en l'absence de droit applicable convenu par les parties

Section 1 - Pouvoir discrétionnaire de l'arbitre dans l'appréciation du droit applicable et de la méthode de choix
Section 2 - Méthodes de détermination du droit applicable
Section 3 - Clauses de droit simples et complexes appliquées par l'arbitre
Section 4 - Choix des « règles de droit » par l'arbitre
Section 5 - Application du droit communautaire par l'arbitre

Chapitre 6 - Choix de l'amiable composition

Section 1 - Définition de l'*ex aequo et bono* ou de l'amiable composition
Section 2 - Exemples de lois et règlements
Section 3 - La nécessité de l'accord des parties
Section 4 - Conséquences en l'absence d'accord des parties
Section 5 - L'application de l'amiable composition en combinaison avec d'autres sources
Section 6 - Limites à l'application de l'amiable composition
Section 7 - L'amiable composition dans les législations des pays arabes

Chapitre 7 - L'adage *iura novit curia* et arbitrage

Section 1 - Le juge étatique et l'adage *iura novit curia*
Section 2 - L'adage *iura novit curia* appliqué à l'arbitrage
Section 3 - L'adage dans les législations, jurisprudence et règlements en matière d'arbitrage
Section 4 - Les recommandations d'institutions et de personnalités éminentes

Chapitre 8 - La clause de la nation la plus favorisée (NPF) et les clauses de règlement des différends

Section 1 - Définition générale de la clause NPF
Section 2 - L'application de la clause NPF au règlement des différends
Section 3 - La clause NPF et les dispositions plus favorables

Chapitre 9- L'agencement entre instruments d'investissement

Section 1 - *Treaty claim / contract claim* et effets sur le droit applicable
Section 2 - Articulation entre offres d'arbitrage provenant d'un traité et d'une loi
Section 3 - Rapport entre traités régionaux et internationaux
Section 4 - L'avenir des TBI conclus entre les États membres de l'Union européenne et les pays tiers et l'impact éventuel sur le droit applicable et le règlement des différends

Introduction

L'arbitrage d'investissement ou *investor state arbitration* est un mécanisme de résolution des différends entre investisseurs et États. Dans les litiges qui présentent des éléments d'extranéité ou qui mettent en jeu des intérêts du commerce international se pose la question de la détermination du droit auquel ils sont soumis.[1] Il s'agit d'identifier la loi ou les règles qui vont trancher le litige.[2] La détermination du droit applicable est une question de fond (non pas de procédure) que le juge étatique ou le tribunal arbitral se pose.[3] L'importance de déterminer le droit applicable au fond est une question juridique très délicate[4] parce que l'issue d'un litige et la détermination d'une violation ou d'un manquement en dépendent.[5] Le droit applicable au fond est formé de règles et lois qui peuvent être nationales, internationales ou encore anationales.[6]

Dans l'arbitrage en matière de protection des investissements étrangers, la détermination du droit applicable n'est pas beaucoup abordée dans la doctrine française[7] et la région euro-arabe choisie non plus. L'Europe et les pays arabes partagent de nombreux éléments historiques et ont en commun la mer

---

Tous les liens URL ont été actualités en date du 1er juillet 2022 excepté ceux pour lesquels le lien n'existe plus et pour lesquels la date de première consultation a été conservée entre parenthèses. La majorité des sentences CIRDI citées sont consultables en libre accès sur www.italaw.com.

[1] Voir H. E. KJOS, *Applicable Law in Investor-State Arbitration : The Interplay between National and International Law*, Oxford, U.K., Oxford University Press, 2013, p. 1 ; M. AUDIT, « Le droit applicable en matière d'arbitrage fondé sur un traité de protection des investissements, Le regard de l'internationaliste privatiste », *In La fragmentation du droit applicable aux relations internationales*, J.-S. BERGE, M. FORTEAU, M.-L. NIBOYET et al. (dir.), Paris, Pedone, 2011, p. 65

[2] M. AUDIT, « Le droit applicable en matière d'arbitrage fondé sur un traité de protection des investissements », *Op. cit.*, p. 65, 73

[3] Commission européenne, Glossaire, « Loi applicable », http://ec.europa.eu/justice/glossary/applicable-law_fr.htm (consulté le 31 octobre 2016)

[4] P. WAUTELET, « International Public Contracts : Applicable Law and Dispute Resolution », *In The internationalization of public contracts*, M., AUDIT, S., SCHILL (eds.), Université de Liège, Bruylant, 2013. Présentation de l'ouvrage : https://orbi.uliege.be/handle/2268/136404 ; Voir aussi M. OKILASSALI, *La détermination du droit applicable dans la jurisprudence arbitrale du centre international de règlement de différends relatifs aux investissements (CIRDI)*, Thèse, Université Paris 5, France, 2000, p. 18, ci-après [Okilassali]

[5] E. GAILLARD et Y. BANIFATEMI, « The Meaning of "and" in Article 42 (1) Second Sentence, of the Washington Convention : The Role of International Law in the ICSID Choice of Law Process », *ICSID Rev-FILJ*, Vol. 18, No. 2, 2003, p. 375, spéc. p. 380 : « The determination of the respective roles of domestic law and international law in the second sentence of Article 42 (1) has both practical and symbolic consequences. As a practical matter, the application of the rules of international law may have a major impact on the result of the arbitration. In fact, it could sometimes make the difference between winning or losing the case » ; voir aussi H. E. KJOS, *Applicable Law in Investor–State Arbitration*, *Op. cit.*, p. 2

[6] M. AUDIT, « Le droit applicable en matière d'arbitrage fondé sur un traité de protection des investissements », *Op. cit.*, p. 65

[7] *Idem*, p. 67

Méditerranée.[1] Sur le plan économique, les pays de la zone euro sont les principaux partenaires commerciaux des pays arabes.[2] Les pays étudiés de la région « arabe » sont les pays du Proche-Orient (Liban, Syrie, Jordanie), les pays du Golfe (Arabie saoudite, Bahreïn, Émirats arabes unis, Irak, Koweït, Qatar, Oman, Yémen), et les pays d'Afrique du Nord (Maroc, Algérie, Tunisie, Libye, Égypte). La Palestine sera exclue pour des difficultés d'accès à l'information. Les pays étudiés de la région « européenne » sont les 28 États membres de l'Union européenne[3] et la Suisse parce que de nombreux accords internationaux se réfèrent à ces pays.

La définition de ce qu'est un investissement est essentielle pour savoir si une opération économique peut être qualifiée de la sorte et se voir appliquer les règles particulières pour cette catégorie d'opérations.[4] Il n'existe pas de définition juridique universellement acceptée.[5] Les TBI contiennent généralement des définitions larges de l'investissement et présentent des listes d'opérations qualifiées d'investissement.[6] Les listes indiquées sont non exhaustives et englobent les biens immobiliers, divers types d'intérêts dans des sociétés (comme des actions ou des obligations), les réclamations de créances, les droits de propriété intellectuelle, les concessions commerciales, y compris les concessions de ressources naturelles,[7] et les contrats de génie civil depuis l'affaire Salini.[8] Dans le cadre du CIRDI, bien que la notion d'investissement soit essentielle, la Convention de Washington ne la définit pas.[9] En pratique, les tribunaux CIRDI interprètent de façon large la notion d'investissement et rejettent rarement leur compétence sur cette base.[10] Il est admis que les parties ont une large discrétion dans la qualification d'une opération d'investissement mais cette liberté n'est pas absolue.[11] En dehors du CIRDI ou dans un arbitrage

[1] N. HARB, *Trade Between Euro Zone and Arab Countries: a Panel Study*, United Arab Emirates University, 2006, p. 2 : https://citeseerx.ist.psu.edu/viewdoc/download?doi=10.1.1.590.2405&rep=rep1&type=pdf

[2] *Idem*

[3] Les 28 États membres sont la France, l'Allemagne, l'Autriche, la Belgique, la Bulgarie, Chypre, la Croatie, le Danemark, l'Espagne, l'Estonie, la Finlande, la Grèce, la Hongrie, l'Irlande, l'Italie, la Lettonie, la Lituanie, le Luxembourg, Malte, les Pays-Bas, la Pologne, le Portugal, la République tchèque, la Roumanie, le Royaume-Uni (qui a appliqué le droit européen jusqu'au 31 décembre 2020), la Slovaquie, la Slovénie et la Suède.

[4] S. MANCIAUX, « Quelles règles pour un droit méditerranéen des investissements. Vision prospective », *In Vers une lex mediterranea des investissements*, Bruxelles, Bruylant, 2016, p. 34

[5] *Idem*

[6] A. RADU, « Foreign Investors in the EU - Which 'Best Treatment' ? Interactions Between Bilateral Investment Treaties and EU Law », *European Law Journal*, Vol. 14, No. 2, 2008, p. 237, spéc., p. 244

[7] *Idem*

[8] CIRDI, Salini Costruttori S.p.A. and Italstrade S.p.A. c. Maroc, ARB/00/4, décision sur la compétence, 31 juillet 2001 : https://www.italaw.com/cases/958 ; 129 *JDI* 196 (2002) (TBI Italie/Maroc). Voir A. ALDMOUR, « L'avenir de l'arbitrage de protection des investissements dans les contentieux des contrats internationaux de construction », Conférence, *Building and construction Contracts Between Traditional Legal Rules and Developed Legal Systems*, Dubaï, 19-21 avril 2010, p. 417

[9] E. CABROL, H. SMITH, « Arbitrage CIRDI », JurisClasseur Droit international, Fasc. 572-70, 2009, parag. 30

[10] *Idem*

[11] *Id.*, parag. 32

ad hoc, les parties peuvent indiquer dans l'accord contenant leur consentement qu'elles considèrent telle opération comme un investissement.[1] Le CIRDI en propose une clause modèle sur son site. Les critères les plus souvent utilisés pour définir l'investissement sont énumérés dans l'affaire Salini c. Maroc.[2] Selon le test de Salini ou les « critères Salini »,[3] l'investissement doit se concrétiser en un apport en espèce ou en nature, dont le rendement s'inscrit dans la durée, s'accompagnant d'un risque pour l'investisseur[4] et contribuant au développement économique de l'État d'accueil.[5] Le critère de la contribution au développement économique de l'État d'accueil ne fait pas l'unanimité.[6] Notons également qu'une distinction est faite entre les investissements directs étrangers (IDE) et les investissements indirects ou en portefeuille. Selon le FMI et l'OCDE, les IDE sont considérés comme des investissements à long terme, représentant au moins 10% du capital social / des parts de l'entreprise liée et donnant à l'investisseur un contrôle managérial sur les activités de l'entreprise liée, alors que les investissements indirects représentent moins de 10% du capital social.[7] Dans la pratique, la distinction n'est ni facile ni claire et une définition juridique rigide pourrait difficilement s'appliquer.[8]

Pour ce qui est de la différence entre l'arbitrage commercial et l'arbitrage d'investissement, l'arbitrage d'investissement est né de l'arbitrage commercial mais s'est développé par la suite pour se frayer un autre chemin. À l'origine, les litiges d'investissement se rattachaient à l'arbitrage commercial international malgré les particularités des premiers.[9] Les premiers litiges d'investissements se sont ainsi formés à partir de clauses compromissoires insérées dans des contrats conclus entre l'État d'accueil et

---

[1] *Id.*

[2] CIRDI, Salini Costruttori S.p.A. and Italstrade S.p.A. c. Maroc, ARB/00/4, décision sur la compétence, 31 juillet 2001 : 129 *JDI* 196 (TBI Italie /Maroc)

[3] E. CABROL, H. SMITH, « Arbitrage CIRDI », *Op.cit.*

[4] M. AUDIT, « Synthèse No. 190 - Droit des investissements internationaux », JurisClasseur Droit international, 18 avril 2018

[5] E. GAILLARD, « Chronique des sentences arbitrales », *JDI,* No. 2, avril 2010, chron. 2

[6] A. REINISCH, « Historical overview », *In Le droit européen et l'arbitrage d'investissement,* C. KESSEDJIAN (dir.), Paris, Panthéon-Assas, LGDJ, 2011, p. 30

[7] Parlement européen, K. ARIF, Commission du commerce international, *Rapport sur la future politique européenne en matière d'investissements internationaux* (2010/2203(INI)), 22 mars 2011, point D : http://www.europarl.europa.eu/sides/getDoc.do?pubRef=-//EP//TEXT+REPORT+A7-2011-0070+0+DOC+XML+V0//FR

[8] *Idem*

[9] E. LOQUIN, « La coexistence du droit de l'arbitrage d'investissement avec le droit de l'arbitrage commercial international : conflit ou complémentarité ? », *In Vers une lex mediterranea des investissements,* O. FILALI (dir.), Bruxelles, Bruylant, 2016, p. 323. Pour une étude approfondie, voir K.-H., BÖCKSTIEGEL, « Commercial and Investment Arbitration : How Different Are They Today ? », *Arbitration internationale,* Vol. 28, No. 4, 2012, p. 577 ; N. BLACKABY, « Investment Arbitration and Commercial Arbitration (or The Tale of the Dolphin and the Shark) », *In Pervasive Problems in International Arbitration,* L.A. Mistelis et J. LEW (eds.), The Hague, Kluwer Law International, 2006, p. 217

l'investisseur.[1] Le règlement d'arbitrage du CIRDI est conforme aux règles de l'arbitrage institutionnel développées par le droit de l'arbitrage commercial international.[2] L'arbitrage d'investissement a été bâti en partie sur l'arbitrage du commerce international : Aron Broches, père fondateur du CIRDI, a créé l'institution sur la base de ce qui fonctionnait bien (l'arbitrage commercial).[3] L'arbitrage d'investissement fondé sur un contrat est une variante de l'arbitrage commercial international, il lui emprunte une partie de son régime juridique.[4] Le développement de l'arbitrage d'investissement sur le modèle de l'arbitrage commercial a été facilité par l'extension du champ d'application de l'article 1-3 de la Convention de New York aux contrats d'investissement ainsi que du terme « commercial » en note de l'article 1 (1) de la loi-type de la CNUDCI de 1985 (et amendée en 2006) aux investissements.[5]

L'utilisation de l'arbitrage commercial international pour régler des litiges d'investissements étrangers a été remise en question[6] avec la consécration du principe du consentement dissocié ou différé : il s'agit d'une dissociation temporelle des consentements qui n'est pas compatible avec l'arbitrage

---

[1] E. LOQUIN, « La coexistence du droit de l'arbitrage d'investissement avec le droit de l'arbitrage commercial international : conflit ou complémentarité ? », *Op. cit.*, p. 324

[2] *Idem*

[3] C. KESSEDJIAN, « Introduction », *In Le droit européen et l'arbitrage d'investissement*, C. KESSEDJIAN (dir.), Paris, Panthéon-Assas, LGDJ, 2011, p. 16

[4] M. AUDIT, « Contentieux arbitral international, Droit commun », JurisClasseur Droit international, Fasc. 572-65, *Op. cit.*, parag. 8

[5] ONU, Assemblée générale, Rapport de la Commission des Nations Unies pour le droit commercial international sur les travaux de sa dix-huitième session, 3-21 juin 1981, Documents officiels, Supplément No. 17, A/40/17, annexe I, article 1 (1) : « Le terme "commercial" devrait être interprété au sens large, afin de désigner les questions issues de toute relation de caractère commercial, contractuelle ou non contractuelle. Les relations de nature commerciale comprennent, sans y être limitées, les transactions suivantes : toute transaction commerciale portant sur la fourniture ou l'échange de marchandises ou de services ; accord de distribution ; représentation commerciale ; affacturage ; crédit-bail ; construction d'usines ; services consultatifs ; ingénierie ; licences ; investissements ; financement ; transactions bancaires ; assurance ; accords d'exploitation ou concessions ; coentreprises et autres formes de coopération industrielle ou commerciale ; transport de marchandises ou de passagers par voie aérienne, maritime, ferroviaire ou routière ».
Voir aussi ONU, Assemblée générale, Rapport de la Commission des Nations Unies pour le droit commercial sur les travaux de sa trente-neuvième session, 19 juin-7 juillet 2006, Documents officiels, Supplément No. 17, A/61/17
M. AUDIT, « Contentieux arbitral international, Droit commun », JurisClasseur Droit international, Fasc. 572-65, *Op.cit.*

[6] Sujet débattu, par exemple, lors de la négociation du Partenariat transatlantique de commerce et d'investissement entre l'Union européenne et les États-Unis notamment pour ce qui concerne les choix de sociétés étatiques en matière de protection de la santé ou de l'environnement. (Commission européenne, Consultation publique en ligne sur les modalités de la protection des investissements et le règlement des différends entre investisseurs et États dans le cadre du Partenariat transatlantique de commerce et d'investissement (TTIP), 13 janv. 2015, SWD (2015) 3 Final). Pour certains auteurs l'arbitrage d'investissements fondé sur un traité devrait être rattaché au droit administratif global (G. VAN HARTEN, M. LOUGHLIN, « Investment Treaty Arbitration as a Species of Global Administrative Law », *The European Journal of International* Law, Vol. 17, No. 1, 2006, pp. 121-150. Cité par M. AUDIT, « Contentieux arbitral international, Droit commun », JurisClasseur Droit international, Fasc. 572-65, 2016, *Op.cit.*

contractuel du commerce international.[1] L'État d'accueil offre le mode de l'arbitrage avant même l'existence d'un rapport de droit entre lui et l'investisseur étranger.[2] L'offre d'arbitrage s'adresse ainsi à un nombre indéfini d'investisseurs alors que la clause compromissoire insérée dans les contrats commerciaux s'adresse à des contractants de litiges individuels.[3] Les traités d'investissement comportent des « clauses d'arbitrage unilatérales » qui offrent aux seuls investisseurs la possibilité d'attraire l'État devant un tribunal arbitral.[4] Il est généralement reconnu que l'État ne peut attraire l'investisseur devant le tribunal arbitral prévu dans le TBI sans son consentement puisque l'investisseur n'offre pas l'arbitrage.[5] Il n'est pas exclu qu'un État puisse se plaindre du comportement d'un investisseur ne respectant pas des obligations contenues dans un TBI relatives, par exemple, au respect de normes environnementales ou sociales.[6] Les TBI proposent unilatéralement de régler le litige devant des juridictions internes ou devant un tribunal arbitral international formé conformément aux règlements de la CNUDCI ou de la CCI ou devant le CIRDI formant un *forum shopping in favorem.*[7] Le droit de l'arbitrage commercial international condamne les clauses d'arbitrage dissymétriques qui surviennent lorsque les parties à l'arbitrage sont placées dans une situation différente pour désigner les arbitres, par exemple, le principe de l'égalité des parties dans la constitution du tribunal arbitral étant une règle d'ordre public international.[8] Le droit de l'arbitrage commercial international annulerait une clause d'arbitrage permettant à une seule partie de choisir la juridiction ou le mécanisme d'arbitrage, comme le prévoient les TBI.[9]

---

[1] E. LOQUIN, « La coexistence du droit de l'arbitrage d'investissement avec le droit de l'arbitrage commercial international : conflit ou complémentarité ? », *Op. cit.*, p. 324-326

[2] *Idem*, p. 326. Voir aussi A. PRUJINIER, « L'arbitrage unilatéral : un coucou dans le nid de l'arbitrage conventionnel ? », *Revue de l'arbitrage,* Vol. 2005, No.1, 2005, p. 75

[3] E. LOQUIN, « La coexistence du droit de l'arbitrage d'investissement avec le droit de l'arbitrage commercial international : conflit ou complémentarité ? », *Op. cit.*, p. 327

[4] *Idem*, p. 328

[5] Selon M. AUDIT « l'identité de la partie défenderesse ne fait guère débat : il ne peut s'agir que de l'État d'accueil de l'investissement, puisqu'il est à l'origine de l'offre d'arbitrage fondant la procédure d'arbitrage ». M. AUDIT, S. BOLLEE et P. CALLE, *Droit du commerce international et des investissements étrangers*, Paris, Domat, LGDJ, 2014, n° 976. Cité par E. LOQUIN, « La coexistence du droit de l'arbitrage d'investissement avec le droit de l'arbitrage commercial international : conflit ou complémentarité ? », *Op. cit.*, p. 328

[6] E. LOQUIN, « La coexistence du droit de l'arbitrage d'investissement avec le droit de l'arbitrage commercial international : conflit ou complémentarité ? », *Op. cit.*, p. 328

[7] E. GAILLARD, « L'arbitrage sur le fondement des traités de protection des investissements », *Revue de l'arbitrage*, Vol. 2003, No. 3, 2003, p. 853, spéc. p. 863. Cité par E. LOQUIN, « La coexistence du droit de l'arbitrage d'investissement avec le droit de l'arbitrage commercial international : conflit ou complémentarité ? », *Op. cit.*, p. 329

[8] Voir arrêt DUTCO, Cass. (civ. 1re), 7 janvier 1992. Cité par E. LOQUIN, « La coexistence du droit de l'arbitrage d'investissement avec le droit de l'arbitrage commercial international : conflit ou complémentarité ? », *Op. cit.*, p. 329

[9] *Idem*

Une autre distinction concerne la confidentialité de l'arbitrage. Les ouvrages généraux sur l'arbitrage commercial soulignent son caractère confidentiel et secret dans tous ses aspects (audiences, écritures, témoignages, déclarations, sentences).[1] En revanche, l'arbitrage d'investissement cherche à établir une justice transparente à toutes les étapes de l'arbitrage, ce qui garantirait le fonctionnement normal d'une démocratie.[2] Le secret de l'arbitrage est considéré comme un obstacle à la prise en compte de l'intérêt public.[3] L'évolution des règlements d'arbitrage a permis une meilleure transparence.[4] Dans le cadre de l'arbitrage commercial, les parties peuvent renoncer à la confidentialité de l'arbitrage mais à défaut d'accord contraire, c'est la confidentialité qui s'impose.[5] De plus, la publicisation de l'arbitrage d'investissement par l'entrée de la société civile permet la participation de tiers en tant qu'*amicus curiae* qui cherchent à faire valoir leur point de vue devant le tribunal arbitral.[6] Ce tiers peut être un État, une organisation internationale, une organisation non gouvernementale ou des syndicats professionnels.[7]

L'arbitrage est une pratique admise en droit musulman depuis les premières sociétés arabes.[8] Il a été reconnu par la *sunna* (actes et paroles du Prophète).[9] La *charia*, dérivée du Coran et de la *sunna*, peut être définie comme « l'ensemble des normes religieuses, morales et juridiques auxquelles

---

[1] Ph. FOUCHARD, E. GAILLARD et B. GOLDMAN, *Traité de l'arbitrage commercial international*, Paris, Litec, 1996, n° 1132 ; Ch. SERAGLINI, *Droit du commerce international*, Paris, Litec, 2005, n° 243 ; R. DAVID, *L'arbitrage dans le commerce international*, Paris, Economica, 1982, p. 18. Rf. citées par E. LOQUIN, « La coexistence du droit de l'arbitrage d'investissement avec le droit de l'arbitrage commercial international : conflit ou complémentarité ? », *Op. cit.*, p. 325

[2] E. GAILLARD, « L'arbitrage sur le fondement des traités de protection des investissements », *Op. cit.*, p. 857. Cité par E. LOQUIN, « La coexistence du droit de l'arbitrage d'investissement avec le droit de l'arbitrage commercial international : conflit ou complémentarité ? », *Op. cit.*, p. 330

[3] E. LOQUIN, « La coexistence du droit de l'arbitrage d'investissement avec le droit de l'arbitrage commercial international : conflit ou complémentarité ? », *Op. cit.*, p. 330. Voir OCDE, Document de travail, n° 2005/1, p. 14

[4] Voir article 48 (5) Convention CIRDI ; article 32 du règlement CIRDI du 1er février 2006 ; article 34 (5) du règlement CNUDCI de 2010 ; CNUDCI, « Règlement de la CNUDCI sur la transparence dans l'arbitrage entre investisseurs et États fondé sur des traités » : https://uncitral.un.org/fr/texts/arbitration/contractualtexts/transparency

[5] E. LOQUIN, « La coexistence du droit de l'arbitrage d'investissement avec le droit de l'arbitrage commercial international : conflit ou complémentarité ? », *Op. cit.*, p. 330

[6] *Idem*, p. 325, 334

[7] *Idem*, p. 334 ; E. SILVA ROMERO, « Quel arbitrage d'investissement (institutionnel ou *ad hoc*) ? », *In Le droit européen et l'arbitrage d'investissement*, C. KESSEDJIAN (dir.), Paris, Panthéon-Assas, LGDJ, 2011, p. 108. Dans l'affaire Biwater, il est indiqué : « Considerations of confidentiality and privacy have not played the same role in the field of investment arbitration, as they have in international commercial arbitration. Without doubt, there is now a marked tendency towards transparency in treaty arbitration ». (CIRDI, *Biwater Gauff ltd.* c. Tanzanie, ARB/05/22, ordonnance de procédure No. 3, 29 septembre 2006, parag. 114. Certains auteurs nuancent cette nécessité de transparence en considérant que la confidentialité dans l'arbitrage commercial est moins importante qu'on le pense. (Voir G. BORN, *International Commercial Arbitration*, Kluwer Law international, 2009, p. 273 ; E. SILVA ROMERO, « Quel arbitrage d'investissement (institutionnel ou *ad hoc*) ? », *Op. cit.*, p. 108)

[8] Euro-Arab Chambers of Commerce, *Businessman's guide to the Euro-Arab arbitration* system, Paris, Euro-Arab Chambers of Commerce, 1988, p. 69

[9] *Idem*, p. 72

le croyant doit conformer sa conduite et sur lesquelles il doit ordonner tous les actes de sa vie courante ».[1] Selon la *charia*, le recours à l'arbitrage entre musulmans et non musulmans est possible soit en tant qu'accord séparé ou clause dans un contrat.[2] Le principe de consentement entre parties est l'élément le plus important dans ces accords.[3] Le Coran invite expressément ses fidèles à honorer leurs contrats et la *sunna* invite les musulmans à respecter leurs obligations.[4]

Avant les années 1980, les rapports euro-arabes s'inscrivaient dans la dynamique Nord-Sud ou pays développés / tiers monde.[5] Les pays arabes voyaient de mauvais œil l'arbitrage international en raison du passé colonial et des « sentences pétrolières » des années 1950[6] et années 1970[7] où les lois arabes et la *charia* n'ont pas été choisies comme applicables.[8] La *charia* n'était pas acceptée comme source de droit développée ou complète.[9] Qualifiée d'« embryonnaire », « précaire », lacunaire et inadaptée au commerce international, les arbitres évitaient l'application de la *charia* pour la remplacer par des normes transnationales et des « principes généraux du droit communs aux nations civilisées ».[10] Ces sentences suscitèrent de vives réactions dans les pays arabes et furent critiquées également dans les pays occidentaux.[11] Il a été

---

[1] S. JAHEL, *La place de la Sharia dans les systèmes juridiques arabes*, Paris, Panthéon-Assas-LGDJ, 2012, p. 7. Cité par Z. OBEID, *Le recours en annulation des sentences arbitrales dans les pays arabes : Arabie saoudite, Bahreïn, Égypte, Émirats arabes unis, Iraq, Jordanie, Koweït, Liban, Qatar, Syrie*, Thèse, Paris 2, 2016, parag. 23

[2] Euro-Arab Chambers of Commerce, *Businessman's guide to the Euro-Arab arbitration* system, *Op. cit.*, p. 71-73

[3] *Idem*, p. 69

[4] *Id.*

[5] A. H. BOUKHARI, *L'arbitrage international dans les rapports nord-sud. L'expérience de l'arbitrage euro- arabe*, Thèse, Paris 11, 1993. Voir aussi N. NAJJAR, *Arbitrage dans les pays arabes et commerce international*, Issy-les-Moulineaux, LGDJ, 2016, p. 141, ci-après [Najjar] ; voir Ph. BOULANGER, « L'arbitrage international Nord-Sud », *In Études offertes à Pierre BELLET*, Paris, Litec, 1991, p. 323

[6] Il s'agit des sentences suivantes : Cheikh d'Abou Dhabi c. Petroleum Development Ltd., 1951 ; Ruler of Qatar c. International Marine Oil Company Ltd., 1953 ; Aramco c. Arabie saoudite, 1958. Pour plus d'informations sur ces sentences, se référer à la thèse de l'auteure (partie préliminaire). Voir aussi l'ouvrage [Najjar], p. 141-144 et A. H. BOUKHARI, *L'arbitrage international dans les rapports nord-sud, Op.cit.*

[7] Arbitrage *ad hoc*, British Petroleum (B.P.) Exploration c. Libye, sentence, 10 octobre 1973 : *Revue de l'arbitrage,* 1980, No. 1, p. 132 et s. ; Arbitrage *ad hoc*, Petroleum Co. and California Asiatic Oil Company c. Libya, sentence, 19 janvier 1977 : *JDI*, 1977, p. 350 ; Arbitrage *ad hoc*, Libyan American Oil Company (LIAMCO) c. Libye, sentence, 12 avril 1977 : extraits *in Revue de l'arbitrage*, 1980, No. 1, p. 117 et s.. Jp citée par [Najjar], p. 144-145 ; voir aussi B. STERN, « Trois arbitrages un même problème, trois solutions », *Revue de l'arbitrage*, Vol. 1980, 1980, p. 3 ; J.-F. LALIVE, « Un grand arbitrage pétrolier entre un gouvernement et deux sociétés étrangères », *JDI*, Vol. 104, No.2, 1977, p. 319

[8] A. H. BOUKHARI, *L'arbitrage international dans les rapports nord-sud, Op. cit.*, p. 1-2 ; [Najjar], p. 141

[9] [Najjar], p. 141-144

[10] *Idem*, p. 144

[11] Yves Derains a critiqué l'établissement de hiérarchies entre les niveaux de développement des droits en ajoutant que « La richesse des droits de certains pays en voie de développement, et notamment de pays arabes, est difficilement contestable même si leur application risque de poser de graves problèmes d'accessibilité à des arbitres européens ». (Sent. CCI n° 4145 [1984] : *JDI* 1985, p. 988, obs. Y. DERAINS). Philippe Fouchard, a considéré, par exemple, que « La référence aux lois des nations civilisées est de nos jours difficilement acceptable ». (Ph. FOUCHARD, Cass., 1er ch. civ. du 29 octobre 1974, *JDI*, 1975. Voir aussi E. GAILLARD, obs. *JDI*, 1994, p. 13, No. 13 et s.). Voir [Najjar], p. 145-146

reproché aux arbitres de ne pas avoir effectué un examen sérieux du contenu des lois évincées.[1] Cependant, la situation a évolué même si certaines hostilités persistent.[2] À partir des années 1980, un apaisement des relations s'est mis en place progressivement grâce à une meilleure acceptation des droits arabes par la jurisprudence,[3] la modernisation des législations arabes qui se sont inspirées de modèles occidentaux principalement et, parallèlement, la multiplication d'institutions d'arbitrage internationales dans la région.[4] Depuis les « sentences pétrolières », aucune sentence condamnant la *charia* ou le droit arabo-musulman pour son inadaptation ou ses lacunes n'a été relevée.[5]

Avec la volonté de se conformer aux exigences du commerce international, les pays arabes ont entrepris des réformes et se sont inspirés de sources laïques occidentales romano-germaniques codifiées pour améliorer leurs législations en matière d'arbitrage et d'investissement.[6] Les pays arabes ont aujourd'hui

---

[1] S. JAHEL, « Chari'a et contrats internationaux », *In Clés pour le siècle*, Université Panthéon-Assas, Dalloz, 2000, p. 289. Voir [Najjar], p. 145

[2] [Najjar], p. 9, 46

[3] Et ceci grâce aux sentences suivantes : Arbitrage *ad hoc*, Libyan American Oil Company (LIAMCO) c. Libye, sentence, 12 avril 1977 : extraits *in Revue de l'arbitrage*, 1980, No. 1, p. 117 ; Arbitrage *ad hoc*, The American Independent Oil Company (Aminoil) c. Koweït, sentence, 24 mars 1982 : 21 *ILM* 1982, p.976 ; Arbitrage *ad hoc*, Wintershall A.G. c. Gouvernement du Qatar, sentence partielle, 5 février 1988 : *YCA*, 1990, p. 31 ; 28 *ILM* 795. Cité par [Najjar], p.146-147. Les détails sur ces affaires relatifs au problème du droit applicable peuvent être consultés dans la thèse de l'auteure (partie préliminaire).

[4] [Najjar], p. 147

[5] *Idem*

[6] La majorité des pays arabes ont promulgué à partir des années 2000 des lois pour encourager et promouvoir les investissements, en plus des lois sur l'arbitrage et de la conclusion de traités bilatéraux, régionaux et internationaux. Ces lois sont les suivantes : loi algérienne du 20 août 2001 relative au développement de l'investissement, telle que modifiée par l'ordonnance No. 06-08 du 15 juillet 2006, JO de la République algérienne, No. 47 du 22 août 2001, p. 4-13 ; règlement saoudien No. M1 du 5/1/1421 équivalent au 10/4/4/2000 « règlement de l'investissement étranger », *Majallat al-Tahkim al-Aalamiyya*, No. 17 p.1127 et s. et décrets d'application, p. 1134 et 1143 ; loi égyptienne No. 8 de 1997 sur « la protection et l'encouragement des investissements », JO de la République égyptienne du 11 mai 1997, No. 19, p. 2, modifiée par la loi No. 17 de 2015, JO de la République égyptienne, No. 11 (suite) du 12/3/2015, p. 6 ; loi irakienne No. 13 de 2006, intitulée « loi de l'investissement », publiée in *al-Waqae'al-Irakiyya*, No. 4031 du 17/1/2007 ; loi jordanienne de l'investissement No. 63 de 2003, publiée au JO du royaume hachémite jordanien, No. 4606 du 16/6/2003, p. 3328 ; loi koweïtienne No. 8 de 2001 sur l'organisation de l'investissement direct des capitaux étrangers dans l'État du Koweït ; loi libanaise No. 360 du 16 août 2001 sur l'encouragement des investissements au Liban publiée au JO de la Rep. libanaise, No.41 de 18 août 2001, p. 3554-3562 ; loi libyenne No. 5 de 1997 sur l'encouragement de l'investissement des capitaux étrangers et modifiée par la loi No. 7 de 2003, publiée *In Majallat al-Tahkim al-Aalamiyya*, 2013, Vol. 17, annexe p.1247 ; loi cadre marocaine No. 95.18 du 8 novembre 1995 portant promulgation de la charte de l'investissement ; décret sultanais omanais No. 102/94 portant promulgation de la loi sur l'investissement des capitaux étrangers, publiée au JO officiel du Sultanat d'Oman, No. 538 du 1/11/1994 ; loi qatarie No. 13 de 2000 sur l'organisation de l'investissement des capitaux étrangers dans le secteur économique ; décret-loi syrien No. 8 de 2007 relatif à la loi de l'investissement, JO de la République syrienne, No. 90, décembre 2007, p. 1005 ; loi tunisienne No. 120 du 27 décembre 1993, sur le code de la promotion des investissements, JO de la République tunisienne, No. 99, 28 décembre 1993, p. 2174-2182 ; loi yéménite No. 15 de 2010 sur l'investissement abrogeant la loi du 20 juillet 2002 intitulée « loi de l'investissement » publiée dans *Majallat al-Tahkim al-Aalamiyya*, No. 17 de 2013, annexe, p. 1285.
Sources: [Najjar], p. 87-88 ; Kluwer Arbitration. Voir aussi Z. OBEID, *Le recours en annulation des sentences arbitrales dans les pays arabes, Op. cit.*, parag. 1119 ; J. PAULSSON, « Le tiers monde dans

des législations en majorité inspirées de la loi-type CNUDCI (Égypte, Bahreïn, Jordanie, Syrie, Arabie Saoudite, Oman, Tunisie).[1] La loi d'arbitrage du Yémen de 1992, révisée en 1997, s'inspire de la loi-type indirectement parce qu'elle reprend presque la totalité des dispositions du projet de loi égyptien antérieur à la loi No. 27 de 1994 qui est inspirée par les travaux de la CNUDCI.[2] Le droit libanais de l'arbitrage est basé sur l'ancienne loi française de l'arbitrage de 1981.[3] Le système français est resté ancré dans les systèmes des pays du Maghreb.[4] Le *common law* et le système anglo-saxon sont présents dans les législations arbitrales des pays du Golfe dans les zones franches *off-shore*[5] qui se sont, en plus, inspirées de la loi-type CNUDCI et ont repris ses amendements de 2006.[6] Ces zones franches aux lois spéciales[7] sont les suivantes : aux Émirats arabes unis, le DIFC (*Dubai International Financial Centre*), et l'ADGM à Abu Dhabi (*Abu Dhabi Global Market*) ; et au Qatar, à Doha, le QFC (*Qatar Financial Centre*).[8] Les droits libyen, koweïtien, qatari, émirati et irakien s'inspirent du droit français codifié avant la réforme de 1980-1981 et du droit franco-égyptien de 1949, droits antérieurs aux droits actuels dans ces deux pays.[9]

Le droit de l'arbitrage dans les pays arabes s'inspire également du *fiqh* islamique et de la *charia*, source divine immuable.[10] Néanmoins, l'influence de la *charia* varie d'un pays à l'autre, ce qui constitue une source de tensions entre les pays arabes et l'Occident.[11] Par exemple, la nouvelle loi d'arbitrage

l'arbitrage commercial international », *Revue de l'arbitrage*, Vol. 1983, 1983, p. 3, spéc. p. 5 ; [Najjar], p. 147, 6

[1] Loi tunisienne No. 93-42 du 26 avril 1993 portant promulgation du code de l'arbitrage ; loi égyptienne No. 27 de 1994 relative à l'arbitrage en matière civile et commerciale amendée par la loi No. 8/2000 (JO No. 13, 4 April 2000) ; loi syrienne sur l'arbitrage No. 4 du 25 mars 2008 ; loi jordanienne sur l'arbitrage No. 31 du 2001 ; loi omanaise No. 47/1997 sur l'arbitrage en matière de litiges civils et commerciaux (1 juillet 1997) ; décret législatif bahreïni No. 9 de 1994 et décret-loi bahreïni No. 9 de 2015 ; règlement d'arbitrage saoudien du 16 avril 2012 du décret royal No. M/34 du 24/5/1433 H. ; loi d'arbitrage yéménite du décret présidentiel No. 22-1992. Source : [Najjar], p. 48

[2] *Idem*

[3] *Id.*, p. 71

[4] *Id.*, p. 29

[5] Z. OBEID, *Le recours en annulation des sentences arbitrales dans les pays arabes*, *Op. cit.*, parag. 16 ; [Najjar], p. 65

[6] [Najjar], p. 48- 49

[7] *Idem*, p. 47-49

[8] La zone franche de Dubai International Financial Centre (DIFC) est instaurée par l'amendement constitutionnel No. 1 de 2003, et en application de la loi fédérale No. 8 de 2004. Au niveau fédéral, la zone fut instaurée par le décret fédéral No. 35 de 2004. Dans l'émirat de Dubaï, le centre a été officiellement reconnu par la loi No. 9 de 2004. [Najjar], p. 65. L'ADGM est créé par la loi d'Abu Dhabi No. 4 de 2013. Le QFC est créé par la loi No. 7 de 2005, modifiée par la loi No. 2 de 2009.

[9] [Najjar], p. 77. Pour davantage d'informations sur le droit de l'arbitrage dans les pays arabes et les influences occidentales consulter l'ouvrage de [Najjar], notamment les pp. 27-29, 47-49, 62-87. Voir aussi la thèse de l'auteure notamment la partie préliminaire. Autres sources : E. TAMIMI AL, *Practitioner's guide to arbitration in the Middle East and North Africa*, Huntington, N.Y., JurisNet, LLC, 2009 ; H. AL MULLA, *Arbitration in the MENA*, Juris, 2016

[10] Voir [Najjar], p. 12, 31, 45, 47

[11] *Id.*, p. 9, 21

saoudienne s'inspire de la loi-type CNUDCI avec la particularité d'exiger le respect de la *charia.*[1]

Sous le droit international coutumier, les litiges entre un investisseur étranger et un État hôte étaient réglés initialement dans l'ordre juridique interne de l'État hôte car le forum naturel était les tribunaux de l'État hôte de l'investissement, étant donné qu'ils avaient le lien le plus étroit avec le litige[2] ou étaient réglés par la méthode traditionnelle de la protection diplomatique.[3] Toutefois, ces méthodes ne répondaient pas aux attentes des investisseurs : les juridictions nationales étaient considérées comme partiales à tort ou à raison ; les investisseurs ne se voyaient pas à pied d'égalité avec les parties étatiques, ajouté à cela, la corruption et l'influence de l'opinion publique et politique sur les litiges en cours devant les cours nationales et le manque d'expertise des juges nationaux.[4] La protection diplomatique s'est avérée quant à elle inefficace parce que les investisseurs, personnes privées ou personnes morales, devaient espérer que leurs États d'origine acceptent d'endosser leur réclamation contre l'État hôte.[5] La protection diplomatique reste à la discrétion de l'État de nationalité de l'investisseur.[6] Progressivement, les juridictions internationales ont commencé à traiter de litiges d'investissement, notamment la Cour permanente de justice internationale[7] (CPJI) puis la Cour internationale de Justice (CIJ)[8] qui a remplacé la première.[9] Les premières initiatives en cette direction furent prises par les grandes entreprises étrangères qui avaient suffisamment de pouvoir pour exiger une autre alternative.[10] Les contrats de concession en matière d'exploitation de ressources naturelles contenaient souvent des stipulations de droit applicable dénationalisant ainsi le contrat.[11] Étaient insérées également des clauses d'arbitrage international direct entre le concessionnaire et l'État octroyant la concession.[12] Les

---

[1] Voir Z. OBEID, *Le recours en annulation des sentences arbitrales dans les pays arabes*, *Op.cit.*

[2] A. REINISCH, « Historical overview », *Op. cit.*, p. 22

[3] *Idem*, p. 21

[4] *Id.*, p. 22

[5] *Id.*, p. 21

[6] *Id.*, p. 24

[7] CPJI, 13 septembre 1928, Usine de Chorzów (Allemagne c. Pologne), Série A, n°17 ; CPJI, 12 décembre 1934, CPJI, 12 décembre 1934, Affaire Oscar Chinn (Belgique/Royaume-Uni), Série A/B, n°63 ; CPJI, 15 juin 1939, Société commerciale de Belgique (Belgique/Grèce), Série A/B, n°78. Jp citée par A. REINISCH, « Historical overview », *Op. cit.*, p. 27

[8] Des exemples, CIJ, Anglo-Iranian Oil Company c. Iran, (Royaume-Uni c. Iran), arrêt du 27 juillet 1952 : https://www.icj-cij.org/fr/affaire/16 ; CIJ, Ahmadou Sadio Diallo (République de Guinée c. République démocratique du Congo), arrêt du 30 novembre 2010 : https://www.icj-cij.org/fr/affaire/103 ; CIJ, Barcelona Traction, Light and Power Company, Limited (Belgique c. Espagne), (Nouvelle requête : 1962) : https://www.icj-cij.org/fr/affaire/50/arrets. Jp citée par A. REINISCH, « Historical overview », *Op. cit.*, p. 27

[9] A. REINISCH, « Historical overview », *Op. cit.*, p. 26-27

[10] *Idem*, p. 27-28

[11] *Id.*

[12] Par exemple, Arbitrage *ad hoc*, Lena Goldfields Ltd. c. Gouvernement soviétique, sentence, 3 septembre 1930, extraits *Cornell Law Quaterly*, Vol. 36, 1950-1951, p. 42 et s. ; voir aussi G. R. DELAUME, « Des stipulations de droit applicable dans les accords de prêt et de développement économique et de leur rôle »,

premières affaires CIRDI étaient basées sur l'arbitrage contractuel.[1] Le développement de l'arbitrage basé sur un traité a contribué à l'amélioration de la protection des investisseurs.[2]
Aujourd'hui, il est rare que les litiges d'investissement soient réglés par la protection diplomatique.[3]

En matière d'investissements étrangers, pour saisir un tribunal arbitral, il y a deux types de procédures arbitrales aux régimes différents.[4] Le tribunal arbitral peut être saisi sur la base d'un contrat et d'une offre générale d'arbitrage.[5]

Quand le tribunal arbitral est saisi sur la base d'un contrat conclu entre l'investisseur et l'État, cela veut dire que le recours à l'arbitrage est prévu soit dans une clause compromissoire (avant la naissance du litige) soit un compromis (après sa survenance).[6] Pour ce qui est du droit applicable, l'arbitre recherche le droit applicable au contrat.[7] La question du droit applicable pour ce type de contentieux d'origine contractuelle ressemble à celui qui prévaut en matière d'arbitrage commercial.[8] Bien qu'il existe des spécificités, l'essentiel est que l'on cherche à déterminer le droit applicable au contrat.[9] Ce type de contentieux contractuel dominait avant la multiplication des traités d'investissement depuis les trente dernières années. Ces traités d'investissement conclus par les États peuvent être multilatéraux ou bilatéraux.[10] On trouve, aujourd'hui, un total de 2861 traités bilatéraux

---

Revue belge de droit international, Vol. 4, 1968, p. 336, spéc. p. 336, 346-347 ; CPA, Radio Corporation of America c. Chine, 13 avril 1935, aff. No. 1934-01 : https://pca-cpa.org/fr/cases/16/ ; et pour l'arbitrage *ad hoc*, voir les affaires libyennes sur l'expropriation : Arbitrage *ad hoc*, British Petroleum (B.P.) Exploration c. Libye, sentence, 10 octobre 1973 : *Revue de l'arbitrage,* 1980, No. 1, p. 132 et s. ; Arbitrage *ad hoc*, Libyan American Oil Company (LIAMCO) c. Libye, sentence, 12 avril 1977 : extraits *in Revue de l'arbitrage*, 1980, No. 1, p. 117 ; Arbitrage *ad hoc*, Petroleum Co. and California Asiatic Oil Company c. Libya, sentence, 19 janvier 1977 : *JDI* 1977, p. 350 ; Affaires citées par A. REINISCH, « Historical overview », *Op. cit.*, p. 28. Pour plus d'informations sur les arbitrages libyens, voir J.-F. LALIVE, « Quelques grands arbitrages pétroliers et les leçons qui s'en dégagent », *RCADI*, Nijhoff Leiden, Boston, Vol. 181, 1983, p. 72, spéc. p. 83 et s.

1 A. REINISCH, « Historical overview », *Op. cit.*, p. 28

2 *Idem*

3 A. DE NANTEUIL, *Droit international de l'investissement,* Paris, Pedone, 2014, p. 19

4 M. AUDIT, « Le droit applicable en matière d'arbitrage fondé sur un traité de protection des investissements », *Op. cit.*, p. 67

5 *Idem*

6 *Id.*

7 M. AUDIT, « Le droit applicable en matière d'arbitrage fondé sur un traité de protection des investissements », *Op. cit.*, p. 70 -71

8 *Idem*, p. 67

9 Exemple : il est accepté que les contrats d'État puissent relever directement du droit international public et non d'un droit national. Source : M. AUDIT, « Le droit applicable en matière d'arbitrage fondé sur un traité de protection des investissements », *Op. cit.*, p. 67. Autre spécificité de fond spécifique à ces contrats d'État et qui peut exister entre opérateurs privés comme celle de l'incidence d'une clause de gel sur une mesure de nationalisation ou d'expropriation. Le litige arbitral et les principes qui y résident restent pour l'essentiel identiques à ceux qui prévalent en matière de commerce international.

10 M. AUDIT, « Le droit applicable en matière d'arbitrage fondé sur un traité de protection des investissements », *Op. cit.*, p. 70-71

d'investissement dans le monde (dont 2219 en vigueur).[1] La première affaire intentée sur le fondement d'un traité remonte à 1987.[2] Le succès de l'arbitrage d'investissement conventionnel vient de la volonté des États de dépolitiser le contentieux économique international.[3] Les pays jouant un rôle important dans l'investissement international ont élaboré des modèles de traité qu'ils ajustent tout dépendamment du partenaire commercial.[4] La majorité de ces modèles sont publiés par la CNUCED sous le titre d'*International Investment agreement : a compendium - UN publications*.[5] Au vu de la ressemblance entre ces milliers de traités, un projet d'accord multilatéral sur l'investissement (AMI) au sein de l'OCDE a été lancé pour reprendre l'essentiel des règles dans les accords bilatéraux mais il n'a pas abouti.[6] Parallèlement aux TBI, se sont développés des traités multilatéraux qui reprennent les règlements essentiels de protection des investissements étrangers et qui sont généralement limités dans l'espace comme, par exemple, l'ALENA regroupant les États-Unis, le Canada, le Mexique, et comportant un chapitre 11 sur la protection des investissements, ou limités par leur objet comme le traité sur la Charte de l'énergie.[7] Ces traités multilatéraux ne traitent pas la protection des investissements de façon exclusive mais comprennent des règles proches de celles des TBI.[8] L'expression « accords internationaux d'investissements » (AII), englobe et les TBI et les instruments pluri- ou multilatéraux.[9] Les TBI entre pays arabes et européens sont comparés à l'annexe 4 aux autres TBI dans le monde pour voir s'ils présentent de particularité.

Pour ce qui est de l'offre générale d'arbitrage, l'État qui accueille l'investissement la présente soit dans une loi soit dans un traité d'investissement conclu entre l'État d'accueil et l'État d'origine de

---

[1] UNCTAD, Investment Policy Hub, International Investment Agreements Navigator : https://investmentpolicy.unctad.org/international-investment-agreements
Un tableau répertoriant les TBI en vigueur ou les TBI signés mais pas encore en vigueur entre les pays des deux zones étudiées peut être trouvé en annexe de la thèse de l'auteure. Des informations sur les TBI peuvent également être trouvées sur les sites suivants :
CIRDI, Database of Bilateral Investment Treaties : https://icsid.worldbank.org/resources/databases/bilateral-investment-treaties ;
Italaw, Investment Treaties : https://www.italaw.com/investment-treaties ;
Nations Unies, Collection des Traités : https://treaties.un.org/Pages/Home.aspx?clang=_fr ;
EUR-Lex, Treaties currently in force : https://eur-lex.europa.eu/collection/eu-law/treaties/treaties-force.html ; bilaterals.org, Texts of agreements : https://www.bilaterals.org/?-texts-of-agreements-&lang=en

[2] CIRDI, Asian Agricultural Products Ltd. (AAPL) Sri Lanka, ARB/87/3, sentence finale, 27 juin 1990

[3] A. DE FONTMICHEL, « Plaidoyer pour l'arbitrage d'investissement », *Décideurs magazine*, 11 juillet 2014 : http://www.magazine-decideurs.com/news/plaidoyer-pour-l-arbitrage-d-investissement

[4] A. DE NANTEUIL, *Droit international de l'investissement*, Paris, Pedone, 2014, p. 44, 94

[5] *Idem*, p. 94

[6] OCDE, « Accord multilatéral sur l'investissement », Projet de texte consolidé, Paris, OCDE, 1998, DAFFE/MAI(98)7/REV1
https://www.oecd.org/fr/investissement/accordssurlinvestissementinternational/accordmultilateralsurlinvestissement.htm

[7] A. DE NANTEUIL, *Droit international de l'investissement*, *Op. cit.*, p. 44-45

[8] *Idem*, p. 45

[9] *Id.*, p. 91

l'investisseur soit les deux.[1] L'État d'accueil se lie ainsi par une offre d'arbitrage au moment de la ratification du traité. L'investisseur peut accepter l'offre plus tard. L'investisseur est réputé avoir accepté l'offre d'arbitrage au moment où il saisit l'institution d'arbitrage indiquée dans le traité ou commence une procédure d'arbitrage *ad hoc* en notifiant l'État.[2] C'est ce qui est appelé « consentement dissocié ».[3] L'échange de consentement s'effectue à des moments différents.[4] Avec un traité prévoyant le recours à l'arbitrage, pour saisir un tribunal arbitral, plus besoin d'une clause compromissoire découlant d'un lien contractuel direct.[5] L'échange de consentement est limité aux dispositions du traité proposant l'offre d'arbitrage.[6] L'objet du litige vise à déterminer si le traitement de l'investisseur est conforme aux dispositions du traité dans lequel l'offre d'arbitrage est prévue.[7] L'arbitre ne juge plus la correcte exécution ou inexécution ou validité d'un contrat mais évalue le comportement de l'État à l'égard d'un investisseur étranger pour examiner si le traitement subi par ce dernier a été conforme aux prescriptions conventionnelles.[8] Un investisseur peut-il soumettre à un tribunal arbitral saisi sur la base d'un traité une demande liée à un contrat conclu avec l'État ? Est-ce que la violation d'un contrat ou du droit applicable à celui-ci peut entraîner la violation d'un traité ?[9] Si oui, à quelles conditions ? C'est l'une des questions sur lesquelles nous nous arrêterons dans cette étude. L'offre générale d'arbitrage peut être présentée dans une législation du pays hôte.[10] Pour encourager les investissements et attirer les investisseurs, les pays arabes ont adopté, à partir des années 2000, des lois avec des mécanismes incluant l'arbitrage pour régler les litiges.[11]

La plupart des accords et traités d'investissement, ainsi que les lois d'investissement se réfèrent, pour régler les différends entre investisseurs et l'État hôte, au règlement d'une ou de plusieurs institutions, centres ou chambres d'arbitrage comme le centre international pour le règlement des

---

[1] M. AUDIT, « Le droit applicable en matière d'arbitrage fondé sur un traité de protection des investissements », *Op. cit.*, p. 67-68

[2] *Idem*, p. 69 -70 ; E. CABROL, H. SMITH, « Arbitrage CIRDI », *Op. cit.*, parag. 9

[3] M. AUDIT, « Le droit applicable en matière d'arbitrage fondé sur un traité de protection des investissements », *Op. cit.*, p. 69

[4] *Idem ;* J. WERNER, « The Trade Explosion and Some Likely Effects on Internatinoal Arbitration », *Journal of International Arbitration*, 1997, p. 6 ; J. PAULSSON, « Arbitration Without Privity », *ICSID Review*, Vol. 10, No. 2, 1995, p. 232 ; W. BEN HAMIDA, *L'arbitrage transnational unilatéral : réflexions sur une procédure réservée à l'initiative d'une personne privée contre une personne publique*, Thèse, Université Paris 2, France, 2003 ; A. PRUJINER, « L'arbitrage unilatéral : un coucou dans le nid de l'arbitrage conventionnel ? », *Op. cit.*, p. 63

[5] M. AUDIT, « Le droit applicable en matière d'arbitrage fondé sur un traité de protection des investissements », *Op. cit.*, p. 70

[6] *Idem*, p. 71

[7] *Id.*, p. 70 -71

[8] *Id.*, p. 70

[9] *Id.*, p. 71

[10] *Id.*, p. 68

[11] Voir [Najjar], p. 87 et s.

différends relatifs aux investissements (CIRDI) ou encore à un arbitrage *ad hoc* qui ont leurs propres dispositions sur le droit applicable.

L'arbitrage *ad hoc* n'a pas de cadre procédural réglementé.[1] Avec l'arbitrage *ad hoc,* les parties et les arbitres ont une plus grande liberté pour organiser l'arbitrage parce qu'ils définissent eux-mêmes les règles de l'arbitrage.[2] Bien que flexible, la réussite d'un arbitrage *ad hoc* dépend de la bonne foi et de la coopération entre les parties.[3] L'arbitrage *ad hoc* est souvent organisé conformément au règlement d'arbitrage de la Commission des Nations unies pour le droit commercial international (CNUDCI) du 28 avril 1976 et révisé en 2010.[4] Avec l'arbitrage *ad hoc*, le tribunal est saisi pour un seul différend et disparaît après sa résolution.[5] Parmi les décisions publiées en matière d'investissement, 20% à 30% ont été jugées par application du règlement CNUDCI.[6] Selon la doctrine et les praticiens, le choix de l'arbitrage *ad hoc* se place en deuxième position après l'arbitrage CIRDI.[7] Beaucoup de TBI offrent la possibilité de recourir à l'arbitrage *ad hoc* comme le TBI France / Algérie en vigueur depuis le 27 juin 2000 (article 8 (3)), le TBI Union économique belgo-luxembourgeoise / Égypte (article 8 (3) b en vigueur depuis le 24 mai 2002 ou le TBI Italie / Maroc en vigueur depuis le 26 avril 2000 (article 8 (2) b).

Les institutions d'arbitrage ont un rôle administratif pour gérer le bon déroulement de la procédure d'arbitrage.[8] Les dernières années, se sont multipliés dans le monde des institutions, centres d'arbitrages ou des commissions dans des chambres de commerce et d'industrie.[9] Les pays arabes ont suivi cette tendance également.[10] Certains centres sont dotés d'une autonomie financière et administrative et d'une personnalité morale indépendante, d'autres pas.[11] Généralement, les chambres de commerce des grandes villes, dans les pays arabes, disposent de commissions ou de centres d'arbitrage qui en dépendent.[12] Ils peuvent organiser des arbitrages mais ils connaissent une faible attractivité auprès des opérateurs internationaux en raison de leur dépendance financière et administrative vis-à-vis des chambres

---

[1] Z. OBEID, *Le recours en annulation des sentences arbitrales dans les pays arabes*, *Op. cit.,* parag. 274

[2] Ch. SERAGLINI, « Synthèse - Arbitrage international : notions », JurisClasseur Droit international, 18 mars 2019, parag.13

[3] Z. OBEID, *Le recours en annulation des sentences arbitrales dans les pays arabes*, *Op. cit.*, parag. 274

[4] *Idem* ; Ch. SERAGLINI, « Synthèse - Arbitrage international : notions », *Op. cit.,* parag. 13

[5] C. PORTIER, « Les juridictions internationales *ad hoc* - No. 3241 », Lexis 360, 4 mars 2020

[6] E. SILVA ROMERO, « Quel arbitrage d'investissement (institutionnel ou *ad hoc*) ? », *In Le droit européen et l'arbitrage d'investissement*, C. KESSEDJIAN (dir.), Paris, Panthéon-Assas, LGDJ, 2011 p. 112-113

[7] *Idem*

[8] Z. OBEID, *Le recours en annulation des sentences arbitrales dans les pays arabes Op. cit.,* parag. 275, 284

[9] [Najjar], p. 148

[10] *Idem*

[11] *Id.*

[12] *Id.*

de commerce et d'industrie qui défendent les intérêts des commerçants et industriels nationaux.[1]

Les centres et institutions d'arbitrage qui administrent le plus souvent des litiges d'investissement impliquant des parties européennes et arabes sont[2] le centre international pour le règlement des différends relatifs aux investissements (CIRDI), la cour d'arbitrage de la Chambre de commerce internationale (CCI), la Chambre de commerce de Stockholm (SCC), le centre d'arbitrage de Londres (LCIA), la cour permanente d'arbitrage à La Haye (CPA), le centre international de résolution des différends (ICDR) de l'*American Arbitration Association* (AAA), le centre d'arbitrage du Caire (CRCICA), le BCDR-AAA, le centre saoudien pour l'arbitrage commercial, la *Swiss Chambers' Court of Arbitration and Mediation* (SCAI) et les chambres de commerce euro-arabes.[3] Les articles des règlements correspondants relatifs au droit applicable sont présentés sous forme d'un tableau en annexe 2.

Les pays des deux zones géographiques sont liés par des accords d'association et des traités bilatéraux de protection des investissements. Les accords d'association euro-méditerranéens sont conclus entre l'UE et quelques pays arabes méditerranéens (l'Égypte, la Jordanie, le Liban, le Maroc, la Syrie, la Tunisie).[4] Ces accords d'association visent à libéraliser les échanges de biens, services et capitaux et couvrent la phase d'admission ou d'accès de l'investissement. Les garanties de protections de l'investissement sont quant à elles consacrées dans des traités bilatéraux d'investissement conclus entre pays arabes et États membres de l'UE.

Quand un litige survient entre un investisseur et un État, il doit être réglé conformément à des règles de droit dont les sources doivent être identifiées.[5] Tout d'abord, ces sources sont le contrat quand il s'agit d'un litige contractuel et le traité quand le litige survient suite au non-respect d'une disposition d'un traité d'investissement.[6] Les arbitres appliquent le contrat ou le traité. Ces sources permettent d'identifier les règles de fond, c'est-à-dire les règles avec lesquelles le tribunal arbitral juge la validité ou la bonne exécution du contrat

---

[1] *Id.*, p. 149

[2] Ces institutions sont présentées en détail à l'annexe 4 de la thèse de doctorat de l'auteure.

[3] D'autres organismes administrent des litiges d'investissement (y compris des institutions publiques internationales comme la Cour internationale de Justice, Cour européenne des droits de l'homme).
Pour une liste complète des institutions nationales et internationales traitant les modes alternatifs de règlement des différends dans le monde, voir le site web du*International Council for Commercial Arbitration*, rubrique « related links » : https://www.arbitration-icca.org/related-links.html#04 (consulté le 30 déc. 2020)

[4] Pour une liste complète des pays ayant conclu des accords euro-méditerranéens d'association voir www.iemed.org et https://eur-lex.europa.eu/FR/legal-content/summary/euro-mediterranean-association-agreements.html

[5] M. AUDIT, « Le droit applicable en matière d'arbitrage fondé sur un traité de protection des investissements », *Op. cit.*, p. 65, 73

[6] *Idem*, p. 73

conformément au droit applicable à celui-ci et avec lesquelles, dans le cadre du traité, il apprécie le comportement de l'État vis-à-vis de l'investisseur au vu des dispositions du traité.[1] Ces instruments comportent également souvent une multitude de sources de droit applicable ou renvoient à un règlement d'arbitrage. Un certain nombre limité de traités tentent de coordonner, au moins partiellement, les sources prévues en indiquant, par exemple, que les dispositions les plus favorables s'appliquent, mais le plus souvent ces clauses n'articulent pas cette combinaison de sources.[2] Y a-t-il priorité pour la source citée en premier lieu ? S'agit-il d'appliquer les règles communes aux différentes sources citées ? L'arbitre peut-il envisager une application alternative des différentes sources du droit ? Quelles règles faut-il privilégier en cas de contradiction ? [3] Est-ce que le tribunal arbitral peut appliquer des règles de fond provenant d'autres sources que celles mentionnées dans le traité, comme le droit international coutumier ?[4] Il est possible qu'un renvoi au droit international coutumier soit fait à l'intérieur du traité d'investissement soit dans la disposition du droit applicable soit dans la disposition définissant telle ou telle règle de traitement.[5] En l'absence de renvoi exprès prévu par le traité sur l'application du droit international coutumier et si les parties ne se sont pas accordées sur le point d'appliquer ou non le droit international coutumier, le tribunal arbitral peut-il quand même appliquer cette source ?[6] La question fait débat.[7] Par ailleurs, un tribunal arbitral saisi sur le fondement d'un traité peut-il appliquer des règles de protection des droits de l'homme sans qu'un renvoi exprès dans le traité d'investissement y soit fait ? [8] Aussi, il arrive que les parties ne soient pas d'accord sur l'interprétation d'une règle de fond. Pour trancher, sur quelles règles les arbitres peuvent-ils s'appuyer ?[9]

Les États des deux zones géographiques sont liés par des traités bilatéraux d'investissement. Sera examiné le devenir des traités dans les deux zones et l'impact éventuel sur le droit applicable et le règlement des différends après l'adhésion des nouveaux États membres à l'Union européenne, et surtout après la vague d'européanisation des traités suite au traité de Lisbonne. Dans le cadre d'un arbitrage fondé sur un traité d'investissement, afin de déterminer les règles de fond, l'arbitre s'appuie avant tout sur les dispositions du traité. L'adhésion des nouveaux États membres de l'Union européenne a fait surgir

---

[1] *Id.* p. 70 ; M. AUDIT, « Contentieux arbitral international, Droit commun », JurisClasseur Droit international, Fasc. 572-65, 2016, parag. 40 ;

[2] I. FADLALLAH, Ch. LEBEN, E. TEYNIER, et autres, « Investissements internationaux et arbitrage - II. Droit applicable », *Cahiers de l'arbitrage*, 2013, No. 4, parag.1-4

[3] *Idem*

[4] M. AUDIT, « le droit applicable en matière d'arbitrage fondé sur un traité de protection des investissements », *Op. cit.*, p. 73

[5] *Idem*, p. 73-74

[6] *Id.*, p. 74

[7] *Id.*

[8] *Id.*

[9] *Id.*

des questions de compatibilité avec le droit communautaire, des dispositions de fond de ces traités conclus entre les nouveaux adhérents à l'Union européenne et les pays tiers dont font partie quelques pays arabes (TBI Suède / Égypte, Suède / Tunisie). Les incompatibilités ne sont pas nombreuses mais pour les éliminer les États membres peuvent soient dénoncer ces TBI (ce qui est une solution radicale), soit les renégocier mais, dans cette hypothèse, les pays tiers risquent de le refuser.

Depuis le traité de Lisbonne en 2009, l'UE a une nouvelle compétence pour conclure des traités relatifs à l'investissement direct étranger. Ce traité bouleverse le régime applicable aux investissements étrangers dans l'UE. Avant Lisbonne, l'UE avait compétence en matière de commerce extérieur alors que les États membres avaient compétence en matière d'investissement.[1] Le traité de Lisbonne accorde à l'UE la compétence exclusive pour négocier les accords relatifs aux investissements étrangers directs.[2] Cette nouvelle compétence soulève de nombreuses interrogations. Quelle est la définition de l'investissement direct étranger (IDE) et les investissements indirects seraient-ils inclus dans les éventuels accords mixtes ? La compétence exclusive de l'Union européenne s'étendant aux IDE alors que les TBI incluent des formes d'investissements directs et indirects. L'Union envisage-t-elle d'inclure un mécanisme de règlement des différends dans les futurs accords ? Quel est le sort des traités conclus avec les États tiers comme les pays arabes après l'entrée en vigueur du traité de Lisbonne ? Une interprétation du droit communautaire par les tribunaux constitués sous ces traités risque-t-elle de nuire à l'uniformité du droit de l'Union européenne ?

Les parties sont libres de choisir le droit ou les règles de droit qu'ils souhaitent.[3] C'est le principe d'autonomie de la volonté reconnu par la majorité des droits nationaux de l'arbitrage et les plus importants règlements d'arbitrage.[4] Ce principe connaît toutefois quelques restrictions dans les pays arabes.[5] Les parties peuvent choisir le droit national, international, les deux ou encore le droit d'un État tiers. Ils ont la possibilité de stabiliser leur relation avec une clause de stabilisation pour protéger l'investisseur de changements ultérieurs de lois de l'État hôte qui pourraient affecter l'investissement.[6] Les parties peuvent également choisir, en tant que droit applicable au fond du litige, des règles anationales.[7] Elles sont libres de choisir différents droits ou

---

[1] S. EL BOUDOUHI, « L'avenir des traités bilatéraux d'investissement conclus par les États membres de l'Union européenne avec les États tiers », *RTDE*, n°1, 2011, ci-après [Boudouhi]

[2] *Idem*

[3] L. ACHTOUK-SPIVAK, « Le droit applicable aux arbitrages en matière d'investissements », *In Droit international des investissements et de l'arbitrage transnational*, Ch. Leben (dir.), Paris, Pedone, 2015, p. 813, spéc. p. 830

[4] [Okilassali], p. 31

[5] [Najjar], p. 455-460

[6] E. GAILLARD, « Droit applicable au fond du litige », JurisClasseur Droit international, Fasc. 586-9-1, 1996

[7] *Idem*, parag. 25

règles de droit pour régir les différentes parties de leur accord (dépeçage).[1] Encore, la *charia* peut faire partie de leur choix comme loi applicable au fond du litige.[2] La *charia* pourrait compléter des lois jugées « occidentales » ou remplir des lacunes juridiques.[3] Reste à savoir si c'est une source de droit réellement complète pour couvrir tous les aspects du commerce international.[4]

En l'absence de choix explicite ou implicite des parties sur le droit applicable, c'est le tribunal arbitral qui le détermine.[5] L'arbitre peut désigner la *charia*, le droit national ou international, tout comme les règles de droit et les combiner dans un même litige. L'arbitre peut recourir à diverses méthodes en suivant la « voie directe » ou par la méthode de conflit de lois, la loi ou la règle de droit qu'il juge appropriées ou ayant le lien le plus étroit. Étant donné que les règles de conflit de lois sont déterminées par des facteurs de rattachements, comment ces facteurs sont-ils déterminés ? Le tribunal doit-il prendre en considération les règles de conflit de lois du siège de l'arbitrage ? Une application du droit national et / ou du droit international nous amène à nous interroger sur le rôle de chaque système, les relations entre les deux et leur ordre hiérarchique. Les règles nationales, internationales et anationales peuvent-elles être combinées ?[6]

Par extension au principe de l'autonomie des parties, ces derniers peuvent conférer aux arbitres des pouvoirs d'amiables compositeurs pour qu'ils statuent en *ex æquo et bono* et prennent en considération que ce qui est considéré comme juste et équitable.[7] Une décision *ex æquo et bono* peut être prise uniquement avec le consentement exprès des parties.[8] Cette solution confère à l'arbitre une grande marge d'appréciation parce qu'il peut écarter une règle de droit positif qu'il jugerait inéquitable.[9]

---

[1] *Id.*, parag. 136

[2] [Najjar], p. 44

[3] *Idem*, p. 9, 44

[4] *Id.*, p. 17 ; W. BOULEGHLIMAT, *L'arbitrage commercial international dans les pays arabes et les Principes d'UNIDROIT relatifs aux contrats du commerce international*, Thèse, Université Paris 2, France, 2014

[5] E. GAILLARD, « Droit applicable au fond du litige », JurisClasseur Droit international, Fasc. 586-9-1, *Op.cit.*

[6] T. BEGIC, *Applicable law in international investment disputes*, Utrecht, Netherlands, Eleven International Pub., 2005 ; voir aussi M. S. ABDEL WAHAB, « Choice in the absence of direct choice : the law applicable to the merits in investments disputes », *In Euro-Arab Investor-Sate Dispute Resolution : Recent Developments and Future Perspectives*, 10-11 October 2012, Cairo - Egypt, CRCICA Newsletter, 3/2012 : http://www.crcica.org.eg/newsletters/nl201203/Investment_Disputes_Applicable_Law_Dr_MSW.pdf ; H. E. KJOS, *Applicable Law in Investor–State Arbitration The Interplay Between National and International Law*, *Op.cit.*

[7] W. BEN HAMIDA, « L'interprétation des clauses des traités d'investissement déterminant le droit applicable à l'arbitrage », *Revista Brasileira de Arbitragem*, Vol. 10, No. 40, 2013, p. 86, spéc. p. 86 - 97, parag. 13 ; E. GAILLARD, « Droit applicable au fond du litige », JurisClasseur Droit international, Fasc. 586-9-1, *Op. cit.*, parag. 83 ; N. NASSAR, « Internationalization of Sate Contracts : ICSID, the last citadel », *Journal of International Arbitration*, Vol. 14, No. 3, 1997, p. 185, spéc. p. 197, 202

[8] Ch. SCHREUER, « Decisions *Ex aequo et bono* Under the ICSID Convention », *ICSID Rev-FILJ*, 1996, Vol. 11, No. 1, p. 37, spéc. p. 41

[9] E. GAILLARD, « Sentence arbitrale - Contrôle étatique - Droit commun », JurisClasseur Droit international, Fasc. 586-10, 1992, parag. 67

Les règles impératives du *jus cogens* du droit international doivent être respectées (prohibition du terrorisme, torture, génocide, esclavage).[1] Si la disposition d'un accord d'investissement est contraire à ces normes, le tribunal arbitral peut refuser de donner effet au droit choisi par les parties. L'arbitre doit veiller à rendre une sentence efficace et exécutoire. Ceci peut le conduire à prendre en compte l'existence des lois de police. Une sentence qui viole l'ordre public d'un État ne peut être exéquaturée, et le juge étatique peut même l'annuler. L'article 9 - parag.1 du règlement Rome I du 17 juin 2008 sur la loi applicable aux obligations contractuelles définit une loi de police comme « une disposition impérative dont le respect est jugé crucial par un pays pour la sauvegarde de ses intérêts publics, tels que son organisation politique, sociale ou économique, au point d'en exiger l'application à toute situation entrant dans son champ d'application, quelle que soit par ailleurs la loi applicable au contrat d'après le présent règlement ». L'arbitre qui n'a pas de for, quel est l'ordre public qu'il doit respecter dans la hiérarchie des ordres publics ? Doit-il respecter le(s) ordre(s) public(s) interne, international, régional (européen et islamique faisant référence aux règles issues de la *charia*) ?[2] L'autonomie des arbitres implique la non-révision de la sentence au fond par les juridictions de l'État. Cependant, dans certains systèmes arabes notamment, la sentence est quand même révisée au fond, d'où l'entrave à l'autonomie des arbitres de choisir un droit applicable. De plus, d'autres pays exigent la conformité des sentences à la *charia*.

Comment et selon quels critères choisir le meilleur droit applicable au fond pour régler un litige d'investissement, notamment en présence de plusieurs instruments d'investissement et tout en conciliant les exigences de différents systèmes législatifs, divers ordres juridiques et les attentes légitimes de parties européennes et arabes ?

Afin de répondre à cette problématique, dans la partie I, seront étudiées les interactions entre les différents droits et règles de droits que peuvent choisir les parties et les arbitres, ainsi que leur hiérarchisation éventuelle au vu des diverses sources et des instruments d'arbitrage, y compris les TBI entre États membres de l'UE et pays tiers, afin de pouvoir régler un différend relatif à

---

[1] M. TRARI-TANI, « L'ordre public transnational devant l'arbitre international », *Arab Law Quarterly*, Vol. 25, No. 1, 2011, p. 89, spéc. p. 91

[2] S. MANSOUR, « La volonté en tant que limite à l'ordre public et les lois impératives dans l'arbitrage commercial international » [traduit de l'arabe], *Revue libanaise de l'arbitrage arabe et international,* No. 54, 2010, p. 4 ; M. ABDEL WAHAB, « Demystifying Public Policy in International Commercial Arbitration : Curbing the Unruly Horse », *Journal of Arab Arbitration*, août 2006, Vol. 9, p. 39 ; P. MAYER, « La sentence contraire à l'ordre public au fond », *Revue de l'arbitrage,* Vol. 1994, No. 4, 1994, p. 615 ; P. A. LALIVE, « Ordre public transnational (ou réellement international) et arbitrage international », *Revue de l'arbitrage*, Vol. 1986, No. 3, 1986, p. 329 ; Y. DERAINS, « L'ordre public et le droit applicable au fond du litige dans l'arbitrage international », *Revue de l'arbitrage*, Vol. 1986, No. 3, 1986, p. 375 ; L. Ch. DELANOY, « Le contrôle de l'ordre public au fond par le juge de l'annulation : trois constats, trois propositions », *Revue de l'arbitrage,* 2007, p. 177 ; S. MANCIAUX, E. LOQUIN, « L'ordre public et l'arbitrage », Actes du colloque des 15 et 16 mars 2013, Dijon, Paris, LexisNexis, 2014 ; Ch. SERAGLINI, *Lois de police et justice arbitrale internationale*, Paris, Dalloz, 2001

l'investissement. Bien que les demandes contractuelles et les demandes conventionnelles se distinguent, que le contrat demeure principalement un instrument de droit interne alors que le traité un instrument de droit international, l'étude du droit applicable ne sera pas faite sous l'angle de la distinction entre arbitrage fondé sur un contrat et arbitrage fondé sur un traité, mais sous l'angle du droit applicable au fond par opposition au droit applicable à la procédure.[1] Les frontières entre ordres juridiques ayant tendance à s'estomper et, au niveau du droit applicable, les deux régimes présentent des similitudes dont la répétition rendrait cette étude redondante. La partie II abordera les limites au choix du droit applicable. L'arbitre doit rendre une sentence exécutoire et efficace. Une sentence ne devrait pas être annulée ou privée d'effet à cause du droit applicable au fond. De plus, il est nécessaire de respecter l'ordre public. En annexes, en plus de celles mentionnées ci-haut, seront présentés également des extraits des législations nationales en matière d'arbitrage relatifs au droit applicable au fond des pays européens et arabes étudiés.[2]

Les accords régionaux de protection des investissements comme le traité sur la Charte de l'énergie, l'accord de protection des investissements entre les États membres de l'organisation de la conférence islamique, ou l'accord unifié pour l'investissement du capital arabe dans les pays arabes ne seront pas traités parce qu'ils ne régissent pas des relations inter-régionales euro-arabes.

---

[1] L. ACHTOUK-SPIVAK, « Le droit applicable aux arbitrages en matière d'investissements », *In Droit international des investissements et de l'arbitrage transnational*, Ch. Leben (dir.), Paris, Pedone, 2015, p. 813, spéc. p. 813-814

[2] Quelques données statistiques comparatives sur les arbitrages euro-arabes notamment concernant la nationalité des arbitres, l'origine des parties, le siège et le droit applicable peuvent être consultées à l'annexe 5 de la thèse de doctorat de l'auteure. De telles données peuvent être trouvées également sur les sites web de la CCI, du CIRDI, la LCIA, la SCC et le CRCICA ainsi que dans le Bulletin de la Cour internationale d'arbitrage de la CCI.

Partie I - Le choix du droit et des règles applicables au fond par les parties et l'arbitre face à la diversité des sources, instruments et ordres juridiques

Dans le chapitre 1 seront examinés les instruments d'investissement et les expressions différentes du consentement à l'arbitrage et au droit applicable. Les sources des règles de droit applicables au fond et celles des règles interprétatives sont nombreuses et ne font pas toujours l'unanimité (chapitre 2). Les parties sont libres de choisir un droit national pour régler leur litige (chapitre 3) ou des « règles de droit » (chapitre 4). À défaut de droit convenu par les parties, il revient à l'arbitre de déterminer le droit ou les règles de droit à appliquer pour régler le litige (chapitre 5). Il est possible qu'un différend soit réglé en amiable composition (chapitre 6). Si les parties ont généralement la liberté de choisir le droit applicable au fond et qu'il revient aux arbitres de respecter ce choix, à qui appartient la charge de déterminer le contenu et l'interprétation de la loi applicable (chapitre 7) ? La clause de la nation la plus favorisée (clause NPF) s'applique-t-elle aux dispositions relatives au règlement des différends qui comportent souvent des références au droit applicable au fond (chapitre 8) ? Une même opération d'investissement peut engendrer plusieurs procédures fondées sur plusieurs instruments d'investissement (contrat, loi ou TBI). Quelle est l'articulation entre ces procédures et les effets sur le droit applicable et les clauses relatives au règlement des différends (chapitre 9) ?

Chapitre 1 - Les instruments d'investissement et les expressions différentes du consentement à l'arbitrage et au droit applicable

Le règlement des différends relatifs à l'investissement international peut être fondé sur un ou plusieurs instruments : un contrat, un traité et/ou une loi (section 1). L'expression du consentement à l'arbitrage diffère d'un instrument à l'autre (section 2). Est-ce que le consentement à l'arbitrage implique l'acceptation du droit ou des règles désignés dans ces instruments d'investissement (section 3) ? L'investisseur peut avoir le choix entre plusieurs institutions d'arbitrage ou de règlements contenus dans ces instruments, ce qui a une incidence sur le droit applicable (section 4).

Section 1 - Les instruments d'investissement comportant des clauses d'arbitrage

Le règlement des différends relatifs à l'investissement international peut être fondé sur un contrat, un traité ou une loi.

Sous-section 1 – Contrats

Par « contrat », il est signifié un « accord d'investissement » ou une convention conclus entre un État et un investisseur étranger.[1] Le terme « accord d'investissement » fut employé par la CIJ dans l'Arrêt Barcelona Traction (Recueil 1970, p. 47) et dans la résolution 1803 (XVII) de l'Assemblée générale des Nations Unies du 14 décembre 1962 (paragraphe 8).[2] Il englobe toutes sortes de contrats, comme des contrats de concession pétrolière, de construction immobilière, des contrats d'État (*State contracts*), etc.[3] Aujourd'hui, il s'agit surtout de contrats conclus dans des domaines où les États exercent leur souveraineté comme l'achat d'armes, la construction d'ambassades ou dans des domaines où est en jeu l'intérêt général comme des emprunts publics auprès d'institutions financières internationales.[4] Bien que le nombre de ces accords d'investissement ait diminué avec la multiplication des traités d'investissements, ils demeurent un instrument important dans les opérations d'investissement.[5]

---

[1] J.-P. LAVIEC, *Protection et promotion des investissements*, Genève : Graduate Institute Publications, 1985, p. 241-268, parag. 1-2 https://books.openedition.org/iheid/4199?lang=fr#bodyftn1

[2] *Idem*

[3] *Id.* ; S. LEMAIRE, « Treaty Claims et Contract Claims: la compétence du CIRDI à l'épreuve de la dualité de l'État », *Revue de l'Arbitrage*, Vol. 2006, No. 2, 2006, p. 353

[4] M. TRARI-TANI, « L'ordre public transnational devant l'arbitre international », *Op. cit.*, p. 95

[5] A. DE NANTEUIL, *Droit international de l'investissement*, *Op. cit.*, p. 42, 137 ; M. TRARI-TANI, « L'ordre public transnational devant l'arbitre international », *Op. cit.*, p. 95

Sous-section 2 - Traités d'investissement

Le premier TBI date de 1959 et fut conclu entre l'Allemagne et le Pakistan.[1] Avant ce TBI, il y avait des instruments comportant des dispositions sur la protection des investisseurs étrangers, mais ce n'était pas leur objet principal.[2] La multiplication des TBI, tels que nous les connaissons, a commencé dans les années 1990 pour atteindre aujourd'hui près de 3000 traités dans le monde.[3] Désormais, ces traités ne sont plus signés uniquement entre pays du Nord et du Sud, comme les premières relations d'investissement.[4] Le contentieux sur le fondement des TBI ne cesse de croître.[5] Ces traités peuvent être bilatéraux ou multilatéraux comprenant le plus souvent un chapitre sur les investissements.[6]

Les traités d'investissement comportent très souvent une clause d'arbitrage incluant fréquemment des dispositions sur le droit applicable au fond ou une clause attributive de juridiction offrant la possibilité à l'investisseur de l'État co-contractant d'attraire le pays hôte en cas de manquement de l'État à ses obligations en matière d'investissement.[7] Il s'agit d'offres générales d'arbitrage d'un nouveau genre, non basées sur un lien contractuel direct, par lequel l'État donne son consentement à l'arbitrage à tout investisseur de l'État co-contractant avant la naissance d'un litige éventuel.[8]

Sous-section 3 - Lois nationales

Les offres générales d'arbitrage visant les investisseurs étrangers ne sont pas uniquement présentes dans les traités.[9] Il est fréquent que l'État d'accueil inclut dans les lois ou codes nationaux relatifs aux investissements des dispositions manifestant sa volonté de recourir à l'arbitrage en cas de litige, ainsi que des règles équivalentes aux normes de droit substantiel des TBI relatives au traitement juste et équitable, traitement national, traitement de la nation la plus favorisée.[10]

---

[1] A. DE NANTEUIL, *Droit international de l'investissement*, *Op. cit.*, p. 43
[2] *Idem*
[3] *Id.*
[4] *Id.*, p. 44
[5] *Id.*, p. 94
[6] Voir F. BAETENS, « L'importance des dispositions transitoires pour les traités bilatéraux d'investissement conclus entre les États membres de l'UE et les États tiers », *Cahiers de Droit Européen*, 2017/3, p. 611, spéc. p. 623 ; M. AUDIT, « Le droit applicable en matière d'arbitrage fondé sur un traité de protection des investissements », *Op. cit.*, p. 66
[7] M. AUDIT, « Le droit applicable en matière d'arbitrage fondé sur un traité de protection des investissements » *Op. cit.*, p. 68-69
[8] *Idem*
[9] M. AUDIT, « Contentieux arbitral international, Droit commun », JurisClasseur Droit international, Fasc. 572-65, *Op. cit.*, parag. 42
[10] *Idem ;* S. LEMAIRE, « Treaty Claims et Contract Claims: la compétence du CIRDI à l'épreuve de la dualité de l'État », *Op. cit.*, parag. 13

Dans le cadre du CIRDI, la première affaire fondée sur une offre d'arbitrage contenue dans une loi nationale d'un État d'accueil est l'affaire *Southern Pacific Properties (Middle East) Limited (SPP)* c. Égypte où le tribunal arbitral a fondé sa compétence sur la loi égyptienne n° 43 de 1974 relative aux investissements.[1]

Les instances arbitrales fondées sur une offre d'arbitrage énoncée dans une loi nationale sont plus rares que celles fondées sur un traité d'investissement.[2] En 2019, 3% des affaires enregistrées par le secrétariat du CIRDI étaient fondées sur une loi nationale, 10% sur des contrats d'investissement et 62% sur des TBI. [3] Et entre 1966 et 2019, 8% des affaires enregistrées par le secrétariat du CIRDI étaient fondées sur une loi nationale, 16% sur des contrats d'investissement et 60% sur des TBI.[4]

Section 2 - L'expression du consentement à l'arbitrage dans les différents instruments d'investissement

Le consentement des parties est une condition essentielle dans l'arbitrage international peu importe l'instrument sur lequel est fondé l'arbitrage : contrat, traité ou loi.[5] La différence réside dans la façon dont s'exprime ce consentement.[6] Dans l'arbitrage d'investissement, il existe deux régimes procéduraux différenciés par l'acte sur le fondement duquel le tribunal est saisi.[7]

---

[1] CIRDI, Southern Pacific Properties (Middle East) Limited (SPP) c. Égypte, ARB/84/3, décision sur la compétence, 27 nov. 1985 : *ICSID Rev.-FILJ,* 1993, p. 332 ; *JDI* 1994, p. 218, obs. E. GAILLARD. (Investisseur du Royaume-Uni et de Hong Kong c. Égypte). Cité par M. Audit, JurisClasseur Droit international, Fasc. 572-65, *Op. cit.,* parag. 43

[2] M. AUDIT, « Contentieux arbitral international, Droit commun », JurisClasseur Droit international, Fasc. 572-65, *Op. cit.,* parag. 43

[3] Affaires du CIRDI – Statistiques, Numéro 2020-1, p. 23

[4] *Idem*, p. 11

[5] J. M. JACQUET, D. BENTOLILA, « Contrat d'État », JurisClasseur Droit international, Fasc. 571-90, 1er novembre 2012, parag. 244

Pour plus de détails sur le consentement à l'arbitrage d'investissement, voir P. MAYER et A. CAROLINA SIMOES E SILVA, « Le consentement à l'arbitrage », *In Droit international des investissements et de l'arbitrage transnational,* Ch. LEBEN (dir.), Paris, Pedone, 2015 ; L. ACHTOUK-SPIVAK, « Consentement à l'arbitrage et lois d'investissement », *Cahiers de l'arbitrage*, 2012, No. 4, p. 893 ; Ch. LEBEN, « Arbitrage : CIRDI », Répertoire Dalloz de droit international, mars 2010, parag. 84 -124 ; I. FADLALLAH, Ch. LEBEN, E. TEYNIER, et autres, « Chroniques, Investissements internationaux et arbitrage », *Cahiers de l'arbitrage*, 2014, No. 4

[6] J. M. JACQUET, D. BENTOLILA, « Contrat d'État », JurisClasseur Droit international, Fasc. 571-90, *Op. cit.,* parag. 244

[7] M. AUDIT, « Contentieux arbitral international, Droit commun », JurisClasseur Droit international, Fasc. 572-65, *Op. cit.,* parag. 7

Sous-section 1 - L'expression du consentement à l'arbitrage dans les contrats d'investissement

Avec les accords internationaux conclus entre l'investisseur et l'État, les tribunaux arbitraux d'investissement sont formés sur une base contractuelle, c'est-à-dire une clause compromissoire, insérée dans l'accord d'investissement ou, plus rarement, un compromis[1] concernant un différend déjà né.[2] Jusqu'au milieu des années 1990, l'essentiel des affaires portées devant le CIRDI étaient fondées sur une clause compromissoire.[3]

Sous-section 2 - L'expression du consentement à l'arbitrage dans les traités et lois d'investissement

Depuis les années 1990, la plupart des arbitrages d'investissement sont fondés sur un lien non contractuel, issus d'une offre générale d'arbitrage émise par l'État d'accueil à destination d'investisseurs étrangers dans un traité bilatéral ou multilatéral ou par voie législative, dans une loi nationale ou un code national relatif aux investissements.[4] Afin de désigner cet arbitrage non basé sur un lien contractuel direct, les expressions sont nombreuses : « consentement dissocié », « arbitrage automatique »[5], ou « obligatoire »[6] ou « transnational unilatéral »[7] ou en anglais *arbitration without privity.* [8]

La Convention CIRDI a été conçue à une époque où les litiges dominaient sur la base de contrats d'États mais le rapport des administrateurs sur la convention a prévu la possibilité de consentement dissocié en mentionnant que « La Convention n'exige pas que le consentement des deux parties soit exprimé dans le même acte juridique ».[9]

---

[1] Le CIRDI propose un modèle de clause compromissoire et de compromis auquel les parties peuvent se référer le site Internet du CIRDI – « ICSID Model Clauses » : http://icsidfiles.worldbank.org/icsid/icsid/staticfiles/model-clauses-fra/main-fra.htm

[2] M. AUDIT, « Contentieux arbitral international, Droit commun », JurisClasseur Droit international, Fasc. 572-65, *Op. cit.,* parag. 7

[3] E. CABROL, H. SMITH, « Arbitrage CIRDI », *Op. cit.,* parag. 7

[4] M. AUDIT, « Contentieux arbitral international, Droit commun », JurisClasseur Droit international, Fasc. 572-65, *Op.cit.*

[5] Y. DERAINS, « L'impact des accords de protection des investissements sur l'arbitrage », *Gazette du Palais*, 29 avril 2001, p. 12. Cité par M. AUDIT, « Contentieux arbitral international, Droit commun », JurisClasseur Droit international, Fasc. 572-65, *Op. cit.,* parag.7

[6] A.-H. EL-AHDAB, « The compulsory international arbitration », *Revue libanaise de l'arbitrage arabe et international*, 2001, p. 6. Cité par M. AUDIT, « Contentieux arbitral international, Droit commun », JurisClasseur Droit international, Fasc. 572-65, 2016, *Op.cit.*

[7] W. BEN HAMIDA, *L'arbitrage transnational unilatéral, Op. cit.,* n° 41. Cité par M. AUDIT, « Contentieux arbitral international, Droit commun », JurisClasseur Droit international, Fasc. 572-65, *Op.cit.*

[8] J. PAULSSON, « Arbitration Without Privity », *Op. cit.,* p. 232-257. Cité par M. AUDIT, « Contentieux arbitral international, Droit commun », JurisClasseur Droit international, Fasc. 572-65, *Op. cit.,* parag. 42

[9] Banque internationale pour la reconstruction et le développement, « Rapport des administrateurs sur la convention pour le règlement des différends relatifs aux investissements entre États et ressortissants d'autres

La première sentence reconnaissant la possibilité d'une offre d'arbitrage contenue dans un traité d'investissements est celle de l'affaire AAPL c. Sri Lanka.[1] Le consentement dissocié a permis aux petits et moyens investisseurs d'accéder à l'arbitrage, et les gros investisseurs ont désormais la possibilité de régler un litige devant un tribunal arbitral international sans avoir un lien contractuel direct avec l'État hôte.[2] Lorsque le consentement unilatéral de l'État est fondé sur un traité d'investissement, il est admis que la validité et l'étendue du consentement de l'État doivent être évaluées au regard du droit international, notamment du droit des traités.[3] Dans le cas d'une loi nationale fondant la compétence arbitrale, les engagements définitifs et unilatéraux exprimés par voie législative sont assez fréquents.[4] Lorsque l'État d'accueil pose son offre d'arbitrage, normalement, il est juridiquement engagé par son offre.[5] Toutefois, la formulation du consentement doit être ferme, claire et définitive.[6] L'arbitrage ne doit pas être mentionné comme une simple possibilité soumise à un consentement spécifique.[7] Certains textes législatifs nationaux ne peuvent être interprétés comme un véritable engagement de l'État à l'arbitrage en cas de litige.[8]

Lorsque le consentement de l'État figure dans une loi en matière d'investissement, pour évaluer l'étendue et la validité de l'engagement de l'État, il est possible de considérer que cela crée des attentes légitimes chez l'investisseur.[9] Ainsi, si l'État invoque une invalidité de consentement en vertu de son droit interne, il ne peut se défaire de son engagement envers l'investisseur international parce que les attentes légitimes de ce dernier sont protégées par le droit international.[10] Comme il a été précisé dans l'affaire SPP c. Égypte, « Qu'ils soient légaux ou non en droit égyptien, les actes en question étaient des actes des autorités égyptiennes, y compris les plus hautes autorités du Gouvernement. Ces actes, dont il est aujourd'hui allégué qu'ils ont été pris en violation du droit interne égyptien, ont créé une attente protégée par des

États », 18 mars 1965 : http://icsidfiles.worldbank.org/ICSID/ICSID/StaticFiles/basicdoc-fra/partB.htm, parag. 24

[1] CIRDI, AAPL c. Sri Lanka, ARB/87/3, sentence, 27 juin 1990 : *ICSID Rev.-FILJ*, 1991, p. 526

[2] A. REINISCH, « Historical overview », *Op. cit.*, p. 28-29

[3] L. ACHTOUK-SPIVAK, « Le droit applicable aux arbitrages en matière d'investissements », *Op. cit.*, p. 821

[4] M. AUDIT, « Contentieux arbitral international, Droit commun », JurisClasseur Droit international, Fasc. 572-65, *Op. cit.*, parag. 42

[5] J. M. JACQUET, D. BENTOLILA, « Contrat d'État », *Op. cit.*, parag. 246

[6] W. BEN HAMIDA, *L'arbitrage transnational unilatéral*, *Op. cit.*, n° 113-119. Cité par M. AUDIT, « Contentieux arbitral international, Droit commun », JurisClasseur Droit international, Fasc. 572-65, *Op. cit.*, parag. 42-43 ; J.M. JACQUET, D. BENTOLILA, « Contrat d'État », *Op. cit.*, parag. 246

[7] J. M. JACQUET, D. BENTOLILA, « Contrat d'État », *Op. cit.*, parag. 246

[8] W. BEN HAMIDA, *L'arbitrage transnational unilatéral*, *Op. cit.*, n° 113-119. Cité par M. AUDIT, « Contentieux arbitral international, Droit commun », JurisClasseur Droit international, Fasc. 572-65, *Op. cit.*, parag. 42-43

[9] L. ACHTOUK-SPIVAK, « Le droit applicable aux arbitrages en matière d'investissements », *Op. cit.*, p. 820

[10] *Idem*

principes établis du droit international ».[1] Dans plusieurs affaires,[2] pour évaluer le consentement de l'État à l'arbitrage, il fut proposé d'appliquer les principes de droit international relatifs aux déclarations unilatérales, comme le respect de la volonté de l'État au moment où la déclaration est faite.[3] Dans l'affaire Zhinvali, il a été considéré que le droit national s'applique « subject to ultimate governance by international law ».[4]

Cela étant dit, par l'exercice de sa souveraineté législative, l'État peut retirer unilatéralement l'offre d'arbitrage, ce qui impliquerait l'incompétence *ratione temporis* du tribunal arbitral qui serait saisi sur la base de la loi abrogée.[5] Certains auteurs[6] ont considéré que l'État ne pourrait pas retirer son offre d'arbitrage malgré la suppression de la loi la présentant et que l'investisseur devrait pour cela avancer la théorie de l'acte unilatéral devant le tribunal arbitral saisi sur la base de la loi nationale de l'État défendeur.[7]

Sous-section 3 - Soumission du recours à l'arbitrage à une convention écrite dans les pays arabes

Dans la plupart des lois arabes de l'investissement, le recours à l'arbitrage entre l'État et l'investisseur étranger n'est permis qu'avec la conclusion d'un accord ou d'une convention d'arbitrage, et après constatation du consentement des parties.[8]

---

[1] CIRDI, Southern Pacific Properties (Middle East) c. Égypte, ARB/84/3, sentence, 20 mai 1992 : *ICSID Rev-FILJ*, 1993, Vol. 8, pp. 328-399 ; *JDI*, 1994, pp. 229-242 (extraits), E. GAILLARD, *La Jurisprudence du CIRDI*, vol. I, A. Pedone, 2004, pp. 363-379, parag. 83. Cité par L. ACHTOUK-SPIVAK, « Le droit applicable aux arbitrages en matière d'investissements », *Op. cit.*, p. 820

[2] CIRDI, Southern Pacific Properties (Middle East) c. Égypte, ARB/84/3, sentence, 20 mai 1992 : *ICSID Rev-FILJ*, 1993, Vol. 8, p. 328-399 ; *JDI*, 1994, p. 229-242 (extraits), E. GAILLARD, *La Jurisprudence du CIRDI*, vol. I, *Op. cit.*, p. 363-379, parag. 61 ; CIRDI, CSOB c. Slovaquie, ARB/97/4, sentence sur la compétence, 24 mai 1999 : E. GAILLARD, *La Jurisprudence du CIRDI*, vol. I, *Op. cit.*, p. 577-598, parag. 35, 46 ; CIRDI, Cemex Caracas Investments BV et Cemex Caracas II Investments BV c. Venezuela, ARB/08/15, compétence, 30 décembre 2010, parag. 79. Sur l'interprétation du consentement des États dans le cadre de législations nationales, voir M. POTESTA, « The Interpretation of Consent to ICSID Arbitration Contained in Domestic Investment Laws », *Arbitration internationale*, Vol. 27, No. 2, 2011, p. 149 ; P. MAYER, A.C. SIMÕES E SILVA, « Le consentement à l'arbitrage », *Op. cit.*, p. 681-726. Cité par L. ACHTOUK-SPIVAK, « Le droit applicable aux arbitrages en matière d'investissements », *Op. cit.*, p. 820

[3] CIRDI, Cemex Caracas Investments BV et Cemex Caracs II Investments BV c. Venezuela, ARB/08/15, compétence, 30 décembre 2010, parag. 80-89. Cité par L. ACHTOUK-SPIVAK, « Le droit applicable aux arbitrages en matière d'investissements », *Op. cit.*, p. 821

[4] CIRDI, Zhinvali Development Limited c. République de Géorgie, ARB/00/1, sentence, 24 janvier 2003 : 10 *ICSID Reports* 3 (2006), parag. 339. Cité par L. ACHTOUK-SPIVAK, « Le droit applicable aux arbitrages en matière d'investissements », *Op. cit.*, p. 820

[5] M. AUDIT, « Contentieux arbitral international, Droit commun », JurisClasseur Droit international, Fasc. 572-65, *Op. cit.*, parag. 44

[6] Voir P. JUILLARD, « L'évolution des sources du droit des investissements », *RCADI*, t. 250, 1994-VI, p. 9, spéc. n° 100. Cité par M. AUDIT, « Contentieux arbitral international, Droit commun », JurisClasseur Droit international, Fasc. 572-65, 2016, *Op. cit.*, parag. 44

[7] M. AUDIT, « Contentieux arbitral international, Droit commun », JurisClasseur Droit international, Fasc. 572-65, *Op. cit.*, parag. 44

[8] [Najjar], p. 98

La Syrie fait exception avec l'article 7 de la loi syrienne de l'investissement qui prévoit l'arbitrage comme une option parmi d'autres (juridictions syriennes, Cour arabe d'investissement, un traité bilatéral ou multilatéral), et la législation syrienne est interprétée comme une offre générale d'arbitrage présentant un consentement préalable à l'arbitrage de l'État ou de ses organes.[1] Une convention d'arbitrage n'est pas requise sauf si l'État décide de saisir une des juridictions de l'article 7, le consentement de l'investisseur étant requis, dans ce cas.[2]

En Tunisie, en Algérie et en Libye[3], une convention entre les parties est requise pour les différends entre investisseurs étrangers et États respectifs, à moins qu'il n'y ait un TBI ou une convention multilatérale ou une convention spécifique entre les investisseurs et ces États.[4]

En Égypte et au Maroc, une convention des parties est une exigence requise pour tout arbitrage, même celui conduit dans le cadre d'un traité.[5] Toutefois, si un traité existant régit les mêmes matières que ces lois nationales d'investissement et n'exige pas de convention entre les parties, alors le principe de primauté des traités impose l'application du traité, laissant l'application des lois nationales aux matières litigieuses non visées par le traité.[6]

Les lois de l'investissement irakienne, omanaise, qatarie et koweïtienne[7] exigent également une convention des parties pour pouvoir recourir à l'arbitrage sans allusion aux traités bilatéraux ou multilatéraux.[8]

En Arabie saoudite, un accord entre l'État et l'investisseur étranger est exigé pour recourir à l'arbitrage en matière d'investissement.[9]

Section 3 - La question du consentement à l'application des droits et règles désignés dans ces instruments d'investissement

Dans le cadre contractuel, les parties liées au contrat sont directement l'État et la partie privée.[10] Dans le cadre d'un litige contractuel, les parties peuvent choisir le droit applicable lors de la conclusion du contrat dans une clause

---

[1] *Idem*

[2] *Id.*

[3] Article 17 de la loi algérienne sur l'investissement ; article 67 du code de l'investissement tunisien ; article 24 de la loi sur l'investissement libyenne. Voir [Najjar], p. 98-99

[4] [Najjar], p. 99

[5] Article 7 de la loi sur l'investissement égyptienne ; article 17 al. 2 de la charte de l'investissement marocaine. [Najjar], p. 99

[6] [Najjar], p. 99-100

[7] Article 27 loi irakienne de l'investissement ; article 14 de la loi omanaise ; article 11 loi qatarie ; article 16 loi koweïtienne. [Najjar], p. 100

[8] [Najjar], p. 100

[9] *Idem*, p. 100-101

[10] L. ACHTOUK-SPIVAK, « Le droit applicable aux arbitrages en matière d'investissements », *Op. cit.*, p. 833

compromissoire ou, après la naissance du litige, dans un compromis, ou lors de l'établissement d'un acte de mission.[1]

Sont liés directement à un traité d'investissement, les États parties au traité.[2] Cependant, il est considéré que l'investisseur accepte également de respecter le traité y compris les clauses de droit applicable, au moment où il dépose la requête d'arbitrage sur la base du traité, ou, à tout moment, sans nécessairement attendre le dépôt de sa requête, comme, par exemple dans une lettre adressée à l'État.[3] Ainsi, le consentement de l'État et celui de l'investisseur ne sont pas simultanés.[4] Dans l'affaire Antoine Goetz, il est précisé que « Sans doute la détermination du droit applicable n'est-elle pas, à proprement parler, faite par les parties au présent arbitrage (Burundi et investisseurs requérants), mais par les parties à la Convention d'investissement (Burundi et Belgique). Comme cela a été le cas pour le consentement des parties, le Tribunal estime cependant que la République du Burundi s'est prononcée en faveur du droit applicable tel qu'il est déterminé dans la disposition précitée de la Convention belgo-burundaise d'investissement en devenant partie à cette Convention et que les investisseurs requérants ont effectué un choix similaire en déposant leur requête d'arbitrage sur la base de ladite Convention ».[5]

On pourrait se demander si l'investisseur peut contester la clause de droit applicable prévue dans la loi ou le traité et demander l'application d'un droit différent de celui prévu dans le traité.[6] Peut-il donc demander une dissociation entre l'offre d'arbitrage qui établit la compétence du tribunal arbitral et l'offre de droit applicable ?[7]

Une première approche consiste à considérer les dispositions conventionnelles substantielles et procédurales comme un ensemble indivisible, l'offre d'arbitrage et le droit applicable au fond comme indissociables.[8] Dans ce cas, l'investisseur, en invoquant l'offre d'arbitrage, se soumet à la clause de choix du

---

[1] Y. DERAINS, « L'ordre public et le droit applicable au fond du litige dans l'arbitrage international », *Op. cit.,* p. 392. Cité par E. GAILLARD, « Droit applicable au fond du litige », JurisClasseur Droit international, Fasc. 586-9-1, *Op. cit.,* parag. 12

[2] L. ACHTOUK-SPIVAK, « Le droit applicable aux arbitrages en matière d'investissements », *Op. cit.,* p. 833

[3] E. CABROL, H. SMITH, « Arbitrage CIRDI », *Op. cit.,* parag. 9 ; L. ACHTOUK-SPIVAK, « Le droit applicable aux arbitrages en matière d'investissements », *Op. cit.,* p. 833

[4] E. CABROL, H. SMITH, « Arbitrage CIRDI », *Op. cit.,* parag. 8

[5] CIRDI, Antoine Goetz et consorts c. République du Burundi, ARB/95/3, sentence, 10 février 1999, parag. 94. Cité par L. ACHTOUK-SPIVAK, « Le droit applicable aux arbitrages en matière d'investissements », *Op. cit.,* p. 833

[6] W. BEN HAMIDA, « L'interprétation des clauses des traités d'investissement déterminant le droit applicable à l'arbitrage », *Op. cit.,* parag. 14

[7] *Idem*, parag. 16

[8] W. BEN HAMIDA, « Case comment, SAUR International SA c. République argentine, droit national, droit international et droits de l'homme : l'histoire d'un ménage à trois », *ICSID Rev-FILJ*, Vol. 28, No. 2, 2013, pp. 241-246, spéc. p. 244 ; I. FADLALLAH, Ch. LEBEN, E. TEYNIER, et autres, « Investissements internationaux et arbitrage - L'autorité des clauses de choix du droit applicable », *Cahiers de l'arbitrage*, 2013, No. 4, parag. 25

droit applicable prévue dans le traité.[1] Ibrahim Shihata et Antonio Parra, responsables du CIRDI, affirment en ce sens : « Where investors make use of this option [invoquer une offre d'arbitrage], the arbitrators are equally bound by the treaty provisions on the application of international law to the substance of the dispute ».[2]

Selon une seconde approche, il est proposé d'invoquer le principe de l'autonomie de la compétence par rapport au droit applicable.[3] Comme nous le verrons dans la partie suivante, les arbitres sont tenus de respecter le droit choisi par les parties.[4] Or, cet accord entre les parties serait absent tant que l'investisseur n'a pas consenti à la clause de choix du droit applicable. [5] En tout cas, grâce au principe de l'autonomie de la volonté, les parties peuvent se mettre d'accord sur l'application d'un droit autre que celui prévu dans la loi ou le traité ou convenir que le litige sera réglé en équité et ce choix s'imposera au tribunal arbitral.[6] Il arrive que les instruments législatifs et conventionnels qui déterminent le droit applicable reconnaissent la primauté du principe de l'autonomie comme c'est le cas dans le TBI Koweït / Croatie (1997) qui précise en son article 9 (7) qu'en l'absence d'un choix de droit commun par les parties, le tribunal arbitral peut mettre en œuvre le choix de l'instrument et appliquer le droit de l'État hôte, y compris les règles du droit international privé et les règles applicables du droit international.[7]

Section 4 - Choix entre plusieurs institutions d'arbitrage et droit applicable

Les offres d'arbitrage dans ces instruments proposent à l'investisseur le choix entre plusieurs institutions ou règlements d'arbitrage, comme par exemple, une procédure devant le CIRDI ou une autre institution arbitrale, ou

---

[1] W. BEN HAMIDA, « Case comment, SAUR International SA c. République argentine, droit national, droit international et droits de l'homme : l'histoire d'un ménage à trois », *Op. cit.*, p. 244

[1] *Idem* ; I. FADLALLAH, Ch. LEBEN, E. TEYNIER, et autres, « Investissements internationaux et arbitrage - L'autorité des clauses de choix du droit applicable », *Op. cit.*, parag. 25

[2] F. I. SHIHATA, A. R. PARRA, « The experience of the International Centre for Settlement of Investment Disputes », *ICSID Rev-FILJ*, Vol. 14, No. 2, 1992, pp. 299 - 361. Cité par W. BEN HAMIDA, « Case comment, SAUR International SA c. République argentine, Droit national, droit international et droits de l'homme : l'histoire d'un ménage à trois », *Op. cit.*, p. 245 ; I. FADLALLAH, Ch. LEBEN, E. TEYNIER, et autres, « Investissements internationaux et arbitrage - L'autorité des clauses de choix du droit applicable », *Op. cit.*, parag. 25

[3] Ch. SCHREUER, « Commentary on the ICSID Convention », *ICSID Rev-FILJ*, Vol. 11, No. 2, 1996, p. 318, spéc. p. 433, 425. Cité par W. BEN HAMIDA, « L'interprétation des clauses des traités d'investissement déterminant le droit applicable à l'arbitrage », *Op. cit.*, parag. 16 ; W. BEN HAMIDA, « Case comment, SAUR International SA c. République argentine, droit national, droit international et droits de l'homme : l'histoire d'un ménage à trois », *Op. cit.*, p. 245

[4] W. BEN HAMIDA, « L'interprétation des clauses des traités d'investissement déterminant le droit applicable à l'arbitrage », *Op. cit.*, parag. 16

[5] *Idem*

[6] *Id.*, parag. 13

[7] I. FADLALLAH, Ch. LEBEN, E. TEYNIER, et autres, « Investissements internationaux et arbitrage - L'autorité des clauses de choix du droit applicable », *Op. cit.*, parag. 22

encore un arbitrage *ad hoc*.[1] Par exemple, l'article 8 (3) du TBI Égypte / Union économique belgo-luxembourgeoise signé en 1999 prévoit que :

« À défaut de règlement du différend entre un investisseur de l'une des Parties Contractantes et l'autre Partie Contractante dans les six mois, l'investisseur sera autorisé à soumettre le différend :

a) à l'arbitrage international du Centre international pour le Règlement des Différends relatifs aux Investissements, créé en vertu de la Convention pour le règlement des différends relatifs aux investissements entre États et ressortissants d'autres États, ouverte à la signature à Washington D.C., le 18 mars 1965 (Convention C.I.R.D.I.), ou

b) à un arbitre ou à un tribunal d'arbitrage ad hoc, établi selon les règles d'arbitrage de la Commission des Nations Unies pour le droit commercial international (C.N.U.D.C.I.) ;

c) au Centre régional du Caire pour l'arbitrage commercial international, ou

d) aux Règles d'Arbitrage de la Chambre de commerce internationale (CCI) à Paris ».

Si l'investisseur choisit de porter le litige devant le CIRDI, alors seront appliquées les dispositions de la Convention de Washington y compris l'article 42 sur le droit applicable et les règles relatives aux voies de recours qui s'effectueront devant un comité *ad hoc*.[2]

Notons que si la clause d'arbitrage se réfère au CIRDI, cela n'entraîne pas automatiquement la compétence des tribunaux arbitraux du Centre parce que devront être respectées les conditions de compétence définies à l'article 25 (1) de la Convention de Washington.[3] Dans l'affaire Noble Energy c. Équateur, la compétence du tribunal arbitral a été déterminée conformément à l'article 25 (1) de la Convention CIRDI et des dispositions pertinentes du TBI.[4] De plus, les tribunaux arbitraux sont d'accord sur le fait que l'article 42 (1) de la Convention de Washington concerne uniquement la question de détermination du droit applicable au fond du litige et ne s'applique pas aux questions de compétence.[5] Ceci a été rappelé dans l'affaire Philip Morris Brands Sàrl : « Regarding the law governing the determination of jurisdiction, the Tribunal adheres to the predominant opinion that this issue is to be decided according to Article 25 of the ICSID Convention, the applicable rules of the relevant

[1] M. AUDIT, « Contentieux arbitral international, Droit commun », JurisClasseur Droit international, Fasc. 572-65, *Op. cit.*, parag. 52

[2] *Idem*, parag. 53

[3] L. ACHTOUK-SPIVAK, « Le droit applicable aux arbitrages en matière d'investissements », *Op. cit.*, p. 819

[4] CIRDI, Noble Energy, Inc. and Machalapower Cia. Ltda. c. Ecuador and Consejo Nacional de Electricidad, ARB/05/12, compétence, 5 mars 2008, parag. 56-57. Cité par L. ACHTOUK-SPIVAK, « Le droit applicable aux arbitrages en matière d'investissements », *Op. cit.*, p. 819

[5] L. ACHTOUK-SPIVAK, « Le droit applicable aux arbitrages en matière d'investissements », *Op. cit.*, p. 821

treaty and the applicable rules and principles of international law, Article 42 (1) of the ICSID Convention governing only the merits of the case ».[1]

Si l'instrument propose de régler le litige sous l'égide d'une institution autre que le CIRDI, comme la CCI ou la LCIA, leurs règlements d'arbitrage correspondants s'appliqueront ainsi que les dispositions sur le droit applicable indiquées dans ces règlements.[2] Cesdits règlements d'arbitrage seront appliqués à l'instance arbitrale et la sentence rendue pourra être contrôlée par des juridictions internes lors de l'exequatur ou lors d'un recours en annulation.[3] Ainsi, le même régime de contrôle que celui des sentences rendues dans le cadre de l'arbitrage commercial international s'appliquera à la sentence, comme cela a été le cas dans l'affaire France Telecom c. Liban.[4]

---

[1] CIRDI, Philip Morris Brands Sàrl, Philip Morris Products S.A. (Switzerland) and Abal Hermanos S.A. c. Oriental Republic of Uruguay, ARB/10/7, compétence, 2 juillet 2013, parag. 30. Cité par L. ACHTOUK-SPIVAK, « Le droit applicable aux arbitrages en matière d'investissements », *Op. cit.,* p. 821, note 47

[2] A. GIARDINA, « La question du droit applicable : l'application directe du droit européen et son influence sur le droit et l'arbitrage des investissements », *In Le droit européen et l'arbitrage d'investissement,* C. KESSEDJIAN (dir.), Paris, Panthéon-Assas, LGDJ, 2011, p. 154

[3] M. AUDIT, « Contentieux arbitral international, Droit commun », JurisClasseur Droit international, Fasc. 572-65, *Op. cit.,* parag. 54

[4] *Idem*

Chapitre 2 - Les sources des règles de droit applicables au fond et celles des règles interprétatives

Afin de régler un différend, les sources des règles de droit applicables au fond et celles des règles interprétatives sont diverses. Il s'agit du texte fondant la compétence des arbitres (section 1), des sources mentionnées dans le texte de référence (section 2) et, parfois, des sources non mentionnées dans le texte de référence mais cela reste controversé (section 3). Existe-t-il une coutume en droit de l'investissement et si oui, est-il possible de l'appliquer sans sa mention expresse (section 4) ? Et est-il possible d'appliquer les règles internationales de protection des droits de l'homme (section 5) ? Seront examinées par la suite les sources des règles interprétatives (section 6) et la jurisprudence et la doctrine comme sources subsidiaires (section 7).

Section 1 - Le texte fondant la compétence des arbitres

Une des premières sources de droit applicable est les règles substantielles du texte dont dépend la compétence des arbitres. Les arbitres appliquent avant tout les règles de fond du texte sur lequel repose leur compétence : contrat, traité ou loi.[1] Ainsi, lorsqu'un tribunal arbitral est constitué sur le fondement d'un traité, ce sont les règles substantielles énoncées par le traité qui s'appliquent.[2] Le comportement de l'État d'accueil sera évalué par les arbitres au regard des principes énoncés dans le traité comme le traitement national ou le traitement juste et équitable.[3] Dans le cadre d'une procédure arbitrale reposant sur une offre d'arbitrage issue d'une loi nationale relative aux investissements étrangers, ce sont des violations de ce texte qui devront être soumises au jugement des arbitres.[4]

Section 2 - Les sources mentionnées dans le texte de référence

Les arbitres peuvent également appliquer les autres sources - droit national, international et / ou principes généraux de droit[5] - auxquelles se réfère

---

[1] M. AUDIT, « Contentieux arbitral international, Droit commun », JurisClasseur Droit international, Fasc. 572-65, *Op. cit.,* parag. 40

[2] *Idem*

[3] *Id.*

[4] *Id.*, parag. 45

[5] Les principes généraux de droit sont des principes communs à plusieurs systèmes juridiques et leur identification suppose une comparaison entre les droits nationaux. Il est fait référence à ces principes à l'article 38 du Statut de la Cour internationale de justice sous l'expression « les principes généraux de droit reconnus par les nations civilisées ». A. DE NANTEUIL, *Droit international de l'investissement, Op. cit.*, p. 121

expressément le texte fondant la compétence des arbitres.[1] Ces sources seront examinées en détail dans les sections suivantes.

Section 3 - Les sources non mentionnées dans le texte de référence

Une question se pose de savoir si pour évaluer une violation, il est possible de se référer à des règles auxquelles le texte (traité, loi nationale, contrat) ne ferait pas référence.[2] Normalement, il y a un risque que le tribunal excède sa compétence.[3] Néanmoins, en présence d'un tribunal arbitral du CIRDI dont la compétence serait prévue par le texte en question, celui-ci a la possibilité de s'appuyer sur les termes de l'article 42 de la Convention de Washington qui prévoit que « faute d'accord entre les parties, le Tribunal applique le droit de l'État contractant partie au différend [...] ainsi que les principes de droit international en la matière ».[4] Certains tribunaux y font référence afin de diversifier les sources de règles et aller au-delà du seul texte fondant leur compétence.[5] En principe, l'article 42 n'exclut pas l'application des règles coutumières de droit international public.[6] Le rapport des administrateurs sur la convention CIRDI précise que : « Le terme "droit international" doit ici être interprété au sens de l'article 38 (1) du Statut de la Cour internationale de Justice, compte tenu cependant du fait que cet article 38 est destiné à s'appliquer à des différends inter-étatiques ».[7] Cela étant dit, cette possibilité n'est ouverte qu'avec les tribunaux du CIRDI.[8] Dans une affaire fondée sur un TBI et réglée sous l'égide du CIRDI, le tribunal arbitral a choisi d'appliquer

[1] CIRDI, Asian Agricultural Products Limited (AAPL), ARB/87/3, 27 juin 1990, *Op. cit.*, parag. 24 : « Accordingly, the Tribunal is of the opinion that the "false problem" related to the preliminary determination in principle of the applicable law has no relevance within the context of the present arbitration, since both Parties agreed during their respective pleading to invoke primarily the Sri Lanka / U.K. Bilateral Investment Treaty as *lex specialis*, and to apply, within the limits required, the international or domestic legal relevant rules referred to as a supplementary source by virtue of Articles 3 and 4 of the Treaty itself ». Autre exemple, l'article 26 (6) du traité sur la Charte de l'énergie prévoit expressément qu'« un tribunal constitué selon les dispositions du paragraphe 4 statue sur les questions litigieuses conformément au présent traité et aux règles et principes applicables de droit international ». Cité par M. AUDIT, « Contentieux arbitral international, Droit commun », JurisClasseur Droit international, Fasc. 572-65, *Op. cit.*, parag. 40

[2] M. AUDIT, « Contentieux arbitral international, Droit commun », JurisClasseur Droit international, Fasc. 572-65, 2016, *Op. cit.*, parag. 40

[3] *Idem*

[4] *Id.*, parag. 45

[5] *Id.*, parag. 40

[6] *Id.*, parag. 45

[7] Rapport exécutif des Administrateurs sur la Convention, Banque Internationale pour la Reconstruction et le Développement, Rapport des administrateurs sur la convention pour le règlement des différends relatifs aux investissements entre États et ressortissants d'autres États, 18 mars 1965, parag. 40. Cité par L. ACHTOUK-SPIVAK, « Le droit applicable aux arbitrages en matière d'investissements », *Op. cit.*, p.839

[8] M. AUDIT, « Contentieux arbitral international, Droit commun », JurisClasseur Droit international, Fasc. 572-65, 2016, *Op. cit.*, parag. 45

principalement le traité puis a décidé de s'appuyer sur le droit international pour régler les questions non traitées dans le TBI ou pour l'interpréter.[1]

Pour ce qui est du droit international public coutumier, peut-il s'appliquer en l'absence d'un renvoi exprès ? D'abord, la référence à la coutume peut se présenter sous forme implicite par renvoi à l'article 38 (1) du Statut de la Cour internationale de Justice reconnu comme définissant les sources de droit international.[2] Cela étant dit, dans le cadre des traités notamment, il est considéré que même en l'absence de référence implicite, en cas de silence du traité, le droit international général, et notamment la coutume, peut compléter le vide laissé par le traité parce que le traité n'est pas un système juridique isolé par rapport au droit international général.[3] Cela a été souligné dans l'affaire AMOCO : « [...] the rules of customary law may be useful in order to fill in possible lacunae of the Treaty, to ascertain the meaning of undefined terms in its text, or, more generally, to aid interpretation and implementation of its provisions ».[4]

Dans l'affaire AAPL, le tribunal arbitral constate que le TBI « [...] is not a self-contained closed legal system limited to provide for substantive material rules of direct applicability, but it has to be envisaged within a wider juridical context in which rules from other sources are integrated through implied incorporation methods, or by direct reference [...] ».[5]

---

[1] CIRDI, Saipem S.p.A. c. The People's Republic of Bangladesh, ARB/05/07, Sentence, 30 juin 2009, parag. 99. Cité par ACHTOUK-SPIVAK, « Le droit applicable aux arbitrages en matière d'investissements », *Op. cit.*, p. 848

[2] Voir ALENA, International Thunderbird Corporation c. États-Unis du Mexique, Sentence, CNUDCI, 26 janvier 2006, parag. 90. Voir L. ACHTOUK-SPIVAK, « Le droit applicable aux arbitrages en matière d'investissements », *Op. cit.*, p. 839.

Selon l'article 38 (1) du Statut de la CIJ : « La Cour, dont la mission est de régler conformément au droit international les différends qui lui sont soumis, applique :

les conventions internationales, soit générales, soit spéciales, établissant des règles expressément reconnues par les États en litige ;

la coutume internationale comme preuve d'une pratique générale acceptée comme étant le droit ;

les principes généraux de droit reconnus par les nations civilisées ;

sous réserve de la disposition de l'Article 59, les décisions judiciaires et la doctrine des publicistes les plus qualifiés des différentes nations, comme moyen auxiliaire de détermination des règles de droit ».

[3] L. ACHTOUK-SPIVAK, « Le droit applicable aux arbitrages en matière d'investissements », *Op. cit.*, p. 839. Voir A. LEEKS, « The Relationship between Bilateral Investment Treaty Arbitration and the Wider Corpus of International Law : the ICSID approach », *University of Toronto Faculty Law Review*, Vol. 65, No. 2, 2007, p. 39

[4] Amoco International Finance Corporation c. Iran, Sentence No. 310-56-3, 14 juillet 1987 : *Iran-U.S. Claims Tribunal Reports* 1987, Vol. 15, p.187, spéc. p. 222, parag. 112. Cité par L. ACHTOUK-SPIVAK, « Le droit applicable aux arbitrages en matière d'investissements », *Op. cit.*, p. 839

[5] CIRDI, Asian Agricultural Products Ltd. (AAPL) c. République du Sri Lanka, ARB/87/3, sentence, 27 juin 1990 : *ILM*, 1991, Vol. 30, p. 577 et s. ; E. GAILLARD, *La Jurisprudence du CIRDI*, vol. I, *Op. cit.*, p. 323-332, parag. 257. Voir aussi CIRDI, LG&E Energy Corp. et al. c. République d'Argentine, ARB/02/1, décision sur la responsabilité, 3 octobre 2006 : E. GAILLARD, *La Jurisprudence du CIRDI*, vol. II, A. Pedone, 2010, p. 309-322, parag. 97 ; Arbitrage *ad hoc*, National Grid Plc c. Argentine, sentence, 3 novembre 2008, parag. 87. Cité par L. ACHTOUK-SPIVAK, « Le droit applicable aux arbitrages en matière d'investissements », *Op. cit.*, p. 839

Section 4 - La coutume en droit de l'investissement

Ceci nous amène à nous interroger sur le contenu des règles coutumières en matière d'investissement. Est-ce que la coutume existe en droit de l'investissement ?

Une règle coutumière est définie comme « la combinaison d'une pratique cohérente et répétée sur une période suffisamment longue et d'un sentiment partagé que cette pratique correspond à une obligation juridique (*opinio juris*) ».[1] Des normes similaires se répètent dans près de trois mille TBI.[2] Dans la pratique, bien que quelques divergences existent, le contenu de ces normes est très proche voire identique au point que certains pays ont élaboré un modèle de TBI qu'ils se contentent d'ajuster en fonction du partenaire commercial.[3] Par ailleurs, certaines normes de protection dans ces traités sont d'origine coutumière et un investisseur étranger peut les invoquer si l'accès à une juridiction compétente lui est ouvert.[4] C'est le cas, par exemple, de l'expropriation sans compensation : bien qu'il s'agisse d'une norme générale et que généralement seul un instrument prévoit les détails exacts à prendre en considération, comme le mode de calcul de la compensation, elle appartient au droit coutumier.[5] Il en est de même des standards minimum de traitement qui ont des origines coutumières et qui ont inspiré le traitement juste et équitable dans les instruments d'investissement.[6] En cas de difficulté d'interprétation, les arbitres peuvent recourir à ces standards coutumiers pour apporter plus de précisions.[7] Aujourd'hui, ces règles coutumières dans le domaine du droit de l'investissement sont uniquement de nature substantielle.[8] Pour ce qui est des droits procéduraux, comme l'accès à l'arbitrage, il est difficile de les classer dans cette catégorie en l'état actuel.[9] Ainsi, sans engagement écrit (contractuel ou conventionnel), il n'est pas possible d'attraire l'État devant une juridiction internationale sur une base coutumière.[10] Cela étant dit, depuis plusieurs années déjà, les TBI contiennent des clauses compromissoires permettant aux investisseurs de saisir un tribunal arbitral.[11]

---

[1] A. DE NANTEUIL, *Droit international de l'investissement*, *Op. cit.*, p. 111

[2] *Idem*, p. 112

[3] *Id.*

[4] *Id.*

[5] *Id.*

[6] *Id.*, p. 113

[7] Confrontés à des difficultés d'interprétation de la norme de traitement juste et équitable, les arbitres se sont référés à la norme coutumière pour arriver à une solution. Voir CIRDI (mécanisme supplémentaire), Cargill Inc. c Mexique, ARB(AF)/05/2, sentence, 18 septembre 2009, parag. 286 ; ALENA, Glamis Gold ltd. c. États-Unis, sentence, CNUDCI, 8 juin 2009, parag. 616. Cité par A. DE NANTEUIL, *Droit international de l'investissement*, *Op. cit.*, p. 113

[8] A. DE NANTEUIL, *Droit international de l'investissement*, *Op. cit.*, p. 114

[9] Une exception concerne l'accès à un juge (national) dans le cadre de la prohibition du déni de justice. A. DE NANTEUIL, *Droit international de l'investissement*, *Op. cit.*, p. 114

[10] *Idem*

[11] *Id.*, p. 115

Il est possible de se demander s'il ne s'agit pas ici d'une forme de coutume.[1] Il ne s'agit pas de faire appartenir au droit coutumier le droit d'accès à une juridiction internationale qu'une clause compromissoire ne reconnaît pas expressément mais plutôt de considérer comme telle l'interprétation de la clause compromissoire qui donne accès à un tribunal arbitral uniquement en présence d'un traité ou d'un contrat.[2] Il s'agit donc non pas d'une règle coutumière mais d'une « coutume interprétative » née d'une pratique répétée depuis les années 1990 et qui a été peu remise en question.[3]

Certaines normes coutumières à caractère général peuvent être utiles pour le droit de l'investissement comme les règles générales sur la responsabilité de l'État résultant d'une codification par la Commission du droit international[4] et les règles internationales sur les immunités de l'État.[5] L'Assemblée générale de l'ONU a « pris note » des règles sur la responsabilité internationale de l'État dans la résolution 56 / 83 du 12 décembre 2001, règles développées depuis plusieurs siècles.[6] L'essentiel des dispositions publiées par la Commission du droit international correspondent à l'état du droit international général (principes d'imputation d'un comportement à l'État, les circonstances excluant l'illicéité, principes de réparation, etc.), certaines questions étant laissées ouvertes pour s'adapter au cas par cas (comme la question du dommage ne constituant pas une condition d'engagement de la responsabilité restée controversée).[7] Les tribunaux arbitraux recourent souvent à ces règles pour répondre à des questions de fond afin de déterminer la conformité des agissements de l'État aux normes internationales.[8] Les règles internationales sur les immunités de l'État se posent dans le cadre de l'exécution d'une sentence.[9] Elles ont fait l'objet d'une codification dans une Convention[10] qui n'est pas encore entrée en vigueur. Même après son entrée en vigueur, les règles sur l'immunité resteront coutumières, c'est-à-dire qu'elles seront toujours opposables même aux États qui n'ont pas ratifié la Convention.[11] Sans entrer dans les détails du contenu de ces règles, nous dirons simplement que s'appliquant dans le cadre de l'exécution de la sentence, elles sont susceptibles

---

[1] *Id.*

[2] *Id.*

[3] *Id.*

[4] Voir J. CRAWFORD, *Les articles de la C.D.I. sur la responsabilité de* l'État *pour fait internationalement illicite. Introduction, texte et commentaires*, Paris, Pedone, 2003

[5] A. DE NANTEUIL, *Droit international de l'investissement, Op. cit.*, p. 118

[6] *Idem*

[7] *Id.*, p. 118 - 119

[8] *Id.*, p. 118

[9] *Id.*, p. 119

[10] Convention des Nations Unies sur les immunités juridictionnelles des États et de leurs biens du 2 décembre 2004, Assemblée générale de l'ONU, Doc. A/59/508 https://treaties.un.org/doc/Treaties/2004/12/20041202%2003-50%20PM/CH_III_13p.pdf

[11] A. DE NANTEUIL, *Droit international de l'investissement, Op. cit.*, p. 119

d'être invoquées par l'État surtout lorsque le montant des dommages-intérêts à payer est considérable.[1]

Section 5 - L'application des règles internationales de protection des droits de l'homme

La question de l'application par un tribunal arbitral d'investissement de règles internationales de protection des droits de l'homme fait l'objet de vifs débats.[2] Elles sont parfois invoquées par l'investisseur tout comme l'État[3] mais cela n'aboutit pas soit parce que le tribunal déclare inapplicable la règle de protection des droits de l'homme[4], soit parce qu'il affirme que l'État pouvait respecter tant la règle de protection des droits de l'homme que celle relative à l'investissement[5].

Cela étant dit, pour protéger leurs droits, les investisseurs peuvent se tourner vers certains traités du droit international général comportant des dispositions générales pouvant fournir une protection efficace et des garanties utiles.[6] L'investisseur peut recourir à la Convention européenne des droits de l'homme qui est d'application territoriale (conformément à son article 56).[7] En cas de difficulté dans l'application d'un TBI, l'investisseur peut faire valoir certains droits notamment s'il s'agit du droit de propriété.[8] Le droit de propriété est mentionné à l'article 1 du premier protocole additionnel[9] et la Cour européenne des droits de l'homme a considéré que cet article offre cette protection.[10] Bien que le droit de propriété mentionné à l'article 1 n'est pas tout à fait le même qu'une disposition d'un TBI sur la protection contre

---

1 *Idem*, p. 120

2 Voir W. BEN HAMIDA, F. COULEE (dir.), *Convergences et contradictions de droit des investissements et des droits de l'homme : une approche contentieuse*, Paris, Pedone, 2017 ; M. AUDIT, « Contentieux arbitral international, Droit commun », JurisClasseur Droit international, Fasc. 572-65, *Op. cit.*, parag. 40

3 M. AUDIT, « Contentieux arbitral international, Droit commun », JurisClasseur Droit international, Fasc. 572-65, *Op. cit.*, parag. 40

4 CIRDI, Bernhard von Pezold c. Zimbabwe, ARB/10/15, ordonnance, 26 juin 2012, parag. 57. Cité par M. AUDIT, « Contentieux arbitral international, Droit commun », JurisClasseur Droit international, Fasc. 572-65, *Op. cit.*, parag. 40

5 CIRDI, SAUR International S.A. c. Argentine, ARB/04/4, compétence et responsabilité, 6 juin 2012, parag. 328. Cité par M. AUDIT, « Contentieux arbitral international, Droit commun », JurisClasseur Droit international, Fasc. 572-65, *Op. cit.*, parag. 40

6 A. DE NANTEUIL, *Droit international de l'investissement*, *Op. cit.*, p. 108

7 *Idem*

8 *Id.*

9 Article 1 du premier protocole additionnel de la Convention EDH :
« Protection de la propriété - Toute personne physique ou morale a droit au respect de ses biens. Nul ne peut être privé de sa propriété que pour cause d'utilité publique et dans les conditions prévues par la loi et les principes généraux du droit international.
Les dispositions précédentes ne portent pas atteinte au droit que possèdent les États de mettre en vigueur les lois qu'ils jugent nécessaires pour réglementer l'usage des biens conformément à l'intérêt général ou pour assurer le paiement des impôts ou d'autres contributions ou des amendes ».

10 CEDH, Marckx c. Belgique, 13 juin 1979, Rec. Série A, No. 31, parag. 63 ; A. DE NANTEUIL, *Droit international de l'investissement*, *Op. cit.*, p. 108

l'expropriation, un rapprochement peut en être fait.[1] L'investisseur pourra porter plainte contre l'État directement auprès de la Cour européenne des droits de l'homme en cas d'atteinte à ses biens.[2] Cet État doit être membre du Conseil de l'Europe.[3] La saisine directe de la Cour européenne des droits de l'homme a été facilitée par l'entrée en vigueur du protocole No. 11 en 1998.[4]

La Convention garantit également le droit à un procès équitable, en son article 6 paragraphe 1, et offre par là une protection contre le déni de justice que le droit international de l'investissement protège.[5] De plus, le droit à la liberté, énoncé à l'article 5 de la Convention, offre une protection contre les poursuites judiciaires infondées.[6]

Les autres droits fondamentaux énoncés dans la Convention comme le droit à la vie, au respect de la vie privée, l'interdiction de l'esclavage et du travail forcé et de la discrimination sont indispensables à la bonne conduite d'une activité à l'étranger, mais d'un point de vue strictement économique, la protection d'un investissement passe avant tout par la propriété (usine, société, biens meubles et immeubles, actions...).[7]

Notons qu'étant une juridiction spécialisée dans la protection des droits fondamentaux, les indemnisations offertes par la Cour ne sont sans doute pas aussi importantes que celles offertes par les tribunaux arbitraux, les juges de la Cour européenne des droits de l'homme veillant à ce que n'émerge pas un « marché de l'indemnisation ».[8]

Section 6 - Les sources des règles interprétatives

Pour interpréter les textes sur le fondement desquels ils sont saisis, les tribunaux arbitraux se fondent avant tout sur les textes eux-mêmes, leurs préambules et leurs objectifs.[9] Pour ce qui est de l'interprétation des traités, la jurisprudence arbitrale admet qu'il est possible de se référer à la Convention de Vienne sur le droit des traités du 23 mai 1969 (CVDT).[10] Les traités

---

[1] A. DE NANTEUIL, *Droit international de l'investissement, Op. cit.*, p. 109

[2] *Idem*, p. 108

[3] Les membres du Conseil de l'Europe sont les 27 pays membres de l'UE en plus des pays suivants : Albanie, Andorre, Arménie, Azerbaïdjan, Bosnie-Herzégovine, Russie, Géorgie, Islande, Liechtenstein, Macédoine du Nord, Monaco, Monténégro, Norvège, Royaume-Uni, République de Moldova, Saint-Marin, Serbie, Suisse, Turquie, Ukraine : https://www.coe.int/fr/web/about-us/our-member-states

[4] A. DE NANTEUIL, *Droit international de l'investissement, Op. cit.*, p. 108

[5] *Idem*, p. 109

[6] *Id.*

[7] *Id.*, p. 108

[8] *Id.*, p. 110

[9] M. AUDIT, « Contentieux arbitral international, Droit commun », JurisClasseur Droit international, Fasc. 572-65, *Op. cit.*, parag. 41

[10] Voir CIRDI, Siemens A.G. c. Argentine, ARB/02/8, compétence, 3 août 2004, parag. 81 ; CIRDI, Noble Ventures Inc. c. Roumanie, ARB/01/11, sentence, 12 octobre 2005, parag. 50 ; CIRDI, Emilio Agustín Maffezini c. Espagne, ARB/97/7, compétence, 25 janv. 2000, parag. 27 : « Like all other provisions of the BIT and in the absence of other specified applicable rules of interpretation, Article X must be interpreted in the manner prescribed by Article 31 of the Vienna Convention on the Law of Treaties. It provides that a

d'investissements qui sont des instruments conventionnels formant en grande partie le droit international de l'investissement aujourd'hui sont soumis au régime juridique général codifié par la Convention de Vienne de 1969.[1] Formée de règles coutumières, la Convention de Vienne s'applique même aux États qui ne l'ont pas ratifiée.[2] Comme les tribunaux arbitraux se retrouvent souvent face à des dispositions ambiguës d'un TBI, ils peuvent recourir aux principes d'interprétation de la Convention de Vienne (notamment aux articles 31 à 38).[3] Au titre de l'interprétation des traités, l'article 31 paragraphe 3, c. dispose qu'il « sera tenu compte, en même temps que du contexte [...] de toute règle pertinente de droit international applicable dans les relations entre les parties ».[4]

Dans certaines décisions, pour interpréter une loi nationale, une référence a été faite aux règles de droit international public par le tribunal arbitral.[5] Par exemple, dans l'affaire SPP, pour interpréter la loi égyptienne, les arbitres se sont référé « aux principes de droit international applicables aux déclarations unilatérales »[6] et même aux « règles pertinentes d'interprétation des traités »[7], ce qui est plus contestable.[8]

---

treaty is to be "interpreted in good faith in accordance with the ordinary meaning to be given to the terms of the treaty in their context and in the light of its object and purpose". Applying this principle, it is to be noted that Article X (3) (a) does not say that a case may not be referred to arbitration if a domestic court has rendered a decision on the merits of the dispute within a period of eighteen months. It provides merely that if such a decision has been rendered and if the dispute continues, the case may be referred to arbitration ».

Sur cette question : G. KAUFMANN-KOHLER, « Interpretation of Treaties : How Do Arbitral Tribunals Interpret Dispute Settlement Provisions Embodied in Investment Treaties ? » *In Pervasive Problems in International Arbitration*, L. A. MISTELIS and J. D.M. LEW (ed.), The Hague, Kluwer Law International, 2006, p. 257, spéc. p. 257-273. Cité par M. AUDIT, « Contentieux arbitral international, Droit commun », JurisClasseur Droit international, Fasc. 572-65, *Op. cit.,* parag. 41

[1] A. DE NANTEUIL, *Droit international de l'investissement, Op. cit.,* p. 110

[2] *Idem*, p. 116

[3] Voir F. LATTY, « Arbitrage transnational et droit international général », *AFDI*, 2009, p. 683, spéc. 694. Cité par A. DE NANTEUIL, *Droit international de l'investissement, Op. cit.,* p. 116

[4] Dans l'affaire Bayindir, le tribunal arbitral, face à une difficulté d'interprétation de la norme de traitement juste et équitable, a considéré que « customary international law and décisions of other tribunals may assist in the interprétation of this provision. This is particularly apposite here given that Article 4 (2) of the Pakistan-Switzerland BIT simply states a general obligation of fair and equitable treatment. The Tribunal must therefore set forth the meaning of such a general obligation ».

CIRDI, Bayindir Insàt Turizm Ticaret Ve Sanayi A.S. c. Pakistan, ARB/03/29, sentence, 27 août 2009, parag. 176. Cité par A. DE NANTEUIL, *Droit international de l'investissement, Op. cit.,* p. 117

[5] M. AUDIT, « Contentieux arbitral international, Droit commun », JurisClasseur Droit international, Fasc. 572-65, *Op. cit.,* parag. 46

[6] Il est « délicat » de déterminer le contenu des « principes de droit international applicables aux déclarations unilatérales ». Voir M. AUDIT, « Contentieux arbitral international, Droit commun », JurisClasseur Droit international, Fasc. 572-65, *Op. cit.,* parag. 46

[7] CIRDI, Southern Pacific Properties (Middle East) Limited (SPP) c. Égypte, ARB/84/3, décision sur la compétence, 27 nov. 1985, parag. 40. Cité par M. AUDIT, « Contentieux arbitral international, Droit commun », JurisClasseur Droit international, Fasc. 572-65, *Op. cit.,* parag. 46

[8] E. GAILLARD : JDI 1994, spéc. p. 225. Cité par M. AUDIT, « Contentieux arbitral international, Droit commun », JurisClasseur Droit international, Fasc. 572-65, *Op. cit.,* parag. 46

Section 7 - La jurisprudence et la doctrine

La jurisprudence n'est pas une source première du droit en droit international général, mais a un caractère subsidiaire en raison notamment de l'autorité relative attachée à la chose jugée de la plupart des décisions des juridictions internationales.[1]

Les décisions de certaines juridictions ont contribué à l'interprétation et à la compréhension du droit international, voire contribué à identifier certaines normes dont des normes coutumières.[2] Le droit international ne suit pas le principe des précédents comme dans le *common law* où le juge est lié par les décisions de ses prédécesseurs (*stare decisis*).[3] Ce qui fait que le système juridique international n'est pas très cohérent d'autant plus qu'on assiste à une multiplication des juridictions internationales dans divers secteurs et dans différentes régions.[4]

Cela étant dit, malgré l'absence d'obligation de suivre les précédents, rien n'empêche les tribunaux arbitraux de se référer à des décisions précédentes, ce qu'ils n'hésitent pas à faire, surtout lorsqu'il s'agit des décisions de la même juridiction.[5] Ainsi, dans l'affaire Saipem réglée sous le CIRDI, le tribunal arbitral considère que bien qu'il n'est pas lié à des décisions précédentes, il a le devoir (*duty*) de prendre en considération les solutions établies dans des affaires précédentes et de contribuer à l'harmonisation du droit de l'investissement ainsi que de répondre aux attentes légitimes des parties.[6] D'autres tribunaux ont refusé de suivre les jurisprudences antérieures et décident de ne tenir compte que des règles juridiques existantes, ce qui ne peut être contesté.[7]

Si la jurisprudence du droit international public présente un caractère subsidiaire, celle du droit international de l'investissement est tellement développée qu'elle se présente comme une vraie composante de la protection offerte par ce dernier.[8] Le contentieux de l'investissement montre que les parties n'invoquent pas seulement les normes mais aussi leur interprétation présentée dans des décisions antérieures, dont certaines sont devenues des « classiques », au point que celle-ci est devenue un élément indispensable de

---

[1] A.DE NANTEUIL, *Droit international de l'investissement*, *Op. cit.*, p. 123
[2] *Idem*
[3] *Id.*
[4] *Id.*
[5] *Id.*, p. 124
[6] CIRDI, Saipem S.p.A. c. Bangladesh, ARB/05/07, compétence, 21 mars 2007, parag. 67. Cité par A. DE NANTEUIL, *Droit international de l'investissement*, *Op. cit.*, p. 124
[7] Exemple CIRDI, Quiborax SA, Non Metallic Minerals SA et Allan Fosh Kaplun c. Bolivie, ARB/06/2, compétence, 27 septembre 2012, parag. 46. Cité par A.DE NANTEUIL, *Droit international de l'investissement*, *Op. cit.*, p. 125
[8] A. DE NANTEUIL, *Droit international de l'investissement*, *Op. cit.*, p. 126

cette protection.[1] Dans l'affaire Middle East Cement Shipping c. Égypte[2] fondée sur le TBI Égypte / Grèce de 1993, pour appuyer le mode de calcul des intérêts dans le cadre d'une expropriation, le tribunal arbitral s'est référé à des précédents dans d'autres affaires CIRDI dont Compañia del Desarollo de Santa Elena[3] et Wena Hotels c. Égypte.[4]

Une norme coutumière n'étant pas écrite par définition, la jurisprudence, en apportant des précisions dans les sentences, contribuerait à identifier sa teneur.[5] La jurisprudence d'autres juridictions comme la Cour internationale de Justice peut inspirer également les arbitres, par sa qualité d'organe judiciaire des Nations unies, notamment en ce qui concerne l'interprétation de la clause de la nation la plus favorisée ou l'expropriation ou des questions de fond ou de procédure.[6] Le Tribunal des différends irano-américains qui a rendu près de quatre mille décisions, notamment concernant des « dettes, contrats, expropriation ou autres mesures affectant le droit de propriété », a également inspiré des arbitres statuant sur des litiges d'investissement.[7]

Pour ce qui est de la doctrine, « la doctrine des publicistes les plus qualifiés des différentes nations » figure à l'article 38 du Statut de la Cour internationale sur les sources du droit international public, comme « moyen auxiliaire de détermination des règles de droit ». La doctrine peut apporter des précisions face à l'ambiguïté de certaines dispositions.[8] Les arbitres citent très souvent dans leurs argumentations des ouvrages pour appuyer leurs propos.[9] D'ailleurs très souvent aussi, parmi les arbitres ou les conseils chargés de trancher des litiges d'investissement se trouvent des professeurs ou des universitaires.[10] C'est dans le droit international de l'investissement que le recours aux travaux doctrinaux est le plus fréquent, sans doute en raison de la jeunesse de la discipline.[11]

---

[1] *Idem*

[2] CIRDI, Middle East Cement Shipping and Handling Co. S.A. c. Égypte, ARB/99/6, sentence, 12 avril 2002 (TBI Égypte/Grèce)

[3] CIRDI, Compañia del Desarrollo de Santa Elena S.A. c. Republic of Costa Rica, ARB/96/1, sentence, 17 fév. 2000, parag. 96 à 107

[4] CIRDI, Wena Hotels Ltd. c. Égypte, ARB/98/4, sentence, 8 déc. 2000, parag. 128-136 (TBI Royaume-Uni/Égypte)

[5] A. DE NANTEUIL, *Droit international de l'investissement*, *Op. cit.*, p. 126

[6] Par exemple, l'affaire Usine de Chorzów est régulièrement citée par la jurisprudence arbitrale surtout pour déterminer le montant de l'indemnisation due en cas de de la violation par l'État d'une règle internationale de protection des investisseurs étrangers. CPJI, 13 septembre 1928, Usine de Chorzów (Allemagne/Pologne), Série A, n°17. A. DE NANTEUIL, *Droit international de l'investissement*, *Op. cit.*, p. 127-128

[7] Exemple, au sujet de la notion d'expropriation, l'affaire Tippetts a été mentionnée dans l'affaire CIRDI Biwater. Tippetts, Abbett, McCarthy, Stratton c. TAMS-AFFA Consulting Engineers of Iran & autres, Sentence No. 7, 29 juin 1984: *Iran-U.S. Claims Tribunal Reports* 1984, Vol. 6, p. 219 ; CIRDI, Biwater c. Tanzanie, ARB/05/22, sentence, 24 juillet 2008, parag. 438 ; A. DE NANTEUIL, *Droit international de l'investissement*, p. 129-130

[8] A. DE NANTEUIL, *Droit international de l'investissement*, *Op. cit.*, p. 130

[9] *Idem*, p. 130 -131

[10] *Id.*, p. 131

[11] *Id.*

Chapitre 3 - Identification du droit choisi par les parties

Les parties sont libres de déterminer le droit applicable au fond du litige, et ce en vertu du principe d'autonomie de la volonté (section 1). Les parties peuvent choisir un droit étatique (section 2) qui peut être soumis à une clause de stabilisation (section 3). L'application exclusive du droit national aux contrats d'État a fait l'objet d'une remise en cause (section 4). Aujourd'hui, les parties peuvent choisir le droit international pour régir leur litige contractuel (section 5).

Section 1 - Le principe d'autonomie de la volonté des parties

Les parties sont libres de déterminer le droit applicable au fond du litige. Néanmoins, le principe d'autonomie de la volonté des parties connaît quelques entraves dans certaines législations.

Sous-section 1 - Un principe reconnu dans la majorité des systèmes

Il est généralement admis dans l'arbitrage d'investissement, tout comme dans l'arbitrage commercial, que les parties ont la liberté de déterminer le droit applicable au fond du litige.[1] C'est le principe d'autonomie de la volonté des parties. Il reflète la pratique générale dans l'arbitrage international.[2] Il est reconnu aujourd'hui dans la majorité des systèmes juridiques aux niveaux national, transnational et international,[3] des droits de l'arbitrage, des règlements d'arbitrage des institutions d'arbitrage[4] et des accords et traités d'investissement.[5] Pierre Lalive indique qu'il s'agit d'un principe universellement admis, et qu'« [...] il y a peu de principes plus universellement admis en droit international privé que celui exprimé par l'expression courante *proper law of contract*, selon lequel la loi régissant le contrat est celle qui a été choisie par les parties, soit expressément, soit (avec certaines différences ou nuances selon les divers systèmes) tacitement ».[6]

Selon la version 1976 du règlement d'arbitrage CNUDCI, « [l]e Tribunal arbitral applique la loi désignée par les parties comme étant la loi applicable

[1] L. ACHTOUK-SPIVAK, « Le droit applicable aux arbitrages en matière d'investissements », *Op. cit.*, p. 830

[2] [Okilassali], p. 31. Voir M. BLESSING, « Choice of Substantive Law in international Arbitration », *Journal of International Arbitration*, Vol. 14, No. 2, 1997, p. 39

[3] *Idem*. Voir *Idem*

[4] J. M. JACQUET, D. BENTOLILA, « Contrat d'État », *Op. cit.*, parag. 111

[5] E. GAILLARD, « Droit applicable au fond du litige », JurisClasseur Droit international, Fasc. 586-9-1, *Op.cit.* ; L. ACHTOUK-SPIVAK, « Le droit applicable aux arbitrages en matière d'investissements », *Op. cit.*, p. 830

[6] P. A. LALIVE, « Ordre public transnational (ou réellement international) et arbitrage international », *Op. cit.*, p. 353

au fond du litige » (article 33-1) et la version 2010 du règlement élargit le choix des parties pour inclure les « règles de droit » (article 35-1).[1] Le mécanisme additionnel du CIRDI consacre l'autonomie des parties à l'article 54-1 (« Le Tribunal applique les règles de droit désignées par les parties comme applicables au fond du litige »).[2] Aux termes de l'article 42 (1) de la Convention de Washington, qui énonce que « [l]e tribunal statue sur le différend conformément aux règles de droit adoptées par les parties », la primauté est donnée à la volonté des parties.[3] Si le tribunal arbitral n'applique pas les règles de droit choisies par elles ou applique des règles différentes, la sentence pourra faire l'objet d'un recours en annulation pour excès de pouvoir.[4] Ce principe est également consacré dans les règlements d'arbitrage de la CCI, de la LCIA, et de la Chambre de commerce de Stockholm.[5] Dans l'affaire Texaco, le tribunal arbitral indique que le principe d'autonomie de la volonté des parties dans les contrats internationaux est reconnu dans tous les systèmes juridiques.[6]

La résolution prise par l'Institut de Droit international à sa session d'Athènes (septembre 1979) relative à la loi du contrat dans les accords entre un État et une personne privée étrangère accorde une grande liberté aux parties dans les contrats d'État.[7] En effet, il est indiqué au préambule : « Considérant que, dans le cas d'un contrat entre un État et une personne privée étrangère, les principes généraux du droit international privé permettent aux parties de désigner la loi du contrat et, si telle est leur volonté, de soustraire ce contrat à l'application exclusive d'un droit interne déterminé ». L'article 1er de la résolution prévoit que : « Les contrats entre un État et une personne privée étrangère sont soumis aux règles de droit choisies par les parties ou, à défaut d'un tel choix, aux règles de droit avec lesquelles le contrat comporte le rattachement le plus étroit ». Cette résolution confirme le pouvoir important laissé aux parties surtout que l'article 2 indique que « Les parties peuvent notamment choisir comme loi du contrat, soit un ou plusieurs droits internes ou les principes communs à ceux-ci, soit les principes généraux du droit, soit les principes appliqués dans les rapports économiques internationaux, soit le droit international, soit une combinaison de ces sources de droit ».

---

[1] Voir L. ACHTOUK-SPIVAK, « Le droit applicable aux arbitrages en matière d'investissements », *Op. cit.*, p. 829

[2] *Idem*, p. 829-830

[3] E. CABROL, H. SMITH, « Arbitrage CIRDI », *Op.cit.*

[4] *Idem*

[5] L. ACHTOUK-SPIVAK, « Le droit applicable aux arbitrages en matière d'investissements », *Op. cit.*, p. 830

[6] « All legal systems, whatever they are, apply the principle of the autonomy of the will of the parties to international contracts. As regards the merits, all legal systems confirm this principle which appears therefore as universally accepted even though it may not always have the same meaning or the same scope ». Arbitrage *ad hoc*, Texaco Overseas Petroleum Company / California Asiatic Oil Company c. Libye, compétence, 27 novembre 1975 : 59 *ILR* 11 (1979), parag. 25. Cité par L. ACHTOUK-SPIVAK, « Le droit applicable aux arbitrages en matière d'investissements », *Op. cit.*, p. 830

[7] J. M. JACQUET, D. BENTOLILA, « Contrat d'État », *Op. cit.*, parag. 116

Sous-section 2 - Les manifestations de la volonté des parties

La volonté des parties peut se manifester soit de façon expresse soit de façon implicite. Quand le choix est exprès, le droit choisi est exprimé clairement.[1] Quand il s'agit d'un choix implicite, l'arbitre essaie de déterminer l'intention des parties à travers des indices.[2]

Il est préférable que les parties expriment cette volonté dans une clause d'élection de droit, ce qui veut dire « toute action accomplie afin de porter la volonté à la connaissance d'autrui » (par la parole, l'écriture, des signes faits avec le corps ou des gestes s'ils manifestent ainsi habituellement cette volonté).[3]

Les parties peuvent choisir un droit applicable de façon tardive, après la naissance du litige.[4] Cette liberté n'est que l'expression de leur autonomie de volonté.[5] Cette liberté de choisir un droit suite à la conclusion du contrat est reconnue dans les contrats internationaux.[6] Goldman s'exprime à ce sujet en expliquant que les parties peuvent convenir du droit applicable « non seulement au moment où sont établis les actes juridiques qui prévoient l'investissement mais également après coup, soit lors du consentement à l'arbitrage, soit même en cours de l'arbitrage. Il suffit en effet que les 'règles de droit' soient adoptées par les parties avant que le tribunal ne statue sur le différend ».[7] Cette possibilité a été prévue par la Convention de Rome du 19 juin 1980 en son article 3.2 : « Le choix du droit ou un changement de choix peut être effectué à n'importe quel moment après la conclusion du contrat, par accord des parties ». Paul Lagarde mentionne, concernant le choix tardif, qu'« il n'est [...] pas exceptionnel que les parties, après la conclusion du contrat, désirent, par un choix tardif, combler la lacune que le contrat

---

[1] [Okilassali], p. 44

[2] *Idem*

[3] J. CARBONNIER, *Droit civil, tome IV, les obligations*, PUF, Paris, 21e éd., 1998, p. 80. Cité par [Okilassali], p. 44

[4] G. R. DELAUME, « How to draft an ICSID Arbitration Clause », *ICSID Rev-FILJ*, Vol. 7, No. 1, 1992, p. 168, spéc. p.186. Cité par [Okilassali], p. 107

[5] J. D. M. LEW, *Applicable law in International Commercial Arbitration*, Dobbs Ferry, Oceana pub., 1978, p. 141. Cité par [Okilassali], p. 104. Voir l'article 2.3 de l'avant-projet de convention sur la loi applicable aux obligations contractuelles et non contractuelles : « Le choix des parties quant à la loi applicable peut intervenir aussi bien au moment de la conclusion du contrat qu'a une date ultérieure. Ce choix peut être modifié à tout moment par un accord des parties. Toute modification quant à la détermination de la loi applicable, intervenue postérieurement à la conclusion du contrat, ne porte pas atteinte aux droits des tiers [...] », *RCDIP*, 1973, p. 209. Cité par [Okilassali], p. 104-105

[6] J. D. M. LEW, *Applicable law in International Commercial Arbitration*, *Op. cit.*, p. 140 et s. Cité par [Okilassali], p. 106

[7] B. GOLDMAN, « Le droit applicable selon la Convention de la BIRD du 18 mars 1965 pour le règlement des différends relatifs aux investissements entre États et ressortissants d'autres États », *In Colloque du CREDIMI de Dijon sur les investissements étrangers et arbitrage entre États et personnes privées*, Paris, Pedone, 1969, p. 133, spéc. p. 142. Cité par [Okilassali], p. 107

présentait sur ce point [...] ».[1] La jurisprudence arbitrale a également consacré cette possibilité.[2]

La Convention de Washington ne prévoit pas expressément un choix tardif, *a posteriori*, du droit applicable.[3] Si les parties n'ont pas désigné le droit applicable dans le contrat initial, au moment de sa conclusion, les parties peuvent, d'un consentement commun, se mettre d'accord sur le droit applicable au moment où elles décident de soumettre le litige au CIRDI, comme le prévoit l'article 25 (4) de la Convention.[4] Le CIRDI traite de la même importance les choix effectués avant ou après la naissance d'un litige.[5] Dans le rapport des administrateurs du CIRDI, il est écrit que « le consentement des parties doit avoir été donné avant que le Centre ne soit saisi (articles 28 (3) et 36 (3), mais la Convention ne contient aucune précision quant à la date à laquelle le consentement doit être donné. Il peut être donné, par exemple, dans une disposition d'un accord d'investissement prévoyant la soumission au Centre des différends auxquels il pourrait ultérieurement donner lieu, ou dans un compromis concernant un différend déjà né ».[6]

Les parties peuvent choisir le droit applicable en cours de procès également.[7] Dans l'exercice de leur liberté, les parties peuvent, d'un commun accord, changer ultérieurement le droit choisi initialement, en partie ou dans son ensemble.[8] Dans la sentence Aminoil c. Koweït, il est indiqué que « Bien qu'il soit théoriquement possible, qu'un litige soit soumis à un assemblage de règles différentes de celles qui avant l'arbitrage étaient applicables aux situations et aux questions qui font l'objet du litige, on doit présumer que tel n'est pas le cas ».[9] Dans l'affaire Texaco[10], plusieurs changements ont été effectués au niveau de la clause du droit applicable. Dans le contrat initial, la clause était rédigée comme suit :

« 36.This concession shall be governed by and construed by in accordance with the law of Libya and such principles and rules of international law as may

---

[1] P. LAGARDE, « Le nouveau droit international privé des contrats après l'entrée en vigueur de la Convention de Rome du 19 juin 1980 », *RCDIP*, 1991, p. 288, spéc. p. 304. Cité par [Okilassali], p. 107

[2] Voir sentences Texaco c. Libye du 19 janvier 1977 et SPP c. Égypte de la CCI du 16 février 1983, *Revue de l'arbitrage*, 1986, p. 105, spéc. p. 113. Jp citée par [Okilassali], p. 106

[3] [Okilassali], p. 107

[4] *Idem*, p. 105-107

[5] *Id.*, p. 108

[6] Rapport des administrateurs, doc. CIRDI-ICSID/2 (français), p. 9

[7] G. R. DELAUME, « Le Centre International de Règlement des différends relatifs aux investissements », *Op. cit.*, p. 828 ; B. GOLDMAN, « Le droit applicable selon la Convention de la BIRD du 18 mars 1965 pour le règlement des différends relatifs aux investissements entre États et ressortissants d'autres États », *Op. cit.*, p. 192 ; Cités par [Okilassali], p. 109

[8] J. D. M. LEW, *Applicable law in International Commercial Arbitration*, Dobbs Ferry, Oceana pub., 1978, p. 141. Cité par [Okilassali], p. 104

[9] Arbitrage *ad hoc*, The American Independent Oil Company (Aminoil) c. Koweït, sentence, 24 mars 1982: 21 *ILM*, 1982, p. 976. Cité par [Okilassali], p. 104

[10] Arbitrage *ad hoc*, Petroleum Co. and California Asiatic Oil Company c. Libya, sentence, 19 janvier 1977 : *JDI* 1977, p. 350

be relevant and the umpire or sole arbiter shall base his award on such law, principles and rules ».

En 1963, on trouve l'amendement suivant :

« 37.This concession shall be governed by and construed in accordance with Libyan law and such principles and rules of international law as may be relevant and are not inconsistent with or contrary with Libyan law ».

Finalement, en 1966, la clause est écrite comme suit :

« 38. This concession shall be governed by and construed in accordance with the principles of the law of Libya which are common with principles of international law ; and in the absence of such common principles, it shall be governed and construed in accordance with the general principle of law, including those principles that have been applied by international tribunal ».

Dans le cadre du CIRDI, cette modification du droit initial est possible sous l'article 42 (1) qui accorde aux parties une grande liberté d'autonomie.

Comme nous l'avons vu dans la partie préliminaire, en cas d'offres d'arbitrage présentées dans une loi d'investissement ou un traité, les parties, en vertu du principe de l'autonomie de la volonté, peuvent écarter le droit applicable prévu dans ces instruments et convenir d'un autre choix qui leur semble plus adapté pour résoudre leur litige.[1] Le principe d'autonomie est tel qu'il arrive qu'il soit consacré même dans les clauses de droit applicable des instruments législatifs et conventionnels comme c'est le cas du TBI Koweït / Croatie (1997)[2] qui oblige le tribunal arbitral à régler le litige conformément au droit choisi par les deux parties au litige (investisseur et État), et ce n'est qu'à défaut de choix que le tribunal appliquera le(s) droit(s) fixé(s) par l'instrument.[3]

Sous-section 3 - Le principe d'autonomie à l'épreuve des législations arabes

Comme vu ci-haut, le principe d'autonomie permet aux parties de choisir le droit qu'elles souhaitent, même sans rapport avec le contrat.[4]

En Arabie saoudite et au Yémen, la liberté des parties de choisir le droit applicable au fond n'est pas absolue. En Arabie saoudite, avant la réforme de 2012, l'article 7 du décret royal de 1983 lu en combinaison avec l'article 39 de son décret d'application de 1985 indiquaient que l'application impérative

[1] W. BEN HAMIDA, « L'interprétation des clauses des traités d'investissement déterminant le droit applicable à l'arbitrage », *Op. cit.*, parag. 13

[2] L'article 9 (7) du TBI Koweït /Croatie de 1997 prévoit que : « An arbitral tribunal established under this Article shall decide the issues in dispute in accordance with such rules of law as may be agreed by the parties to the dispute. In the absence of such agreement, it shall apply the law of the Contracting State party to the dispute, including its rules on conflict of laws, and such rules of international law as may be applicable ».

[3] W. BEN HAMIDA, « L'interprétation des clauses des traités d'investissement déterminant le droit applicable à l'arbitrage », *Op. cit.*, parag. 13

[4] [Najjar], p. 454

du droit saoudien s'étendait à la procédure et au fond qui devaient respecter la *charia* et les lois en vigueur.[1] Selon certains auteurs,[2] le droit musulman accepte les lois étrangères lorsqu'elles ne sont pas contraires aux sources fondamentales de l'Islam parce que la loi étrangère prendrait la forme d'une coutume internationale, *orf douwali*.[3] Or, conformément à l'article 39 de l'ancien droit saoudien, une convention d'arbitrage qui désignait une loi étrangère ne pouvait pas être homologuée[4] par les autorités saoudiennes parce qu'il s'agissait d'une loi humaine qui ne pouvait primer sur la *charia*, loi divine et constitution du pays.[5] Sous l'ancienne loi, l'application de la *charia* ne pouvait pas être contournée par une délocalisation de l'arbitrage vers d'autres pays parce que la portée de l'article 39 s'étendait au-delà des arbitrages se déroulant en Arabie saoudite.[6] La reconnaissance et l'exécution des sentences étrangères devaient être conformes à la *charia* qui est d'ordre public tout comme toute la législation du Royaume.[7] Ainsi, le principe d'autonomie des parties n'a pas de place.[8] De plus, le droit saoudien se montrait interventionniste parce qu'il s'imposait à toutes les opérations, même celles qui n'avaient pas un lien de rattachement suffisant avec le Royaume, ce qui est contraire aux principes de droit international privé et d'harmonisation des solutions entre les différents systèmes juridiques.[9]

Aujourd'hui, le nouveau règlement saoudien sur l'arbitrage inspiré du droit égyptien et de la loi-type CNUDCI autorise les parties, en son article 38,[10] à designer des règles étrangères à condition qu'elles soient conformes à la

[1] Selon l'article 7 du D-L 1983 : « Si les parties conviennent de recourir à l'arbitrage avant la survenance du litige ou si une décision d'homologation de la convention d'arbitrage est rendue pour un litige déterminé, déjà né, l'examen du litige ne peut se faire qu'en conformité avec les dispositions de la présente loi » et Selon l'article 39 du D-L de 1985 : « Les arbitres ne sont tenus de respecter les règles de procédure sauf à respecter les dispositions de la loi sur l'arbitrage. Leurs décisions doivent être conformes à la charia islamique et aux lois en vigueur ». [Najjar], p. 455

[2] J-P. PISCATORY, *Islam and The International Legal Order, The Case of Saudi Arabia*, Mémoire, Université de Virginie, USA, 1976, p. 390-395. Cité par S. SALEH, *Commercial Agency and Distributorship in the Middle East*, London, Boston, Graham & Trotman, 1995, p.9-58 et spéc. note 277. Cité par [Najjar], p. 455

[3] [Najjar], p. 456

[4] L'homologation était une procédure en Arabie saoudite notamment qui consistait pour les parties à déposer la convention d'arbitrage auprès de la juridiction originairement compétente pour connaître du litige qui prenait une décision concernant l'acceptation de la convention ou pas. Cette procédure conférait à la convention d'arbitrage une force obligatoire que ne lui reconnaît pas le droit musulman traditionnel. L'autorité judiciaire examinait en détail la convention d'arbitrage pour vérifier si toutes les exigences d'une convention étaient remplies. Les juges saoudiens s'accordaient un large pouvoir de contrôle. Cet examen était approfondi et allait même jusqu'à l'examen du fond. [Najjar], p. 191

[5] [Najjar], p. 455-456

[6] *Idem*, p. 456

[7] *Id.*

[8] *Id.*

[9] *Id.*

[10] Selon l'article 38 du règlement saoudien de 2012 : « Sous réserve de violation des prescriptions de la charia islamique et de l'ordre public dans le royaume, le tribunal arbitral applique au fond du litige ce qui suit : a) les règles convenues par les deux parties ; si elles conviennent de l'application du règlement d'un État déterminé, application sera faite des dispositions matérielles à l'exclusion des règles spécifiques aux conflits de lois, à moins que les parties n'en conviennent autrement ». [Najjar], p. 457

charia.[1] Cette disposition est contradictoire et floue quant à la conciliation d'une loi divine et une autre qui ne l'est pas.[2] À ce jour, il n'est pas certain si la cour d'appel de Riyad appliquera toutes les prescriptions de la *charia* ou seuls ses principes fondamentaux.[3]

Au Yémen, les articles 7 et 45 de la loi sur l'arbitrage de 1992[4] lus conjointement donnent la possibilité aux parties de désigner une loi étrangère à deux conditions : (1) si l'une des parties au moins est non yéménite et (2) que la loi choisie respecte la *charia.*[5] Ainsi, le seul élément d'extranéité admis est la nationalité de l'une des parties au moins, et quant à l'application de la *charia*, comme avec le droit saoudien, il reviendra aux cours d'appel[6] d'apprécier son étendue.[7] Dans les autres pays arabes, les parties peuvent choisir librement le droit applicable au fond.[8] En Algérie, au Maroc, au Liban, en Tunisie, en Égypte, en Jordanie, en Syrie, au Bahreïn, au Qatar et aux EAU, cette liberté résulte d'une disposition expresse sur le droit applicable au fond dans la règlementation sur le droit de l'arbitrage.[9] Les droits issus de la loi-type CNUDCI précisent que le choix de loi désigne les règles matérielles et non celles de conflits de lois, sauf convention contraire des parties.[10] En Libye, en Irak et au Koweït, la liberté accordée aux parties de choisir le droit applicable au fond du litige résulte non pas d'une disposition expresse de la législation sur l'arbitrage mais du droit international privé des contrats issu du droit commun.[11] Les codes civils de ces pays sont issus du code égyptien et

---

[1] [Najjar], p. 457

[2] *Idem*

[3] *Id.*

[4] Selon l'article 45 : « Le tribunal arbitral tranche le litige conformément aux règles juridiques convenues par les parties. Si les parties conviennent du choix d'une loi autre que la loi de la République yéménite, elles doivent suivre ses dispositions substantielles : à défaut de convention sur le droit applicable, le tribunal arbitral applique la loi désignée par la règle de conflits yéménite. Le tribunal arbitral peut également trancher le litige conformément aux principes de droit international et aux principes de justice et d'équité si les parties à l'arbitrage l'y autorisent. Dans tous les cas, le tribunal arbitral tranche le litige conformément à la loi yéménite ou aux stipulations contractuelles et prend en considération les usages et coutumes sociaux ainsi que les usages et coutumes commerciaux suivis dans le secteur d'activité ». En 1997, une disposition fut ajoutée à cet article : « il est exigé dans tous les cas qu'il n'y ait aucune contravention aux prescriptions de la charia islamique ».
L'article 7 dispose que « Sous réserve des dispositions de la présente loi, les deux parties peuvent, si l'une ou les deux d'entre elles ne sont pas yéménites, convenir de la loi applicable à l'arbitrage dans sa forme et quant au fond, ainsi que des langues et lieu de l'arbitrage ».
[Najjar], p. 457

[5] [Najjar], p. 458

[6] Au Yémen, toutes les cours d'appel sont compétentes pour connaître des recours en matière d'arbitrage (pas seulement la Cour d'appel de la capitale comme en Arabie saoudite). [Najjar], p. 458

[7] [Najjar], p. 458

[8] *Idem*

[9] Articles 1050 CPCA algérien ; 327-44 CPC marocain ; 813 NCPC libanais ; 73 code tunisien ; 39-1 loi égyptienne ; 36-a loi jordanienne ; 5.1 et 38.1 loi syrienne ; 35-1 LDIFC ; 34-1 LQFC ; 39-1, 39-a, 6-1 loi omanaise sur l'arbitrage et l'article 21 du nouveau Code civil ; 28 loi type à Bahreïn ; 28.1 nouvelle loi d'arbitrage qatarie n ° 2 de 2017 ; 37 (1) nouvelle loi sur l'arbitrage émirati. [Najjar], p. 458

[10] [Najjar], p. 459

[11] Articles 19 Code civil égyptien ; 25 code civil irakien ; 19-1 code civil libyen ; 59 loi koweïtienne No. 5 de 1961 sur la réglementation des rapports juridiques comportant un élément d'extranéité, à laquelle renvoie

énoncent tous que : « Est applicable aux obligations contractuelles la loi du domicile commun des parties et à défaut, la loi du lieu de conclusion du contrat, et ce, sous réserve de convention contraire ou s'il apparaît des circonstances de la cause que l'application d'une autre loi aura été convenue ».[1] Le principe d'autonomie a une portée plus large que celle prévue par la règle de conflit de lois applicable en matière contractuelle : en droit commun, alors que la *lex contractus* désigne la loi applicable aux obligations contractuelles, aux conditions de fond, à la conclusion et aux effets du contrat, en droit de l'arbitrage, les parties peuvent désigner le droit applicable au litige.[2] Cette disposition suppose avant tout que le critère de l'internationalité du litige soit rempli.[3] En droit musulman, ce critère se vérifie par la religion – une partie appartenant à une communauté non musulmane est étrangère, ce qui donne compétence à une loi étrangère – mais aussi par la nationalité et le domicile qui sont deux critères subsidiaires.[4] Autrement dit, devant un tribunal islamique, l'internationalité est qualifiée comme telle au vu de la religion (non musulmane) **et** de la nationalité ou du domicile.[5]

En Algérie, au Maroc, en Tunisie et au Liban, la loi d'autonomie a un domaine large parce que le critère de l'internationalité est déterminé au vu du critère d'« intérêts du commerce international ».[6]

En Égypte, à Oman, en Jordanie et en Syrie, le principe d'autonomie est encore plus libéral parce que les parties peuvent choisir le droit applicable quelle que soit la qualification du litige, interne ou international.[7]

Cela étant dit, les praticiens rapportent que dans certains pays comme la Syrie, l'Irak, le Koweït, le Yémen et l'Algérie, l'application de la loi du pays au contrat conclu avec l'opérateur étranger est imposée à l'occasion de l'autorisation préalable requise pour la conclusion de la convention d'arbitrage.[8]

Sous-section 4 - Choix explicite ou implicite

Les parties sont libres d'exprimer leur choix du droit applicable selon le mode qu'elles jugent bon, qu'il soit exprès / explicite ou tacite ou implicite.[9] Pour éviter toute confusion ou difficulté, les parties ont évidemment intérêt à

l'article 7 du CPCC de 1980, qui applique néanmoins ces dispositions aux « conditions de fond, à la conclusion et aux effets du contrat » et non aux « obligations contractuelles » en général. [Najjar], p. 458, 460

1 [Najjar], p. 458, 460
2 *Idem*, p. 461
3 *Id.*, p. 460
4 *Id.*
5 *Id.*
6 *Id.*
7 *Id.*
8 *Id.*, p. 454
9 [Okilassali], p. 145

préciser le droit applicable de la manière la plus claire possible dans leur convention d'arbitrage.[1] Néanmoins, cela n'est pas toujours possible.

La volonté implicite ou tacite est « une volonté non expressément déclarée mais dont l'existence est certaine et réelle ».[2] Jean-Paulin Niboyet expliquât que « la volonté tacite est en premier lieu, une volonté qui existe mais qui n'est pas exprimée, il faut la déduire, la dégager d'un ensemble de circonstances, de la correspondance entre les parties, des négociations qui ont entouré la conclusion de leur contrat ».[3] L'arbitre doit respecter cette volonté tacite et ne pas s'y substituer.[4] La recherche de la volonté implicite par l'arbitre démontre la volonté de celui-ci de respecter la volonté des parties et par là du principe d'autonomie quelle que soit la forme d'expression de cette volonté.[5]

La frontière entre une volonté mal exprimée et l'absence de volonté est difficile à cerner.[6] Pierre Mayer indique qu'« Entre une volonté de choix absolument certaine et la certitude d'une absence de volonté s'intercalent la possibilité, la probabilité faible ou grande, la quasi-certitude d'une volonté implicite ».[7]

Un auteur identifie quatre raisons pour lesquelles les parties n'ont pas choisi un droit applicable expressément : Il peut s'agir (1) soit d'un oubli, (2) soit d'un changement d'avis sur la nécessité de déterminer le droit applicable, (3) soit d'une impossibilité de parvenir à un accord, ce qui peut aider l'arbitre à discuter des raisons de ce désaccord pour parvenir justement à un accord, (4) ou soit d'une volonté intentionnelle afin d'éviter un sujet difficile.[8]

Norbert Horn explique que les contrats de longue durée qui concernent notamment l'exploitation des ressources naturelles ne contiennent pas un choix exprès de clause de droit applicable parce que les parties estiment que la détermination d'un droit ne fera que perturber l'équilibre des intérêts soigneusement négociés dans le contrat.[9] Selon lui, dans les contrats d'État, il arrive que les parties considèrent que le fait d'aborder la question du choix exprès de droit applicable causerait des désaccords inutiles sur une affaire de prestige et porterait atteinte à une coopération efficace.[10]

---

[1] E. GAILLARD, « Droit applicable au fond du litige », JurisClasseur Droit international, Fasc. 586-9-1, *Op. cit.*, parag.10

[2] [Okilassali], p. 145

[3] J.-P. NIBOYET, *Cours de droit international privé français*, Recueil Sirey, 1949, 2e éd., p. 595, No. 635 ; Cité par [Okilassali], p. 145

[4] P. A. LALIVE, « Le droit applicable au fond du litige en matière d'arbitrage », *In Rassegna dell'Arbitrato*, No. 1, 1977, p. 1, spéc. p. 7. Cité par [Okilassali], p. 147

[5] [Okilassali], p. 156

[6] *Idem*, p. 149

[7] P. MAYER, *Droit international privé*, Paris, Montchrestien, 3e éd., 1987, p. 434, No. 708. Cité par [Okilassali], p. 150

[8] M. BLESSING, « Choice of Substantive Law in international Arbitration », *Op. cit.*, p. 44. Cité par [Okilassali], p. 152

[9] N. HORN, « Uniformity and diversity in the law of international commercial contracts », *In Studies international economic law*, Vol. II : *The transnational law of international commercial transactions*, Kluwer, 1982, p. 3, spéc. p. 10. Cité par [Okilassali], p. 98

[10] *Idem*, p. 9 et s. Cité par [Okilassali], p. 95-96

Certaines conventions mentionnent expressément la possibilité de choix implicite des parties comme, par exemple, la Convention de La Haye du 22 décembre 1986 sur la loi applicable aux contrats de vente internationale de marchandises (CVIM) qui indique, en son article 7 que : « L'accord des parties sur ce choix doit être exprès ou résulter clairement des termes du contrat et du comportement des parties envisagé dans leur ensemble ».[1] De même, la Convention de La Haye du 15 juin 1955 sur la vente d'objets mobiliers corporels indique, en son article 2, que l'accord des parties peut « résulter indubitablement des dispositions du contrat ».[2]

La Convention CIRDI mentionne, à la première phrase de l'article 42 (1), les « règles de droit adoptées par les parties » et non pas des règles de droit « expressément » adoptées par les parties, ce qui montre que la forme implicite est tolérée à côté de la forme explicite.[3] Les travaux préparatoires du CIRDI montrent que la prise en compte de la volonté implicite des parties est admise.[4]

Néanmoins, une partie de la doctrine considère que la volonté implicite n'est pas à rechercher si les parties n'ont pas convenu expressément de droit applicable.[5] Dans le cadre du CIRDI, en l'absence d'accord explicite entre les parties, c'est le droit de l'État hôte qui s'applique d'office.[6] Ce courant fut suivi dans l'affaire Benvenuti-Bonfant c. Congo où l'arbitre, après avoir constaté l'absence de stipulation explicite sur le droit applicable, décide, conformément à l'article 42 (1) de la Convention CIRDI, d'appliquer le droit de l'État contractant avec les principes de droit international en la matière.[7]

Quand il s'agit d'un choix implicite, l'arbitre essaie de déterminer l'intention des parties à travers des indices.[8] Les arbitres peuvent déduire un choix de droit implicite à partir de l'attitude des parties ou leur comportement, notamment durant la procédure.[9] Par exemple, les parties argumentent sur la

---

[1] Voir [Okilassali], p. 149

[2] *Idem*

[3] *Id.*, p. 155

[4] Historique de la Convention CIRDI, Vol. III, Documents relatifs à l'origine et à l'élaboration de la Convention pour le règlement des différends relatifs aux investissements entre États et ressortissants d'autres États, Washington, D.C., 1968, p. 194 (déclaration de M. RODOCANACHI et p. 380 (parag. 59) https://icsid.worldbank.org/fr/ressources/publications/the-history-of-the-icsid-convention
Voir [Okilassali], p. 154-155

[5] B. GOLDMAN, « Le droit applicable selon la Convention de la BIRD du 18 mars 1965 pour le règlement des différends relatifs aux investissements entre États et ressortissants d'autres États », *Op. cit.*, p.134. Cité par A. FATOUROS, « Investissements étrangers et arbitrage entre États et personnes privées - Convention de la BIRD du 18 mars 1965 », *RCDIP*, Vol. 59, No.3, 1970, p. 580. Cité par [Okilassali], p. 151

[6] A. H. AḤDAB, *L'arbitrage dans les pays arabes*, Paris, Economica, 1988, p. 844-845. Voir [Okilassali], p. 151

[7] CIRDI, S.A.R.L. Benvenuti & Bonfant c. Congo, ARB/77/2, sentence, 8 août 1980, parag. 4.2. : 1 *ICSID Reports* 330 : « These Articles do not contain any provision regarding the law applicable. In this case, according to Article 42 (1) of the Convention, the Tribunal applies the law of the contracting State which is a party to the dispute as well as the principles of international law in the matter ». Cité par [Okilassali], p. 156

[8] [Okilassali], p. 44

[9] E. GAILLARD, « Droit applicable au fond du litige », JurisClasseur Droit international, Fasc. 586-9-1, *Op. cit.*, parag. 9 ; [Okilassali], p. 112

base du même droit alors qu'elles n'ont pas décidé explicitement d'appliquer ce droit.[1] Les tribunaux arbitraux peuvent également se fonder sur une référence contractuelle à un texte national pour en déduire le choix implicite du droit concerné dans son ensemble.[2] Il arrive que l'indice soit tiré de l'écriture des parties.[3] Dans l'affaire Wena Hotels, donnant compétence au CIRDI et où le litige est réglé sous le fondement du TBI Égypte / Royaume-Uni, le tribunal précise que : « The Tribunal finds that, beyond the provisions of the IPPA, there is no special agreement between the parties on the rules of law applicable to the dispute. Rather, the pleadings of both parties indicate that, aside from the provisions of the IPPA, the Tribunal should apply both Egyptian law (i.e., "the law of the Contracting State party to the dispute") and "such rules of international law as may be applicable". The Tribunal notes that the provisions of the IPPA would in any event be the first rules of law to be applied by the Tribunal, both on the basis of the agreement of the parties and as mandated by Egyptian law as well as international law ».[4] Cela dit, certains auteurs nient tout accord implicite sur le droit applicable par le seul fait de l'échange d'écritures par les parties.[5] Une concordance des écritures suffirait uniquement lorsque l'intention des parties est claire.[6] Emmanuel Gaillard explique qu'il faut « faire preuve d'une certaine prudence dans la constatation d'un accord qui résulterait uniquement de la concordance des écritures. En particulier le fait que les parties aient l'une ou l'autre longuement discuté de l'interprétation d'un texte ne suffirait pas à traduire leur accord sur son applicabilité à la cause. Ce n'est que s'il résulte de leurs explications qu'elles ont entendu y voir une source de droit applicable, qu'il est permis d'analyser la concordance de leurs écritures comme manifestation de l'adoption des règles de droit au sens de l'article 42 (1) ».[7]

Un autre indice serait la soumission du litige à la compétence du CIRDI. Néanmoins, une partie de la doctrine, soutenue par la jurisprudence, affirme

---

[1] E. GAILLARD, « Droit applicable au fond du litige », JurisClasseur Droit international, Fasc. 586-9-1, *Op. cit.*, parag. 9

[2] CIRDI, Liberian Eastern Timber Corporation (Letco) c. Liberia, ARB/83/2, sentence, 31 mars 1986, parag. II.2. Cité par M. AUDIT, « Contentieux arbitral international, Droit commun », JurisClasseur Droit international, Fasc. 572-65, *Op.cit.*

[3] L. ACHTOUK-SPIVAK, « Le droit applicable aux arbitrages en matière d'investissements », *Op. cit.*, p. 835

[4] CIRDI, Wena Hotels Ltd. c. Égypte, ARB/98/4, sentence, 8 décembre 2000, parag. 79. Dans le même sens, voir CIRDI, MTD Equity Sdn et MTD Chile SA c. Chili, ARB/01/7, sentence, 25 mai 2004, parag. 100. Cité par L. ACHTOUK-SPIVAK, « Le droit applicable aux arbitrages en matière d'investissements », *Op. cit.*, p. 835

[5] S. MANCIAUX, *Investissements étrangers et arbitrage entre États et ressortissants d'autres États: trente années d'activité du CIRDI*, Paris, Litec, 2004, p. 281-3 ; A. LEEKS, « The Relationship between Bilateral Investment Treaty Arbitration and the Wider Corpus of International Law: the ICSID approach », *Op. cit.*, p. 16

[6] [Okilassali], p. 112

[7] E. GAILLARD, « Chronique des sentences arbitrales », *JDI*, 1992, p. 215, spéc. p. 228

que tout choix de droit applicable doit être clair.[1] Dans l'affaire AAPL, l'opinion dissidente a considéré que le fait d'avoir soumis l'arbitrage à la juridiction du CIRDI n'implique pas que les parties se sont mises d'accord sur le droit applicable ; qu'en principe, les questions sur la juridiction compétente se distinguent de celles relatives au droit applicable ; et que ce n'est qu'en la présence de preuve tangible démontrant la volonté des parties de souder les deux, qu'il est possible de déduire le droit applicable.[2]

Dans les accords d'investissement, l'application du droit de l'État contractant serait-elle présumée ou faut-il se référer à des critères objectifs de rattachement de droit international privé qui conduiraient à l'application éventuelle du droit international ?[3] Dans l'affaire Aramco, le tribunal arbitral avait considéré qu'« un État souverain est présumé, sauf preuve du contraire, avoir soumis ses engagements à son propre système juridique ».[4] La majorité de la doctrine de droit international privé recommande le recours au critère de rattachement le plus étroit, qui a été préconisé dans une résolution sur le sujet de l'Institut de Droit international.[5]

Dans le cadre d'un TBI, lorsque les parties ne choisissent pas de droit applicable explicitement, un choix implicite de l'application des dispositions du traité est-il possible ? Certains considèrent qu'un État signataire d'un TBI est réputé avoir accepté de soumettre implicitement le différend aux dispositions du traité et au droit international.[6] De même, un investisseur qui fait une demande d'arbitrage sur le fondement d'un traité est considéré avoir choisi implicitement comme droit applicable le traité et le droit international pour régler le différend.[7] Ceci est justifié par la spécificité de cet instrument qu'est le traité.[8] De plus, en cas de la compétence du CIRDI, la déduction d'un tel choix implicite épargne aux arbitres de trancher sur la base de la deuxième phrase de l'article 42 (1) qui fait l'objet de controverse.[9] Dans l'affaire AAPL, le tribunal arbitral a qualifié de « faux problème » la question de la

---

[1] Exemple CIRDI, LG&E Energy Corp. et al. c. République d'Argentine, ARB/02/1, décision sur la responsabilité, 3 octobre 2006, parag. 85 ; Y. BANIFATEMI, « The law applicable in Investment Treaty Abitration », *In Arbitration Under International Investment Agreements a Guide to the Key Issues*, K. YANNACA-SMALL (dir), New York, NY, Oxford University Press, 2010, p. 191, spéc. p. 198 ; R.H. KREINDLER, « The law applicable to international investment disputes », *In Arbitrating Foreign Investment Disputes*, N. HORN, S. KROLL (eds.), The Hague, Kluwer Law International, 2004, p. 401, spéc. p. 409. Cité par L. ACHTOUK-SPIVAK, « Le droit applicable aux arbitrages en matière d'investissements », *Op. cit.*, p. 835

[2] CIRDI, Asian Agricultural Products Ltd (AAPL) c. Sri Lanka, ARB/87/3, opinion dissidente de Samuel K.B. Asante, 15 juin 1990, p. 2

[3] J.-P. LAVIEC, *Protection et promotion des investissements*, *Op. cit.*, p. 241-268, parag. 40

[4] Arbitrage *ad hoc*, Arabie saoudite c. Arabian American Oil Company (Aramco), sentence, 23 août 1958: 27 *ILR* 167 (1963). Cité par J.-P. LAVIEC, *Protection et promotion des investissements*, *Op. cit.*, parag. 40

[5] J.-P. LAVIEC, *Protection et promotion des investissements*, *Op. cit.*, parag. 40

[6] L. ACHTOUK-SPIVAK, « Le droit applicable aux arbitrages en matière d'investissements », *Op. cit.*, p. 835

[7] *Idem*

[8] *Id.*

[9] *Id.*

détermination du droit applicable étant donné que les parties aux TBI entre le Royaume-Uni et le Sri Lanka se sont référées au traité plusieurs fois.[1] Dans l'affaire Helnan entre l'Égypte et un investisseur danois réglée sous l'égide du CIRDI sur le fondement du TBI Égypte / Danemark, le tribunal arbitral a précisé que : « Under Art. 42 (1) sentence 1 of the ICSID Convention, the Tribunal has to apply the law as agreed between the parties. The BIT between Denmark and Egypt is applicable ».[2]

La pratique arbitrale internationale consacre la volonté implicite.[3] Dans l'affaire SPP c. Égypte, réglée sous l'égide du CIRDI, la volonté implicite des parties d'appliquer le droit égyptien était claire à travers un renvoi dans l'accord à la loi nationale.[4] Néanmoins, le tribunal a suivi une autre démarche. L'accord-cadre conclu entre le gouvernement égyptien et la société SPP de Hong Kong ne contenait pas de clause sur le droit applicable au fond mais contenait au préambule une référence à la loi égyptienne No. 43 de 1974 relative aux investissements.[5] La partie défenderesse prétendait l'existence d'un accord implicite entre les parties en faveur du droit égyptien en raison de la référence faite à ce droit dans l'accord cadre (*heads of agreement*).[6] L'investisseur, quant à lui, soutenait qu'au vu de l'absence de choix exprès de droit applicable, c'est la deuxième phrase de l'article 42 (1) qui s'applique, c'est-à-dire le droit égyptien avec les principes de droit international.[7] Le tribunal arbitral suit un raisonnement critiquable. En effet, il indique que le désaccord des parties sur l'application de l'article 42-1 a très peu, voire aucun intérêt, et qu'un choix explicite est nécessaire pour pouvoir appliquer l'article 42 (1) - première phrase, ignorant ainsi les recommandations faites lors des travaux préparatoires de la Convention CIRDI relative à la prise en compte de la volonté implicite des parties à travers les circonstances de l'affaire, le comportement des parties ou la référence à une source déterminée.[8] Une démarche normale du tribunal aurait été d'interpréter l'intention des parties.[9] Le tribunal arbitral n'a pas vérifié si la prétention des parties concernant l'application de la législation égyptienne était un choix implicite conformément à la première phrase de l'article 42 (1).[10] Il aurait dû vérifier

[1] CIRDI, Asian Agricultural Products Ltd. (AAPL) c. Sri Lanka, ARB/87/3, sentence, 27 juin 1990, parag. 24. Dans le même sens, voir CIRDI, ADC Affiliate Limited and ADC & ADMC Management Limited c. Hongrie, ARB/03/16, sentence, 2 octobre 2006, parag. 290. Cité par L. ACHTOUK-SPIVAK, « Le droit applicable aux arbitrages en matière d'investissements », *Op. cit.*, p. 835

[2] CIRDI, Helnan International Hotels A/S c. Égypte, ARB/05/19, sentence, 3 juillet 2008, parag. 100 (TBI Danemark / Égypte). Cité par L. ACHTOUK-SPIVAK, « Le droit applicable aux arbitrages en matière d'investissements », *Op. cit.*, p. 835

[3] [Okilassali], p. 155

[4] *Idem*, p. 162

[5] *Id.*, p. 166-167

[6] *Id.*, p. 167

[7] *Id.*, p. 168

[8] CIRDI, Southern Pacific Properties (Middle East) Limited (SPP) c. Égypte, ARB/84/3, sentence, 20 mai 1992, parag. 78. Voir [Okilassali], p. 169 -171 et 158

[9] [Okilassali], p. 168

[10] *Idem*

ceci dans un premier temps, pour conclure, uniquement dans un deuxième temps, en l'absence d'un choix implicite, l'application de la deuxième phrase de l'article 42 (1).[1] À la place de cela, le tribunal conclut que même si la position du défendeur concernant le choix du droit égyptien implicitement était valable, l'application du droit international ne peut être exclue.[2]

Section 2 - Choix du « droit » par les parties

Afin de régler leur litige, les parties peuvent choisir le droit de l'État hôte, le droit de l'État de l'investisseur ou encore celui d'un État tiers supposé neutre.

Sous-section 1 - Le droit de l'État hôte

Le droit de l'État hôte a été souvent choisi dans les contrats d'investissement. Il peut être soumis à une clause de stabilisation pour protéger l'investisseur contre d'éventuelles modifications législatives unilatérales de l'État.

§ 1 - Précisions terminologiques

Le terme de « loi » ou « droit » désigne les normes appartenant à un système juridique donné et englobant ses sources qui y sont reconnues (jurisprudence, doctrine, coutume…) et la hiérarchie établie par ce système.[3] Ce sont des termes « traditionnels ou classiques » généralement utilisés de façon alternative.[4] Comme le soulignent Philippe Fouchard et Berthold Goldman : « en matière d'arbitrage international, comme en droit international, le terme « loi » est utilisé, indifféremment avec celui de « droit », pour désigner toutes les normes appartenant au système juridique visé […] ».[5] Pour certains, le terme « loi » signifierait plutôt droit national sans équivoque alors que « droit » pourrait signifier droit étatique ou non étatique.[6]

---

[1] *Id.*

[2] CIRDI, Southern Pacific Properties (Middle East) Limited (SPP) c. Égypte, ARB/84/3, sentence, 20 mai 1992, parag. 80. Voir [Okilassali], p. 174

[3] E. GAILLARD, « Droit applicable au fond du litige », JurisClasseur Droit international, Fasc. 586-9-1, *Op.cit.*

[4] M. BLESSING, « Choice of Substantive Law in international Arbitration », *Op. cit.*, p. 56. Cité par [Okilassali], p. 49

[5] Ph. FOUCHARD, E. GAILLARD, B. GOLDMAN, *Traité de l'arbitrage commercial international*, *Op. cit.*, p. 803. Cité par [Okilassali], p. 49

[6] S'agissant de l'article 7 de la Convention européenne sur l'arbitrage commercial international de 1961, R DAVID pense que le terme droit désignerait plutôt droit national. (R. DAVID, *L'arbitrage dans le commerce international*, Paris, Economica, 1982, p. 474, No. 389). De même, selon Philippe FOUCHARD, « traditionnellement, en effet, on enseigne que l'autonomie des parties leur permet de désigner seulement « le droit » applicable, c'est-à-dire en réalité une loi nationale ». (Ph. FOUCHARD, « L'arbitrage

Le plus souvent, les parties expriment leur choix de droit directement, en rédigeant une clause à cet effet dans leur contrat.[1] Le site du CIRDI propose des clauses modèles[2] dont les parties peuvent s'inspirer. Pour ce qui est du droit applicable, le Centre propose ce qui suit[3] : clause 10 (système juridique) : « Tout Tribunal arbitral constitué conformément au présent accord appliquera spécifier le droit [en vigueur à la date de la signature dudit accord] / [sous réserve des modifications suivantes ...] ».

Certaines clauses de choix de droit applicable sont moins faciles à interpréter lorsque le système juridique d'un État est divisé entre lois fédérales et lois provinciales.[4] Lorsqu'un certain droit relève du droit fédéral,[5] il est préférable d'indiquer comme applicable le « droit de tel État » (exemple « droit suisse ») plutôt que le droit de tel canton ou province.[6] En revanche, lorsqu'un droit relève du droit de la province / de l'État fédéré (exemple, droit du pays de Galles), alors que les parties ont précisé seulement, par exemple, « droit anglais », l'arbitre devra interpréter d'abord la volonté des parties puisqu'une volonté a été exprimée, et ensuite seulement suivre les méthodes qu'il aurait utilisées pour déterminer la loi applicable en l'absence de tout choix.[7]

§ 2 - Exclusion du renvoi

Lorsque les parties choisissent une loi interne comme droit applicable, il est admis qu'elles visent ses dispositions matérielles et non les règles de conflit de lois, du moins, dans la tradition continentale.[8] La loi-type de la CNUDCI de 1985 et de 2006 indique, en son article 28 alinéa 1er, que « toute désignation de la loi ou du système juridique d'un État donné est considérée,

---

international en France après le décret du 12 mai 1981 », *JDI*, 1982, p. 374, No. 39). Dans le même sens, E. GAILLARD explique que le terme droit signifie droit étatique et l'ensemble des sources reconnues par ce droit (Ph. FOUCHARD, E. GAILLARD, B. GOLDMAN, *Traité de l'arbitrage commercial international*, *Op. cit.*, 1431-1432).
A contrario, selon J. M. JACQUET et Ph. DELEBECQUE, le terme « droit » signifierait « aussi bien la loi d'un État que des règles non étatiques » (J. M. JACQUET et Ph. DELEBECQUE, *Droit du commerce international*, Paris, Dalloz, 1997, p. 83. Dans sa thèse, Maurille OKILASSALI énonce que dans le cadre de la CCI, les arbitres ont tendance à interpréter le terme « droit » de façon large ([Okilassali], p. 49, note 13).

[1] E. CABROL, H. SMITH, « Arbitrage CIRDI », *Op. cit.*, parag. 61

[2] http://icsidfiles.worldbank.org/icsid/icsid/staticfiles/model-clauses-fra/main-fra.htm

[3] E. CABROL, H. SMITH, « Arbitrage CIRDI », *Op.cit.*

[4] E. GAILLARD, « Droit applicable au fond du litige », JurisClasseur Droit international, Fasc. 586-9-1, *Op. cit.*, parag.14

[5] Exemple, en suisse, le droit des obligations relève du droit fédéral.

[6] E. GAILLARD, « Droit applicable au fond du litige », JurisClasseur Droit international, Fasc. 586-9-1, *Op. cit.*, parag. 14

[7] *Idem*

[8] H. BATIFFOL et P. LAGARDE, *Droit international privé*, t. 1 : LGDJ, 8e éd., 1993, n° 311, p. 509
Cité par E. GAILLARD, « Droit applicable au fond du litige », JurisClasseur Droit international, Fasc. 586-9-1, *Op. cit.*, parag. 11

sauf indication contraire expresse, comme désignant les règles juridiques de fond de cet État et non ses règles de conflit de lois ».[1]

La question de l'exclusion du renvoi peut se poser dans l'arbitrage d'investissement tout comme dans l'arbitrage commercial.[2] Lorsque les parties choisissent la loi d'un État, ce choix doit être interprété comme excluant les règles de droit international privé de la loi choisie qui peuvent renvoyer à la loi d'un autre État, ce qui peut être contraire aux attentes légitimes des parties.[3] Le principe d'autonomie autorise évidemment les parties à inclure les règles de droit international privé de la loi choisie comme applicable à condition que cela soit prévu expressément.[4] La nécessité de la mention expresse, et donc l'exclusion du renvoi, a été soulignée par les Conventions de La Haye : « le terme “loi” signifie le droit en vigueur dans un État, à l'exclusion des règles de conflit de lois » (voir article 12 du Protocole de La Haye de 2007).[5] L'exclusion des règles de conflit de lois participe à empêcher l'insécurité et l'imprévisibilité juridiques.[6] À noter que les règles de droit international privé choisies par les parties se distinguent des instruments de droit uniforme régional, supranational ou international, comme la CVIM que les parties peuvent choisir aussi.[7]

§ 3 - Application classique du droit national dans les contrats d'investissement

L'application exclusive du droit national s'est surtout posée dans le cadre des contrats d'État[8] qui sont des contrats signés entre un État et une personne privée étrangère.[9] Ces contrats trouvent leur origine au XIXe siècle lorsque l'État confiait à des compagnies étrangères la construction de grandes infrastructures (gares, ponts, tunnels) sous forme de concessions et délégations.[10] Les premiers contrats d'États avec une référence au droit de l'État comme applicable au fond sont apparus au début du XXe siècle.[11] Au début, ces contrats étaient soumis au droit de l'État et relevaient ainsi de la compétence des juridictions nationales, bien que rarement une possibilité de

---

[1] E. GAILLARD, « Droit applicable au fond du litige », JurisClasseur Droit international, Fasc. 586-9-1, *Op. cit.*, parag. 11

[2] L. ACHTOUK-SPIVAK, « Le droit applicable aux arbitrages en matière d'investissements », *Op. cit.*, p. 836

[3] « Principes sur le choix de la loi applicable aux contrats commerciaux internationaux », La conférence de La Haye de droit international privé, La Haye, Pays-Bas, 2015, p. 64-65 : https://assets.hcch.net/docs/db74fd9d-502a-4f16-a563-973a89118074.pdf

[4] *Idem*

[5] *Id.*

[6] *Id.*

[7] *Id.*, p. 66

[8] J. M. JACQUET, D. BENTOLILA, « Contrat d'État », *Op. cit.*, parag. 124

[9] A. DE NANTEUIL, *Droit international de l'investissement*, *Op. cit.*, p. 29

[10] *Idem*

[11] [Okilassali], p. 62

recourir à l'arbitrage pouvait être prévue.[1] La Cour permanente de justice internationale a posé dans deux arrêts de 1929,[2] un principe classique selon lequel « tout contrat qui n'est pas un contrat entre États en tant que sujets de droit international a son fondement dans une loi nationale », qui signifiait qu'un contrat d'État ne peut être soumis qu'au droit interne.[3] La jurisprudence de la CPJI et celle des tribunaux arbitraux ont confirmé plus tard cette tendance à appliquer le droit national.[4] Ainsi, par exemple, dans l'affaire Anglo-Iranian Oil Company c. Iran de 1952, la CIJ rejette l'application du droit international mis en avant par la Grande-Bretagne.[5] Georg Schwarzenberger et Georges Delaume affirment qu'un État souverain ne peut soumettre un contrat à un droit autre que le sien.[6] Dans l'affaire Aramco, la CPIJ a indiqué que « la Convention de 1939 n'ayant pas été conclue entre deux États, mais entre un État et une compagnie privée américaine, elle ne relève pas du droit international public ».[7]

La deuxième phrase de l'article 42-1 sur le droit applicable de la Convention de Washington qui renvoie au droit de l'État contractant partie au différend ainsi qu'aux principes de droit international à défaut de choix par les parties, reprend la solution de la CPJI dans les affaires des emprunts serbes, accordant ainsi au droit national une place importante.[8] François Rigaux précise que « la première phase et le début de la seconde énoncent les principes affirmés par la Cour permanente de justice internationale ».[9]

La plupart des États considéraient que les investissements réalisés sur leurs territoires devaient être régis par leur droit national en raison des rattachements les plus proches qu'aurait l'opération.[10] Thomas Wälde indiquait à ce sujet que les pays occidentaux n'ont presque jamais accepté de

---

[1] A. DE NANTEUIL, *Droit international de l'investissement*, *Op. cit.*, p. 29

[2] CPJI, 12 juillet 1929, affaire concernant le paiement de divers emprunts serbes émis en France (France/Serbie), arrêt No. 14, Série A, n° 20, p. 41 ; CPJI, 12 juillet 1929, affaire concernant le paiement en or des emprunts fédéraux brésiliens émis en France (France/Serbie), arrêt No. 15, Série B, n° 21 p. 42. Voir *Revue de droit international privé*, 1929, p. 427 ; *JDI*, 1929, p. 977

[3] [Okilassali], p. 62 ; A. DE NANTEUIL, *Droit international de l'investissement*, *Op. cit.*, p. 31

[4] [Okilassali], p. 67

[5] CIJ, Anglo-Iranian Oil Company c. Iran, (Royaume-Uni c. Iran), arrêt du 27 juillet 1952 : https://www.icj-cij.org/fr/affaire/16. Cité par [Okilassali], p.63. Voir aussi Affaire des Messageries maritimes de la Cour de cassation française qui affirmait que « tout contrat international est nécessairement rattaché à la loi d'un État », Cour cassation, 21 juin 1950, *RCDIP*, 1950, p. 609, note Battifol

[6] G. SCHWARZENGERBER, « The arbitration pattern and the protection of property abroad », *In Liber Amicorum of Martin DOMKE,* P. SANDERS (ed.), The Hague, Martinus Nijhoff, 1967 [1968], p. 313, spéc. p. 317 ; G. R. DELAUME, « Transnational contracts : applicable law and settlement of disputes : Re-issue », Vol. 2, 1985, chap. 14. Cité par [Okilassali], p.64

[7] Arbitrage *ad hoc*, Arabie saoudite c. Arabian American Oil Company (Aramco), sentence, 23 août 1958: *RCDIP*, 1963, p. 272

[8] [Okilassali], p. 65-66

[9] F. RIGAUX, « Cours général de droit international privé », *RCADI*, 1989, t. 213, p. 225. Cité par [Okilassali], p. 67

[10] W. PETER, *Arbitration and Renegociation of Internatoinal Investment Agreements*, Dordrecht, The Netherlands, Martinus Nijhoff, 1986, p. 87 et s. Cité par [Okilassali], p. 195

soumettre au droit international les accords d'investissements.[1] Dans les grands projets d'investissement et d'infrastructure, la tendance a été d'appliquer le droit national malgré les tentatives des partenaires privés d'appliquer le droit de leur État ou celui d'un État tiers.[2] Dans la pratique arbitrale des contrats d'État, c'est le droit national qui est choisi le plus souvent.[3] Il en est de même dans les contrats d'État impliquant les pays arabes.[4] L'État partie à un contrat d'investissement peut insister sur l'application de son droit interne comme une question de principe et de prestige national.[5]

Certains considèrent que la partie privée est supposée avoir consenti à l'application du droit de l'État d'accueil du fait d'avoir décidé de réaliser l'investissement sur le territoire du pays hôte et que, par conséquent, ce choix n'est que « naturel et compatible avec les opérations d'investissements ».[6] Lors des travaux préparatoires de la Convention CIRDI, presque tous les participants ont reconnu l'importance de l'application du droit national en priorité pour résoudre les litiges entre États et investisseurs privés étrangers.[7] Un représentant de la Chine avait déclaré que : « lorsqu'un investisseur réalise un investissement, il semble évident d'admettre que le fait de procéder à l'investissement dans un pays hôte signifie que l'investisseur a consenti à la juridiction et à l'application du droit de l'État hôte, à tous les égards, à moins qu'il n'y ait une déclaration par écrit et explicite pour le contraire ».[8] Un autre délégué de l'Espagne déclare qu'« il n'est pas admissible qu'un droit national

---

[1] [Okilassali], p. 82 ; Th. W. WÄLDE, « International Investment under 1994 Energy Charter Treaty-Legal, Negotiating and policy implication for international investors withing Western and Commonwealth of Independent States / Eastern European Countries », *Journal of World Trade Law*, 1995, Vol. 29, No. 5, p. 5, spéc. p. 57, note 199

[2] M. BLESSING, « Choice of Substantive Law in international Arbitration », *Journal of International Arbitration,* Vol. 14, No. 2, 1997, p. 40. Cité par [Okilassali], p. 40

[3] F. A. MANN, « The Proper Law of contract concluded by international persons », *BYBIL*, Vol. 35, 1959, p. 34 ; K. H. BÖECKSTIEGEL, « Les règles de droit applicables aux arbitrages commerciaux internationaux concernant des États ou des entreprises contrôlées par l'État », *In Chambre de commerce internationale, Arbitrage international : 60 ans après, regard sur l'avenir,* Paris, ICC publishing, 1984, p. 127. Rf. citées par [Okilassali], p.78, 40

[4] [Okilassali], p. 81-82. Voir A. S. EL-KOSHERI, & T.F. RIAD, « The Law Governing a New Generation of Petroleum Agreements: Change in Arbitration Process », *ICSID Rev-FILJ*, Vol. 1, No. 2, 1986, p. 257, spéc., p. 270 ; V. C.IGBOKWE, « Developing countries and the law applicable to international arbitration of oil investment disputes: Has the last word been said? », *Journal of International arbitration*, 1997, Vol. 14, No.1, p. 99, spéc. p. 117

[5] Ch. SCHREUER, L. MALINTOPPI, A. REINISCH, & A. SINCLAIR, *The ICSID Convention : A Commentary*, Cambridge, Cambridge University Press, 2009, p. 557. Cité par H. E. KJOS, *Applicable Law in Investor–State Arbitration. The Interplay Between National and International Law, Op. cit.*, p. 6

[6] V. RANOUIL, « Quelques remarques sur le droit applicable aux contrats de développement », *In Contrats internationaux et pays en développement*, H. CASSAN (dir.), Paris, Economica, 1989, p. 37

[7] Voir Historique de la Convention CIRDI, Vol. III, Documents relatifs à l'origine et à l'élaboration de la convention pour le règlement des différends relatifs aux investissements entre États et ressortissants d'autres États, Washington, D.C., 1968, p. 627, 382 ; Historique de la Convention CIRDI, Vol. II, p. 984. Voir [Okilassali], p. 196

[8] Doc. No. 31 Z.10 du 20 juillet 1964, Historique, Vol. III, p. 312

autre que celui de l'État hôte puisse être invoqué dans un différend relatif aux investissements ».[1] Cet avis fut partagé par d'autres pays également.[2]

§ 4 - Les avantages de l'application du droit de l'État hôte aujourd'hui

Avant toute chose, généralement, une personne privée souhaitant investir dans un État est confrontée aux règles de droit interne et c'est vers ces règles qu'elle se tourne en premier.[3] Un investisseur qui cherche à s'établir sur le territoire d'un État étranger vérifiera, dans un premier temps, la législation nationale et les risques politiques pour évaluer la réussite de son projet surtout qu'il faudra éventuellement vérifier les autorisations, licences ou permis nécessaires pour exercer son activité.[4] La plupart des États œuvrent pour adopter une législation attractive pour les investissements tout en prenant en compte leurs intérêts, les conditions de travail et de protection de l'environnement.[5] La Banque mondiale émet un classement annuel concernant les législations nationales relatives aux investissements étrangers des plus accueillantes aux plus hostiles dans son rapport *Doing business*.[6]

Que cela soit dans le cadre de contrats d'investissement ou dans le cadre de TBI, l'application du droit de l'État hôte présente plusieurs avantages. Le premier est le fait que le droit de l'État d'accueil est directement lié à l'opération d'investissement, surtout si elle est effectuée entièrement ou du moins en majeure partie dans le pays hôte.[7] Le choix du droit national seul est toujours possible surtout s'il présente toutes les garanties qu'un investisseur espère.[8] De plus, un système étatique est supposé être complet et apporter une solution à tout problème et être suffisamment connu pour être interprété par les praticiens.[9] Henri Batiffol constate qu'« à ce jour, seuls les droits nationaux sont constitués en systèmes suffisamment complets pour fournir une réponse à tout problème de droit ».[10] Un auteur a considéré que le choix du droit de

---

[1] Doc. No. 29 du 1er juin 1964, Historique, Vol. III, p. 194-195

[2] Comme l'Inde (Historique, Vol. III, p. 303) ; l'Iran (Historique, Vol. III, p. 316 (doc. No. 31, Z.10 du 20 juillet 1964) ; les Philippines p. 629 ; le Brésil p. 627 (Doc. No. 81 SID/LC/14 du 30 décembre 1964) ; la Turquie p. 474 ; la Thaïlande, p. 471 (doc. SID/LC/5 du 23 novembre 1964). Voir [Okilassali], p. 79

[3] A. DE NANTEUIL, *Droit international de l'investissement, Op. cit.*, p. 53

[4] *Idem*, p. 55

[5] *Id.*, p. 56

[6] *Id.*

[7] [Okilassali], p. 78

[8] A. DE NANTEUIL, *Droit international de l'investissement, Op. cit.*, p. 34

[9] A. REDFERN et M. HUNTER, *Droit et pratique de l'arbitrage commercial international*, Paris, LGDJ, 1994, p. 84. Cité par [Okilassali], p. 73

[10] H. BATIFFOL, « Pluralisme des méthodes en droit international privé », *RCADI*, t. 139, 1973, p. 75, spéc. p. 131. Cité par [Okilassali], p. 77

l'État d'accueil garantit la bonne application de la coopération internationale pour le développement économique.[1]

Sous-section 2 - Choix du droit de l'État de l'investisseur

La tendance ou le premier réflexe d'une partie est de choisir son droit national qu'elle croit connaître.[2] L'investisseur serait tenté de vouloir choisir le droit de son État de nationalité, mais il est fort probable que l'État d'accueil s'y oppose parce que le seul lien qu'il entretiendrait avec l'autre État est l'investisseur de cet autre État.[3] Dans l'affaire SPP contre Égypte du 20 mai 1992, c'est le droit anglais qui est appliqué dans le contrat de prêt : « This agreement shall be governed by and construed in all respects in accordance with the law of England ».[4] Dans une étude, il a été remarqué que dans les contrats d'investissement dans le cadre du CIRDI, ce choix est moins fréquent que celui du droit de l'État d'accueil de l'investissement.[5] Dans une autre étude faite sur les décisions de la CCI, il a été observé que ce choix est effectué fréquemment.[6]

Sous-section 3 - Choix du droit d'un État tiers

Le choix du droit d'un État tiers, bien que techniquement possible n'est pas très pratique.[7] Il reste plutôt théorique.[8] Les parties peuvent choisir une loi sans rapport avec le litige.[9] Cette possibilité vient d'une conception contemporaine de l'arbitrage international parce que dans le passé, les parties devaient choisir une loi ayant un rattachement avec le litige.[10] Aujourd'hui, la voie est ouverte au choix d'une loi neutre n'ayant aucun rapport ni avec les parties, ni avec le contrat.[11] Le choix d'une loi considérée comme neutre peut

---

[1] F. J. MANGA, *Le CIRDI, Centre international pour le règlement des différends relatifs aux investissements : droit international et développement*, Thèse, Université Aix-Marseille 3, France, 1996, p.569

[2] E. GAILLARD, « Droit applicable au fond du litige », JurisClasseur Droit international, Fasc. 586-9-1, *Op.cit.*

[3] A. DE NANTEUIL, *Droit international de l'investissement, Op. cit.*, p. 31

[4] CIRDI, Southern Pacific Properties (Middle East) Limited (SPP) c. Égypte, ARB/84/3, sentence, 20 mai 1992, parag. 225. Cité par [Okilassali], p. 100-101. Le contrat est régi par le droit anglais.

[5] I. F. I. SHIHATA, A. R. PARRA., « Applicable Substantive Law in disputes between States and Private Foreign Parties : The case of Arbitration under the ICSID Convention », *ICSID Rev-FILJ*, Vol. 9, No. 2, 1994, p.183. Cité par [Okilassali], p. 99

[6] F. EISEMANN, « La situation actuelle de l'arbitrage commercial international entre États ou entités étatiques et personnes physiques ou morales étrangères de droit privé », *Revue de l'arbitrage*, Vol. 1975, 1975, p. 279, spéc. p. 292. Cité par [Okilassali], p. 99-100

[7] A. DE NANTEUIL, *Droit international de l'investissement, Op. cit.*, p. 31

[8] [Okilassali], p. 68

[9] E. GAILLARD, « Droit applicable au fond du litige », JurisClasseur Droit international, Fasc. 586-9-1, *Op.cit.*

[10] *Idem*

[11] *Id.*

intervenir pour des raisons juridiques ou politiques.[1] Le droit suisse est souvent considéré comme neutre.[2] Par exemple, dans une affaire pétrolière du 24 mars 1987 opposant une société allemande à une société des Émirats arabes unis et à une société anglaise à propos d'un arbitrage s'étant déroulé en Suisse, la *Court of Appeal* a considéré que la recherche d'un for neutre pouvait laisser penser que les parties avaient également entendu faire élection d'une loi neutre, en l'occurrence la loi suisse.[3]

Parfois, les parties raisonnent en termes de droit comparé et choisissent un droit issu de la même famille juridique que la leur ou d'un système qui leur est proche.[4] Jean-Flavien Lalive pense qu'il n'est pas toujours de l'intérêt de l'État d'appliquer son droit national et il propose l'application du droit d'un État tiers.[5] Néanmoins, il est rare qu'une partie étatique accepte le choix d'un État tiers.[6]

Section 3 - Le droit de l'État hôte soumis à une clause de stabilisation

Les clauses de stabilisation ou « clauses de gel » ou de choix d'une loi figée visent à figer la loi applicable à un moment donné.[7] Ces clauses apparaissent notamment dans les contrats d'État, lorsque la partie privée souhaite se protéger contre les éventuelles modifications législatives unilatérales de l'État, étant donné que, généralement, c'est le droit de la partie étatique qui s'applique.[8] Pour remédier à ce déséquilibre, l'État accepte de figer son droit, le plus souvent à la date de la conclusion du contrat.[9]

Le débat classique entourant ces clauses concerne l'opposition entre la force obligatoire des contrats et le pouvoir souverain de l'État de légiférer.[10] La jurisprudence arbitrale et la doctrine se prononcent généralement en faveur

---

[1] *Id.*

[2] *Id.*

[3] All England Law Reports, Vol. 2, 1987, p. 796 ; Yearbook 1988, p. 522. Cité par E. GAILLARD, « Droit applicable au fond du litige », JurisClasseur Droit international, Fasc. 586-9-1, *Op. cit.*, parag. 10

[4] E. GAILLARD, « Droit applicable au fond du litige », JurisClasseur Droit international, Fasc. 586-9-1, *Op.cit.*

[5] J. F. LALIVE, « Contrats entre États ou entreprises étatiques et personnes privées - Développements récents », *RCADI*, Nijhoff Leiden, Boston, Vol. 181, 1983, t.III, p. 9, spéc. p. 45. Cité par [Okilassali], p. 78 note 81

[6] [Okilassali], p. 61, note 48

[7] E. GAILLARD, « Droit applicable au fond du litige », JurisClasseur Droit international, Fasc. 586-9-1, *Op.cit.*

[8] *Idem*

[9] Si l'État, en tant que co-contractant, utilise ses prérogatives de souveraineté pour améliorer sa situation, il serait sans doute être sanctionné pour détournement de pouvoir (voir, obs. E. Gaillard : *JDI* 1987, p. 161 et 1991, p. 186). Cité par E. GAILLARD, « Droit applicable au fond du litige », JurisClasseur Droit international, Fasc. 586-9-1, *Op.cit.*

[10] I. BROWNLIE, *Principles fo Public International Law*, Oxford, Clarendon Press, 1990, p. 551. Voir [Okilassali], p. 230-231

des clauses de stabilisation[1] mais certains penchent plutôt vers la limitation de la souveraineté de l'État , comme Prosper Weil, qui définit les clauses de stabilisation comme visant à « geler » la législation nationale du pays hôte à l'état où elle se trouve à la date de la conclusion du contrat et, partant, de limiter l'exercice par l'État de sa compétence législative.[2] Les opposants aux clauses de stabilisation avancent l'idée qu'en cas de modification du droit interne d'un État, la loi gelée n'existe plus juridiquement, c'est-à-dire qu'il s'agirait d'un contrat sans loi dont le droit applicable est défini par les parties.[3]

Ceux qui sont en faveur de ces clauses considèrent qu'elles ne sont pas incompatibles avec la souveraineté des États parce qu'elles n'interdisent pas à l'État de légiférer, mais permettent simplement de garantir à la partie privée le même droit que celui qui a été convenu au moment de la négociation du contrat, en cas de changement de gouvernement.[4] Comme l'observe le tribunal arbitral dans la sentence AGIP : « Ces clauses de stabilisation qui ont été librement souscrites par le Gouvernement n'affectent pas dans son principe sa souveraineté législative et réglementaire puisqu'il conserve l'une et l'autre à l'égard de ceux, nationaux et étrangers, avec lesquels ce gouvernement n'a pas pris de tels engagements, et qu'elles se bornent, dans le cas présent, à rendre inopposables, à l'égard de son cocontractant, les modifications aux dispositions législatives et réglementaires visées à l'accord ».[5]

En faveur de ces clauses, l'Institut de Droit international a affirmé, à l'article 3 de sa résolution de 1979, que « les parties peuvent convenir que des dispositions d'un droit interne auxquelles elles se réfèrent dans un contrat doivent être entendues dans leur teneur au moment de la conclusion de ce contrat ».[6]

Certains tribunaux arbitraux ont même considéré que la loi désignée par les parties au moment de la conclusion du contrat doit s'appliquer dans tous les cas, même en l'absence de clause de gel.[7]

---

[1] Exemple : Arbitrage *ad hoc*, Petroleum Co. and California Asiatic Oil Company c. Libya, sentence, 19 janvier 1977 : *JDI* 1977, p. 350, No. 69 ; Arbitrage *ad hoc*, The American Independent Oil Company (Aminoil) c. Koweït, sentence, 24 mars 1982 : *JDI* 1982, p. 869 n° 83 s. ; CIRDI, AGIP c. Congo, ARB/77/1, sentence, 30 novembre 1979, *RDI*, Vol. 64, 1981, p. 872-5
Jp citée par J.-P. LAVIEC, *Protection et promotion des investissements*, *Op. cit.*, p. 241-268, parag. 63 et par E. GAILLARD, « Droit applicable au fond du litige », JurisClasseur Droit international, Fasc. 586-9-1, *Op.cit.*

[2] P. WEIL, « Les clauses de stabilisation ou d'intangibilité inserées dans les accords de développement économique », *In Mélanges offerts à Charles ROUSSEAU*, Paris, Pedone, 1974, p. 307-308

[3] A. DE NANTEUIL, *Droit international de l'investissement*, *Op. cit.*, p. 35

[4] E. GAILLARD, « Droit applicable au fond du litige », JurisClasseur Droit international, Fasc. 586-9-1, *Op. cit.*, parag.18

[5] CIRDI, AGIP c. Congo, ARB/77/1, sentence, 30 novembre 1979, parag. 86 : 71 *RCDIP* 92. Cité par [Okilassali], p. 242

[6] Institut de Droit international, résolution « La loi du contrat dans les accords entre un État et une personne privée étrangère », session d'Athènes, 1979 : www.idi-iil.org/app/uploads/2017/06/1979_ath_01_fr.pdf. Cité par E. GAILLARD, JurisClasseur Droit international, Fasc. 586-9-1, 1996

[7] E. GAILLARD, JurisClasseur Droit international, Fasc. 586-9-1, 1996

En principe, les arbitres doivent appliquer le droit tel qu'il existait à la date indiquée par les parties.[1] Toutefois, certains tribunaux arbitraux ont considéré que l'existence d'une clause de stabilisation du droit applicable ne fait pas perdre à l'État souverain son droit à l'expropriation, ce qui revient à admettre l'impact sur le contrat d'un texte postérieur à sa conclusion.[2] Dans la sentence LETCO, il a été considéré qu'un État peut revoir ses obligations contractuelles, même en présence d'une clause de stabilisation, si la mesure de nationalisation a été prise de « bonne foi dans un but d'intérêt général, qu'elle n'ait pas été discriminatoire et qu'elle ait été accompagnée du paiement, ou à tout le moins, d'une offre de paiement, d'une indemnité adéquate ».[3] Comme l'a relevé Emmanuel Gaillard, cette sentence a « su donner une juste place aux prérogatives de souveraineté sans pour autant sacrifier la nécessité de protéger les intérêts des investisseurs ».[4]

Dans l'affaire Aminoil, le tribunal a considéré qu'une clause de stabilisation ne rend pas illicite une mesure de nationalisation, mais incite à accorder une pleine compensation à l'investisseur, y compris pour la perte de gain encourue.[5] Le droit d'un État de procéder à des nationalisations a été affirmé également dans les sentences Aminoil c. Koweït et Amco Asia.[6]

La résolution 1803 (XVII) de l'Assemblée générale des Nations Unies du 14 décembre 1962, appelée la Déclaration des Nations Unies pour la souveraineté permanente sur les ressources naturelles, est la référence principale du principe de souveraineté de l'État sur ses ressources naturelles qui comprend le droit de conclure des contrats et des traités, d'exploiter et d'utiliser les ressources naturelles, de nationaliser ou d'exproprier les ressources naturelles, ou encore de procéder à des réquisitions en période de guerre à condition d'accorder au propriétaire « une indemnisation adéquate, conformément aux règles en vigueur dans l'État qui prend ces mesures dans

---

[1] M. AUDIT, « Contentieux arbitral international, Droit commun », JurisClasseur Droit international, Fasc. 572-65, *Op.cit.*

[2] *Idem*

[3] CIRDI, Liberian Eastern Timber Corporation (Letco) c. Liberia, ARB/83/2, sentence, 31 mars 1986 : *JDI*, 1988, p. 172. Cité par [Okilassali], p. 243-244

[4] E. GAILLARD, « Chronique des sentences arbitrales », *JDI*, 1988, p. 178. Cité par [Okilassali], p. 244

[5] Arbitrage *ad hoc*, The American Independent Oil Company (Aminoil) c. Koweït, sentence, 24 mars 1982: 21 *ILM* 1982, p. 1017-23, spéc. p. 1023. J.-P. LAVIEC, *Protection et promotion des investissements*, *Op. cit.*, parag. 65

[6] Arbitrage *ad hoc*, The American Independent Oil Company (Aminoil) c. Koweït, sentence, 24 mars 1982: *JDI* 1982, p. 869, spéc. p.893-895 ; CIRDI, Amco Asia Corporation, Pan American Development Limited and Indonesia c. Indonésie, ARB/81/1, sentence, 20 novembre 1984 : 114 *JDI* (1987), p. 150-151 : « L'État est le protecteur naturel de l'intérêt public et social de la nation [...] [il] est en droit d'affecter ou de supprimer, lorsque l'intérêt général l'exige, la situation ou la relation qu'il a créée par un acte précédent, même si cet acte est la source des engagements et des obligations de l'État. C'est une conséquence du principe fondamental du droit des États souverains de procéder à une nationalisation ou à une expropriation des propriétés privées, qui s'appliquent également à des droits contractuels précédemment accords par l'État, même s'ils appartiennent à des étrangers. Ce principe se trouve aujourd'hui clairement admis par les systèmes juridiques nationaux aussi bien que par le droit international [...] [et l'État est tenu] d'indemniser la propriété sur les droits ainsi enlevés à leur propriétaire ou détenteur ».
Jp citée par [Okilassali], p. 232-233

l'exercice de sa souveraineté et en conformité du droit international » (A/RES/1803(XVII), parag. 2 - 4).[1]

Aujourd'hui, plutôt que d'imposer à l'État hôte le maintien de l'ensemble du dispositif réglementaire et législatif, une pratique récente tend à limiter l'objet des clauses de stabilisation.[2] Ainsi, ces clauses ont désormais tendance à énumérer les domaines où elles entendent s'appliquer comme, par exemple, dans le domaine fiscal, du contrôle des changes, dans le cadre du droit des sociétés ou du droit des contrats à un moment donné.[3]

Ces clauses peuvent aussi varier dans la durée pour être à durée déterminée pour certaines ou dégressives dans le temps, pour d'autres.[4] En effet, il est difficile de « geler » un régime juridique sur de trop longues périodes parce que cela pourrait causer des rigidités coûteuses et contre-productives dans l'économie de l'État contractant.[5] Au lieu de geler tout le système juridique d'un État à la date de la conclusion d'un accord, il est désormais conseillé d'instaurer une stabilisation graduelle suivant les besoins économiques.[6]

Les clauses de stabilisation sous-entendent deux idées principales : (1) l'obligation de consentement réciproque issu du principe de l'autonomie de la volonté, visant à éviter que l'une des parties impose à l'autre une modification du contrat unilatéralement, et (2) le maintien du droit matériel applicable et des conditions contractuelles initiales si les négociations n'aboutissent pas.[7] Ces clauses devraient ainsi s'apprécier au vu des intérêts des deux parties, État et investisseur.[8] Dans l'affaire LETCO, le contrat de concession contenait une clause qui stipulait : « Except as otherwise provided in this Agreement, no amendment or repeal of any law or regulation governing this Agreement or any part thereof shall affect the rights and duties of the concessionaire without

---

[1] L. SAKAI, *La souveraineté permanente sur les ressources naturelles et la protection internationale des Droits de l'Homme*, Thèse, Université Panthéon-Sorbonne - Paris I, France, 2014, p. 26, 44-45 : https://tel.archives-ouvertes.fr/tel-01523109/document

[2] M. AUDIT, « Contentieux arbitral international, Droit commun », JurisClasseur Droit international, Fasc. 572-65, *Op. cit.*, parag.12 ; J.M. JACQUET, D. BENTOLILA, « Contrat d'État », *Op. cit.*, parag. 234

[3] *Idem ; Idem*

[4] Exemple l'article 16 des contrats de concessions conclus entre d'une part les sociétés Texaco et Calasiatic, et la Libye, d'autre part précisait que : « Le Gouvernement libyen prendra toutes les mesures nécessaires à l'effet de garantir à la Compagnie, la jouissance de tous les droits à elle conférés par la présente concession. Les droits contractuels expressément créés en vertu de la présente concession ne pourront être modifiés sans le consentement des parties ». Un second paragraphe fut ajouté en 1963 : « Tant qu'elle demeurera en vigueur, la présente concession sera interprétée conformément à la loi sur les pétroles et aux règles en vigueur à la date de signature de l'accord portant amendement par lequel le présent paragraphe 2 a été incorporé dans le contrat de concession. Aucune modification ou abrogation desdits règlements n'affectera les droits contractuels de la Compagnie sans son consentement », Arbitrage *ad hoc*, Petroleum Co. and California Asiatic Oil Company c. Libya, sentence, 19 janvier 1977 : *JDI* 1977, p. 350, spéc. p. 370, 371, parag. 70. Exemple tiré de J.-P. LAVIEC, *Protection et promotion des investissements*, *Op. cit.*, parag. 62 ; [Okilassali] p. 236

[5] J.-P. LAVIEC, *Protection et promotion des investissements*, *Op. cit.*, parag. 69

[6] *Idem*, parag. 70

[7] J.-P. LAVIEC, *Protection et promotion des investissements*, *Op. cit.*, parag. 66-67 ; J.M. JACQUET, D. BENTOLILA, « Contrat d'État », *Op.cit.* À cet egard, il semble que la clause compromissoire, comme la clause compromissoire, a un caractère autonome par rapport aux dispositions matérielles d'un contrat.

[8] [Okilassali] p. 245

its consent ».[1] Aujourd'hui, ces clauses visent surtout à maintenir l'équilibre économique du contrat.[2] En cas d'apparition de nouvelles mesures législatives, le contrat est maintenu à condition que l'investisseur obtienne une compensation.[3]

Aussi, en vue de s'adapter à la rigidité des clauses de stabilisation, elles sont de plus en plus complétées aujourd'hui par des clauses de réajustement ou de « renégociation » périodiques qui assureraient à long terme une meilleure stabilité de ces contrats.[4] Dans la sentence Amoco, le juge Brower notait que « the protection of some alien investors formerly sought in a stabilization clause is nowadays sometimes provides in a quite different way by a broad renegotiation clause ».[5]

Dans cet ordre d'idées, Prosper Weil distingue trois types de clauses de stabilisation : les clauses de stabilisation classiques qui gèlent le droit applicable de l'État contractant tel qu'en vigueur au moment de la conclusion de l'accord ; les clauses d'intangibilité qui permettent d'effectuer des changements au droit applicable à condition d'avoir le consentement de l'investisseur ; et les clauses d'immutabilité qui autorisent que des changements au droit applicable soient effectués mais à condition que les nouvelles mesures ne soient pas plus défavorables, les nouvelles mesures plus avantageuses pour la partie privée pouvant être appliquées.[6]

Dans certains accords d'investissement, la clause de stabilisation est remplacée par une « clause de la société la plus favorisée » qui permet à l'investisseur de demander l'octroi des mêmes meilleurs droits que ceux accordés à un autre investissement faisant partie de la même branche d'activité.[7] Certaines conventions d'investissement prévoient qu'un investisseur pourra se prévaloir des conditions les plus favorables contenues dans des règlements nationaux ou dans des accords internationaux comme, par exemple, la Convention Belgique-Égypte qui prévoit en son article 11 que : « Lorsqu'une question est régie à la fois par la présente Convention et par un autre accord international ou des règlements nationaux de l'une des Parties Contractantes, aucune disposition de la présente Convention n'empêche les

---

[1] CIRDI, Liberian Eastern Timber Corporation (Letco) c. Liberia, ARB/83/2, sentence, 31 mars 1986, parag. 80

[2] J. M. JACQUET, D. BENTOLILA, « Contrat d'État », *Op.cit.*

[3] *Idem*

[4] [Okilassali], p. 247-248. Voir G. R. DELAUME, « The Proper Law of State Contracts Revisited », *ICSID Rev-FILJ*, Vol. 12, No. 1, 1997, p. 1, spéc. p. 23 ; T. W. WÄLDE, « Stabilité du contrat, Règlement des litiges et renégociation, Mécanismes en faveur d'une communauté d'intérêts dans la coopération internationale pour le développement des ressources minérales », *Revue de l'Arbitrage*, 1981, p. 203, spéc. p. 214

[5] Amoco International Finance Corporation c. Iran, Sentence No. 310-56-3, 14 juillet 1987, *Iran-U.S. Claims Tribunal Reports* 1987, Vol. 15, p. 187, spéc. p.297. Cité par [Okilassali], p. 249

[6] P. WEIL, « Les clauses de stabilisation ou d'intangibilité insérées dans les accords de développement économique », *In Mélanges offerts à Charles ROUSSEAU,* Paris, Pedone, 1974, p. 301. Cité par J.-P. LAVIEC, *Protection et promotion des investissements, Op. cit.*, parag. 62

[7] J.-P. LAVIEC, *Protection et promotion des investissements, Op. cit.*, parag. 71

ressortissants ou personnes morales d'une des Parties Contractantes propriétaires sur le territoire de l'autre Partie des investissements, biens, droits et intérêts de se prévaloir des dispositions qui leur sont les plus favorables ».[1]

Section 4- Remise en cause de l'application exclusive du droit national aux contrats d'État

Au début du XXe siècle, les opérateurs ont commencé de plus en plus fréquemment à introduire des clauses compromissoires, avec possibilité de saisine de tribunaux arbitraux, dans les contrats qu'ils signaient avec les États étrangers.[2] Cela étant dit, confier la résolution d'un litige à un arbitre neutre mais qui applique le droit de l'État supposé non neutre et pas toujours complet ne garantissait pas une réelle sécurité des opérations.[3] C'est pourquoi, depuis la fin des années 1950, la soumission au seul droit national des contrats conclus entre l'État et une partie privée a été remise en cause, d'autant plus que l'État souverain pouvait modifier la législation sans forcément prévoir une compensation.[4] Le risque de modification unilatérale du contrat par la partie étatique était considérable pour les investisseurs qui concluaient des contrats d'investissement de grande envergure.[5] L'ouverture au droit international ou aux principes généraux de droit ou encore le « gel » du droit de l'État contractant à un moment donné par les clauses de stabilisation pouvaient apporter des solutions pour atténuer ces difficultés.[6]

Sous-section 1 - Les arguments en faveur de l'internationalisation

L'application du droit national seul dans les contrats entre l'État et des parties privées a été critiquée par la doctrine[7] et la jurisprudence et a suscité de nombreux débats.

Au cours des travaux préparatoires de la Convention CIRDI, a été posé le problème de l'application du droit international à une partie non étatique[8] étant donné que, généralement, le droit international public ne s'applique pas à une

[1] *Idem*
[2] A. DE NANTEUIL, *Droit international de l'investissement, Op. cit.*, p. 30
[3] *Idem*, p. 30-31
[4] *Idem*
[5] J.-P. LAVIEC, « Chapitre VII. Les régimes des accords d'investissement », *In Protection et promotion des investissements : Étude de droit international économique,* Genève, Graduate Institute Publications, 1985 (p. 241-268) Web, parag. 5
[6] *Idem*
[7] Voir J. F. LALIVE, « Contrats entre États ou entreprises étatiques et personnes privées - développements récents », *Op. cit.,* p. 9 ; En 1977, Georges Van-Hecke avait demandé à l'Institut de Droit international s'il faut continuer, comme la CPJI, à déclarer que tout contrat qui n'est pas un contrat entre des États en tant que sujets de droit international a son fondement dans une loi nationale. Voir Annuaire de l'Institut de Droit international, 1977, Vol. 57, t.1, p. 207. Cité par [Okilassali], p. 64 note 58
[8] Historique, Vol. III, doc. 29, p. 196

partie qui n'est pas un sujet de droit international comme dans les contrats d'État formés d'une partie étatique, d'une part, et d'un investisseur privé étranger, d'autre part.[1]

Frederick Alexander Mann était l'un des premiers auteurs à encourager l'usage du droit international dans les contrats d'État si les parties le souhaitent en se basant sur le principe de l'autonomie de la volonté.[2] Il considérait que les contrats d'État ne sont pas des traités et que le droit international public ne devrait pas être vu comme un droit gouvernant les traités liant des États souverains mais comme un droit créant des obligations.[3]

Pour de nombreux auteurs, l'application du droit international public, dans les contrats internationaux d'investissement, se justifie, de même, par le principe de la liberté des parties à appliquer le droit qu'elles jugeraient convenable pour leur relation contractuelle.[4]

Parmi les adeptes de l'internationalisation,[5] certains considèrent qu'il faut s'inspirer des règles de droit international public qui s'appliquent aux traités pour en tirer des règles régissant les contrats d'État.[6] Shawcross a défendu l'idée tirée de la maxime *pacta sunt servanda* consacrée à l'article 26 de la Convention de Vienne sur le droit des traités qui consiste à considérer que, quel que soit le droit applicable à un contrat entre un État et un étranger, un « droit international » est créé sur la base du contrat, que l'État de l'investisseur peut directement protéger.[7]

Sous-section 2 - Les arguments contre l'internationalisation

Joe Verhoeven, quant à lui, pensait qu'« il est difficile d'admettre que la seule volonté des parties suffit à soumettre immédiatement au droit des gens un contrat dit international tant que ne sont pas précisées les conditions

---

[1] [Okilassali] , p. 115

[2] F. A. MANN, « Theoretical Approaches toward the law governing state contracts between states and private persons », *RBDI*, 1975, p. 562. Cité par [Okilassali], p. 118

[3] F. A. MANN, « The Proper Law of contract concluded by international persons », *Op. cit.*, p.43. Cité par [Okilassali], p. 119

[4] Ph. LEBOULANGER, *Les contrats entre États et entreprises étrangères*, Paris, Economica, 1985 ; D. BETTEMS, *Les contrats entre États et Entreprises étrangères. Droit applicable et responsabilité internationale*, Lausanne, Méta, 1988, p. 127, No. 101. Cité par [Okilassali], p. 120

[5] P. C. OSODE, « State Contracts, State interests and International commercial arbitration: a third world perspective », *African journal of international and comparative law*, Vol. 9, No.1, 1997, p. 107, spéc. p. 118 ; M. O. LANDO, « The law applicable to the merits of the dispute », *In Essays on international commercial arbitration*, P. Sarcevic (ed.), Graham & Trotman / Martinus Nijhoff, London, 1989, p. 129, spéc. p. 144 ; G. HAIGHT, « The choice of public international law as the applicable law in development contracts with Foreign Governments », *In International Financing and Investment*, J. F. McDaniels, Dobbs Ferry, NY Oceana Publ., 1964, p. 554, spéc. p. 557 ; S. M. SCHWEBEL, « The law applicable in international arbitration-Application of Public International Law », *In Planning efficient arbitration proceeding*, ICCA Congress series No. 7, 1994, p. 562 ; Rf. citées par [Okilassali], p. 122

[6] F. A. MANN et P.WEIL. Cité par [Okilassali], p. 122

[7] H. W. SHAWCROSS, « The Problems of Foreign Investment in International Law », *RCADI*, Vol. 102, t.I, 1961, p. 335, spéc. p. 381. Cité par J.-P. LAVIEC, *Protection et promotion des investissements, Op. cit.*, parag. 28

auxquelles ce droit subordonne l'efficacité de pareille volonté ».[1] Lord McNair, ancien juge de la Cour internationale de Justice, considérait que le droit international public est un droit réservé aux relations entre États et que, par conséquent, il ne peut s'appliquer aux contrats d'État et proposait, en revanche, l'application des principes généraux de droit reconnus par les nations civilisées.[2] D'autres auteurs considèrent que les règles régissant les traités ne sont pas adaptées aux contrats d'État.[3]

Les règles matérielles positives de droit international applicables spécifiquement aux contrats d'État ne sont pas nombreuses.[4] Le droit international ne peut répondre à tous les problèmes qui se posent dans un contrat d'État ou souvent les réponses ne sont pas claires, abstraites et mal formulées.[5] Cette question fut abordée lors des travaux préparatoires de la Convention de Washington où il a été constaté que le droit international n'est pas suffisamment élaboré pour répondre à toutes les questions qui surgissent dans les litiges entre États et personnes privées.[6] Il n'est donc pas sûr que les investisseurs puissent obtenir une protection adéquate à travers le droit international.[7]

Pour d'autres, le droit international ne peut régir les contrats d'État car la partie privée n'a pas la qualité de sujet du droit international et ne peut donc avoir accès au système de création des règles et aux sanctions du droit international.[8] Néanmoins, les auteurs faisant partie de ce courant reconnaissent que l'internationalisation peut avoir lieu dans le cas où le contrat d'État se trouve couvert par un traité bilatéral de protection.[9]

---

[1] J. VERHOEVEN, « Droit international des contrats et droit des gens », *RBDI*, Vol. 14, 1978-1979, p. 209, spéc. p. 216. Cité par [Okilassali], p. 115

[2] Lord A. D. MCNAIR, « The general principles of law recognized by civilized nation », *BYBIL*, No. 33, 1957, p. 1, spéc. p. 4. Cité par [Okilassali], p. 115

[3] H. BATIFFOL, Deuxième séance plénière de la Commission de l'IDI, *AIDI*, 1979, Vol. 58. [Okilassali], p. 122, note 171 (à la fin).

[4] J. VERHOEVEN, « Droit international des contrats et droit des gens », *Op. cit.*, p. 216 ; [Okilassali], p. 116, 143

[5] O. CHUKWUMERIJE, *Choice of law international commercial arbitration*, Wesport Connecticut, Quorum Book, 1994, p. 162 ; V. W. WENGLER, « Les accords entre États et entreprises étrangères sont-ils des traités de droit international ? », *RGDIP*, Vol. 76, 1972, p. 313 ; J. SALMON, « Les principes généraux de droit, une insaisissable source de droit applicable aux contrats d'État », *In Mélanges offerts à Raymond VANDER ELST*, Bruxelles, Nemesis, 1986, tome II, p. 717, spéc. p. 733. [Okilassali], p. 116

[6] Historique, Vol. III, Doc. 29, Z 9 du 1er juin 1964, p. 194 et p. 105. [Okilassali], p. 116

[7] P. C. OSODE, « State Contracts, State interests and International commercial arbitration : a third world perspective », *Op. cit.*, p. 118. [Okilassali], p. 116

[8] V. W. WENGLER, « Les accords entre États et entreprises étrangères sont-ils des traités de droit international ? », *Op. cit.*, p. 317 et s. cité par J. M. JACQUET, D. BENTOLILA, « Contrat d'État », *Op. cit.*, parag. 139

[9] F. RIGAUX, Cours général de droit international privé, *RCADI*, 1993, p. 220 s., n° 159 s. ; P. JUILLARD, « Contrats d'État et investissement », *In Contrats internationaux et pays en développement*, H. CASSAN (dir.), Paris, Economica, 1989, p. 159, spéc. p. 164 s., n° 11 s. ; Cité par J. M. JACQUET, D. BENTOLILA, « Contrat d'État », *Op. cit.*, parag. 139

Sous-section 3 - Séparation entre responsabilité contractuelle et responsabilité des États pour fait illicite dans les contrats d'investissement internationalisés

L'internationalisation des contrats d'État ou leur soumission au droit international public a été largement inspirée des sentences libyennes rendues à la suite de la nationalisation des compagnies pétrolières détenues par des intérêts étrangers.[1] Ces sentences concernaient la rupture d'accords d'investissement internationalisés.[2] Une distinction y a été faite entre les effets de la violation d'obligations inter-étatiques des effets de l'inexécution d'accords entre États et investisseurs étrangers soumis au droit international.[3] En termes d'interprétation et d'exécution des obligations contractuelles, la soumission d'un accord au droit international ne peut signifier qu'un tel accord soit mis sur le même plan qu'un accord entre sujets de droit international.[4] Une majorité d'opinion considère que la référence au droit international dans un accord ne peut rendre applicables les règles relatives à la responsabilité internationale des États.[5] Un investisseur qui se prétend lésé ne pourrait pas recourir au système de sanctions défini par le droit international, autrement dit, il ne pourra pas prendre des mesures de rétorsion, ou de représailles.[6] L'application du droit international dans un litige d'investissement portant sur des droits d'origine contractuelle ne fait pas nécessairement du droit international l'ordre juridique du contrat.[7]

Dans l'affaire Liamco, la rupture des contrats de concession n'a pas été considérée comme un acte illicite au sens du droit international.[8] La responsabilité de l'État a été retenue sur le plan contractuel et l'État a été condamné à indemniser l'investisseur lésé, y compris pour le gain manqué.[9] Une solution analogue a été retenue dans l'affaire Aminoil.[10] Dans l'affaire BP, le tribunal a considéré qu'un contrat internationalisé ne pouvait pas être rompu par une mesure de nationalisation parce que cela reviendrait à appliquer la sanction de la restitution en entier, c'est-à-dire un mode de réparation prévu entre États, ce qui est inadmissible, selon lui.[11] Il conclut que le demandeur avait droit à des

---

[1] BP Exploration Company c. Libye, 10 octobre 1973, *Revue de l'arbitrage*, 1980, p. 117 ; Arbitrage *ad hoc*, Petroleum Co. and California Asiatic Oil Company c. Libya, sentence, 19 janvier 1977 : *JDI* 1977, p. 350 ; Arbitrage *ad hoc*, Libyan American Oil Company (LIAMCO) c. Libye, sentence, 12 avril 1977 : extraits *in Revue de l'arbitrage*, 1980, No. 1, p. 132 ; A. DE NANTEUIL, *Droit international de l'investissement*, p. 33

[2] J.-P. LAVIEC, *Protection et promotion des investissements*, *Op. cit.*, parag. 57

[3] *Idem*

[4] *Id.*, parag. 42

[5] *Id.*, parag. 53

[6] *Id.*

[7] *Id.*

[8] *Id.*, parag. 56

[9] J.-P. LAVIEC, *Protection et promotion des investissements*, *Op.cit.* parag. 56

[10] *ILM*, Vol. 21, 1982, p. 1020 et s. Cité par J.-P. LAVIEC, *Protection et promotion des investissements*, *Op. cit.*, parag. 56

[11] *ILR*, Vol. 53, 1979, pp. 356-7 Cité par *idem*

dommages-intérêts.[1] Dans l'affaire Agip, où le droit international était partiellement applicable à l'accord d'investissement, le tribunal n'a pas qualifié la nationalisation d'acte illicite dans l'ordre international, mais s'est limité à relever son « caractère irrégulier » au regard du droit international.[2] Contrairement aux autres sentences, dans l'affaire Texaco les accords internationalisés ont été assimilés à des accords entre États engageant par là la responsabilité internationale reconnue entre États.[3] La notion de responsabilité contractuelle, distincte de la responsabilité des États pour fait illicite, a également été reconnue dans une résolution adoptée par l'Institut de Droit international portant sur les accords entre un État et une personne privée étrangère.[4]

Section 5 - Les contrats d'investissement internationalisés

Les parties peuvent choisir aujourd'hui le droit international pour régir leur litige. Celui-ci présente quelques avantages par rapport à la seule application d'un droit national.

Sous-section 1 - Admission du choix du droit international aujourd'hui

Il est désormais acquis que le droit international peut régir des contrats entre États et investisseurs privés étrangers.[5] Les parties peuvent choisir de soumettre leur convention au droit international public.[6] L'Institut de Droit international a admis cette solution dans sa résolution de 1979 sur les contrats d'État, en indiquant à l'article 2 que « les parties peuvent notamment choisir comme loi du contrat, soit un ou plusieurs droits internes ou les principes communs à ceux-ci, soit les principes généraux du droit, soit les principes appliqués dans les rapports économiques internationaux, soit le droit

---

[1] J.-P. LAVIEC, *Protection et promotion des investissements*, *Op. cit.*, parag. 56

[2] *RDI*, Vol. 64, 1981, p. 875. Cité par *idem*

[3] J.-P. LAVIEC, *Protection et promotion des investissements*, *Op. cit.*, parag. 58

[4] Institut de Droit international, « La loi du contrat dans les accords entre un État et une personne privée étrangère » (Vingt et unième Commission, Rapporteur : M. Georges Van Hecke), session d'Athènes, 1979 : https://www.idi-iil.org/app/uploads/2017/06/1979_ath_01_fr.pdf (Préambule), « Soulignant que la responsabilité internationale des États en vertu du droit international n'est pas visée par la présente résolution (...) » et Article 6 : « Les règles de droit choisies conformément aux articles qui précèdent règlent les problèmes de responsabilité contractuelle entre les parties et notamment ceux qui sont posés par l'exercice par l'État de ses pouvoirs souverains à l'encontre d'un engagement qu'il a pris envers le cocontractant ». Cité par J.-P. LAVIEC, *Protection et promotion des investissements*, *Op. cit.*, parag. 59

[5] Voir A. P. SERENI, « International Economic Institutions and the Municipal Law of States », *RCADI*, 1959, p. 129, spéc. p. 210. Cité par [Okilassali], p. 335

[6] M. AUDIT, « Contentieux arbitral international, Droit commun », JurisClasseur Droit international, Fasc. 572-65, *Op.cit.*

international, soit une combinaison de ces sources de droit ».[1] Cela étant dit, le choix du droit international seul est plutôt rare.[2] Par exemple, dans l'accord entre la Syrie et Middle-East Pipeline Ltd. de 1949, l'article 28 dispose : « [...] the award shall be based on the juridical principles contained in article 38 of statute of international Court of Justice ».[3] Aussi, dans l'accord entre la Tunisie et la Compagnie des Transports par Pipe-lines au Sahara, il est indiqué à l'article 22 que l'arbitre peut statuer en amiable composition et qu'il n'a à « suivre aucune règle particulière de droit mais pourra s'il l'estime qu'il l'échet, fonder ses décisions provisoires et sa sentence sur les principes de droit en particulier de droit international ».[4]

Étant donné que le droit international est rarement choisi tout seul, ceci a encouragé l'adoption des clauses composites où le droit international est combiné à un autre système juridique.[5] Lorsque le droit interne est combiné au droit international, la tendance est qu'il s'applique sous réserve de sa conformité au droit international.[6]

Sous-section 2 - Avantages du choix du droit international

L'application du droit international permet d'évaluer de façon impartiale le comportement de l'État puisque ce droit est composé de normes qui lui sont extérieures.[7] Le droit international a l'avantage d'être neutre du point de vue des deux parties et est accessible aux arbitres de toute nationalité.[8] Du point de vue de l'investisseur, il s'agit de ne pas appliquer le droit de l'État d'accueil qui présente un risque politique, ce qui lui apporte une protection juridique renforcée.[9] Du point de vue de l'État d'accueil, il est neutre parce que ce n'est pas le droit d'un État tiers et qu'il s'agit d'un ensemble normatif inter-étatique auquel l'État d'accueil est réputé avoir participé à sa construction.[10]

---

[1] Institut de Droit international, résolution « La loi du contrat dans les accords entre un État et une personne privée étrangère », *Op.cit.* Cité par E. GAILLARD, JurisClasseur Droit international, Fasc. 586-9-1, 1996

[2] A. DE NANTEUIL, *Droit international de l'investissement*, p. 33

[3] J. F. LALIVE, « Contract between state or state agency and foreign company », *International and Comparative Law Quarterly*, Vol.13, No.3, 1964, p. 987, spéc.p. 1001. [Okilassali], p. 126

[4] Cité par P. WEIL, « Contrats entre États et particuliers », *RCADI*, 1969, III, t. 128, p. 162. Cité par [Okilassali], p. 126

[5] [Okilassali], p. 129

[6] A. DE NANTEUIL, *Droit international de l'investissement*, p. 33

[7] J. M. JACQUET, D. BENTOLILA, « Contrat d'État », *Op. cit.*, parag. 132

[8] A. DE NANTEUIL, *Droit international de l'investissement*, p. 32

[9] *Idem ;* Ch. SCHREUER, *The ICSID Convention: A Commentary*, Cambridge, Cambridge University Press, 2009, p. 557. Cité par H. E. KJOS, *Applicable Law in Investor–State Arbitration: The Interplay Between National and International Law*, *Op. cit.*, p. 6

[10] A. DE NANTEUIL, *Droit international de l'investissement*, *Op. cit.*, p. 32

Sous-section 3 - L'internationalisation, un concept révolu ?

L'internationalisation des contrats d'État est considérée par certains auteurs comme un concept « démodé »[1] ou « dépass[é] »[2] parce qu'il s'agit d'une solution mise en place à l'origine pour apporter une sécurité juridique aux investisseurs qui a été remplacée dès lors par la protection apportée par les TBI.[3] Selon Sophie Lemaire, « [i]l ne s'agit plus d'internationaliser la relation contractuelle, mais au contraire de préserver sa pureté en la maintenant dans la sphère du droit interne et en la sécurisant par l'édiction d'un traité de protection, seul soumis au droit international. Dans cette logique, on se résout d'ailleurs aujourd'hui à reconnaître qu'en pratique les contrats internationaux de l'État sont en principe régis par un droit étatique ».[4]

Un autre auteur voit que le principe de l'affaire des emprunts serbes existe toujours mais il est moins tranché qu'auparavant.[5] Selon les termes de Batiffol, « la formule de 1929 garde la valeur d'un principe comportant des dérogations éventuelles ».[6]

Le tribunal CIRDI a indiqué dans Antoine Goetz : « Il n'est pas sans intérêt à cet égard de noter que la référence assez fréquente, dans des clauses de *choice of law* insérées dans des conventions de protection des investissements, aux dispositions de la convention elle-même et, plus largement, aux principes et règles du droit international – provoque, après un certain reflux dans la pratique et la jurisprudence, un retour remarquable du droit international dans les relations juridiques entre les États d'accueil et les investisseurs étrangers. Cette internationalisation des rapports d'investissement – qu'ils soient contractuels ou non – ne conduit certes pas à une "dénationalisation" radicale des relations juridiques nées de l'investissement étranger, au point que le droit national de l'État hôte serait privé de toute pertinence ou application au profit d'un rôle exclusif du droit international. Elle signifie seulement que ces relations relèvent simultanément – en parallèle, pourrait-on dire – de la maîtrise souveraine de l'État d'accueil sur son droit national et des engagements internationaux auxquels il a souscrit ».[7]

---

[1] R. B. LILLICH, « The Law Governing Disputes under Economic Development Agreements : Reexamining in the Concept of 'internationalization' », *In International Arbitration in the 21st Century : Towards "Judicialization" and Uniformity ?,* R. B. LILLICH, C. N. BROWER (eds.), Irvington, New York, Transnational Publishers, 1994, p. 93 ; A. S. EL-KOSHERI et T. RIAD, « The Law Governing a New Generation of Petroleum Agreements : Change in Arbitration Process », *Op. cit.,* p. 267 ; S. J. TOOPE, *Mixed International Arbitration. Studies in Arbitration between States and Private Persons*, Cambridge, Grotius Publications Ltd., 1990, p. 18, 21. Cités par [Okilassali], p. 331

[2] E. GAILLARD, « L'arbitrage sur le fondement des traités de protection des investissements », *Op. cit.,* p.853, n° 15. Cité par S. LEMAIRE, « Treaty Claims et Contract Claims : la compétence du CIRDI à l'épreuve de la dualité de l'État », *Op. cit.,* parag. 26

[3] S. LEMAIRE, « Treaty Claims et Contract Claims : la compétence du CIRDI à l'épreuve de la dualité de l'État », *Op. cit.,* parag. 26

[4] *Idem* citant E. GAILLARD, « L'arbitrage sur le fondement des traités de protection des investissements », *Op. cit.,* p. 853, n° 15

[5] J.-P. LAVIEC, *Protection et promotion des investissements*, *Op. cit.,* parag. 37

[6] IDI, *Annuaire,* Vol. 57, (1977-I), p. 211. Cité par J.-P. LAVIEC, *Protection et promotion des investissements*, *Op. cit.,* parag. 37

[7] CIRDI, Antoine Goetz et consorts c. Burundi, sentence, ARB/95/3, 10 février 1999, parag. 69

Chapitre 4 - Choix des « règles de droit » par les parties

L'expression « règles de droit » a une large étendue et peut se référer à la *lex mercatoria.* Il s'agit de s'arrêter sur la définition de cette expression ainsi que sur le contenu de la *lex mercatoria* et les critiques la concernant (section 1). Quelle est l'étendue de l'expression « règles de droit » en dehors du cadre du CIRDI (section 2), dans le cadre de la Convention CIRDI (section 3) et dans les pays arabes (section 4) ? La grande liberté des parties leur permettrait de désigner plusieurs lois / règles de droit à des aspects distincts du litige en suivant la méthode du dépeçage ou de soumettre leur contrat à aucune règle de droit. La pertinence de ces choix sera examinée aux sections 5 et 6.

Section 1 - Définition des « règles de droit »

Sous-section 1 - Terminologie mal fixée

Pour désigner des règles et principes autres que ceux issus d'une loi étatique, la terminologie est variée : *lex mercatoria*, principes généraux du droit du commerce international, principes généraux au sens de l'article 38 III du Statut de la CPJI, usages du commerce international,[1] droit anational,[2] « règles anationales »,[3] règles transnationales,[4] principes Unidroit.[5] De façon générale, la *lex mercatoria*[6] désigne « un ensemble de principes nés de la pratique des marchands »[7] ou les pratiques suivies dans une branche donnée

---

[1] E. LOQUIN, « La réalité des usages du commerce international », *RID éco.*, 1989, p. 163. cité par E. GAILLARD, « Droit applicable au fond du litige », JurisClasseur Droit international, Fasc. 586-9-1, *Op.cit.*

[2] Ph. FOUCHARD, *L'arbitrage commercial international*, LGDJ, 1965, n° 576 s. cité par E. GAILLARD, « Droit applicable au fond du litige », JurisClasseur Droit international, Fasc. 586-9-1, *Op.cit.*

[3] E. LOQUIN, « L'application de règles anationales dans l'arbitrage commercial international », *In L'arbitrage commercial international : l'apport de la jurisprudence arbitrale : séminaire des 7 et 8 avril 1986*, Publication CCI n° 440/1, 1986, p. 67 ; M. DE BOISSESON, *Le droit français de l'arbitrage interne et international*, GLN Joly, 1990, p. 611. Cités par E. GAILLARD, « Droit applicable au fond du litige », JurisClasseur Droit international, Fasc. 586-9-1, *Op.cit.* parag. 27

[4] J.-F. LALIVE, « Contrats entre États ou entreprises étatiques et personnes privées - Développements récents », *Op. cit.*, p. 31 ; H. A. GRIGERA-NAON, P. BOWDEN, « The Applicability of Transnational Rules in International Commercial Arbitration », International Law Association Report of the 64th Conference, Queensland, Australia, 1990, p. 127. Rf. citées par E. GAILLARD, « Droit applicable au fond du litige », JurisClasseur Droit international, Fasc. 586-9-1, *Op. cit.*, parag. 27

[5] A. GIARDIINA, « Les principes UNIDROIT sur les contrats internationaux », *JDI*, 1995, p. 547 ; Selon E. GAILLARD, les règles de droit permettent de « [...] sélectionner comme droit applicable les principes généraux du droit, la *Lex mercatoria* ou le droit international ». (« Chronique des sentences arbitrales », *JDI*, 1994, p. 245).

[6] Par exemple, le terme « *lex mercatoria* » est employé à l'article 813 du nouveau code de procédure civile libanais de 1983, à l'article 834 du code de procédure civile italien issu de la loi du 5 janvier 1994, à l'article 39 de la loi égyptienne No. 27 du 21 avril 1994 et à l'article 458 bis 14 du code de procédure civile algérien dans sa rédaction de 1993.

[7] A. DE NANTEUIL, *Droit international de l'investissement*, *Op. cit.*, p. 41- 42

du commerce.[1] Les principes généraux englobent les règles dégagées de la comparaison de droits nationaux effectuée par une analyse de droit comparé ou de sources internationales comme les conventions internationales ou la jurisprudence des règles transnationales.[2] Très souvent, est également employée l'expression « règles de droit » mais cette formule est plus large que les expressions susmentionnées parce que « règles de droit » incluent également l'application du droit national et / ou du droit international, en plus de la *lex mercatoria,* et la combinaison entre différents systèmes juridiques.[3] Avec les « règles de droit », les parties peuvent combiner la *lex mercatoria* et les lois étatiques[4] et internationales, tout comme appliquer la *lex mercatoria* seule. Peu importe le terme employé, il appartient aux arbitres de rechercher avant tout l'intention réelle des parties.[5]

<u>Sous-section 2 - Contenu de la *lex mercatoria*</u>

Quelques auteurs ont essayé d'établir des listes. Lord Mustill a établi une liste de vingt principes qui connurent un grand succès en doctrine.[6] Éric Loquin[7] a élaboré une liste de quatre catégories.[8] Ces listes ne sont pas limitatives et réduire les principes généraux du droit du commerce international à une liste serait réducteur.[9][10] L'Institut international pour

---

[1] E. GAILLARD, « La distinction des principes généraux du droit et des usages du commerce international », parag. 8

[2] *Idem*, parag. 6

[3] Ph. KAHN, M.A. FEEL, « The applicable law to the foreign investments : the Convention of the World Bank on Settlement of Investments Disputes », *Indiana Law Journal*, 1968, p. 1, spéc. p. 8

[4] *Idem* ; [Najjar], p. 465

[5] Emmanuel Gaillard explique qu'« Ainsi par exemple, bien que l'expression d'usages du commerce au sens de l'article 1496 du Nouveau Code de procédure civile possède, selon nous, un sens précis qui ne se confond pas avec celle de principes généraux du droit du commerce international, il n'est pas exclu pour autant que, sans doute de manière maladroite, les parties aient entendu désigner sous le terme d'usage des principes généraux. Il n'y aurait rien de choquant dans une telle hypothèse, à ce que les arbitres, tenus de respecter la volonté réelle des parties, appliquent de tels principes, avec ou sans requalification ». E. GAILLARD, « Droit applicable au fond du litige », JurisClasseur Droit international, Fasc. 586-9-1, *Op. cit.,* parag. 29

[6] Lord MUSTILL, « The New Lex mercatoria : The First Twenty-five Years », *In Etudes Wilberforce,* Oxford 1987, cité par E. GAILLARD, « Droit applicable au fond du litige », JurisClasseur Droit international, Fasc. 586-9-1, *Op. cit.,* parag. 40

[7] E. Loquin, « La réalité des usages du commerce international » *Op. cit.,* p. 168 s. Cité par E. GAILLARD, « Droit applicable au fond du litige », JurisClasseur Droit international, Fasc. 586-9-1, *Op. cit.,* parag. 40

[8] Les 4 catégories sont : 1) sécurité des transactions (incluant la « présomption de compétence des opérateurs du commerce international », « l'effectivité de la clause compromissoire », qui concerne la procédure arbitrale, « l'inopposabilité du défaut de pouvoir du négociateur du contrat » et « l'interdiction de se contredire au détriment d'autrui »), 2) mutabilité de la convention (incluant la « présomption d'acquiescement à l'acte d'exécution différent de celui défini par le contrat » et « l'obligation de renégocier »), 3) coopération des parties (incluant « l'obligation de minimiser le dommage subi », la « répartition égalitaire de la charge des aléas » et l'« obligation de tout révéler »), 4) loyauté des affaires (incluant essentiellement l'« inopposabilité des contrats de corruption »). Voir E. GAILLARD, « Droit applicable au fond du litige », JurisClasseur Droit international, Fasc. 586-9-1, *Op. cit.,* parag. 40

[9] E. GAILLARD, « Droit applicable au fond du litige », JurisClasseur Droit international, Fasc. 586-9-1, *Op. cit.,* parag. 29

[10] *Idem*, parag. 40

l'unification du droit privé a tenté d'unifier ces règles par l'adoption, en 1994, des principes Unidroit relatifs aux contrats du commerce international, qui ont été amendés en 2004 puis 2010.[1] La dernière version datant de 2016 n'apporte pas beaucoup d'amendements par rapport à la version précédente mais ajoute plutôt davantage de commentaires.[2] Les principes Unidroit sont destinés à être utilisés partout dans le monde quelles que soient les traditions juridiques et les situations économiques et politiques des pays.[3] Ils s'appliquent lorsque les parties acceptent d'y soumettre leur contrat et lorsqu'elles acceptent que leur contrat soit régi par les « principes généraux du droit », la « *lex mercatoria* » ou autre formule similaire.[4] Ils peuvent être utilisés pour interpréter ou compléter d'autres instruments du droit international et peuvent servir de modèle aux législateurs, juges et arbitres nationaux et internationaux.[5] Ces règles ont pour sources les règles communes à plusieurs systèmes juridiques issues suivant la méthode du « tronc commun » et les sources internationales admises largement par la communauté juridique internationale comme la jurisprudence arbitrale internationale (comme la Cour internationale de Justice), les conventions internationales (en vigueur ou non).[6] Ainsi, les principes généraux ne constituent pas une liste bien définie mais sont des règles qu'il est possible de dégager via une étude comparée de plusieurs droits ou systèmes juridiques.[7] Parfois, mais plus rarement, il est fait référence à des règles internationales ou régionales uniquement, comme aux « principes de droit applicables en Europe de l'Ouest »[8] ou les principes de droit applicables « en Europe du Nord ».[9] Aussi, il n'est pas nécessaire qu'absolument tous les systèmes juridiques reconnaissent une règle particulière pour qu'elle devienne un principe : il s'agit simplement de déduire une tendance admise de manière générale.[10]

La *lex mercatoria* inclut des principes comme le principe de bonne foi dans l'exécution du contrat, le principe de l'interdiction de se contredire au détriment d'autrui, le principe de la force obligatoire des conventions,

---

[1] Les principes d'UNIDROIT : https://www.unidroit.org/fr/instruments/contrats-du-commerce/principes-dunidroit-2016/

[2] Présentation des principes d'UNIDROIT : https://www.unidroit.org/fr/instruments/contrats-du-commerce/principes-dunidroit-2016/presentation/

[3] UNIDROIT, Principes relatifs aux contrats du commerce international, Rome, 1994, Introduction et Préambule : https://www.unidroit.org/wp-content/uploads/2021/06/Unidroit-Principles-1994-French-i.pdf

[4] *Idem*

[5] *Id.*

[6] *Id.*

[7] E. GAILLARD, « Droit applicable au fond du litige », JurisClasseur Droit international, Fasc. 586-9-1, *Op. cit.,* parag. 80

[8] CCI, affaire n° 6378, citée par E. GAILLARD, « Droit applicable au fond du litige », JurisClasseur Droit international, Fasc. 586-9-1, *Op. cit.,* parag. 37

[9] E. GAILLARD, « Droit applicable au fond du litige », JurisClasseur Droit international, Fasc. 586-9-1, *Op. cit.,* parag. 37

[10] *Idem*

l'obligation d'une compensation adéquate en cas de rupture du contrat ou encore l'exception de force majeure.[1]

Certains principes de *lex mercatoria* sont inspirés de la protection de l'intérêt général comme la nullité des conventions obtenues par corruption.[2] La doctrine considère aussi comme principe général de droit le fait qu'en présence d'un contrat illicite, l'arbitre doit prononcer l'annulation de la convention et non pas décliner sa compétence.[3] De même, tombent sous le principe général de nullité des conventions contraires à l'ordre public international et aux « bonnes mœurs » comme les accords favorisant le trafic de drogue, le terrorisme ou le trafic des armes de guerre entre particuliers.[4] De même, le droit de la concurrence[5] et la protection du patrimoine culturel de l'humanité ont fait l'objet de réflexion en termes de principes généraux.[6]

La jurisprudence arbitrale reconnaît l'existence de nombreux principes relatifs à l'interprétation des conventions.[7] Le principe d'interprétation le plus général concerne l'interprétation des conventions de bonne foi.[8] Une interprétation restrictive, par laquelle une partie tenterait de limiter son engagement, ne veut pas dire une interprétation de mauvaise foi.[9] Dans la sentence Aramco du 23 août 1958, il est indiqué que « l'interprète doit [partir] de l'idée que les parties ont entendu établir une situation contractuelle raisonnable et conforme au but commun qu'elles se sont proposé d'atteindre ».[10] Dans une sentence CCI rendue dans l'affaire n° 1434 en 1975, il est précisé qu'« il convient d'interpréter la clause de limitation de

---

[1] A. DE NANTEUIL, *Droit international de l'investissement, Op. cit.*, p. 41- 42

[2] E. GAILLARD, « Droit applicable au fond du litige », JurisClasseur Droit international, Fasc. 586-9-1, *Op. cit.*, p. 49

[3] B. GOLDMAN, « L'action complémentaire des juges et des arbitres en vue d'assurer l'efficacité de l'arbitrage commercial international », *In Arbitrage international, 60 ans après, Op. cit.*, p. 271 s., spéc. p. 286 ; A. S. EL KOSHERI et Ph. LEBOULANGER, « L'arbitre face à la corruption et aux trafics d'influence », *Revue de l'arbitrage,* 1984, p. 14 ; P. LALIVE, « Ordre public transnational [ou réellement international] et arbitrage international », *Op. cit.*, p. 337. Cité par E. GAILLARD, JurisClasseur Droit international, Fasc. 586-9-1, 1996, parag. 49

[4] P. LALIVE, « Ordre public transnational [ou réellement international] et arbitrage international », *Op. cit.*, p. 341. Rf. citées par E. GAILLARD, « Droit applicable au fond du litige », JurisClasseur Droit international, Fasc. 586-9-1, *Op. cit.*, parag. 49

[5] Voir spécialement J.-H. MOITRY, « Arbitrage international et droit de la concurrence : vers un ordre public de la lex mercatoria », *Revue de l'arbitrage*, 1989, p. 3 – *Contra* L. IDOT, « Les conflits de lois en droit de la concurrence », *JDI*, 1995, p. 321, spéc. p. 328. Rf. citées par E. GAILLARD, « Droit applicable au fond du litige », JurisClasseur Droit international, Fasc. 586-9-1, *Op. cit.*, parag. 49

[6] E. GAILLARD, « Droit applicable au fond du litige », JurisClasseur Droit international, Fasc. 586-9-1, *Op. cit.*, parag. 49

[7] Ph. KAHN, « L'interprétation des contrats internationaux », *JDI*, 1981, p. 5 ; G. HORSMANS, « L'interprétation des contrats internationaux », *In L'apport de la jurisprudence arbitrale*, Publication CCI n° 440/1, 1986, p. 123 s. ; Ph. FOUCHARD, *L'arbitrage commercial international, Op. cit.*, p. 434 s. cité par E. GAILLARD, « Droit applicable au fond du litige », JurisClasseur Droit international, Fasc. 586-9-1, parag. 50-51

[8] E. GAILLARD, « Droit applicable au fond du litige », JurisClasseur Droit international, Fasc. 586-9-1, parag. 51

[9] *Idem*

[10] *RCDIP*, 1963, p. 272, spéc. p. 319 cité par E. GAILLARD, « Droit applicable au fond du litige », JurisClasseur Droit international, Fasc. 586-9-1, parag. 51

responsabilité litigieuse selon les principes généraux de l'interprétation des contrats, [...] en commençant par l'interprétation littérale et grammaticale des termes, sans négliger de les replacer dans leur contexte et de considérer le contrat dans son ensemble, pour dégager l'intention commune réelle des parties, en s'inspirant notamment, si le sens des termes prête à controverse, du principe de la bonne foi et en recourant au besoin à des éléments extrinsèques d'interprétation, tirés notamment du contexte historique et des relations entre les parties ».[1] Un autre principe est celui de l'effet utile, encore appelé « principe de l'effectivité », selon lequel « on doit supposer que les rédacteurs d'une clause ont voulu donner à celle-ci une signification réelle et une portée opérante ».[2] Une sentence CCI rendue en 1975 dans l'affaire 1434 précise qu'« une règle d'interprétation universellement reconnue veut que, en présence de deux interprétations contraires ou de deux sens possibles des mêmes termes d'un contrat, on doive, dans le doute, préférer l'interprétation qui conserve aux mots une certaine portée plutôt que celle qui les considère comme inutiles ou même absurdes ».[3]

Sous-section 3 - Critiques de la *lex mercatoria*

La notion de *lex mercatoria* a été critiquée depuis son apparition dans les années soixante.[4] Les premières critiques, d'ordre théorique, refusent d'admettre que la *lex mercatoria* puisse exister en tant que véritable ordre juridique comme l'ordre juridique étatique ou international.[5] Or, les principes généraux du droit deviennent de plus en plus spécialisés avec la pratique arbitrale pour former un ensemble de règles qui, bien qu'incomplet, a la caractéristique essentielle d'un ordre juridique s'organisant du général au spécial.[6] Par exemple, du principe plus général de bonne foi, découle l'interdiction de se contredire au détriment d'autrui.[7] Dans tous les cas, pourquoi ces règles devraient-elles nécessairement être puisées d'un ordre juridique distinct et complet ? L'important est que la sentence ne soit pas

[1] *JDI*, 1976, p. 979, obs. Y. DERAINS cité par E. GAILLARD, « Droit applicable au fond du litige », JurisClasseur Droit international, Fasc. 586-9-1, parag. 51

[2] E. GAILLARD, « Droit applicable au fond du litige », JurisClasseur Droit international, Fasc. 586-9-1, *Op. cit.*, parag. 52

[3] CCI, Sentence n° 1434, 1975, *JDI* 1976, p. 978, obs. Y. Derains, cité par E. GAILLARD, « Droit applicable au fond du litige », JurisClasseur Droit international, Fasc. 586-9-1, *Op. cit.*, parag. 52

[4] E. GAILLARD, « Droit applicable au fond du litige », JurisClasseur Droit international, Fasc. 586-9-1, *Op. cit.*, parag. 30

[5] P. LAGARDE, « Approche critique de la "lex mercatoria" », *In Le droit des relations économiques internationales : études offertes à Berthold Goldman*, Paris, Litec, 1982, p. 125 et s. ; Voir A. KASSIS, *Théorie générale des usages du commerce*, Paris, LGDJ, 1984, n° 584 s. Rf. citées par E. GAILLARD, « Droit applicable au fond du litige », JurisClasseur Droit international, Fasc. 586-9-1, *Op. cit.*, parag. 31

[6] E. GAILLARD, « Droit applicable au fond du litige », JurisClasseur Droit international, Fasc. 586-9-1, *Op. cit.*, parag. 31

[7] *Idem*

contraire à l'ordre public international lors de l'exequatur ou l'instance d'annulation.[1]

Du point de vue idéologique, il est reproché à la *lex mercatoria* de ne bénéficier qu'aux entreprises puissantes aux dépens des plus faibles notamment dans les relations Nord-Sud.[2] Si la *lex mercatoria* est un ordre normatif incomplet, le contrat qui s'y réfère à titre de loi applicable ne sera régi par ses règles que partiellement, ce qui signifierait que la *lex mercatoria* favoriserait le contrat partiellement sans loi.[3] Si l'on considère que le principe *pacta sunt servanda* est la base de la *lex mercatoria,* la soumission du contrat à la *lex mercatoria* entraînerait la primauté du contrat sur toute autre norme, d'où la dénonciation du contrat sans loi.[4]

La *lex mercatoria* est critiquée également pour son contenu imprécis surtout par les auteurs du système de *common law* qui y voient une pratique inefficace et décevante.[5] Or, cette critique est plus inhérente à la nature de l'arbitrage qu'à la *lex mercatoria*[6]. Les tribunaux arbitraux ne peuvent produire une jurisprudence aussi homogène que celle des juridictions étatiques, anglaises ou autres, puisqu'il n'y a pas de juridiction suprême ou permanente.[7] Reste à savoir si l'application de la *lex mercatoria* engendre une jurisprudence encore moins cohérente que celle où un droit étatique est appliqué par les tribunaux étatiques et arbitraux.[8] En tout cas, si les parties souhaitent l'application de la *lex mercatoria,* ce choix reste légitime.[9]

Certains se demandent s'il existe un droit transnational ou une *lex mercatoria* spécifique aux contrats d'État et si cette « pratique des marchands » qui comporte des transactions purement commerciales est réellement adaptée à ces instruments « déséquilibrés » par lesquels, d'une part, l'investisseur étranger vient accomplir généralement une mission de service public et, d'autre part, l'État conserve un pouvoir unilatéral qui devrait être contrôlé.[10] Un tel contrôle étant possible dans le cadre du droit international lorsqu'il est exigé de l'État, par exemple, de verser une

---

[1] *Id.*
[2] V. W. WENGLER, « Les principes généraux du droit en tant que loi du contrat », *RCDIP*, Vol. 71, No. 3, 1982, p. 467 ; M. MUSTILL, « The New *Lex mercatoria* », *Op. cit.*, p. 181. Rf. citées par E. GAILLARD, « Droit applicable au fond du litige », JurisClasseur Droit international, Fasc. 586-9-1, *Op. cit.*, parag. 32
[3] E. GAILLARD, « Droit applicable au fond du litige », JurisClasseur Droit international, Fasc. 586-9-1, *Op. cit.*, parag. 32
[4] *Idem*
[5] M. MUSTILL, « The New *Lex mercatoria* », *Op. cit.*, p. 180 et 181 ; G. DELAUME, « The Proper Law of State Contracts and the *lex mercatoria*: A Reappraisal », *ICSID Rev-FILJ*, 1988, p. 79, cité par E. GAILLARD, « Droit applicable au fond du litige », JurisClasseur Droit international, Fasc. 586-9-1, *Op.cit.*
[6] E. GAILLARD, « Droit applicable au fond du litige », JurisClasseur Droit international, Fasc. 586-9-1, *Op. cit.*, parag. 35
[7] *Idem*
[8] *Id.*
[9] *Id.*
[10] A. DE NANTEUIL, *International Investment Law*, Edward Elgar Publishing, Cheltenham, UK, 2020, parag. 1.080

indemnisation en cas de dommage causé par l'exercice de ce pouvoir, mais pas certain quand il s'agit de recourir aux principes de la *lex mercatoria*.[1]

Section 2 - La référence aux « règles de droit » en dehors du CIRDI

La référence aux « règles de droit » est fréquente dans la pratique arbitrale internationale.[2] La résolution de l'Institut de Droit international de 1979 sur les contrats d'État indique en son article 2 que « les parties peuvent notamment choisir comme loi du contrat soit un ou plusieurs droits internes ou les principes communs à ceux-ci, soit les principes généraux du droit, soit les principes appliqués dans les rapports économiques internationaux, soit le droit international, soit une combinaison de ces sources de droit ». De même, la résolution adoptée à Saint-Jacques-de-Compostelle en 1989 sur les contrats d'État généralise la formule en disposant en son article 6 que « les règles et principes [choisis par les parties] peuvent être empruntés à différents systèmes juridiques nationaux ainsi qu'à des sources non nationales, comme les principes du droit international, les principes généraux du droit et les usages du commerce international ».[3] Il est noté que les parties à un contrat d'État qui effectuent un tel choix peuvent ainsi souligner l'aspect « commercial » de leur relation, ce qui peut signifier que l'État entend se comporter comme une partie « ordinaire » à un contrat de droit privé et qu'il n'a pas entendu s'engager en tant que souverain au niveau du droit international, envers l'autre partie.[4] En outre, l'*International Law Association* a adopté lors de sa 65e conférence au Caire en 1992 une résolution selon laquelle « Le fait qu'un arbitre international ait fondé une sentence sur des règles transnationales (principes généraux du droit, principes communs à plusieurs droits, droit international, usages du commerce, etc.) plutôt que sur le droit d'un État déterminé ne devrait pas, à lui seul, affecter la validité ou le caractère exécutoire de la sentence (1) lorsque les parties se sont accordées pour que l'arbitre applique des règles transnationales; ou (2) lorsque les parties sont demeurées silencieuses sur le droit applicable ».[5] Le *Model Petroleum Agreement of Oman* (1981) comporte un article 26 selon lequel : «The parties base their relations with regard to this Agreement on the principles of good will and good faith. This Agreement shall be given effect to and shall be interpreted and applied in conformity with the generally accepted customs and usages of the international petroleum industry

---

[1] *Idem*

[2] E. GAILLARD, « Droit applicable au fond du litige », JurisClasseur Droit international, Fasc. 586-9-1, *Op. cit.*, parag. 26 ; J.M. JACQUET, D. BENTOLILA, « Contrat d'État », *Op.cit.*

[3] E. GAILLARD, « Droit applicable au fond du litige », JurisClasseur Droit international, Fasc. 586-9-1, *Op. cit.*, parag. 26

[4] J. M. JACQUET, D. BENTOLILA, « Contrat d'État », *Op.cit.*

[5] Cairo Conference Resolutions, International Law Association Reports of Conferences 65, Caire, 1992, Résolution No. 3, p. 6

and principles of law generally recognised by the nations of the world, including such of those principles as may have been applied by international tribunals ».[1]

Dans l'affaire Sapphire, les parties s'étaient de la même façon référées aux principes de « good faith and good will » et n'avaient indiqué leur volonté de soumettre leur accord aux principes du droit international que pour la clause de force majeure, mais le tribunal arbitral décida, en considération de ces dispositions, que « l'intention des parties avait été l'application des principes généraux du droit (...) ».[2] Par exemple, un accord pétrolier iranien de 1954 a été soumis aux « principes de droit communs à l'Iran et aux diverses nations auxquelles les autres parties ressortissent et, à défaut, [aux] principes de droit généralement reconnus par les nations civilisées, comprenant tels de ces principes dont les tribunaux internationaux ont pu faire application ».[3] De même, les arbitrages relatifs aux concessions pétrolières libyennes ont été soumis « aux principes de la loi libyenne en ce que ces principes peuvent avoir de commun avec les principes du droit international et, en l'absence de points communs entre les principes de la loi libyenne et ceux du droit international (...) aux principes généraux du droit, en ce compris ceux de ces principes dont il a été fait application par des juridictions internationales ».[4]

Section 3 - L'étendue des « règles de droit » choisies par les parties dans le cadre du CIRDI

Dans le cadre du CIRDI, rappelons que selon l'article 42 (1), première phrase, les parties peuvent choisir des « règles de droit ». Dans le commentaire de l'article 42 (1) ajouté aux exemples de rédaction de clauses proposées par le CIRDI sur le site web[5], il est indiqué que les parties peuvent se référer au droit international, aux droits international et national de façon combinée[6] ou à une loi gelée dans le temps ou modifiée.[7] Les sources et les systèmes juridiques qui peuvent être choisis sont le droit national de l'État d'accueil, le

---

[1] J. M. JACQUET, D. BENTOLILA, « Contrat d'État », *Op. cit.*, parag. 150

[2] Arbitrage *ad hoc*, Sapphire International Petroleums Ltd. c. National Iranian Oil Company (NIOC), sentence, 15 mars 1963, cité par J. M. JACQUET, D. BENTOLILA, « Contrat d'État », *Op. cit.*, parag. 151

[3] *Revue de l'arbitrage*, 1956, p. 69, cité par E. GAILLARD, « Droit applicable au fond du litige », JurisClasseur Droit international, Fasc. 586-9-1, *Op. cit.*, parag. 37

[4] Clause citée par B. STERN, « Trois arbitrages, un même problème, trois solutions. Les nationalisations pétrolières libyennes devant l'arbitrage international », *Revue de l'arbitrage*, 1980, p. 1, spéc. p. 4, cité par E. GAILLARD, « Droit applicable au fond du litige », JurisClasseur Droit international, Fasc. 586-9-1, *Op. cit.*, parag. 37

[5] http://icsidfiles.worldbank.org/icsid/icsid/staticfiles/model-clauses-fra/13.htm#Va

[6] Pour un exemple de choix d'un droit national « complété, au besoin, par les principes de droit international », voir CIRDI, AGIP c. Congo, ARB/77/1, sentence, 30 novembre 1979, parag. 43 : *RCDIP*, 1982, p. 92 ; E. CABROL, H. SMITH, « Arbitrage CIRDI », *Op. cit.*, parag. 60

[7] E. CABROL, H. SMITH, « Arbitrage CIRDI », *Op. cit.*, parag. 60 ; A. GIARDINA, « The International Center for Settlement of Investment Disputes between States and Nationals of other States (ICSID) », *In Essays on International Commercial Arbitration*, P. SARCEVIC (ed.), London Graham & Trotman / Marius Nijhoff, 1989, p. 214, spéc. p. 216. Cité par [Okilassali], p. 54

droit de l'État dont l'investisseur est ressortissant, le droit d'un État tiers, le droit international, les principes généraux de droit, le droit transnational, et une combinaison entre ces différents droits.[1]

La référence aux « règles de droit » dans la Convention CIRDI laisse une plus grande autonomie aux parties, leur choix n'étant pas limité à un droit national.[2] Selon un auteur, l'adoption de cette expression accorde même une nouvelle dimension à l'autonomie de la volonté des parties parce qu'elle leur laisse le choix entre plusieurs systèmes juridiques.[3] Cette extension de l'autonomie de volonté n'est que le reflet de la pratique arbitrale dans les accords d'investissements et le choix du droit applicable dans les tribunaux arbitraux *ad hoc*.[4]

Certains ont souligné la part de responsabilité des parties à apporter des précisions quant au droit applicable.[5] Selon un auteur, l'expression « règles de droit » oblige les parties à préciser leur choix avec précision et pertinence.[6] Broches quant à lui considère que « les parties doivent être libres de dire au tribunal quels sont les points qui lui sont soumis, et quels sont ceux qui ont déjà été réglés d'un commun accord ».[7] D'autres auteurs doutent de l'étendue réelle de cette expression,[8] surtout que l'article 42.1 ne définit pas l'expression « règles de droit » et ne précise pas si l'arbitre peut faire appel à un droit différent de celui qu'ont choisi les parties.[9]

Étant donné que la Convention de Washington n'a pas défini l'étendue des « règles de droit », et que l'article 42 « n'est pas très élégant ni très clair »,[10] on peut se demander si les parties peuvent créer un code de règles de droit applicables à leur relation contractuelle sans tomber dans la théorie du « contrat sans loi », développée par Verdross,[11] et si les parties peuvent choisir

---

1 [Okilassali], p. 68

2 E. CABROL, H. SMITH, « Arbitrage CIRDI », *Op.cit. ;* L. ACHTOUK-SPIVAK, « Le droit applicable aux arbitrages en matière d'investissements », *Op. cit.*, p. 830

3 G. R. DELAUME, « Des stipulations de droit applicable dans les accords de prêt et de développement économique et leur rôle », *RBDI*, 1968, p. 336, spéc. p. 338 ; [Okilassali], p. 68

4 P. FEUERLE, « International Arbitration and Choice of Law under article 42 of the Convention on the Settlement of Investment Disputes », *Yale Studies in World Public Order*, Vol. 4, 1978, p. 89, spéc. p. 103 https://digitalcommons.law.yale.edu/yjil/vol4/iss1/4/ . Cité par [Okilassali], p. 68

5 [Okilassali], p. 56

6 A. MASOOD, « Law applicable in arbitration disputes under the World Bank Convention », *Journal of the Indian Law Institute*, Vol. 15, No. 2, 1973, p. 311, spéc. p. 331. Cité par [Okilassali], p. 56

7 A. BROCHES, Doc. 81 SID/LC/SR/14, Historique de la Convention, Vol. III, p. 630. Cité par [Okilassali], p. 56

8 M. BLESSING, « Choice of substantive law in international arbitration », *Op. cit.*, p.39 ; J. D. ROULET, « La Convention du 18 mars 1965 pour le règlement des différends relatifs aux investissements entre États et ressortissants d'autres États », *Annuaire suisse de droit international*, Vol. 22, 1965, p. 121, spéc. p. 148. Cité par [Okilassali], p. 53

9 [Okilassali], p. 54

10 M. BROCHES, « Discussions », *In Les investissements et le développement économique des pays du tiers monde*, Paris, Pedone, 1968, p. 202. Cité par [Okilassali], p. 57

11 A. VERDROSS, « Protection of private property under quasi international agreements », *In Liber Amicorum J.P.A. FRANCOIS*, Leyden, Sijthoff, 1959, p. 335. Cité par [Okilassali], p. 56

de nouveaux ordres juridiques.[1] Il paraît selon Hirsch[2] que sur le fondement de la Convention CIRDI, les parties peuvent choisir de nouveaux ordres juridiques et qu'ils peuvent créer un nouveau code de règles de droit ou un système juridique applicables à leurs relations contractuelles.[3] De cette façon, avec cette interprétation large, les parties profitent au maximum de leur autonomie de volonté.[4]

Section 4 - Le choix des « règles de droit » dans les pays arabes

Dans les pays arabes, le contenu des règles de droit n'est pas toujours clair. Une distinction est faite entre « usage ou coutume du commerce international » et « principes généraux du droit ». Les parties peuvent-elles se référer aux règles de droit malgré l'absence de disposition expresse ?

Sous-section 1 - Examen de la possibilité de choisir les règles de droit par les parties dans les législations arabes

Dans les législations d'arbitrage des pays arabes, il n'est pas toujours clair si l'expression « règles de droit » désigne exclusivement les règles « anationales » au sens de *lex mercatoria* ou si l'expression inclut en plus des règles anationales et des principes généraux de droit, le droit national et le droit international.[5] Au niveau terminologique, dans la langue arabe, le terme *qanoun* désigne les mots droit ou loi.[6] La « règle de droit » ou *rules of law* correspond à l'expression *qawa'id al-qanoun.*[7]

Les droits bahreïni (loi-type), yéménite, libanais, algérien et marocain, égyptien, jordanien, qatari et émirati autorisent les parties à choisir les règles de droit au sens de règles anationales.[8]

En Tunisie, en Syrie, à Oman, en Arabie saoudite, il n'est pas clair si les « règles de droit » font partie des possibilités ouvertes aux parties en raison de la terminologie arabe.[9] Ces pays emploient le terme *qanoun* (loi ou droit) ou *ahkam al-qanoun* (prescriptions de la loi ou du droit) et non pas *qawa'id*

---

[1] [Okilassali], p. 56

[2] M. HIRSCH, *The Arbitration Mechanism of the International Center of the settlement of investment disputes*, Springer Netherlands, 1993, p. 120. Cité par [Okilassali], p. 57

[3] [Okilassali], p. 57

[4] A. REDFERN, M. HUNTER, *Droit et pratique de l'arbitrage commercial international*, Paris, LGDJ, 1994, p. 996. Cité par [Okilassali], p. 57

[5] [Najjar], p. 461

[6] B. FILLON-DUFOULEUR, Ph. LEBOULANGER, « Le nouveau droit égyptien de l'arbitrage », *Revue de l'arbitrage*, Vol. 1994, No. 4, 1994, p. 665, spéc. p. 679. Cité par [Najjar], p. 461

[7] [Najjar], p. 461

[8] Les articles 28 de la loi-type en vigueur à Bahreïn ; 45 loi yéménite ; 813 NCPC libanais ; 1050 CPCA algérien ; 327- 44 CPCM ; 35 LDIFC ; 34 LQFC ; 39-a loi égyptienne ; 36-a loi jordanienne ; 37 (1) loi fédérale No. 6 sur l'arbitrage des EAU de 2018 ; 28.1 loi d'arbitrage qatarie No. 2 de 2017. [Najjar], p. 461-462

[9] [Najjar], p. 462-463

(règles de droit).[1] Cette confusion est d'autant plus grande que ces droits sont inspirés de législations modernes comme de la loi-type CNUDCI ou du droit égyptien qui visent les « règles de droits » (articles 28-1 loi-type et 39 du droit égyptien).[2] De plus, dans une même loi, il est possible de trouver tantôt une référence aux « règles de droit » tantôt au « droit ou loi ».[3]

Au Bahreïn, les articles 11 et 21 de la loi sur l'arbitrage du BCDR No. 30 de 2009 ne permettent pas aux parties de recourir aux règles de droit.[4] L'article 11 prévoit : « Parties to the dispute before the Chamber, in accordance with the provisions of this section, may agree upon the applicable law relevant to the subject matter of the dispute provided that the provisions of the agreed law do not contradict the public order in the Kingdom ».[5]

La réticence de certains pays arabes à appliquer les règles de droit s'expliquerait par l'hostilité manifestée par certains arbitres d'appliquer la *lex contractus* arabe et de la remplacer par des principes généraux de droit.[6]

Les codes libyen, Koweïtien et irakien ne consacrent pas les règles de droit.[7] Cette omission ne peut s'expliquer cependant par l'hostilité de ces pays à ces règles en raison de l'ancienneté de leurs codes ou de leurs modèles d'origine.[8]

Sous-section 2 - Application des règles de droit dans certains pays arabes en l'absence de disposition législative expresse

Il est possible de se demander si les parties peuvent se référer aux règles de droit malgré l'absence de disposition expresse à ce sujet dans les législations de certains pays arabes, surtout que, généralement, aucun contrôle judiciaire n'est effectué sur le fond.[9]

Par exemple, dans les sentences libyennes contre la Libye (BP Exploration, Texaco, Liamco), malgré l'absence de disposition en droit libyen permettant le recours aux règles de droit, les contrats de concession contenaient une clause indiquant un recours aux principes généraux du droit pour régler les différends, au cas où il n'y aurait pas de point commun entre les principes de la loi libyenne et les principes de droit international.[10]

---

[1] *Idem*

[2] *Id.*

[3] Articles 73-1 code tunisien de l'arbitrage ; 5.1 et 38.1 loi syrienne ; 39-a et 6-1 et 53-d loi omanaise sur l'arbitrage ; 38-a et 50-1-c règlement d'arbitrage de 2012. [Najjar], p. 462-463

[4] [Najjar], p. 463

[5] *Idem*

[6] *Id.*, p. 464

[7] *Id.*

[8] *Id.*

[9] *Id.*, p. 466

[10] Cette clause prévoyait que : « La présente concession sera régie par et devra être interprétée conformément aux principes de la loi libyenne en ce que ces principes peuvent avoir de commun avec les principes du droit international et, en l'absence de points communs entre les principes de la loi libyenne et ceux de droit international, elle sera régie et interprétée conformément aux principes généraux du droit étant compris ceux dont il a été fait application par des juridictions internationales ». Cité par [Najjar], p. 466

De même, dans l'affaire Aminoil c. Koweït, le contrat de concession pétrolier stipulait que : « The law governing the substantive issues between the Parties shall be determined by the Tribunal, having regard to the quality of the Parties, the transnational character of their relations and the principles of law and practice prevailing in the modern world ».[1]

Comme mentionné précédemment, les règles de droit sont formées d'usages, de coutumes, de principes généraux du droit. Dans les pays arabes, une distinction est faite entre « usage ou coutume du commerce international » et « principes généraux du droit ».[2] Au niveau terminologique, la notion d'usage est généralement confondue avec la notion de coutume (*orf*) dans le *fiqh* islamique.[3] Aujourd'hui, le terme « usage » désigne généralement « l'ensemble du phénomène coutumier ».[4] Pour ce qui est des usages et coutumes de commerce, presque tous les codes de commerce arabes y consacrent une disposition, les élevant au rang de source de droit.[5] L'article 28.4 de la nouvelle loi sur l'arbitrage qatari de 2017 dispose que « Dans tous les cas, le tribunal statue sur les différends qui lui sont soumis conformément aux termes du contrat en question, et dans le respect des coutumes et usages de commerce dans ce genre de transactions ». Il s'agit d'une disposition impérative de la loi car, contrairement à de nombreuses autres dispositions, elle n'est pas accompagnée par les termes « à moins que les parties n'en conviennent autrement ».[6] Les coutumes et usages de commerce applicables sont donc désormais un facteur pertinent dans tout arbitrage qatari. [7] L'article 28.3 de la nouvelle loi sur l'arbitrage qatarie dispose qu'un tribunal arbitral ne peut prendre en considération les principes de justice et d'équité que si les parties à l'arbitrage l'autorisent expressément mais les coutumes et usages commerciaux sont toujours applicables.[8]

La *charia* approuve les usages et la coutume qui ont joué un rôle important dans l'élaboration de ses sources premières (Coran et *sunna*).[9] La *sunna* est le résultat de la rédaction de la coutume (*orf*) à l'époque de Mohamed et de

---

[1] Arbitrage *ad hoc*, The American Independent Oil Company (Aminoil) c. Koweït, sentence, 24 mars 1982, *YCA*, Vol. IX, 1984, p. 7. Cité par [Najjar], p. 466

[2] [Najjar], p. 467

[3] *Idem*

[4] Ph. FOUCHARD, « Les usages, l'arbitre et le juge », *In Le droit des relations économiques internationales, Mélanges offerts à B. GOLDMAN*, 1982, p. 67- 68. Cité par [Najjar], p. 467

[5] Par exemple, l'article 4 des codes de commerce syrien et jordanien qui reprennent le même article du code de commerce égyptien dispose : « Le juge doit, en déterminant les effets d'un acte de commerce, appliquer les coutumes suivies à moins qu'il n'apparaisse que les parties ont eu l'intention de contrevenir à cette coutume ou si celle-ci est en contradiction avec une disposition législative ; 2 - les coutumes spéciale et locale prévalent sur la coutume générale ». ; [Najjar], p. 467

[6] S. M. AL-ABDULLA and Y. EL SHAZLY, « The New Qatari Arbitration Law in Light of the Modern Principles of Commercial Arbitration », *International Journal of Arab Arbitration,* Vol. 9, No. 1, 2017, p. 43, spéc. p. 50

[7] *Idem*

[8] *Id.*

[9] [Najjar], p. 467

l'*ijmaa.*[1] Le Coran cite le terme coutume dans trente-huit versets.[2] Un auteur écrit que « Le droit des contrats et des obligations était réglé par une loi coutumière qui respectait les institutions et les principes les plus importants de la *charia*, mais faisait preuve de beaucoup de souplesse et de capacité d'adaptation, la complétant sur bien des points ».[3]

Le *fiqh* distingue entre les coutumes générales et spéciales : la coutume générale est celle suivie habituellement par tous les gens, alors que la coutume spéciale constitue les convenances suivies par les gens de l'art dans un secteur déterminé ou dans un pays donné qui prend la forme alors de coutume internationale.[4] Les coutumes provenant de non-musulmans sont acceptées si elles servent les intérêts des musulmans et s'ils elles ne violent pas le Coran, la *sunna* ou la *charia.*[5] Certaines coutumes avant la naissance de l'Islam étaient acceptées, notamment dans le silence du Prophète, d'autres condamnées.[6] Un usage est l'équivalent d'un texte de loi ou encore de stipulations contractuelles.[7] La coutume commerciale, comme toute coutume, doit être répandue, contemporaine, consensuelle et respecter les textes sacrés et la *charia.*[8] Néanmoins, la *charia* peut autoriser une coutume qui contrevient à ses prescriptions si cette coutume contredit non pas un texte coranique ou un consensus dont l'autorité est incontestable, mais contredit une règle déduite par analogie ou issue d'une source subsidiaire (comme l'intérêt public (*istislah*) ou la préférence (*istihsan*)).[9]

Ainsi, vu l'importance qu'accorde la *charia* aux coutumes et usages qui constituent une partie des règles de droit, les parties peuvent s'y référer sans être autorisées à le faire expressément en vertu d'une disposition du droit de l'arbitrage.[10] En outre, les parties peuvent appliquer une autre composante des « règles de droit », les principes généraux du droit développés par le *fiqh*, sans référence expresse aux « règles de droit » dans une disposition de l'arbitrage.[11]

Le *fiqh* considère que les principes généraux de droit qui ne font pas partie des prohibitions fondamentales de la *charia* (*riba* et *gharar*) sont appelés *qawa'id koulliya* (normes globales) ou *oussouls* (racines).[12] Ils ont commencé à être élaborés depuis le Ve siècle de l'hégire et continuent à se développer depuis.[13] D'ailleurs, la *Majallat* a consacré 99 articles pour les principes les

---

[1] *Idem*
[2] *Id.*
[3] J. SCHACHT, *Introduction au droit musulman*, Paris, Maisonneuve & Larose, 1999, p. 70. Cité par [Najjar], p. 468
[4] [Najjar], p. 468
[5] *Id.*
[6] *Id.*, p. 467- 468
[7] *Id.*, p. 469
[8] *Id.*, p. 468
[9] *Id.*, p. 469
[10] *Id.*, p. 467
[11] *Id.*, p. 469
[12] *Id.*
[13] *Id.*

plus connus du *fiqh* hanafite qui sont toujours en vigueur dans les pays qui accordent une place à la *charia* dans le droit positif.[1]

Certains auteurs affirment que beaucoup de principes généraux que les juges et arbitres ont pensé n'avoir pas trouvé dans les droits arabes se trouvent dans la *charia* comme le principe de bonne foi, l'exécution des contrats, la réparation du dommage résultant d'un acte illicite, la règle qui oblige le créancier à prendre toutes les mesures en son pouvoir pour réduire l'ampleur du préjudice ou encore la règle *pacta sunt servanda.*[2]

Ainsi, les parties peuvent se référer aux règles de droit malgré l'absence de disposition expresse à ce sujet dans les législations de certains pays arabes, grâce à la place importante accordée aux coutumes et principes généraux accordés par la *charia.*[3] Si le juge arabe a le pouvoir de réviser la sentence au fond, que le juge reconnaisse ou pas la validité d'une convention d'arbitrage qui se réfère aux règles de droit au-delà du droit écrit dépendra de son pouvoir d'appréciation.[4]

Sous-section 3 - Choix de la *charia*

La *charia* est « une Loi divine qui s'impose à toute personne en terre d'Islam ».[5] Elle a une influence variable sur les législations en matière d'arbitrage selon les pays. Malgré les démarches entreprises pour l'adapter à la pratique, elle peut être une source de crispations. Les parties ont la possibilité de choisir la *charia* pour régler leur litige, notamment au fond. Son application dépendra de sa qualification comme faisant partie du droit positif ou de la *lex mercatoria.* Les diverses interprétations de la *charia* et sa primauté dans certains pays peuvent constituer une source d'imprévisibilité. Certaines solutions pourraient atténuer le problème.

§ 1 - Définition et sources de la *charia*

La *charia* est une loi religieuse.[6] Elle est une source de droit dans les systèmes législatifs arabo-musulmans et constitue le seul droit commun aux pays arabo-musulmans mais sa place et sa valeur peuvent varier d'un pays à l'autre.[7] Elle tient une place primordiale dans le droit positif et les structures politico-législatives de certains pays mais occupe une place formelle ou historique dans d'autres.[8] Cela dit, elle n'a pas empêché les pays arabes de moderniser leurs législations

---

[1] *Id.*, p. 470
[2] Exemple S. JAHEL, « Chari'a et contrats internationaux », *Op. cit.*, p. 294, No. 335. Cité par [Najjar], p. 470
[3] [Najjar], p. 470
[4] *Idem*
[5] *Id.*, p. 6
[6] *Id.*, p. 12
[7] *Id.*, p. 11
[8] *Id.*

relatives à l'arbitrage.[1] Aujourd'hui, elle constitue l'une des causes principales de la « crise de l'arbitrage international » entre les pays arabes et l'Occident.[2]

La *charia* est un ensemble de commandements de Dieu révélés par l'intermédiaire du Prophète Mahomet.[3] Elle guide le comportement de chaque musulman peu importe sa nationalité et de la communauté islamique dans son ensemble.[4] La *charia* se distingue du droit positif par le fait que ce dernier est établi par les hommes et peut ainsi varier selon les États, alors que la *charia* est de source divine, immuable et ne peut être modifiée ni par le droit positif ni par contrat.[5]

La *charia* ne fait pas de distinction entre les droits (public / privé, civil / commercial / pénal) ou les règles de conflits de lois, et s'applique à tout rapport de droit.[6] Elle est d'application territoriale, dans le sens où il y a, d'une part, les terres d'Islam ou le territoire de l'*Umma*, c'est-à-dire du peuple islamique et, d'autre part, les territoires de guerre, non-musulmans qui devraient être conquis par le *jihad* ou des moyens pacifiques.[7] Elle s'applique normalement uniquement en terre d'Islam et, dans le cas d'une situation juridique impliquant un musulman dans un territoire étranger, l'application non stricte de la *charia* est permise en vertu du principe de *haja* ou *darura* selon lequel « la nécessité abolit les prohibitions » parce que Dieu n'impose nulle gêne (Sourate VI, le bétail, verset 119).[8] Une convention conclue ou exécutée à l'étranger selon la loi étrangère peut être reconnue par le juge islamique au nom de ce principe à condition de respecter la *charia* et l'ordre public interne mais selon une conception stricte de l'islamité, toute situation produisant des effets en terre d'Islam doit respecter la *charia*.[9]

La *charia* a plusieurs sources. La première est le Coran, le livre sacré où sont révélées les paroles de Dieu à travers l'ange Gabriel au Prophète et qui furent rédigées par ses compagnons et rassemblées après sa mort.[10] La deuxième est la *sunna* qui reflète les actes et paroles du Prophète.[11] Les commentaires sur le Coran ou *hadith* ont été transmis oralement sur deux générations et ne furent transcrits que par la suite par les fidèles.[12] Cela dit, les *hadith*s demeurent une source controversée car ils ne furent rédigés qu'un siècle après la mort du Prophète.[13] Les autres sources sont le *quiyas* c'est-à-

---

[1] *Id.*
[2] *Id.*, p. 9
[3] *Id.*, p. 12-13
[4] *Id.*
[5] *Id.*, p. 12
[6] *Id.*
[7] *Id.*, p. 12-13
[8] *Id.*, p. 12
[9] *Id.*, p. 12-13
[10] *Id.*, p. 13
[11] *Id.*
[12] *Id.*
[13] *Id.*

dire l'analogie, et l'*ijmaa* c'est-à-dire le consensus.[1] Les « califes sages »[2] et les compagnons du Prophète qui le connurent de son vivant ont émis des opinions (*ijtihad*) pour compléter le Coran.[3] Ces opinions ont été déduites par consensus et analogie à partir de nouveaux indices logiques (*istihsan* et *massaleh al-moursala*).[4] Aujourd'hui, l'analogie et le consensus sont des méthodes utilisées par la doctrine (*fiqh*) et la jurisprudence islamique pour interpréter le Coran et la *sunna*.[5]

Des divergences surgirent peu après la mort du Prophète pour déterminer son successeur, ce qui entraîna un schisme politique et juridique entre chiites et sunnites, les deux grands rites islamiques.[6] Les interprétations de la *charia* diffèrent selon chaque rite : alors que les sunnites, orthodoxes, accordent une grande importance aux méthodes d'interprétations des premières sources de l'Islam et aux enseignements doctrinaux, les chiites accordent une foi presque absolue aux croyances et connaissances de l'*imam*.[7] À l'intérieur de chaque rite, des divergences surgirent également et apparurent ainsi des écoles doctrinales.[8] Le juge islamique applique, en principe, les enseignements de l'école à laquelle il appartient.[9] Le sunnisme a quatre écoles principales : hanéfite, chaféite, malékite et hanbalite.[10] Les écoles du chiisme[11] sont les *zaydites*[12] et les *ibadites* (ou *khawarej* ou *kharijites*).[13]

§ 2 - L'influence de la *charia* à degrés variables dans les pays arabes

L'influence de la *charia* dans les pays arabes varie d'un pays à l'autre,[14] ce qui a des conséquences sur le droit de l'arbitrage et le droit applicable. Pour l'Arabie saoudite, Oman et le Yémen, la *charia* est une source quasi exclusive

---

[1] *Id.*, p. 14
[2] Les califes sages ou les *Khoulafa' al rachidine* sont les premiers successeurs du Prophète dirigeant la nation islamique (*Umma*). Il s'agit d'Abou Bakr Assiddik, Omar Ibn El-Khattab, Othmane Ben Affane et Ali Ben Abi Taleb. Voir [Najjar], p. 14
[3] [Najjar], p. 14
[4] *Idem*
[5] *Id.*
[6] *Id.*
[7] *Id.*, p. 15
[8] *Id.*
[9] *Id.*
[10] L'école hanéfite est répandue au Liban, en Syrie, en Jordanie, en Irak, au Koweït, en Égypte et un peu dans les pays du Maghreb.
L'école malékite est répandue dans les pays du Maghreb, en Libye, un peu aux Émirats arabes unis et au Bahreïn.
L'école hanbalite est officiellement établie en Arabie saoudite et compte des adeptes au Qatar et aux EAU.
L'école chaféite est répandue en Égypte. Source : [Najjar], p. 15
[11] Malgré la prédominance du sunnisme dans le monde arabe, le chiisme est présent en Irak, au Bahreïn, au Koweït, en Syrie et au Liban. [Najjar], p. 15
[12] Présents surtout au Yémen. [Najjar], p. 15
[13] À Oman. [Najjar], p. 15
[14] S. JAHEL, « Chari'a et contrats internationaux », *Op. cit.*, p. 289

pour élaborer des règles de droit.[1] Le Coran et la *sunna* font partie de la constitution de ces pays et les juridictions étatiques doivent recourir à la *charia* pour trancher un litige.[2] L'Arabie saoudite reste le pays le plus attaché à la *charia.* [3] Le droit saoudien s'applique à « tout arbitrage » sous réserve de respect de la *charia* et des conventions internationales en vigueur, ce qui est contradictoire.[4] Au Yémen, bien que la loi sur l'arbitrage[5] s'inspire dans certaines de ces dispositions de la loi-type CNUDCI et des projets de lois égyptiens antérieurs à la loi No. 27/1994, elle reste fortement marquée par la *charia.* [6]

Aux Qatar, Koweït, Bahreïn et Émirats arabes unis, la *charia* est une source de droit principale mais qui accorde une ouverture du système pour prendre en considération les circonstances modernes.[7]

En Libye, avant 2011, la *charia* avait une valeur symbolique dans les structures législatives, mais après le renversement de Kadhafi la constitution provisoire de 2012 a prévu l'introduction de la *charia* comme principale source de législation.[8] Néanmoins, à ce jour, il n'y a pas eu de modification des codes civil, de procédure et de commerce pour les mettre en conformité avec la nouvelle place de la *charia* dans le système malgré l'examen de la question dans le pays.[9]

Dans les autres pays, la *charia* a une valeur historique ou résiduelle.[10] Le Maroc, l'Algérie, la Tunisie, la Syrie et la Jordanie considèrent que l'Islam est la religion de l'État uniquement.[11] Il en est de même en Irak où, en 1990, une constitution laïque devait être instaurée.[12] Cependant, en 2005, avec la guerre du Golfe, l'Islam fut inscrit comme religion officielle du pays, mais ceci reflète plutôt l'aboutissement d'un compromis avec les pouvoirs religieux plutôt que l'islamisation du système juridique et politique, aucun code irakien

---

[1] [Najjar], p. 22

[2] Pour l'Arabie saoudite, voir les articles 1, 48 du règlement organique. Pour Oman, voir l'article 2 de la constitution de 1996. Pour le Yémen, voir l'article 3 de la constitution de 2001. [Najjar], p. 22

[3] [Najjar], p. 22

[4] *Idem*, p. 58

[5] La loi sur l'arbitrage yéménite no. 22/1992 (JO du 31 mars 1992) a été promulguée par décret présidentiel le 29 mars 1992. La nouvelle loi abroge la loi No. 33/81 du 31 décembre 1981 issue du Fiqh zaydite. En 1997, quelques dispositions furent modifiées. Il s'agit des articles 2, 9, 14, 15, 22, 24, 35-37, 40 et 45. Version anglaise de la loi traduite par A.-H. EL-AHDAB, *In JIA,* juin 1994, Vol. 11, No. 2, p. 70. [Najjar], p. 60, note 147

[6] [Najjar], p. 60

[7] Pour le Qatar, voir l'article 1 des constitutions de 1970 et de 2003 et les exposés des motifs. Pour le Koweït, voir l'article 2 de la constitution de 1962. Pour le Bahreïn, voir l'article 2 des constitutions de 1973 et 2002. Pour les EAU, voir l'article 7 de la constitution de 1971.

[8] [Najjar], p. 22

[9] *Idem*

[10] *Id.*, p. 23

[11] Pour la Syrie, voir l'article 3 de la constitution. Pour l'Égypte, voir l'article 2 de la constitution de 2014 et 1980. Pour l'Algérie, voir article 2 de la Constitution de 1996 et 2008. Pour le Maroc, voir l'article 3 de la Constitution. Pour la Tunisie, voir l'article 1 de la Constitution de 1959. Pour la Jordanie, voir l'article 2 de la Constitution. [Najjar], p. 23-24

[12] [Najjar], p. 23

n'a été islamisé par la suite.[1] Au Liban, l'Islam n'est pas la religion de l'État et le droit islamique occupe peu d'importance en matière civile et commerciale sous réserve des questions sur le statut personnel.[2]

§ 3 - La *charia* comme source du droit des transactions et de la procédure civile et commerciale3

Le droit musulman des contrats est peu marqué par le caractère religieux du système.[4] Certaines sourates du Coran interdisent les transactions usuraires et aléatoires, le *gharar* et le *riba*.[5] Le Prophète a cité d'autres contrats.[6] Le droit des contrats a surtout été développé par le *fiqh*.[7] Le droit des transactions civiles et commerciales des pays arabes, et le droit de la procédure civile qui comprend le droit de l'arbitrage dans certains pays, ont par nécessité pu s'ouvrir à des législations et mécanismes de l'Occident.[8]

L'Arabie saoudite est le seul pays arabe n'ayant pas promulgué de code civil.[9] Ce sont les enseignements du *fiqh* non codifié qui constituent le droit fondamental et commun des transactions dans ce pays.[10] Les codes civils yéménite, omanais et qatari sont fortement marqués par le droit musulman.[11] Ceux des autres pays arabes le sont moins en raison notamment des travaux d'El-Sanhoury, un grand juriste égyptien.[12] La *charia* y est considérée comme source subsidiaire de droit et n'a qu'une valeur symbolique, s'appliquant à défaut de disposition légale et de coutume[13]. Par exemple, selon l'article 1 du code civil égyptien, le juge doit rendre son jugement conformément à la lettre et l'esprit du code, à défaut, conformément à la coutume, à défaut, conformément aux principes de la *charia* et, à défaut, conformément aux principes de droit naturel et l'équité.[14] Le code civil égyptien s'inspire des codes coloniaux, de la jurisprudence des juridictions mixtes égyptiennes, et notamment du droit français.[15] Le code civil égyptien a inspiré les législations d'autres pays arabes, notamment les codes civils libyen et syrien qui le

---

[1] *Idem*
[2] *Id.*, p. 24
[3] *Id.*
[4] *Id.*
[5] *Id.*
[6] *Id.*
[7] *Id.*
[8] *Id.*
[9] *Id.*, p. 25
[10] *Id.*
[11] *Id.*
[12] *Id.*
[13] *Id.*
[14] Voir aussi les articles 1-2 code civil syrien ; 1 (2) code civil libyen. [Najjar], p. 25
[15] [Najjar], p. 26

reprennent presque à la lettre.[1] Le code civil égyptien a permis de remplacer la *Majallat* et les lois ottomanes dans des pays qui étaient régis par la *charia*.[2]

Les pays du Maghreb et le Liban sont les pays où la *charia* a le moins d'influence dans les transactions civiles et commerciales.[3]

§ 4 - Adaptation de la *charia* à la pratique

La *charia* s'est développée au long des siècles par le travail des jurisconsultes, notamment ceux qui puisaient du Coran et de la *sunna* des racines (*oussouls*) pour les étendre à des domaines divers.[4] Avec la chute de Bagdad, en 1258, beaucoup de manuscrits furent perdus et un grand nombre d'ulémas sont morts.[5] Pour adapter les sources premières de la *charia* aux pratiques actuelles, notamment en matière d'arbitrage, plusieurs démarches furent proposées par de nombreux penseurs : le *fiqh* hanbalite, au XIVe siècle, proposa le rejet des « croyances erronées et à ne préserver que les solutions fondées sur l'essence et la compréhension profonde de la révélation divine, en partant d'une raison et d'une pensée saines » ; au XVIIIe siècle, fut prônée l'unité de la *charia* et des écoles du *fiqh* pour appuyer une règle juridique ; à partir du XIXe siècle, avec l'ouverture à l'Occident de l'Empire ottoman et des pays arabes, on a recours à la méthode de *talfik* (bricolage) qui permet, en présence d'une règle inadaptée, de remonter à son origine pour en trouver la faille et, dans ce cas, si la règle trouve son origine dans un *hadith*, on vérifie son authenticité mais si elle remonte au Coran, on essaye de la réinterpréter.[6] Ces pensées ont permis de prendre conscience de la nécessité de séparer les règles humaines des règles divines en raison des exigences des temps modernes.[7] Les Ottomans ont codifié le droit civil et introduit de nouvelles lois occidentales.[8] En Tunisie, Tahar Haddad et Mohammed Taha ont essayé d'adapter le droit musulman aux temps modernes par une méthode qui consiste à replacer chaque règle inadaptée dans le dessein divin global en intégrant le facteur du temps par la réinterprétation de certaines règles à la lumière des temps modernes.[9]

Le champ d'application du droit musulman a reculé depuis le mouvement de codification et de modernisation du droit de l'arbitrage dans les pays arabes et, désormais, il y est fait recours pour régler des questions ponctuelles.[10] Cela dit, même si l'influence de la *charia* a pris du recul dans les législations, dans

---

[1] *Idem*
[2] Libye, Jordanie, Koweït, Irak, EAU, Yémen, Bahreïn. [Najjar], p. 29
[3] [Najjar], p. 26
[4] *Idem*, p. 16
[5] *Id.*
[6] *Id.*, p. 17
[7] *Id.*
[8] *Id.*, p. 18
[9] *Id.*
[10] *Id.*, p. 45

les mentalités, comportements ou coutumes des opérateurs locaux arabes, elle continue de jouer un certain rôle, comme par exemple la tendance à considérer la sentence et la convention d'arbitrage comme non obligatoires ou la confusion entre la mission du juge et de l'arbitre.[1] De même, les juges locaux peuvent s'attribuer un rôle étendu dans l'arbitrage, ce qui rappelle l'arbitrage islamique et le rôle qu'y jouait le *qadi* (juge).[2] Dans les rapports internationaux, ceci peut être la cause de chocs culturels.[3]

§ 5 - La *charia* face aux dispositions législatives sur l'arbitrage

La *charia* peut-elle prévaloir devant une disposition législative sur l'arbitrage ? En Arabie saoudite, c'est le cas parce que, selon l'article 48 de la constitution, les juridictions étatiques doivent statuer et régler les litiges conformément à la *charia* et que les tribunaux étatiques et religieux (*charhi*) peuvent rejeter une disposition législative qu'ils jugeraient non conforme à la *charia*.[4] Concernant le droit de l'arbitrage en Arabie saoudite, les règlements de 1983 et 1985, élaborés en conformité avec la *charia*, ont été appliqués de façon constante.[5] Il n'est pas encore certain si la nouvelle réglementation de 2012 inspirée du droit égyptien et de la loi-type est accueillie de la même manière.[6] En tout cas, la réglementation de 2012 est soumise au respect de la *charia* (article 1-2).[7] Notons que la loi d'arbitrage saoudienne permet aux parties de choisir librement le siège de l'arbitrage en Arabie saoudite ou dans un autre pays, ainsi que la loi applicable au fond du litige à condition de respecter les principes de la *charia* et de l'ordre public du Royaume.[8] Cette flexibilité n'existait pas sous l'ancienne loi (qui prévoyait uniquement que la sentence devait être rendue conformément aux principes de la *charia* et des lois en vigueur).[9] En somme, néanmoins, le poids de la *charia* étant encore trop présent, la réforme du droit saoudien reste plutôt symbolique.[10]

Dans les autres systèmes islamiques, de manière générale, les législations sur l'arbitrage ne peuvent pas être contestées en dehors des voies institutionnelles parce que le principe de l'autorité de la loi y est consacré dans les constitutions des pays arabes.[11]

---

[1] *Id.*
[2] *Id.*
[3] *Id.*
[4] *Id.*
[5] *Id.*
[6] *Id.*
[7] *Id.*
[8] Z. OBEID, *Le recours en annulation des sentences arbitrales dans les pays arabes*, *Op. cit.*, p. 73
[9] *Idem*
[10] [Najjar], p. 60
[11] Voir l'article 59 du « Livre blanc » omanais ; l'article 149 de la constitution yéménite de 2001 ; l'article 179 de la constitution koweïtienne ; l'article 5 de la constitution irakienne de 2005 ; l'article 103 de la constitution jordanienne. Cité par [Najjar], p. 45

§ 6 - Application de la *charia* dans l'arbitrage généralement

Comme nous l'avons vu dans la partie préliminaire, à l'exception du Liban, l'Islam occupe une place dans les constitutions des pays arabo-musulmans, et la place de la *charia* comme source de droit positif et base des institutions varie selon les pays.[1] En Arabie saoudite, l'ensemble du système politique et législatif est basé sur la *charia*.[2] Oman, le Qatar, le Bahreïn, le Koweït, les Émirats arabes unis et le Yémen ont des systèmes politiques et juridiques plus modernes mais qui gardent certaines formes islamiques dans l'organisation du pouvoir, et le reste des pays arabes connaissent une séparation des pouvoirs législatif, politique et judiciaire.[3]

La *charia* peut s'appliquer de différentes manières dans un arbitrage international : les parties peuvent convenir que la validité de la convention d'arbitrage, la constitution du tribunal arbitral et la procédure soient régies par la *charia*.[4] Cela dit, l'importance de ce choix dépendra des législations codifiées qui accepteront ou pas le développement d'arbitrages en dehors de leurs cadres.[5] Par exemple, dans une affaire en Égypte, les parties soumettent leur litige à un Conseil *ourfi* et conviennent que la décision ne sera pas obligatoire.[6] À la suite de la décision du Conseil, une des parties intente une action en annulation devant la cour d'appel du Caire, mais la cour rejette la demande au motif que la décision du Conseil n'est pas une sentence arbitrale et que, par conséquent, elle ne peut pas être soumise à la loi No. 27/1994.[7] Certaines lois prévoient qu'elles s'appliquent « à tout arbitrage », comme par exemple la loi yéménite sur l'arbitrage qui prévoit en son article 3 qu'elle s'applique à tout arbitrage se déroulant dans la République.[8] Néanmoins, si l'une des parties est non yéménite, les parties peuvent choisir un autre droit pour régir le fond et la procédure « sous réserve des dispositions de la loi yéménite » (article 7 de la loi d'arbitrage).[9] Or, la loi yéménite comporte plusieurs dispositions impératives.[10] L'article 7 est interprété comme faisant référence à l'arbitrage facultatif issu de la *charia*, au vu de l'importance de l'arbitrage religieux dans ce pays.[11]

---

[1] [Najjar], p. 18
[2] *Id.*, p. 20
[3] *Id.*, p. 21
[4] *Id.*, p. 44
[5] *Id.*
[6] *Id.*
[7] CA Caire, 7e chambre com. No. 75 de la 117e année jud. du 8/1/2002. Cité par [Najjar], p. 44, note 60
[8] [Najjar], p. 44
[9] *Idem*
[10] *Id.*, p. 61
[11] *Id.*

§ 7 - Choix de la *charia* pour régir le fond du litige

Les parties ou l'arbitre peuvent choisir la *charia* pour régir le fond du litige, surtout lorsque la sentence est appelée à être exécutée dans un pays arabe qui en exige le respect au fond, à la procédure, aux questions de preuve ou à l'ensemble du litige.[1]

Dans les pays où la *charia* est une source de droit, on peut y avoir recours pour apporter des précisions, interpréter ou compléter des lois occidentales ou laïques, surtout lorsque certaines questions sont d'ordre public dans le système islamique comme l'arbitrabilité *ratione materiae*, le *riba* et le *gharar*.[2]

Le choix de la *charia* est courant dans les litiges concernant les finances islamiques.[3] La finance islamique « recouvre l'ensemble des techniques financières et juridiques permettant le financement de biens ou de services conformément aux exigences de la *Charia* ».[4] Voici quelques exemples de clauses visant l'application de la *charia* :

« This Agreement is governed by the laws of Dubai, UAE to the extent these laws are not inconsistent with the principles of Sharia (as set out in the Sharia Standards published by Accounting and Auditing Organization for Islamic Financial Institutions and / or Islamic Fiqh Academy of Organisation of Islamic Conference), in which case the principles of Sharia will prevail ».[5]

Ou : « Subject to the principles of the Glorious Sharia, this Agreement shall be governed by and construed in accordance with the laws of England ».[6]

Ou encore : « Ce différend sera régi par les lois françaises sous réserve de ne pas contrevenir à la *charia* islamique, auquel cas, ce sont les principes de la *charia* qui prévalent ».[7]

Ou « ce contrat est régi par le droit anglais sous réserve des principes de la *Charia* applicable ».[8]

---

[1] *Id.*, p. 44

[2] *Id.*

[3] Voir A. NADAR, « Islamic Finance and Dispute Resolution », *Arab Law Quaterly*, No. 23, 2009, p. 1 (Part I), and p. 181 (Part II)

[4] W. BEN HAMIDA, « La finance islamique internationale : quel rôle pour la CNUDCI », UNCITRAL, Papers for Congress, 2013, p. 1 : http://www.uncitral.org/pdf/english/congress/Papers_for_Congress/86-BEN_HAMIDA_-_la_Finance_islamique_et_la_CNUDCI.pdf (30 décembre 2020)

[5] Accord conclu entre la National Bonds Corporation PJSC (Public Joint Stock Company), Taaleem PJSC and Deyaar Development PJSC, CA Dubaï, No. 001/2011 du 11/5/2011, National Bonds Corporation PJSC c. (1) Taaleem PJSC and (2) Deyaar Development PJSC : https://www.difccourts.ae/2011/05/11/ca-0012011-national-bonds-corporation-pjsc-v-1-taaleem-pjsc-and-2-deyaar-development-pjsc/ Cité par [Najjar], p. 471

[6] England and Wales Court of Appeal, Civil Division, Shamil Bank of Bahrain c. Beximco Pharmaceuticals Limited and Others, 28 janvier 2004, aff. No. A3/2003/1952, [2004] EWCA Civ 19 : Lloyd's law reports, Vol. 1, 2004, p. 28 : http://www.bailii.org/ew/cases/EWCA/Civ/2004/19.html ; Cité par [Najjar], p. 471

[7] High Court of Telangana, Sanghi Polyesters Ltd (Inde) c. The International Investor KCSC (Kuwait), 9 septembre 2002, aff. No. 331 : *Lloyd's law reports*, Vol. 1, 2001, p. 480. Cité par [Najjar], p. 471

[8] Exemple Cité par W. BEN HAMIDA, « La finance islamique internationale : quel rôle pour la CNUDCI », *Op. cit.*, p. 3, note 11

§ 8 - La *charia*, source de droit positif ou *lex mercatoria* ?

Dans les sentences pétrolières, la *charia* fut qualifiée de lacunaire et d'inadaptée pour régir des contrats de commerce international complexes.[1] Aujourd'hui, il est possible de se demander si la *charia* fait partie du droit positif ou si elle fait partie de la *lex mercatoria.* La doctrine et la jurisprudence ont plusieurs avis sur le sujet. Dans les deux affaires suivantes, la *charia* fut considérée comme faisant partie du droit positif.

Dans l'affaire Sanghi c. Koweït,[2] une convention de financement islamique comportait une clause compromissoire qui indiquait que l'arbitrage devait se dérouler à Londres et que les lois anglaises devaient régir le litige sous réserve de ne pas contrevenir à la *charia.*[3] À la suite d'un litige, l'arbitre applique cette clause en appliquant, d'une part, le droit anglais aux aspects relevant de l'attribution du principal et des revendications de profit et, d'autre part, en appliquant la *charia* aux dommages-intérêts qui par conséquent devaient être exclus parce qu'ils sont interdits par la loi divine.[4] La sentence fut contestée devant les juridictions anglaises qui ont confirmé la validité de la clause compromissoire et du contrat au regard du droit anglais et de la *charia.*[5]

Dans une autre affaire, les tribunaux français ont rendu une décision le 27 juin 1998 dans le respect de la *charia*, en tant que partie du droit saoudien.[6] Il s'agissait d'un litige soumis au droit saoudien entre une société saoudienne, Saudi Basic Industries Corp. (SABIC), et la société SA Thinet International concernant le non-achèvement de travaux tel que prévu dans le contrat.[7] Se prononçant sur la demande de réparation effectuée par la société Thinet, la cour d'appel de Paris a indiqué qu'en droit saoudien :[8]

« -La liberté contractuelle est consacrée sous réserve qu'elle respecte les injonctions des textes révélés, le Coran et la *sunna.*

-Le contrat a force obligatoire et il est de principe que chacune des parties doit respecter ses promesses et engagements.

-Le contrat doit être exécuté de bonne foi.

-La réparation du préjudice subi du fait d'une violation des obligations contractuelles s'effectue en démontrant l'inexécution des obligations contractuelles, le préjudice et un lien de causalité direct entre le préjudice et la violation des obligations contractuelles.

---

[1] [Najjar], p. 471

[2] High Court of Telangana, Sanghi Polyesters Ltd (Inde) c. The International Investor KCSC (Kuwait), 9 septembre 2002, aff. No. 331: *Lloyd's law reports*, Vol. 1, 2001, p. 480. Cité par [Najjar], p. 472

[3] [Najjar], p. 472

[4] *Idem*

[5] *Id.*

[6] *Id.* p. 472-473

[7] *Id.*, p. 473

[8] CA Paris, 6e ch., 22 mai 2015, No. 13/13797, SA Thinet International c. Société Saudi Basic Industries Corp.-SABIC, inédit. Cité par [Najjar], p. 473

-L'interdiction du « gharar » c'est-à-dire l'aléa ou l'incertitude qu'il s'agisse de l'objet du contrat ou d'évènements dont dépendrait la réalisation du contrat.

-la prohibition du « riba » prêt à intérêt.

[fut] également produit[e] la définition du contrat d'entreprise, manifestement applicable à l'espèce, donnée par le Conseil international du droit musulman dans sa décision No. 129 (14/3) : « l'entrepreneur doit garantie au cas où il ne respecte pas les conditions du contrat comme il doit garantie pour les malfaçons ou les fautes dont il serait l'auteur. Mais il ne garantit pas ce qui peut survenir du fait du maître de l'ouvrage ».[1]

Ces dispositions sont conformes à l'ordre public international français, ce qu'aucune des parties ne conteste ».

Ainsi, la cour d'appel française a considéré que la *charia* fait partie du droit positif saoudien et par là les prohibitions de l'aléa (*gharar*) et de l'usure (*riba*) ne sont pas contraires à l'ordre public international français.[2]

En revanche, selon un auteur, les finances islamiques doivent être appliquées comme des principes éthiques et non comme des principes légaux et comme elles ont émergé avec la pratique des affaires, elles doivent faire partie de la *lex mercatoria.*[3] Dans le même sens, le rapport de la *Paris Europlace Commission for Islamic Finance* (PECIF) recommande que la *charia* soit plutôt abordée comme la *lex mercatoria* en soulignant que « [...] comme en droit commun et dans la *lex mercatoria*, la *charia* ne doit pas être considérée comme un corps de règles préexistant, exhaustivement codifié et appliqué de manière abstraite. L'application de la *charia* se compose essentiellement d'une méthode qui garantit une approche relevant de la casuistique en utilisant diverses sources de la *charia* qui répondent aux particularités de chaque situation ».[4]

Par ailleurs, à la question de savoir si la *charia* doit s'appliquer à la procédure ou au fond ou les deux, certains auteurs[5] ainsi que le rapport PECIF[6] recommandent que l'application de la *charia* se limite au fond et ne s'étende pas à la procédure.[7]

---

[1] [Najjar], p. 473

[2] *Idem*

[3] K. BÄLZ, *Sharia Risk ? How Islamic Finance Has Transformed Islamic Contract Law*, Harvard Law School. Islamic Legal Studies Program, Cambridge, MA, Islamic Legal Studies Program Harvard Law School, Harvard, USA, 2008, p. 7. Cité par [Najjar], p. 473

[4] G. AFFAKI (ed.), I. FADLALLAH, D. HASCHER, A. PEZARD, F. X. TRAIN, Commission Paris Europlace pour la finance Islamique (*Paris Europlace Commission for Islamic Finance* (PECIF)), Rapport du Groupe de travail sur le droit applicable et le règlement des différends dans les financements islamiques, 21 septembre 2009, *Majallat al-Tahkim al-Aalamiyya*, No. 6, 2010, point 5.4.3. Cité par [Najjar], p. 474

[5] Voir A. MAITA, « Arbitration in Islamic Financial Disputes », *Annual Survey of International and Comparative Law*, Vol. XX, 2014, p. 35, spéc. p. 55. Cité par [Najjar], p. 474

[6] Rapport de la Commission mise en place par l'Organisation de financement Islamique en France [...], *Op. cit.*, point 5.6.7. Cité par [Najjar], p. 474

[7] [Najjar], p. 474

La conciliation entre la *charia*, loi divine et absolue, et une loi étatique d'origine humaine peut paraître difficile à réaliser lorsqu'une clause d'arbitrage mentionne les deux droits à appliquer. [1] Le rapport PECIF tente de donner un élément de réponse en expliquant que le choix des parties mentionnant l'application d'un droit étatique et de la *charia* en même temps « doit plutôt être interprét[é] comme exprimant la volonté des parties de faire application de la loi régissant le contrat, à l'exception des questions qui ne seraient pas conformes aux principes de la *charia*. Par exemple, dans l'éventualité où le droit français serait choisi par les parties pour régir la convention de prêt, qui sera également régie par la *charia*, les articles du code civil concernant l'attribution d'intérêts – ne faisant pas partie des règles obligatoires en France – devraient être écartés car non conformes aux principes de la *charia*. Inversement, la référence à cette dernière dans un contrat de prêt ne doit pas conduire à l'éviction des règles concernant l'exigence d'obtention d'une licence de banque. Le choix de la *charia* comme loi applicable ne peut aboutir à écarter les règles impératives du pays hôte lorsque le contrat doit y déployer des effets. En tout cas, si un conflit surgit entre la *charia* et une disposition législative impérative nationale obligatoire, seule la règle de la *charia* doit être écartée sans que le choix par les parties quant à l'application des autres règles de la *charia* soit remis en cause ou remettre en question le fait que le contrat litigieux est soumis à la *charia* sinon cela reviendrait à en nier le caractère normatif ».[2]

Il est admis aujourd'hui que le fait d'écarter une disposition impérative de la *charia* ne veut pas dire écarter toute son application.[3] Par exemple, le paiement d'intérêts est interdit en droit musulman.[4] Certains tribunaux ont contourné cette prescription de la *charia*, sans que cela soit considéré comme sa condamnation, par la méthode du dépeçage en appliquant à la question des intérêts un autre droit ou encore en requalifiant la situation de « bénéfice autorisé » par le droit musulman.[5]

Ibrahim Fadlallah souligne qu'aujourd'hui la seule justification possible pour la non-application de la *charia* tient à la difficulté de définir son contenu, ce qui peut être vrai également s'agissant de beaucoup d'autres systèmes juridiques qui peuvent s'avérer non exhaustifs.[6]

La *charia* fait l'objet de plusieurs interprétations élaborées par les différentes écoles doctrinales comme l'école hanéfite, chaféite, malékite,

---

[1] *Idem*, p. 474 - 475

[2] Rapport de la Commission mise en place par l'Organisation de financement Islamique en France […], *Op. cit.*, point 5.6.3. et 5.6.4. Cité par [Najjar], p. 474-5. Voir la solution de l'affaire Sanghi.

[3] [Najjar], p. 475

[4] *Idem*

[5] Voir I. FADLALLAH, « Arbitration Facing Conflicts of Culture : The 2008 Annual School of International Arbitration Lecture sponsored by Freshfields Bruckhaus Deringer LLP », *Arbitration International,* Vol. 25, No. 3, 2009, p. 307-308. Cité par [Najjar], p. 475

[6] I. FADLALLAH, « Arbitration Facing Conflicts of Culture : The 2008 Annual School of International Arbitration Lecture sponsored by Freshfields Bruckhaus Deringer LLP », *Op. cit.*, p. 308

hanbalite ou jaafarite.[1] Quelle interprétation devrait choisir l'arbitre ? Est-ce l'interprétation doctrinale de l'école à laquelle il appartient ?[2] À cet égard, le rapport PECIF propose « d'utiliser l'analogie ou le raisonnement déductif *quiyas*, *istihsan* et *istislah* pour identifier la solution à un problème donné ». Le rapport explique que « [l]es règles ainsi extraites auront un caractère normatif encore plus prononcé lorsqu'elles sont le fruit d'un consensus ou *ijmaa* des savants ». Il est possible aussi de recourir au dépeçage selon le rapport qui recommande également aux juges et arbitres de rechercher des solutions non seulement dans l'école à laquelle ils appartiennent mais aussi dans les écoles doctrinales qui ont interprété la *charia* (hanéfite, chaféite, malékite, hanbalite) : Il s'agit de la technique du *takhayyour* (ou la possibilité de sélectionner).[3] D'ailleurs le *takhayyour* fait partie de plusieurs droits positifs arabes.[4] Cela dit, la méthode du *thakhayyour* n'est pas sans risque, étant donné qu'une sentence exécutée devant un juge islamique voulant appliquer sa propre école doctrinale ou un *ijtihad* plus rigoriste pourrait être invalidée, accroissant ainsi l'imprévisibilité, ce qui est assez critiqué par la doctrine.[5] Ainsi, se pose la question de savoir s'il est possible d'accroître la prévisibilité des solutions en cas d'application de la *charia*.

§ 9 - Solutions éventuelles face à l'imprévisibilité des solutions issues de l'application de la *charia*

Tout d'abord, si l'on prend le cas de l'Arabie saoudite, l'imprévisibilité des solutions qui découlerait de la primauté de la *charia* à toutes les étapes de l'arbitrage pourrait être atténuée par la centralisation de l'assistance judiciaire en matière de commerce international et du contrôle de la sentence arbitrale auprès de la cour d'appel de Riyad, sauf accord contraire des parties, conformément à l'article 8-2 du nouveau droit saoudien de l'arbitrage.[6] Une telle centralisation permettait d'unifier la jurisprudence arbitrale en matière d'arbitrage international et réduirait l'influence des tribunaux religieux.[7]

Par ailleurs, l'unification des règles de la *charia* pourrait apporter davantage de prévisibilité. Le travail des arbitres pour déterminer les règles de la *charia* serait facilité par sa codification.[8] L'unification du droit musulman

---

[1] [Najjar], p. 475
[2] *Idem*, p. 476
[3] Pour un exemple d'affaire CCI où plusieurs des méthodes mentionnées par le rapport PECIF furent utilisées par l'arbitre. Voir [Najjar] p. 476 - 478
[4] Exemples, les articles 1er des Codes civils émirati, jordanien et koweïtien. [Najjar], p. 476
[5] A. NADAR, « Islamic Finance and Dispute Resolution: Part 1 », *Op.cit.* ; M. AYAD, « Harmonisation of International Commercial Arbitration Law and 'Sharia' the Case of 'Pacta Sunt Servanda vs Ordre Public' the Use of 'Ijtihad' to Achieve Higher Award Enforcement », *Macquarie Journal of Business Law*, Vol. 6, 2009, p. 93. Cités par [Najjar], p. 478
[6] [Najjar], p. 59, 60
[7] *Idem*, p. 59
[8] *Id.*, p. 476

a fait l'objet de plusieurs initiatives, à commencer par la *Medjellé* au XIXe siècle codifiant le *chareh hanéfite* ; en passant par le Conseil du *Fiqh* Islamique qui dépend de l'organisation de la Conférence Islamique de Djeddah et qui a unifié les principes en matière économique du Conseil de *Fiqh* international ; ainsi que le comité de surveillance *charhi* des banques islamiques rassemblant dans un recueil l'ensemble des *fatwa* islamiques.[1]

L'effort de codification le plus réussi émane de l'AAOIFI[2] (*Accounting and Auditing Organization for Islamic Financial Institutions*) qui a publié cent normes unifiées de la *charia* dans le secteur financier qui peuvent être utilisées par les parties pour régir leurs litiges et conventions liés aux finances islamiques.[3] Les normes de l'AAOIFI ont été adoptées dans plusieurs pays comme au Bahreïn, au Liban, en Jordanie, au Qatar ou en Syrie.[4] D'autres pays ont publié des lignes directrices sur la base de ces normes unifiées comme, par exemple, l'Australie et l'Arabie saoudite.[5] Le rapport PECIF compare cette codification à celle des principes Unidroit.[6]

Néanmoins, ces codifications demeurent non exhaustives et n'empêchent pas les juges de réviser leur contenu lors de l'exécution de la sentence.[7] Elles auraient plutôt valeur de recommandations.[8] Pour guider le travail d'interprétation des arbitres et des juges, Walid Ben Hamida encourage la CNUDCI, organisation assurant une large représentativité géographique, à codifier la pratique des contrats internationaux de la finance islamique comme les principes Unidroit relatifs aux contrats de commerce international afin de former une *lex islamica*, nouvelle branche spéciale de la *lex mercatoria* consacrée au financement islamique.[9]

Dans le cadre de la finance islamique, pour garantir l'application de la *charia*, une solution consisterait à « contractualiser les principes de la *Charia* », c'est-à-dire à préciser en détail et à incorporer dans les contrats les principes de la *charia* que les parties souhaitent appliquer.[10]

Une autre solution consisterait à appliquer la *charia* indirectement en convenant d'appliquer non pas la *charia* en soi mais un droit étatique qui s'en inspire fortement comme le droit saoudien.[11] Cela étant dit, rien ne garantit

---

[1] *Id.*, p. 479

[2] www.AAOIFI.com l'Organisation est soutenue par ses membres qui sont des banques centrales, des autorités de régulation, des institutions financières, des cabinets comptables et d'avocats venant de 45 pays. Voir [Najjar], p. 479

[3] [Najjar], p. 479 ; http://aaoifi.com/about-aaoifi/?lang=en

[4] [Najjar], p. 479

[5] *Idem*

[6] *Id.*, p. 476

[7] *Id.*, p. 479

[8] *Id.*

[9] W. BEN HAMIDA, « La finance islamique internationale : quel rôle pour la CNUDCI », *Op. cit.*, parag. 18-21

[10] *Idem*, parag. 16

[11] *Id.*, parag. 17

que le droit étatique inspiré de la *charia* choisi serait complet, sans ses propres lacunes, pour être conforme à toutes les exigences de la *charia*.

La prévisibilité des solutions dépendrait aussi de la volonté des États d'œuvrer vers l'acceptation de la *charia*. Pour accueillir la finance islamique, plusieurs pays ont entrepris des mesures à cet effet, notamment législatives.[1] Par exemple, le Liban, le Maroc et la Tunisie ont adopté des lois sur le sujet et au Royaume-Uni, le gouvernement a adopté des mesures fiscales pour favoriser l'émission de *sukuk*[2] et le Trésor britannique a mis en place un groupe d'experts pour développer la finance islamique.[3]

En somme, à ce jour, le trop grand particularisme de la *charia* ne garantit pas encore l'exécution efficace des sentences arbitrales rendues sur son fondement.[4]

Section 5 - Le dépeçage

Les parties ont la liberté de suivre la méthode du dépeçage qui consiste à désigner plusieurs lois à des aspects distincts du litige.[5] Le dépeçage n'est pas à confondre avec la situation où les parties choisissent d'appliquer les principes communs à plusieurs lois.[6] L'Institut de Droit international a admis

---

[1] *Id.*, p. 1

[2] Les *Sukuks* sont des obligations conformes à la charia. Voir B. ROUSSEAU, « Définition d'Obligation Islamique – Sukuk », https://www.andlil.com/definition-d-obligation-islamique-sukuk-130779.html

[3] Loi libanaise 575 du 11 février 2004, relative à l'établissement des banques islamiques au Liban ; loi marocaine No. 103.12 du 25 juin 2014 autorisant la banque islamique ; loi tunisienne No. 2013-30 du 30 juillet 2013, relative aux *sukuk* islamiques. JO Rép. tunisienne, 2 août 2013, No. 62, p. 2301. Source W. BEN HAMIDA, « La finance islamique internationale : quel rôle pour la CNUDCI », *Op. cit.,* p. 1

[4] [Najjar], p. 479

[5] E. GAILLARD, « Droit applicable au fond du litige », JurisClasseur Droit international, Fasc. 586-9-1, *Op. cit.,* parag. 136 ; exemple Arbitrage *ad hoc*, Arabie saoudite c. Arabian American Oil Company (Aramco), sentence, 23 août 1958 : *RCDIP*, 1963, p. 272. Cité par M. ADIT, « Contentieux arbitral international, Droit commun », JurisClasseur Droit international, Fasc. 572-65, *Op.cit.*

[6] E. GAILLARD, « Droit applicable au fond du litige », JurisClasseur Droit international, Fasc. 586-9-1, *Op. cit.,* parag.17

Dans les contrats de concession, on trouve souvent l'application des principes de droit communs à la loi de l'État contractant et à la loi de l'État dont la société a la nationalité. Il est souvent ajouté qu'à défaut de tels principes communs, seront appliqués les principes de droit reconnus par les nations civilisées, y compris ceux appliqués par les tribunaux internationaux. Il est fait référence aux « principes généraux de droit reconnus par les nations civilisées » à la Convention Égypte-Esso de 1974 (article 21) et la convention Koweït Hispanoil de 1967. Source : J. M. JACQUET, D. BENTOLILA, « Contrat d'État », *Op. cit.,* parag. 154 ; S. JAHEL, « Les principes généraux du droit dans les systèmes arabo-musulmans au regard de la technique juridique contemporaine », *Revue internationale de droit comparé*, Vol. 55, No.1, janvier-mars 2003, p. 105, spéc. p. 118

Dans les contrats conclus par la Libye dans les célèbres affaires « BP », « Liamco » et « Texaco-Calasiatic », la clause de droit applicable indique que : « La présente concession sera régie par et devra être interprétée conformément aux principes de la loi libyenne en ce que les principes peuvent avoir de commun avec les principes de droit international ; en l'absence de points communs entre les principes de la loi libyenne et ceux du droit international, elle sera régie par et interprétée conformément aux principes généraux du droit, en ce compris ceux de ces principes généraux dont il a été fait application par des juridictions internationales ». Source : J.M. JACQUET, D. BENTOLILA, « Contrat d'État », *Op. cit.,* parag. 155

cette solution dans sa résolution de 1989 en indiquant que « Les parties ont pleine autonomie pour déterminer les règles et principes de procédure et de droit matériel qui doivent être appliqués par les arbitres. En particulier, (1) les diverses questions soulevées peuvent être respectivement soumises à des règles et principes différents, et (2) ces règles et principes peuvent être empruntés à différents systèmes juridiques nationaux ainsi qu'à des sources non nationales, comme les principes du droit international, les principes généraux du droit et les usages du commerce international ».[1]

Dans la sentence Aramco, le tribunal arbitral accepte le dépeçage en indiquant que « les parties ayant elles-mêmes déclaré que la concession ne devait pas être soumise à une seule et unique loi, *(le tribunal)* est fondé à procéder au morcellement du contrat pour en soumettre certaines dispositions à des lois diverses ».[2] Les arbitres ont ainsi une grande marge de manœuvre.[3] La clause IV du compromis signé entre l'Arabie saoudite et Aramco indiquait que : « Le tribunal arbitral tranchera le litige a) conformément au droit arabo-saoudite tel qu'il est défini ci-après, dans la mesure où il s'agit de questions rentrant dans la juridiction de l'Arabie saoudite ; b) conformément au droit que le tribunal arbitral jugera applicable dans la mesure où il s'agit de questions en dehors de la juridiction de l'Arabie saoudite ».[4] En interprétant cette clause, le tribunal arbitral conclura que la loi de l'Arabie saoudite doit être appliquée au contrat de concession, pour les matières qui relèvent du droit privé mais sous le correctif de l'application des « principes généraux du droit, des usages suivis dans l'industrie du pétrole et des données de la science juridique pure, notamment lorsque certains droits privés qui doivent nécessairement être reconnus au concessionnaire à peine de priver la concession de sa substance,

---

Cette clause fut interprétée de diverses manières : Dans l'affaire *« BP »*, L'arbitre a interprété la clause de façon littérale mais les principes de droit libyen ne comprenaient pas la loi de nationalisation. Les principes du droit international, furent assimilés à l'ensemble du droit international. En revanche, dans la sentence Liamco, l'arbitre a considéré que « la loi principale applicable est la loi libyenne interne ». Les principes du droit libyen furent analysés et exploités au maximum. Les principes du droit international furent assimilés à des maximes universellement reçues. Dans la sentence « Texaco », l'arbitre analysa la clause avec beaucoup de liberté, en reconstruisant un système d'interprétation fondé sur la notion d'ordre juridique de base du contrat pour déduire que les contrats en question étaient internationalisés en raison de leur nature d'accords de développement économique et de la clause d'arbitrage. Le tribunal décida, de plus, de se référer aux principes de la loi libyenne et aux principes du droit international. Source : J. M. JACQUET, D. BENTOLILA, « Contrat d'État », *Op. cit.*, parag. 156

[1] Institut de Droit international, résolution « L'arbitrage entre États – entreprises d'État ou entités étatiques et entreprises étrangères », Saint-Jacques de Compostelle, 1989, article 6 : texte dans *Revue de l'arbitrage*, 1990, p. 931, comm. Ph. FOUCHARD ou www.idi-iil.org/app/uploads/2017/06/1989_comp_01_fr.pdf Cité par E. GAILLARD, « Droit applicable au fond du litige », JurisClasseur Droit international, Fasc. 586-9-1, *Op.cit.*

[2] Arbitrage *ad hoc*, Arabie saoudite c. Arabian American Oil Company (Aramco), sentence, 23 août 1958: *Rev. crit. DIP*, 1963, p. 272, spéc. p. 313. Cité par E. GAILLARD, « Droit applicable au fond du litige », JurisClasseur Droit international, Fasc. 586-9-1, *Op. cit.*, parag. 17

[3] M. JACQUET, D. BENTOLILA, « Contrat d'État », *Op. cit.*, parag. 157

[4] Arbitrage *ad hoc*, Arabie saoudite c. Arabian American Oil Company (Aramco), sentence, 23 août 1958: *RCDIP* 1964, p. 273, spéc. p. 314 s. Cité par J. M. JACQUET, D. BENTOLILA, « Contrat d'État », *Op. cit.*, parag. 158

ne lui seraient pas amenés d'une manière indubitable par le droit en vigueur dans l'Arabie saoudite ».[1] En revanche, le droit international public sera appliqué aux effets de la concession, « lorsque des raisons objectives l'amèneront à constater que certaines matières ne sauraient relever d'aucune disposition de droit interne d'un quelconque État [...] ».[2]

Cela dit, bien que le dépeçage soit autorisé, cela ne veut pas dire qu'il s'agit de la meilleure solution à adopter parce que la juxtaposition de plusieurs lois peut entraîner des incohérences ou des déséquilibres.[3] Certains auteurs ne recommandent pas cette technique.[4] Le dépeçage permet aux parties de neutraliser les règles d'ordre public internes propres aux droits nationaux, généralement inspirées de la politique interne des États mais qui peuvent être inadaptées aux contrats du commerce international.[5]

Section 6 - Contrat sans loi

Au vu de la grande liberté des parties, et par extension des arbitres, de déterminer des règles de droit applicables au fond du litige, il est possible de se demander si les parties peuvent soumettre leur contrat à aucune règle de droit de façon que le contrat soit auto-suffisant.[6] C'est la théorie du « contrat sans loi ». L'idée est que les grands contrats internationaux seraient si détaillés qu'ils pourraient en quelque sorte être auto-suffisants et créer un système juridique propre comprenant tous les éléments permettant de l'interpréter, de l'exécuter ou de régler les différends surgissant dans son cadre.[7] Selon cette théorie développée par Bourquin[8] et Verdross, les contrats d'État sont soumis à un accord juridique nouveau et indépendant créé par l'accord des parties, c'est-à-dire par la *lex contractus* conclue entre parties.[9]

---

1 *Idem*

2 *Id.*

3 E. GAILLARD, « Droit applicable au fond du litige », JurisClasseur Droit international, Fasc. 586-9-1, *Op. cit.*, parag. 17

4 *Revue de l'arbitrage*, 1990, p. 931, obs. FOUCHARD. Cité par [Najjar], p. 465

5 M. TRARI-TANI, « L'ordre public transnational devant l'arbitre international », *Op. cit.*, p. 101

6 E. GAILLARD, « Droit applicable au fond du litige », JurisClasseur Droit international, Fasc. 586-9-1, *Op. cit.*, parag. 21

7 J. F. LALIVE, « Contrats entre États ou entreprises étatiques et personnes privées – Développements récents », *Op. cit.*, p. 45. Cité par [Okilassali], p. 96-97

8 M. BOURQUIN, « Arbitration and Economic Development agreements », *The Business Lawyer*, 1960, p. 360. Cité par [Okilassali], p. 58

9 A. VERDROSS, « Protection of Private Property Under Quasi International Agreements », *Op. cit.*, p. 335 ; M. AMADIO, « Le contentieux international de l'investissement et la Convention de la Banque Mondiale du 18 mars 1965 », Paris, LGDJ, 1967, p. 179 ; Cette théorie est résumée par Pierre MAYER dans cette référence : P. MAYER, « Le mythe de l'ordre juridique de base (ou le *grundlegung*) », In *Études offertes à Berthold GOLDMAN*, 1982, p. 199, spéc. p.202. Rf. citées par [Okilassali], p. 58

Dans la pratique, de telles clauses ne se présentent pas à l'état pur.[1] Les parties donnent plutôt à une loi un caractère supplétif et indiquent qu'en cas de conflit entre les dispositions du contrat et de cette loi, les dispositions contractuelles prévalent.[2] Ou encore, les parties décident que ce n'est qu'en cas d'ambiguïté du contrat qu'il sera fait recours à d'autres sources de droit.[3] Selon Bourquin et Verdross, si une référence est faite au droit national ou au droit international c'est uniquement parce que la *lex contractus* l'a acceptée étant donné que c'est la *lex contractus* qui détermine les droits et obligations des parties.[4] Delaume indique que le rôle supplétif qu'on donne au droit national s'explique par le fait que le contrat est très précis par rapport aux législations qui peuvent être « vétustes et mal adaptées aux nécessités de l'heure ».[5] Le droit national ne s'applique ainsi que lorsque le contrat est silencieux ou incomplet concernant un point précis.[6]

Cette théorie a été critiquée par la doctrine[7] et la jurisprudence et qualifiée d'absurde[8] et de « méthode douteuse »[9] entraînant des difficultés pratiques.[10] Lors d'une réunion préparatoire de la Convention CIRDI, il a été dit que « la liberté donnée aux parties de choisir les règles de droit applicables ne va donc pas jusqu'à leur donner la faculté de nier la nécessité que le contrat soit soumis à certaines règles ».[11] Batiffol quant à lui écrit : « ce qui est important, c'est le rejet de la thèse suivant laquelle le contrat qui n'est pas exclusivement interne se trouverait par la même soustrait à tout système de droit, et s'imposerait à tout juge ou arbitre par la seule force du consentement des parties. Une telle conception admettrait une liberté dangereuse pour les faibles, pleine de surprises pour les tiers, laissant les juges ou les arbitres dans un embarras

---

[1] E. GAILLARD, « Droit applicable au fond du litige », JurisClasseur Droit international, Fasc. 586-9-1, *Op. cit.*, parag. 21

[2] *Idem*

[3] *Id.*

[4] A. VERDROSS, « Protection of Private Property Under Quasi International Agreements », *Op.cit.*

[5] G. R. DELAUME, « L'affaire du plateau des Pyramides et le CIRDI : Considérations sur le droit applicable », *Revue de l'arbitrage*, Vol. 1994, No. 1, 1994, p. 39, spéc. p. 43, note 117. Cité par [Okilassali], p. 95

[6] [Okilassali] p. 95

[7] Ph. FOUCHARD, E. GAILLARD, B. GOLDMAN, *Traité de l'arbitrage commercial international*, *Op. cit.*, p. 810, No. 1440 ; C. PACHUSANOND, *La loi applicable aux différends entre États et ressortissants d'autres États selon la Convention de la BIRD du 18 mars 1965*, Thèse, Paris X, France, 1982, p. 52 ; P. WEIL, « Problèmes relatifs aux contrats passés entre États et un particulier », *RCADI*, 1969-III, Vol. 128, p. 95, spéc. p. 177

[8] D. BETTEMS, *Les contrats entre États et personnes privées*, Le Mont-sur-Lausanne, Suisse, Méta-Editions, 1989, p. 121, note 74. Cité par [Okilassali], p. 58

[9] Schreuer, Cité par [Okilassali], p. 97

[10] Ch. T. CURTIS, « The legal Security of Economic Development Agreements », *Harvard Journal of international law*, 1988, p. 317. spéc. p. 340 ; G. R. DELAUME, « Convention on the Settlement of Investment Disputes Between States and Nationals of Other States », *International lawyer*, 1966, p. 64 spéc. p.77 ; B. GOLDMAN, « Le droit applicable selon la Convention de la BIRD du 18 mars 1965 pour le règlement des différends relatifs aux investissements entre États et ressortissants d'autres États », *Op. cit.*, p.146 -147 ; Ph. KHAN et M. A. FEEL, « The law applicable to foreign investment », *Op. cit.*, p. 4 s. Rf. citées par [Okilassali], p. 97

[11] Déclaration de CHUNG-TSENG-TSAI, Doc. No. 31 Z.10, Hist., Vol. III, p. 813

excessif, les obligeant à forger eux-mêmes en réalité, un système nouveau qui devrait comporter des précisions dont aucun système ne peut se passer, mais qu'il est artificiel de fabriquer après coup ».[1]

Dans la sentence Aramco, il a été précisé qu'« il est certain qu'un contrat quelconque ne peut exister *in vacuo*, mais doit reposer sur un droit, ce qui n'est pas une opération pleinement abandonnée à la volonté des parties, elle doit nécessairement se fonder sur un droit positif donnant des effets juridiques aux manifestations juridiques réciproques et concordantes de la volonté des cocontractants. Sans un droit qui préside à sa création, la convention n'est pas même concevable. La volonté ne peut engendrer un rapport conventionnel que si le droit dont elle relève lui en donne préalablement le pouvoir ».[2]

La volonté des parties d'échapper au contrôle de toute loi ou norme supérieure n'est pas forcément synonyme d'efficacité.[3] En cas de contradiction avec la loi choisie que les parties souhaitent appliquer à titre supplétif, le contrat devient partiellement sans loi.[4] Pour retenir la validité de telles clauses, il a été considéré que le contrat en soi est une de ces « règles de droit » que les parties sont libres de choisir comme dans l'affaire MINE.[5] Or, un contrat ne peut devenir une norme que lorsqu'une norme supérieure lui reconnaît cette juridicité.[6]

Dans l'affaire MINE[7] réglée sous l'égide du CIRDI, le droit de l'État d'accueil ne s'appliquait qu'à titre supplétif, dans le cas où l'accord ne prévoyait pas de solution.[8] Les arbitres se sont basés sur le fait que le contrat contenait des normes juridiques suffisamment développées pour permettre d'apporter une motivation à la décision.[9] Il a été considéré que les parties n'ont fait qu'appliquer les « règles de droit » de la première phrase de l'article 42-1 de la Convention de Washington selon laquelle le droit choisi par les parties prime.[10]

Un autre argument en faveur du contrat sans loi est lié à la nature de l'arbitrage qui n'a pas de for : comme les arbitres tirent leurs pouvoirs de la volonté des parties, celle-ci s'impose sans que les parties aient à justifier leur choix, ce qui ferait que les parties, et donc l'arbitre, auraient une liberté

---

[1] H. BATTIFOL, « La sentence Aramco et droit international privé », *RCDIP*, 1964, p. 647, spéc. p. 655. Cité par [Okilassali], p. 59

[2] Arbitrage *ad hoc*, Arabie saoudite c. Arabian American Oil Company (Aramco), sentence, 23 août 1958: *RCDIP*, 1963, p. 272, spéc. p. 312

[3] E. GAILLARD, « Droit applicable au fond du litige », JurisClasseur Droit international, Fasc. 586-9-1, *Op. cit.*, parag. 21

[4] *Idem*

[5] *Id.*

[6] *Id.*, parag. 22

[7] CIRDI, Maritime International Nominees Establishment c. Guinée, ARB/84/4, article 13 du contrat. Cité par [Okilassali], p. 90-95

[8] [Okilassali], p. 93-95

[9] *Idem*

[10] *Id.*

absolue.[1] Or, les arbitres ne peuvent ignorer les règles d'ordre public et ils doivent rendre une sentence exécutable.[2]

Dans les sentences qui admettent la théorie du contrat sans loi, des principes généraux du droit sont appliqués.[3] Le contrat reste donc quand même soumis à certaines règles, même s'il ne s'agit pas de règles étatiques.[4]

---

[1] E. GAILLARD, « Droit applicable au fond du litige », JurisClasseur Droit international, Fasc. 586-9-1, *Op. cit.*, parag. 22
[2] *Idem*
[3] *Id.*
[4] *Id.*

Chapitre 5 - Droits et règles applicables par l'arbitre en l'absence de droit applicable convenu par les parties

À défaut de droit convenu par les parties, il revient à l'arbitre de choisir le droit ou les règles de droit pour régler le litige. L'arbitre a un large pouvoir discrétionnaire pour apprécier le droit applicable (section 1). Ce choix peut s'effectuer suivant plusieurs méthodes (section 2). L'arbitre peut se retrouver devant une clause de droit applicable simple ou complexe se référant à plusieurs règles d'origine variée dont l'agencement n'est pas toujours précisé (section 3). L'arbitre peut appliquer également des « règles de droit » (section 4) et le droit communautaire (section 5).

Section 1 - Pouvoir discrétionnaire de l'arbitre dans l'appréciation du droit applicable et de la méthode de choix

De larges pouvoirs sont reconnus généralement aux arbitres pour déterminer le droit applicable et la méthode de désignation du droit applicable en l'absence de désignation par les parties.[1] Toutefois, cette autonomie connaît quelques entraves dans certains pays arabes.

Sous-section 1 - Le large pouvoir discrétionnaire de l'arbitre dans la majorité des systèmes

À défaut de droit choisi par les parties, l'arbitre a l'obligation de le déterminer. Il s'agit bien d'une obligation et non d'une simple possibilité et ce, en vertu du contrat *receptum arbitrii* et du fondement conventionnel de sa mission.[2] Pour cela, très souvent, il jouit d'une large marge de manœuvre.[3] La majorité des règlements d'arbitrage laissent la liberté aux arbitres de choisir le droit applicable.[4] Gabrielle Kaufmann-Kohler qualifie de « frappant » le large pouvoir discrétionnaire des arbitres dans la détermination du droit applicable au fond.[5]

---

[1] *Id.*

[2] [Najjar], p. 567

[3] E. GAILLARD, « Droit applicable au fond du litige », JurisClasseur Droit international, Fasc. 586-9-1, *Op.cit.*

[4] L. ACHTOUK-SPIVAK, « Le droit applicable aux arbitrages en matière d'investissements », *Op. cit.*, p. 850

[5] G. KAUFMANN-KOHLER, « Arbitral Precedent: Dream, Necessity or Excuse ? : The 2006 Freshfields Lecture », *Arbitration international : the journal of LCIA worldwide arbitration*, Vol. 23, No. 3, September 2007, p. 357, spéc. p. 364: « what is truly striking in international commercial arbitration is [...] arbitrators' broad discretion in determining and applying the law that governs the merits of any particular case ».

Sous-section 2 - Les entraves à l'autonomie de l'arbitre de désigner le droit applicable dans certains pays arabes

L'autonomie de l'arbitre de désigner le droit applicable au fond du litige en l'absence d'accord entre les parties est limitée dans certains pays arabes, à cause du contrôle judiciaire sur le fond de la sentence, de l'exigence de conformité à la *charia* et de l'obligation de l'arbitre de prendre en considération les usages du commerce ou du droit national.

La liberté de choix signifie qu'il ne devrait pas y avoir de contrôle du juge étatique sur le fond de la sentence.[1] Un contrôle judiciaire du fond de la sentence porte atteinte à la liberté de jugement de l'arbitre international et nuit à la sécurité et l'efficacité de l'arbitrage.[2] Or, dans certains systèmes, cette autonomie est mise en cause en raison du contrôle judiciaire important.[3] En droit égyptien, omanais, jordanien, syrien, yéménite et saoudien, il est admis que le juge étatique vérifie que l'arbitre a bel et bien appliqué le droit convenu par les parties pour régir le fond du litige.[4] Le problème du contrôle de fond de la sentence sera traité en détail dans les sections suivantes.

Dans de nombreux droits[5] arabes, il est exigé que l'arbitre prenne toujours en considération les usages du commerce.[6] Cela étant dit, comme c'est l'arbitre qui déterminera lui-même, selon le cas d'espèce, leur teneur, les contraintes demeurent relatives.[7]

L'autonomie de l'arbitre de désigner la loi applicable suppose la liberté de désigner une loi étrangère.[8] Or, en droit saoudien,[9] la possibilité pour l'arbitre de choisir un droit étranger est soumise à l'obligation de conformité à la *charia*.[10] Il en est de même au Yémen.[11] La conformité à la *charia* était même

[1] [Najjar], p. 569
[2] *Idem*, p. 566
[3] *Idem*
[4] *Id.*
[5] Articles 1050 code de procédure civile et administrative algérien ; 327-44 code de procédure civile marocain ; 813 nouveau code de procédure civile libanais ; 39-c lois égyptienne et omanaise ; 36-c loi jordanienne ; 45 loi yéménite ; 38.3 loi syrienne ; 38-1-c règlement saoudien ; 28-4 loi-type CNUDCI ; 73-4 code tunisien ; 35-2 loi du Dubai International Financial Centre ; 34-2 loi du Qatar Financial Centre. Voir H. SLIM, « Le droit applicable au fond du litige et qui s'impose à l'arbitre : les règles choisies pour les parties et les usages de commerce », *Revue libanaise de l'arbitrage*, No. 18, p. 24. [Najjar], p. 567
[6] [Najjar], p. 567
[7] *Idem*
[8] *Id.*
[9] Selon l'article 38 du règlement d'arbitrage saoudien : « sous réserve de violation des prescriptions de la charia islamique et de l'ordre public dans le royaume, le tribunal arbitral applique au fond du litige ce qui suit : b) Si les deux parties ne conviennent pas des règles légales applicables au fond du litige, le tribunal arbitral applique les règles matérielles du droit qui présente les liens les plus étroits avec le litige ». [Najjar], p. 568
[10] [Najjar], p. 568
[11] En vertu de l'article 45 de la loi yéménite sur l'arbitrage modifiée en 1997 : « À défaut de convention sur le droit applicable, le tribunal arbitral applique la loi désignée par la règle de conflit yéménite. [...] Dans tous les cas, le tribunal arbitral tranche le litige conformément à la loi yéménite ou aux stipulations contractuelles et prend en considération les usages et coutumes sociaux ainsi que les usages et coutumes

exigée des sentences étrangères. Cette exigence est due à la territorialité absolue des lois en application de la *charia*.[1]

En outre, l'article 11[2] de la loi sur l'arbitrage du *Bahrain Chamber of Dispute Resolution* (BCDR) à Bahreïn, n° 30 de 2009, impose à l'arbitre, en cas d'absence de choix de droit applicable par les parties, d'appliquer « la loi bahreïnie », entendue au sens du système juridique bahreïni incluant les règles de conflit de lois codifiées.[3]

Sous-section 3 - Les entraves à la liberté de l'arbitre de désigner la méthode de désignation du droit applicable dans certains pays arabes

La liberté de choix de droit applicable signifie la liberté de désigner la méthode de sélection du droit.[4] L'arbitre n'a pas de for et, par conséquent, il ne peut se voir imposer les règles de conflit du siège de l'arbitrage, sauf accord des parties.[5] Cette conception détachant l'arbitre du for est consacrée dans les modèles occidentaux et les législations libanaise, marocaine, algérienne, égyptienne, omanaise, jordaniennes, saoudienne, bahreïni, syrienne, au *Dubai International Financial Centre* et *Qatar Financial Centre*.[6] Toutefois, la loi yéménite[7], à défaut de convention des parties, oblige l'arbitre à se soumettre aux règles de conflit du siège.[8]

Les droits[9] libyen, irakien et koweïtien ne se réfèrent à aucune méthode spécifique de recherche de droit applicable en l'absence de choix des parties.[10] Ils précisent simplement que l'arbitre doit rendre sa sentence conformément

---

commerciaux suivis dans le même secteur d'activité. Il est exigé dans tous les cas qu'il n'y ait aucune contravention aux prescriptions de la charia Islamique ». [Najjar], p. 568

[1] [Najjar], p. 568

[2] Loi sur l'arbitrage du Bahrain Chamber of Dispute Resolution (BCDR) à Bahreïn, No. 30 de 2009 Article 11 : « a) Parties to the dispute before the Chamber, in accordance with the provisions of this section, may agree upon the applicable law relevant to the subject matter of the dispute provided that the provisions of the agreed law do not contradict the public order in the Kingdom. If the parties did not agree upon the applicable law, the law of Bahrain shall be the applicable law to the subject matter of the dispute. b) If with the provisions of Paragraph (a) of this Article, parties are obliged to submit that law to the Dispute Resolution Tribunal in accordance with the regulations and procedures cited in the regulation ». [Najjar], p. 569

[3] [Najjar], p. 569

[4] *Idem*

[5] *Id.*, p. 570

[6] Articles 813 NCPC libanais ; 327-44 CPC marocain ; 1050 CPCA algérien ; 39-b lois égyptienne et omanaise ; 36-b loi nouvelle loi jordanienne ; 38-b règlement saoudien ; 28-2 loi bahreïnie issue de la loi-type ; 38.2 nouvelle loi syrienne ; 35-2 loi DIFC (Dubai International Financial Centre) ; 34-2 loi du QFC. [Najjar], p. 570

[7] Article 45, loi yéménite de 1992 modifiée en 1997 : « À défaut de choix par les parties, le tribunal arbitral applique la loi spécifique désignée par les règles de conflit de lois yéménites [...] ».

[8] [Najjar], p. 570

[9] Articles 761 CPCC libyen ; 182 CPCC koweïtien ; découle à *contrario* de l'article 265 al. 2 CPC irakien. [Najjar], p. 571

[10] [Najjar], p. 571

au droit étatique et dans le respect de l'ordre public.[1] Ces codes sont marqués par une conception de l'arbitrage qui consiste à assimiler l'arbitre au juge étatique.[2] C'est pourquoi, en l'absence d'accord des parties, l'arbitre est tenu de suivre les règles de conflit de droit international privé du for.[3] Dans ces pays ainsi qu'au Yémen, les règles de droit international privé s'appliquant aux obligations contractuelles sont codifiées.[4] La règle de conflit la plus répandue stipule que : « les contrats, sauf ceux relatifs aux immeubles, sont soumis à la loi du domicile quand il est commun aux deux parties, sinon à la loi du lieu du contrat, à moins que les contractants n'aient convenu d'une autre loi ou qu'il résulte des circonstances que telle autre loi doit être appliquée ».[5] On la trouve dans les codes libyen et irakien.[6] Les codes[7] koweïtien et yéménite précisent qu'il s'agit de la loi du lieu de conclusion du contrat (non pas « loi du contrat »).[8] Les éléments de rattachement que forment la loi du domicile commun et la loi nationale commune sont généralement critiqués pour ne pas prendre suffisamment en considération le caractère international du litige.[9] Le lieu de conclusion d'un contrat, quant à lui, ne prend pas forcément en compte les intérêts importants en jeu entre les parties qui peuvent se rencontrer dans un lieu neutre pour conclure l'opération ou qui présentent des intérêts secondaires.[10] Il en est de même des contrats conclus à distance, par mail par exemple.[11] Quant à l'élément de rattachement qu'est le lieu d'exécution, il perd sa pertinence si le contrat s'exécute dans plusieurs pays.[12]

À part les règles de conflit du siège, d'autres pays imposent à l'arbitre l'application des règles de conflit particulières : celles ayant les liens les plus étroits avec la cause et la règle de conflit appropriée.[13] L'application des règles de conflit ayant les liens les plus étroits avec le litige est exigée dans plusieurs droits[14] comme les lois égyptienne, omanaise, jordanienne, syrienne, saoudienne, suisse, italienne, allemande et la Convention CIRDI.[15] Cette méthode, bien que pouvant guider l'arbitre, est considérée comme insuffisante

---

[1] *Idem*
[2] *Id.*
[3] *Id.*
[4] *Id.*
[5] *Id.*, p. 572
[6] Articles 19 code civil libyen ; 25 code civil irakien. [Najjar], p. 572
[7] Articles 30 code civil yéménite ; 7 CPCC koweïtien de 1980 qui se réfère à l'article 59 de la loi No. 5 de 1961. Ce dernier s'applique « sous réserve des règles relatives à la condition de formation, de conclusion et des effets du contrat ». [Najjar], p. 572
[8] [Najjar], p. 572
[9] *Idem*
[10] *Id.*
[11] *Id.*
[12] *Id.*
[13] *Id.*, p. 573
[14] Articles 39-b lois égyptienne et omanaise ; 36-b loi jordanienne ; 38-2 loi syrienne ; 38-b règlement saoudien ; 42 Convention de Washington ; 1051 CPC allemand de 1998 ; 834 CPC italien ; 187-1 LDIP (loi sur le droit international privé). [Najjar], p. 573
[15] [Najjar], p. 573

pour régler les litiges complexes internationaux.[1] Selon Pierre Lalive,[2] la règle ayant les liens les plus étroits est souvent celle dont l'application pouvait être prévue et répondrait aux attentes légitimes des parties.[3]

Section 2 - Méthodes de détermination du droit applicable

Plusieurs méthodes se présentent à l'arbitre pour déterminer le droit applicable au fond du litige.

Sous-section 1 - Voie directe

La voie directe est la plus répandue et libérale accordant au tribunal une large marge de manœuvre.[4] C'est souvent la méthode de la voie directe qui est mise en avant, sans recours à la règle de conflit de lois.[5] L'arbitre utilise alors les rattachements existant entre la cause et le droit choisi comme dans la méthode de conflit de lois.[6] Pour certains, la voie directe est une application implicite d'une règle de conflit parce que l'arbitre retiendrait un critère de rattachement qui correspondrait à la méthode conflictuelle classique.[7] La voie directe s'analyse aussi comme une dispense de motiver le choix de la méthode ou du critère de rattachement retenu par les arbitres pour déterminer le droit applicable.[8] Le choix peut être aussi effectué en fonction du contenu du droit choisi.[9] L'arbitre pourrait puiser dans des concepts issus d'un droit de tradition continentale ou de *common law* tout dépendamment de ce qui convient le mieux à la situation litigieuse.[10] Par exemple, le choix de l'arbitre devrait tomber sur une règle ou une loi dont l'application n'entraîne pas l'annulation du contrat.[11] D'où le caractère « approprié » de ce choix.[12] Cela dit, lorsque l'arbitre applique une loi choisie par les parties et que cette loi a entraîné

---

[1] *Idem*

[2] P. LALIVE, J.-F. POUDRET, C. REYMOND, *Le droit de l'arbitrage interne et international en Suisse*, Payot, Lausanne, 1989, p. 398. Cité par [Najjar], p. 573

[3] [Najjar], p. 573

[4] E. GAILLARD, «The Role of the Arbitrator in Determining the Applicable Law », *In The Leading Arbitrators' Guide to International Arbitration,* L. W. NEWMAN, R. D. HILL, Juris Publishing, Third Edition, Huntington, New York, Juris Publishing, 2014, p.185, spéc. p. 205 : https://www.shearman.com/~/media/Files/NewsInsights/Publications/2004/01/The%20Role%20of%20the%20Arbitrator%20in%20Determining%20the%20Ap__/Files/IA_Applicable%20Law_Arbitrators%20Guide_040308_06/FileAttachment/IA_Applicable%20Law_Arbitrators%20Guide_040308_06.pdf

[5] *Idem*

[6] E. GAILLARD, « Droit applicable au fond du litige », JurisClasseur Droit international, Fasc. 586-9-1, *Op. cit.*, parag. 134

[7] *Idem*

[8] *Id.* ; [Najjar], p. 574

[9] E. GAILLARD, « Droit applicable au fond du litige », JurisClasseur Droit international, Fasc. 586-9-1, *Op. cit.*, parag. 133

[10] *Idem*

[11] *Id.*

[12] *Id.*

l'annulation d'un contrat, l'arbitre ne peut refuser d'appliquer cette loi choisie par les parties.[1]

Sous-section 2 - Siège de l'arbitrage et détermination du droit applicable

Une conception ancienne, qui ne voulait pas reconnaître la nature juridictionnelle de l'arbitrage, assimilait les arbitres aux juges de l'État du siège, et considérait donc que les règles de rattachement de l'État du siège du tribunal arbitral sont celles qui déterminent la loi applicable au fond du litige.[2] En droit anglais, le recours à un arbitrage en Angleterre constituait un indice important sur le choix de la loi anglaise, surtout s'il n'y avait pas d'autre précision.[3] Par exemple, la *Court of Appeal* a considéré dans une affaire du 23 janvier 1968 (Tzortzis and another c. Monark Line) que, bien que la transaction en cause présentât des liens plus étroits avec la Suède, les parties avaient implicitement choisi le droit anglais pour régir le contrat en choisissant Londres comme siège de l'arbitrage.[4]

Aujourd'hui, la jurisprudence arbitrale internationale et la majorité des droits modernes de l'arbitrage (comme le code de procédure civile néerlandais, art. 1054 – LDIP suisse, art. 187, al. 1. – code de procédure civile italien, art. 834)[5] n'accordent plus une grande importance au siège de l'arbitrage pour déterminer le droit applicable.[6] Ainsi, une sentence rendue à Londres en 1988 dans l'affaire CCI n° 5717 indique, concernant le droit applicable au fond du litige, que « le choix de Londres comme lieu de l'arbitrage et de l'anglais comme langue du contrat ne constitue pas par lui-même une indication de l'intention des parties de soumettre la validité de l'accord arbitral à la loi anglaise ».[7] L'arbitrage n'a pas de for. Dans une résolution sur la promotion du recours à l'arbitrage pour la résolution des conflits d'ordre juridique, le Parlement européen a souligné « le caractère particulier de l'arbitrage quant au choix du droit à appliquer au litige juridique et que, contrairement aux tribunaux ordinaires, il n'est pas lié par la loi nationale du tribunal saisi (*lex fori*) ».[8]

---

[1] *Id.*
[2] Bull. CCI, Vol. n° 2, 1990, p. 22. Sentence citée par E. GAILLARD, « Droit applicable au fond du litige », JurisClasseur Droit international, Fasc. 586-9-1, *Op. cit.*, parag. 122
[3] E. GAILLARD, « Droit applicable au fond du litige », JurisClasseur Droit international, Fasc. 586-9-1, *Op. cit.*, parag. 10
[4] *Idem*
[5] *Id.*
[6] *Id.*
[7] Bull. CCI, Vol. n° 2, 1990, p. 22. Sentence citée par E. GAILLARD, « Droit applicable au fond du litige », JurisClasseur Droit international, Fasc. 586-9-1, *Op. cit.*, parag. 10
[8] JOCE n° C 205, 25 juill. 1994 : Bull. ASA 1995, p. 42. Cité par E. GAILLARD, « Droit applicable au fond du litige », JurisClasseur Droit international, Fasc. 586-9-1, *Op. cit.*, parag. 122

Dans une décision de la cour d'appel du Caire, une confusion est faite entre la *lex arbitri* et la loi applicable au fond du litige.[1] La cour avait annulé une sentence arbitrale rendue à l'étranger alors que les parties n'avaient pas convenu de l'application de la loi d'arbitrage égyptienne en supposant que le choix de la *lex arbitri* en Égypte au fond du litige implique l'application de la loi égyptienne d'arbitrage de 1994.[2]

L'application de la loi du siège du tribunal arbitral a été mise en avant dans l'affaire Wintershall impliquant plusieurs investisseurs étrangers, dont une société allemande, contre le Qatar, où le tribunal arbitral, siégeant aux Pays-Bas a noté que les dispositions impératives du droit de l'arbitrage néerlandais prévaudront en cas de conflit.[3]

Sous-section 3 - Méthode conflictuelle selon les liens les plus étroits

La question de savoir si les arbitres doivent appliquer une règle de conflit spécifique du siège de l'arbitrage est controversée en droit comparé.[4]

Certaines lois posaient des règles de conflits destinées à être appliquées par les arbitres pour les guider, dans tel ou tel pays, à choisir le droit applicable.[5] Par exemple, l'article 187 de la loi suisse de droit international privé de 1987 disposait qu'à défaut de choix des parties, « le tribunal arbitral statue (...) selon les règles de droit avec lesquelles la cause présente les liens les plus étroits ».[6] Cette formule a été suivie par d'autres lois sur l'arbitrage (comme le code de procédure civile italien issu de la loi du 5 janvier 1994, art. 1834 ou la loi égyptienne n° 27 du 21 avril 1994, art. 39).[7]

La méthode de conflit de loi est considérée aujourd'hui comme obsolète et moins libérale que la méthode de voie directe.[8] Néanmoins, la règle de conflit a l'avantage d'être souple et ne limitant pas, en pratique, la liberté des arbitres de choisir la loi qu'ils préfèrent.[9]

Dans le cadre du CIRDI, à la suite de longs débats autour de la rédaction de l'article 42 (1), il fut décidé que la version finale indique qu'à défaut de

---

[1] Z. OBEID, *Le recours en annulation des sentences arbitrales dans les pays arabes*, *Op. cit.*, p. 95

[2] CA Caire, ch. com., No. 64 du 30/7/2001, Société de ciment c. Société Douwitch Papkouk et autres, *citée dans* ABEDEL-RAOUF (Mohamed), « Étude analytique de la justice égyptienne dans le cadre des recours en annulation à l'encontre des sentences arbitrales » [traduit de l'arabe], *Journal of Arab Arbitration*, 2008, Vol. 11, p. 123. Cité par Z. OBEID, *Le recours en annulation des sentences arbitrales dans les pays arabes*, *Op. cit.*, p. 95

[3] Arbitrage *ad hoc*, Wintershall A.G. c. Governement du Qatar, Sentence partielle, 5 février 1988 : *YCA*, 1990, p. 31 ; sentence finale, 31 mai 1988 : *ILM*, Vol. 28, p. 795, 801. Cité par, H. E. KJOS, *Applicable Law in Investor-State Arbitration - The Interplay Between National and International Law*, *Op. cit.*, p. 30

[4] E. GAILLARD, « Droit applicable au fond du litige », JurisClasseur Droit international, Fasc. 586-9-1, *Op. cit.*, parag. 125

[5] *Idem*

[6] *Id.*

[7] *Id.*

[8] *Id.*

[9] *Id.*

choix par les parties de droit applicable, l'arbitre applique le droit de l'État hôte en prenant en considération ses règles de conflit de lois. Il ressort des travaux préparatoires que la référence aux règles de conflit visait à atténuer l'application rigoureuse de l'État hôte pour une application éventuelle d'un autre droit.[1] Un auteur explique que la démarche du tribunal arbitral serait de vérifier, dans un premier temps, si les parties ont choisi un droit, puis, dans un second temps, de vérifier si le droit de l'État hôte n'effectue aucun renvoi.[2] Ce n'est qu'à la suite de ces deux vérifications que l'arbitre pourra appliquer le droit matériel.[3] Dans la pratique, le renvoi a souvent été ignoré[4] ou jugé inopérant.[5]

Sous-section 4 - Méthode conflictuelle cumulative

Les arbitres appliquent aussi une méthode « cumulative », très répandue dans la jurisprudence arbitrale.[6] Elle consiste à appliquer simultanément des règles de conflit de tous les systèmes présentant un lien de rattachement avec la cause même si ces règles sont différentes.[7] L'important, c'est qu'au cas d'espèce, ces règles donnent lieu à un même résultat.[8] Cette méthode rend les solutions prévisibles pour les parties.[9] Les règles de conflit de tous les droits ayant des liens avec la situation litigieuse (nationalité des parties, lieu d'exécution de l'accord...) peuvent aboutir à la désignation de la même loi.[10] Avec cette méthode, les arbitres ne sont pas obligés à prendre en considération, parmi les règles de conflit dont ils cumulent l'application, celle

---

[1] N. NASSAR, « Internationalization of State Contract : ICSID, the Last Citadel », *Op. cit.*, p. 202. Cité par [Okilassali], p. 211

[2] S. J. TOOPE, *Mixed International Arbitration. Studies in Arbitration Between States and Private Persons*, Cambridge, Grotius Publications Ltd., 1990, p. 240. Cité par [Okilassali], p. 213

[3] *Idem*

[4] Voir affaires, CIRDI, Cable Television of Nevis, Ltd. and Cable Television of Nevis Holdings, Ltd. c. Federation of St. Kitts and Nevis, ARB/95/2, sentence, 13 janvier 1997 ; CIRDI, Southern Pacific Properties (Middle East) Limited (SPP) c. Égypte, ARB/84/3, sentence, 20 mai 1992 ; CIRDI, Liberian Eastern Timber Corporation (Letco) c. Liberia, ARB/83/2, sentence, 31 mars 1986. Jp citée par [Okilassali], p. 214

[5] CIRDI, Amco Asia Corporation et autres c. République d'Indonésie, ARB/81/1, sentence, 20 novembre 1984. Cité par [Okilassali], p. 214

[6] E. GAILLARD, « Droit applicable au fond du litige », JurisClasseur Droit international, Fasc. 586-9-1, *Op. cit.*, parag. 128

[7] *Idem*

[8] Sur cette méthode, Y. DERAINS, « L'application cumulative par l'arbitre des systèmes de conflit de lois intéressés au litige », *Revue de l'arbitrage*, Vol. 1972, 1972, p. 99 ; exemples : Sent. CCI n° 4996 [1985] : *JDI* 1986, p. 1131, obs. Y. DERAINS ; Sent. CCI n° 3043 [1978] : *JDI* 1979, p. 1000, obs. Y. Derains ; Sent. CCI n° 5717 [1988] : *Bull. CCI*, Vol. I, n° 2, 1990, p. 22, qui retient, à ce titre, le critère des liens les plus étroits. Sent. CCI n° 6281 [1989] : *JDI* 1991, p. 1054, obs. D. HASHER, *Yearbook*, 1990, p. 96 ; Sent. CCI n° 6283 [1990] : *Yearbook*, 1992, p. 178. Rf. et Jp citées par E. GAILLARD, « Droit applicable au fond du litige », JurisClasseur Droit international, Fasc. 586-9-1, *Op. cit.*, parag. 128

[9] E. GAILLARD, « Droit applicable au fond du litige », JurisClasseur Droit international, Fasc. 586-9-1, *Op. cit.*, parag. 128

[10] *Idem*

du siège de l'arbitrage.[1] Pour déterminer le droit applicable, les arbitres s'interrogeront sur les règles de conflit des différents systèmes qui avaient un rattachement avec la cause au moment où les parties ont pu avoir à déterminer leur comportement.[2] Néanmoins, la méthode cumulative peut entraîner des résultats divergents.[3]

Sous-section 5 - Méthode hybride / jugée appropriée

Le droit français de l'arbitrage qui a inspiré d'autres législateurs n'a pas imposé à l'arbitre l'utilisation d'une règle de conflit (exemples, le NCPC libanais du 16 sept. 1983, article 813 ; code procédure civile néerlandais de 1986, article 1054 § 2 ; législation algérienne du 25 avril 1993, art. 458 bis 14 ; code tunisien de l'arbitrage du 26 avr. 1993, article 73).[4] L'arbitre applique les règles de droit ou la loi qu'il juge appropriées.[5] Il s'agit de la méthode hybride.[6] Celle-ci fut adoptée, par exemple, par la loi-type CNUDCI de 2006 qui énonce, en son article 28, paragraphe 2, qu'« à défaut d'une telle désignation par les parties, le tribunal arbitral applique la loi désignée par la règle de conflit de lois qu'il juge applicable en l'espèce ».[7] Il en est de même du règlement d'arbitrage CCI 2017, article 21 paragraphe 1 selon lequel : « À défaut de choix par les parties des règles de droit applicables, l'arbitre appliquera les règles de droit qu'il juge appropriées »[8] ou du règlement d'arbitrage CNUDCI 2010, article 35 paragraphe 1, 2e phrase : « À défaut d'une telle désignation par les parties, il applique la loi qu'il juge appropriée ».[9] La méthode hybride était retenue par la loi espagnole sur l'arbitrage du 5 décembre 1988, qui disposait en son article 62 : qu'à défaut de choix exprimé par les parties sur la loi applicable, les arbitres statueront selon la loi applicable à la relation sur laquelle porte le différend et, à défaut, selon la loi qu'ils jugeront la plus appropriée en l'espèce.[10]

Le mécanisme additionnel du CIRDI propose, en son article 55 (1), une version à mi-chemin entre l'article 42 (1) de la Convention CIRDI et la pratique générale : en l'absence de choix par les parties, « le tribunal applique (a) le droit désigné par la règle de conflit de lois qu'il juge applicable en l'espèce et (b) les règles de droit international qu'il juge applicables ».[11]

---

[1] *Id.*
[2] *Id.*
[3] *Id.*
[4] *Id.*, parag. 125
[5] *Id.*
[6] *Id.*, parag. 127
[7] *Id.*
[8] *Id.*
[9] *Id.*
[10] *Id.*
[11] L. ACHTOUK-SPIVAK, « Le droit applicable aux arbitrages en matière d'investissements », *Op. cit.*, p. 852

Section 3 - Clauses de droit simples et complexes appliquées par l'arbitre

En l'absence d'un choix de droit applicable au fond par les parties, il revient à l'arbitre de choisir le droit ou les règles de droit les plus satisfaisantes pour régler le litige. Il peut se retrouver devant une clause simple ou complexe.

Une clause simple ou claire de droit applicable désigne clairement le droit applicable dans une formulation comme « Un tribunal arbitral appliquera le droit de l'État X ».[1] Les clauses claires n'exigent pas d'interprétation généralement.[2] Les clauses de droit applicables peuvent également souvent se référer à plusieurs règles d'origine variée dont l'agencement n'est pas toujours indiqué.[3] Ces clauses sont appelées clauses « complexes » ou « composites » ou « clauses de droits multiples ».

Quand une même transaction est régie en même temps par le droit national et international, ce chevauchement demande un effort d'interprétation de la part des tribunaux arbitraux et soulève la question de l'articulation entre différents ordres juridiques et la hiérarchie des sources.[4] D'habitude, ces questions sont traitées dans le cadre du débat sur le dualisme et le monisme.[5] De manière générale, le dualisme considère que le droit international et le droit interne sont deux ordres juridiques distincts, et que le droit international doit être transposé dans le droit interne pour pouvoir être appliqué et acquérir une force juridique.[6] La doctrine moniste quant à elle affirme que le droit international s'applique directement dans le droit interne et que le droit international a une valeur prescriptive supérieure.[7] Cependant, comme le décrit George Galindo, ces doctrines ont été remises en question, voire discréditées.[8]

Dans le cadre du CIRDI, l'article 42 (1) est une clause à droits multiples qui n'est pas très claire quant à l'articulation entre le droit national et

---

[1] [Okilassali], p. 89

[2] *Idem* ; J. M. JACQUET, D. BENTOLILA, « Contrat d'État », *Op. cit.*, parag. 168

[3] J. M. JACQUET, D. BENTOLILA, « Contrat d'État », *Op. cit.*, parag. 120

[4] *Idem* ; A. DE NANTEUIL, *Droit international de l'investissement, Op. cit.*, p. 133 ; H. E. KJOS, *Applicable Law in Investor–State Arbitration Op. cit.*, p. 1

[5] H. E. KJOS, *Applicable Law in Investor–State Arbitration, Op. cit.*, p. 1

[6] *Idem*

[7] A. NOLLKAEMPER et J. E. NIJMAN, *New perspectives on the divide between national and international law*, Oxford, New York, Oxford University Press, 2007. Cité par H. E. KJOS, *Applicable Law in Investor–State Arbitration, Op. cit.*, p. 1

[8] G. GALINDO, « Speaking about monism and dualism has become a taboo, nearly a sinful act, in international legal scholarship. For several decades, jurists from around the globe have stressed how futile and useless the theoretical debate about the relationship between international and municipal law is. Expressions such as *discussion d'école* or 'dialogue of the deaf ' and others have been repetitively used to describe it ». G. GALINDO, « Revisiting Monism's Ethical Dimension », *In Select Proceedings of the European Society of International Law*, J. CRAWFORD and S. NOUWEN, (eds.), Oxford, Hart, 2012, p. 141. Cité par H. E. KJOS, *Applicable Law in Investor–State Arbitration, Op. cit.*, p. 1

international.[1] Les clauses de droit applicable complexes se rencontrent également en dehors du CIRDI, notamment dans les TBI.

Sous-section 1 - Clauses complexes dans le cadre du CIRDI

Dans le cadre du CIRDI, en l'absence de choix de droit applicable par les parties, c'est l'article 42 (1) deuxième phrase de la Convention de Washington qui s'applique. L'article 42 « est essentiel dans l'architecture de la Convention de Washington ».[2] L'article 42 (1) dispose que : « Le Tribunal statue sur le différend conformément aux règles de droit adoptées par les parties. Faute d'accord entre les parties, le Tribunal applique le droit de l'État contractant partie au différend - y compris les règles relatives aux conflits de lois - ainsi que les principes de droit international en la matière ».

Le rapport des administrateurs de la Banque Mondiale précise que « l'expression "droit international" doit être comprise dans le sens donné à l'article 38 du Statut de la Cour internationale de la justice ».[3]

À l'article 42 (1), deuxième phrase, l'interprétation et la place du droit international, en l'absence de choix de loi par les parties, font l'objet d'une controverse doctrinale qui porte notamment sur le sens de la dernière préposition de la phrase de l'article 42(1) : « ainsi que les principes de droit international en la matière ».[4]

Les travaux préparatoires de la Convention CIRDI ne montrent aucune hiérarchie entre les deux ordres (droit interne et droit international).[5] Les commentateurs de la Convention CIRDI ont proposé une application

---

[1] [Okilassali], p. 274

[2] J. FOURET, D. KHAYAT, « Le Centre international pour le règlement des différends relatifs aux investissements », *Revue québécoise de droit international*, No. 18.2 - 2005, 1 octobre 2006, p. 350 : https://www.sqdi.org/fr/le-centre-international-pour-le-reglement-des-differends-relatifs-aux-investissements-2/

[3] Histoire de la Convention CIRDI, Vol. IV, p. 210.
Selon l'article 38 (1) du Statut de la CIJ,
« La Cour, dont la mission est de régler conformément au droit international les différends qui lui sont soumis, applique :
a. les conventions internationales, soit générales, soit spéciales, établissant des règles expressément reconnues par les États en litige ;
b. la coutume internationale comme preuve d'une pratique générale acceptée comme étant le droit ;
c. les principes généraux de droit reconnus par les nations civilisées ;
d. sous réserve de la disposition de l'Article 59, les décisions judiciaires et la doctrine des publicistes les plus qualifiés des différentes nations, comme moyen auxiliaire de détermination des règles de droit ».

[4] J. FOURET, D. KHAYAT, « Chronique du Centre international pour le règlement des différends relatifs aux investissements », *Revue québécoise de droit international*, No. 15.2 – 2002, p. 174

[5] [Okilassali], p. 267

alternative,[1] cumulative,[2] simultanée[3] et successive[4] entre les deux ordres.[5] Les pays en voie de développement privilégiaient l'application du droit national, alors que les pays développés préféraient donner davantage de l'importance au droit international.[6]

Le rapport entre le droit interne et international est abordé principalement selon trois approches. Selon la première, le droit national s'applique en premier, mais le droit international prime en cas de conflit entre les deux normes. Selon la deuxième, le droit international joue un rôle de complémentarité en cas de lacune du droit national. Selon la troisième approche, chaque droit s'applique tout seul tout dépendamment du problème posé. Ces trois conceptions ont été résumées dans l'affaire CIRDI Antoine Goetz et consorts où le tribunal a affirmé que : « [...] le problème des rapports entre les diverses sources de droit applicable s'est posé dans le cadre de la seconde phrase de l'article 42, paragraphe premier, de la Convention du CIRDI, et il a reçu des solutions divergentes, abondamment commentées par la doctrine : rapports de hiérarchie selon les uns, le droit national s'appliquant en premier lieu mais étant écarté au cas de contrariété avec le droit international ; rapports de subsidiarité selon d'autres, le droit international étant appelé seulement à combler des lacunes ou à pallier des incertitudes du droit national ; rapports de complémentarité selon d'autres encore, le droit national et le droit international ayant chacun sa propre sphère d'application ».[7]

§ 1 - Rapport hiérarchique correctif entre le droit national et international

Selon la première conception, le droit international est hiérarchiquement supérieur au droit national.[8] Aron Broches explique que dans une situation normale, en appliquant l'article 42 (1) de la Convention CIRDI, le droit national, étant le droit qui a le plus de liens avec l'accord, s'applique en premier et « ce ne serait que dans le cas où le droit national constituerait une violation du droit international que le tribunal, en application du droit

---

[1] A. GIARDINA, « The International Center for Settlement of Investment Disputes between States and Nationals of other States (ICSID) », *In Essays on International Commercial Arbitration*, *Op. cit.*, p. 217. Cité par [Okilassali], p. 267

[2] Th. DE BERRANGER, « L'article 52 de la Convention du 18 mars 1965 et les premiers enseignements de sa pratique », *Revue de l'arbitrage*, Vol. 1988, No. 1, 1988, p. 93, spéc. p. 109. Cité par [Okilassali], p. 267

[3] G. R. DELAUME, « L'affaire du plateau des Pyramides et le CIRDI : Considérations sur le droit applicable », *Op. cit.*, p. 54. Cité par [Okilassali], p. 267

[4] *Idem*, p. 829. Cité par [Okilassali], p. 267

[5] [Okilassali], p. 267

[6] *Idem*, p. 267

[7] CIRDI, Antoine Goetz et consorts c. République du Burundi, ARB/95/3, sentence, 10 février 1999, parag. 97. Cité par H. E. KJOS, *Applicable Law in Investor–State Arbitration Op. cit.*, p. 2

[8] P. RAMBAUD, « L'annulation des sentences Klöckner et Amco », *AFDI*, Vol. 32, No. 1, 1986, p. 259, spéc. p. 264-265. Cité par [Okilassali], p. 272

international, écarterait le droit national ».[1] George Delaume le reconnaît également en précisant que logiquement, le tribunal arbitral applique le droit de l'État hôte avant tout qui sera testé par la suite contre les normes de droit international.[2] Ainsi, le droit international a un rôle correctif, s'appliquant dans le cas où les règles du droit national ne seraient pas conformes au droit international général ou, de manière encore plus restrictive, uniquement dans le cas où ces règles heurtent des principes de *jus cogens* ou des normes fondamentales du droit international.[3]

Cette approche fut adoptée dans l'affaire Amco où le tribunal arbitral a considéré qu'en présence d'un droit national pertinent, ce dernier est testé contre droit international qui prévaut en cas de contradiction : « This Tribunal notes that Article 42 (1) refers to the application of host-state law and international law. If there are no relevant host-state laws on a particular matter, a search must be made for the relevant international law. And where there are applicable host-state laws, they must be checked against international laws, which will prevail in case of conflict. Thus international law is fully applicable and to classify its role as "only" supplemental and corrective" seems a distinction without a difference. In any event, the Tribunal believes that its task is to test every claim of law in this case first against Indonesian law and then against international law ».[4] De même, dans l'affaire Klöckner, le comité *ad hoc* relève que « […] les arbitres ne peuvent recourir aux principes de droit international qu'après avoir recherché et établi le contenu du droit de l'État partie au différend (contenu qui ne saurait être réduit à un principe), et après avoir appliqué les règles pertinentes du droit étatique. Il est donc certain que l'article 42 (1) ne permet pas à l'arbitre d'asseoir sa décision sur les seuls principes du droit international ».[5]

---

[1] Z.11, 9 juillet 1964, Historique de la Convention CIRDI, Vol. III, Documents relatifs à l'origine et à l'élaboration de la Convention pour le règlement des différends relatifs aux investissements entre États et ressortissants d'autres États, Washington, D.C., 1968, p. 382 ; A. BROCHES, « The Convention on the Settlement of Investment Disputes Between States and Nationals of other States-Applicable Law and Default Procedure », *In Liber Amicorum of Martin DOMKE*, P. SANDERS, M. DOMKE (eds.), The Hague: M. Nijhoff, 1967, p. 668. Cité par [Okilassali], p. 274, 276

[2] G. DELAUME, « The Myth of *Lex mercatoria* and State Contracts », *In Lex mercatoria And Arbitration*, T. CARBONNEAU (ed.), 1990, p. 77, spéc. p. 86-87. Cité par [Okilassali], p. 276

[3] J. FOURET, D. KHAYAT, « Chronique Centre international pour le règlement des différends relatifs aux investissements », *Revue québécoise de droit international*, No. 15.2, *Op. cit.*, p. 174

[4] CIRDI, Amco Asia Corporation et autres. c. Indonésie, ARB/81/1, sentence, 31 mai 1990, *ILR*, 1992, Vol. 89, p. 580 et s. E. GAILLARD, *La Jurisprudence du CIRDI*, Vol. I, A. Pedone, 2004, p. 301-311, parag. 40. Cité par L. ACHTOUK-SPIVAK, « Le droit applicable aux arbitrages en matière d'investissements », *Op. cit.*, p. 848

[5] CIRDI, Klöckner Industrie-Anlagen GmbH et autres c. Cameroun et Société Camerounaise des Engrais, ARB/81/2, décision d'annulation du comité *ad hoc*, 3 mai 1985 ; 114 *JDI* 163 (1987), spéc. p. 167, observ. d'E. GAILLARD, Cité par J. FOURET, D. KHAYAT, « Chronique Centre international pour le règlement des différends relatifs aux investissements », *Op. cit.*, p.174 et L. ACHTOUK-SPIVAK, « Le droit applicable aux arbitrages en matière d'investissements », *Op. cit.*, p. 847

§ 2 - Rapport de subsidiarité entre le droit national et international : compléter les lacunes

Selon la deuxième conception, le droit international a un rôle subsidiaire et son objectif est de combler les lacunes du droit de l'État hôte.[1] En l'absence de choix de loi par les parties, le droit international s'applique, en présence de lacunes du droit national applicable : il s'agit d'une application supplétive du droit international.[2]

Que le droit international corrige ou complète les lacunes du droit interne, ces deux premières conceptions ont en commun de privilégier le droit national qui est examiné en premier.[3] De plus, dans les deux cas, le résultat final est le même, celui de la soumission au droit international « pur » ou au droit national « internationalisé ».[4] Ainsi, même si dans l'apparence s'applique le droit national, en réalité ce sont les règles internationales qui s'appliquent.[5]

Dans l'affaire AIG Capital Partners, le tribunal souligne qu'« en vertu de l'article 42 (1), le droit international a pour fonction de combler les lacunes du droit interne ainsi que de remédier à toute violation du droit international qui pourrait survenir du fait de l'application du droit de l'État hôte ».[6]

Dans le cadre contractuel, le tribunal arbitral, dans une affaire CIRDI, considère que « Whatever the extent of the role that international law plays under Article 42 (1) (second sentence), this Tribunal believes that there is no reason in this case, considering especially that it is a contract and not a treaty arbitration, to go beyond the corrective and supplemental functions of international law ».[7]

Dans l'affaire CIRDI entre l'Égypte et la société anglaise Southern Pacific Properties Limited (SPP) portant sur l'exécution d'un contrat d'investissement sur la réalisation de deux complexes touristiques sur le site des pyramides de Gizeh, la partie demanderesse a saisi le CIRDI.[8] Concernant le droit applicable, pour obtenir une indemnisation suite au préjudice résultant d'une confiscation, la société demanderesse insistait sur l'application de la loi

---

[1] L. ACHTOUK-SPIVAK, « Le droit applicable aux arbitrages en matière d'investissements », *Op. cit.*, p. 848

[2] J. FOURET, D. KHAYAT, « Chronique Centre international pour le règlement des différends relatifs aux investissements », *Op. cit.*, p. 174

[3] *Idem*

[4] A. DE NANTEUIL, *Droit international de l'investissement*, *Op. cit.*, p. 33

[5] *Idem*

[6] CIRDI, AIG Capital Partners, Inc. and CJSC Tema Real Estate Company Ltd. c. Kazakhstan, ARB/01/6, sentence, 7 octobre 2003, parag. 10.1.2-10.1.4.[traduction libre de la dernière phrase du parag. 10.1.2]. Cité par L. ACHTOUK-SPIVAK, « Le droit applicable aux arbitrages en matière d'investissements », *Op. cit.*, p. 848

[7] CIRDI, Autopista Concesionada de Venezuela, C.A. c. Bolivarian Republic of Venezuela, ARB/00/5, sentence, 23 septembre 2003, parag. 102. Cité par L. ACHTOUK-SPIVAK, « Le droit applicable aux arbitrages en matière d'investissements », *Op. cit.*, p. 848

[8] R. FAKHRI, « La contribution des lois nationales - Des États arabes méditerranéens à une lex mediterranea des règlements des différends d'investissement », *In Vers une lex mediterranea des investissements*, F. OSMAN (dir.), Bruxelles, Bruylant, 2016, p. 252-253

égyptienne et des règles du droit international public alors que l'Égypte soutenait l'application du seul droit égyptien, choisi implicitement - selon l'Égypte - parce que le contrat conclu entre les parties comprenait de nombreuses références à la loi n° 43 de 1974 sur l'investissement.[1]

Le tribunal arbitral a donné raison à la société demanderesse en considérant que le droit international public ne peut être exclu étant donné que la loi égyptienne, comme tout système juridique, est présumée présenter des lacunes et que ses dispositions seraient contraires au droit international.[2] Le rôle supplétif et correctif du droit international a ainsi été rappelé en ces termes : « When municipal law contains a lacuna, or international law is violated by the exclusive application of municipal law, the Tribunal is bound in accordance with Article 42 of the Washington Convention to apply directly the relevant principles and rules of international law ».[3]

Une tendance chez les arbitres consiste à appliquer partiellement le droit international alors que les parties ont choisi l'application du droit interne.[4] Elle est justifiée par le principe que le droit international fait partie du droit interne étant donné que le droit interne suppose l'application des normes pertinentes du droit de l'investissement étranger dont une grande partie est issue du droit international conventionnel ou coutumier.[5] Autrement dit, l'application des règles de droit interne implique l'application matérielle des règles internationales.[6] La seconde justification concerne la non-complétude du droit interne pouvant comporter des vides juridiques ou encore des normes pas suffisamment protectrices de l'investisseur étranger.[7] Cette approche internationaliste de l'article 42 (1) consistant à appliquer le droit international public même dans le cas où les parties auraient choisi le droit interne implicitement ou explicitement comme dans SPP est partagée par plusieurs auteurs.[8]

---

[1] *Idem*

[2] CIRDI, Southern Pacific Properties (Middle East) Limited c. Égypte, ARB/84/3, sentence, 20 mai 1992, parag. 80, 83 ; E. GAILLARD, « CIRDI, chronique des sentences arbitrales », *JDI*, No. 1, 1994, p. 219 ; R. FAKHRI, « La contribution des lois nationales - Des États arabes méditerranéens à une lex mediterranea des règlements des différends d'investissement », *Op. cit.*, p. 252-253

La présomption du caractère lacunaire du droit national est survenue également dans l'affaire CIRDI, Maritime International Nominees Establishment c. Guinée, ARB/84/4, sentence, 6 janvier 1988, parag. 12, 4 *ICSID Reports* 61

[3] CIRDI, Southern Pacific Properties (Middle East) Limited c. Égypte, ARB/84/3, sentence, 20 mai 1992, parag. 84 ; E. GAILLARD, « CIRDI, chronique des sentences arbitrales », *Op.cit.*

[4] A. DE NANTEUIL, *Droit international de l'investissement*, *Op. cit.*, p. 37

[5] *Idem*

[6] Ce raisonnement a été appliqué dans la Sentence Inceysa Vallisoletana : CIRDI, Incesysa Vallisoletana S.L. c. République d'El Salvador, ARB/03/26, sentence, 2 août 2006, parag. 220. Cité par A. DE NANTEUIL, *Droit international de l'investissement*, *Op. cit.*, p. 37

[7] A. DE NANTEUIL, *Droit international de l'investissement*, *Op. cit.*, p. 37

[8] Ch. LEBEN, « La théorie du contrat d'État et l'évolution du droit international des investissements », *RCADI*, Vol. 302, 2003, p.197, spéc. p. 283 ; E. LAUTERPACHT, « The World Bank Convention on the Settlement of International Investment disputes », *In Recueil d'études de droit international en hommage à Paul GUGGENHEIM*, Genève, Faculté de droit de Genève, 1968, p. 642, spéc. p. 658 ; B. GOLDMAN, « Le droit applicable selon la Convention de la BIRD du 18 mars 1965 pour le règlement des différends

D'autres auteurs ont critiqué cette démarche[1] parce qu'en procédant de la sorte, le tribunal arbitral ignore l'autonomie de la volonté des parties et leurs attentes légitimes. Un auteur souligne que, dans l'affaire SPP, les lacunes du droit égyptien étaient injustifiées parce que des dispositions du droit égyptien étaient bien existantes pour régler le litige.[2]

Le rôle complémentaire du droit international qui suppose que le droit interne ait des lacunes éventuelles pose la question controversée du « vide juridique ».[3] Or, la majorité de la doctrine s'accorde pour affirmer qu'il n'existe plus de droit national lacunaire parce que, d'une part, en cas d'absence d'une règle une autre norme pourrait s'appliquer par extension ou analogie, ou, d'autre part, il est possible qu'un juge soit appelé à statuer même dans le silence de la loi.[4]

§ 3 - Approche horizontale : droit national et le droit international, à chacun sa propre sphère d'application

Une partie de la doctrine[5] a une approche « horizontale »[6] de la seconde phrase de l'article 42 (1) qui prévoit que le droit international tout comme le droit national peut s'appliquer tout seul à part entière dans la mesure où chacun des droits est pertinent tout dépendamment de la question traitée.[7] Dans cette

relatifs aux investissements entre États et ressortissants d'autres États », *Op. cit.*, p. 151 ; Rf. citées par L. ACHTOUK-SPIVAK, « Le droit applicable aux arbitrages en matière d'investissements », *Op. cit.*, p. 831 et [Okilassali], p. 303

[1] A. MASOOD, « Law applicable in arbitration disputes under the World Bank Convention », *Op. cit.*, p. 319 ; E. GAILLARD, « Chronique des sentences arbitrales », *JDI*, 1994, p. 242 et s. ; P. MAYER, « La règle morale dans l'arbitrage international », *In Études offertes à Pierre BELLET,* Paris, Litec, 1991, p. 379, spéc. p.386 et s., No. 13, 21,22. Cités par [Okilassali], p. 307-309

[2] Il s'agissait de l'article 1 du code civil égyptien. Selon l'al. 1 « Legislative provisions are applicable to all issues which are covered by these provisions, in text and content » ; et selon l'al. 2 « In the absence of applicable legislative provisions the judge shall pronounce his sentence in accordance with usage. In the absence of usage his sentence shall be issued according to principles of Islamic Legislation. And in the absence of Islamic Legislative provisions applicable thereto the judge shall rule in accordance with natural law provisions and rules of justice ». L. LANKARANI EL-ZEIN, *Les contrats d'État à l'épreuve du droit international : Recherche critique des contrats entre État et personnes physiques ou morales étrangères en droit international,* Thèse, Université Paris I, France, 1996, p. 475. Cité par [Okilassali], p. 310

[3] A. DE NANTEUIL, *Droit international de l'investissement, Op. cit.*, p. 135

[4] [Okilassali], p. 339 ; A. DE NANTEUIL, *Droit international de l'investissement*, p. 135

[5] R. DOLZER, Ch. SCHREUER, *Principles of International Investment Law*, Oxford, Oxford University Press, 2008, p. 270-271 ; S. MANCIAUX, *Investissements étrangers et arbitrage entre États et ressortissants d'autres États. Trente années d'activité du CIRDI, Op. cit.*, p. 304-305. Cités par L. ACHTOUK-SPIVAK, « Le droit applicable aux arbitrages en matière d'investissements », *Op. cit.*, p.848-849

[6] O. SPIERMANN, « Applicable Law », *In The Oxford Handbook of International Investment Law*, P. MUCHLINSKI, F. ORTINO, Ch. SCHREUER (eds.), Oxford, Oxford University Press, 2008, p. 89, spéc. p. 104-105. Cité par L. ACHTOUK-SPIVAK, « Le droit applicable aux arbitrages en matière d'investissements », *Op. cit.*, p. 849

[7] L. ACHTOUK-SPIVAK, « Le droit applicable aux arbitrages en matière d'investissements », *Op. cit.*, p. 849

démarche, les deux droits sont placés sur un pied d'égalité.[1] Un auteur[2] considère qu'en raison de la non-précision de l'ordre d'application des deux systèmes juridiques, dans le cadre de l'article 42 de la Convention CIRDI, les arbitres ne peuvent appliquer que ce que ces deux systèmes ont en commun (sans préciser ce qui en adviendrait dans le cas contraire).[3]

Dans l'affaire Middle East Cement Shipping c. Égypte[4] fondée sur le TBI Égypte / Grèce de 1993, Middle East Cement avait développé une activité de négoce de ciment, qui était stocké sur un navire conçu à cet effet, pour être revendu à des entreprises publiques ou privées égyptiennes.[5] Cette activité était autorisée par les autorités égyptiennes par la loi n°43 de 1974 relative aux investissements et par un décret de 1983 qui était supposé protéger l'investissement de Middle East sur 10 ans.[6] Cependant, un nouveau décret promulgué le 25 mai 1989 interdit l'importation de ce type de ciment et le navire sur lequel était stocké le ciment fut vendu aux enchères par les autorités égyptiennes.[7] L'investisseur grec attrait l'Égypte devant le CIRDI pour obtenir réparation des préjudices subis suite à ces mesures qu'il qualifie comme équivalentes à une expropriation.[8] Concernant le droit applicable dans cette décision, le tribunal arbitral considère que l'article 11 du TBI constitue un choix de loi par les parties au sens de l'article 42 (1) de la Convention de Washington.[9] L'article 11 dispose que les règles applicables aux litiges sont celles du TBI, ainsi que les dispositions plus favorables du droit grec et égyptien et celles découlant du droit international.[10] L'existence d'un choix de loi par les parties aurait dû arrêter le raisonnement du tribunal arbitral à ce stade, en application de la première phrase de l'article 42 (1), mais le tribunal a poursuivi en relevant que : « according to the 2nd sentence of Art. 42 (1) of the ICSID Convention as 'rules of international law as may be applicable', the reference to and application of the BIT implies that the tribunal may have recourse to the rules of general international law to supplement those of the BIT ».[11]

---

[1] A. DE NANTEUIL, *Droit international de l'investissement*, *Op. cit.*, p. 136

[2] M. RUBINO-SAMMARTINO, *International Arbitration Law*, Deventer-Boston, Kluwer Law and Taxation Publishers, 1990, p. 55. Cité par [Okilassali], p. 271

[3] P. RAMBAUD, « L'annulation des sentences Klöckner et Amco », *Op. cit.*, p. 264-265. Cité par [Okilassali], p. 272

[4] CIRDI, Middle East Cement Shipping and Handling Co. S.A. c. Égypte, ARB/99/2, sentence, 12 avril 2002

[5] J. FOURET, D. KHAYAT, « Chronique Centre international pour le règlement des différends relatifs aux investissements », *Revue québécoise de droit international*, No. 15.2, *Op. cit.*, p. 183

[6] *Idem*

[7] *Id.*

[8] *Id.*

[9] *Id.*, p. 184

[10] CIRDI, Middle East Cement Shipping and Handling Co. S.A. c. Égypte, ARB/99/6, sentence, 12 avril 2002, parag. 86. Cité par J. FOURET, D. KHAYAT, « Chronique Centre international pour le règlement des différends relatifs aux investissements », *Op. cit.*, p. 184

[11] *Idem*

Ainsi, le tribunal décide de donner au droit international une place plus importante que celle prévue par l'article 11 du TBI en ne recourant pas simplement aux dispositions plus favorables du droit international mais en y puisant des règles pour compléter celles du TBI.[1] Le tribunal s'appuie sur le droit international pour appliquer un taux d'intérêt composé au montant des réparations attribuées à Middle East Cement en l'absence de disposition précise dans le TBI, en considérant que les intérêts composés sont « at present deemed appropriate as the standard of international law in such expropriation cases »[2], et en se référant à des précédents dans d'autres affaires CIRDI dont Compañia del Desarollo de Santa Elena[3] et Wena Hotels c. Égypte.[4]

Dans l'affaire Wena Hotels introduite sur la base du TBI Égypte / Royaume-Uni et où le CIRDI est compétent, le comité *ad hoc* a affirmé qu'il est possible d'appliquer le droit interne et international conjointement suivant les circonstances, le droit international pouvant ainsi avoir un rôle autonome, sans être limité à une fonction supplétive ou corrective.[5] Il a été observé que : « What is clear is that the sense and meaning of the negotiations leading to the second sentence of Article 42 (1) allowed for both legal orders to have a role. The law of the host State can indeed be applied in conjunction with international law if this is justified. So too international law can be applied by itself if the appropriate rule is found in this other ambit ».[6]

Ainsi, le droit international peut être applicable à chaque fois qu'il apparaîtra au tribunal arbitral comme approprié de s'y référer : désormais, le droit international s'applique dès qu'une question relève de son champ d'application et dès qu'une question nécessite un éclaircissement par le droit international.[7]

---

[1] *Id.*

[2] Middle East Cement Shipping and Handling, *Op. cit.*, parag. 174. Cité par J. FOURET, D. KHAYAT, « Chronique Centre international pour le règlement des différends relatifs aux investissements », *Op. cit.*, p. 185

[3] CIRDI, Compañia del Desarrollo de Santa Elena S.A. c. Costa Rica, ARB/96/1, sentence, 17 févr. 2000, parag. 96 – 107. Cité par J. FOURET, D. KHAYAT, « Chronique du Centre international pour le règlement des différends relatifs aux investissements », *Op. cit.*, p. 185

[4] CIRDI, Wena Hotels Ltd. c. Égypte, ARB/98/4, sentence, 8 décembre 2000, parag. 128-136. Cité par J. FOURET, D. KHAYAT, « Chronique Centre international pour le règlement des différends relatifs aux investissements », *Op. cit.*, p. 185

[5] A. DE NANTEUIL, *Droit international de l'investissement*, p. 136 ; E. CABROL, H. SMITH, « Arbitrage CIRDI », *Op. cit.*, parag. 63

[6] CIRDI, Wena Hotels Ltd. c. Égypte, ARB/98/4, décision d'annulation, 5 févr. 2002, parag. 40. Autres exemples : CIRDI, Ioannis Kardassopoulos c. Georgie, ARB/05/18, sentence, 3 mars 2010, parag. 221, 223 ; CIRDI, Azurix Corp. c. Argentine, ARB/01/12, sentence, 14 juillet 2006, parag. 66 ; CIRDI, Tokios Tokeles c. Ukraine, ARB/02/18, sentence, 26 juillet 2007, parag. 140 ; CIRDI, Duke Energy International Peru Investments No. 1, Ltd. c. Pérou, ARB/03/28, sentence, 18 août 2008, parag. 161 ; CIRDI, MTD Equity Sdn. Bhd. and MTD Chile S.A. c. Chili, ARB/01/7, décision d'annulation, 21 mars 2007, parag. 72 ; CIRDI, CMS Gas Transmission Company c. Argentine, ARB/01/8, sentence, 12 mai 2005, parag. 115-116. Jp citée par L. ACHTOUK-SPIVAK, « Le droit applicable aux arbitrages en matière d'investissements », *Op. cit.*, p. 849-850

[7] J. M. JACQUET, D. BENTOLILA, « Contrat d'État », *Op. cit.*, parag.176

Sous-section 2 - Clauses composites hors CIRDI et dans le cadre des TBI

En présence de clauses à droits multiples, les tribunaux arbitraux hors CIRDI et dans le cadre des TBI ont une large marge de manœuvre pour agencer les sources de droit applicable.

§ 1 - L'interaction entre sources hors CIRDI

Les tribunaux hors CIRDI ont une large marge discrétionnaire en présence de clauses complexes.[1] Une similitude est constatée avec les sentences CIRDI, notamment en ce qui concerne l'application corrective et supplétive du droit international, tout dépendamment du cas d'espèce.[2]

Hors CIRDI, le rôle supplétif du droit international a été suivi dans l'affaire ARAMCO c. Arabie saoudite où le tribunal arbitral a considéré que le droit interne applicable devait « au besoin être interprété ou complété par les principes généraux du droit, les usages suivis dans l'industrie pétrolière et les données de la science juridique pure, notamment lorsque certains droits privés qui doivent nécessairement être reconnus au concessionnaire, à peine de vider la concession de sa substance, ne lui seraient pas assurés d'une manière indubitable par le droit en vigueur en Arabie saoudite ».[3] La référence à la « science juridique pure » impliquerait le droit international commun à tous les États.[4]

L'application ou pas du droit international a été évaluée dans l'affaire Wintershall c. Qatar entre, d'une part, plusieurs investisseurs étrangers dont une société allemande, et d'autre part, le gouvernement du Qatar. Le tribunal *ad hoc*, soumis au règlement d'arbitrage de la CNUDCI et siégeant aux Pays-Bas, a appliqué le droit national de l'État hôte (le droit qatari), en l'absence de choix de droit par les parties.[5] Le tribunal a noté : « In the absence of a controlling choice of substantive governing law clause and in consideration of the close links of the EPSA...[Exploration and Production Sharing Agreement] to Qatar, the governing substantive law shall be the law of Qatar and, in case the Tribunal should determine that it is relevant to an issue, public

[1] L. ACHTOUK-SPIVAK, « Le droit applicable aux arbitrages en matière d'investissements », *Op. cit.*, p. 852

[2] La doctrine qui constate une similitude entre arbitrage CIRDI et hors CIRDI : voir G. SACERDOTI, « Arbitration of Investment disputes under UNCITRAL Rules and the Choice of Applicable Law », *In Law in the Service of Human Dignity: Essays in Honor of Florentino Feliciano,* S. CHARNOVITZ and al. (eds.), Cambridge, Cambridge University Press, 2005, p. 276, spéc. p. 294-298 ; G. SACERDOTI, « Investment Arbitration Under ICSID and UNCITRAL Rules : Prerequisites, Applicable Law, Review of Awards », *ICSID Rev.-FILJ*, 2004, Vol. 19, No. 1, 2004, p. 1, spéc. p. 23-26. Cité par L. ACHTOUK-SPIVAK, « Le droit applicable aux arbitrages en matière d'investissements », *Op. cit.*, p. 852

[3] Arbitrage *ad hoc*, Arabie saoudite c. Arabian American Oil Company (Aramco), sentence, 23 août 1958: 27 *ILR* 117 ; A. DE NANTEUIL, *Droit international de l'investissement*, *Op. cit.*, p. 38

[4] A. DE NANTEUIL, *Droit international de l'investissement*, *Op. cit.*, p. 38

[5] Voir H. E. KJOS, *Applicable Law in Investor-State Arbitration, Op. cit.*, p. 172-173

international law. The Tribunal, after reviewing the deposited authorities on public international law, has determined that public international law is not independently relevant to the issues before the Tribunal in this Partial Award on Liability, and that the governing substantive law on those issues is the law of Qatar ».[1]

§ 2 - L'interaction entre sources dans le cadre de TBI

Les clauses de droit applicable dans les traités d'investissement conclus entre l'État hôte et l'État d'origine de l'investisseur proposent souvent l'application jusqu'à quatre sources du droit de nature nationale et internationale, à savoir le TBI lui-même, la loi de l'État partie au différend, y compris ses règles relatives aux conflits de lois, et les règles et principes du droit international.[2]

Dans l'affaire CME[3], le tribunal arbitral, face à une clause de « droits multiples » à l'article 8 (6) du TBI Pays-Bas / République tchèque invoquant l'application du droit national, des dispositions du traité en question, des dispositions d'autres accords pertinents entre les parties contractantes et les principes généraux de droit, a indiqué que c'est à lui qu'il revient d'interpréter la clause de choix de manière discrétionnaire et de décider ainsi d'appliquer telle ou telle source de droit tout en prenant en considération les autres sources. Cette position fut appuyée par la cour d'appel de Stockholm.[4] Dans l'affaire Fedax, le tribunal précise qu'en plus du traité sur lequel est fondé l'arbitrage, les autres sources ont un rôle complémentaire important dans l'affaire.[5] Dans l'affaire National Grid, le tribunal arbitral a décidé que le traité a un rôle prééminent parmi les sources citées dans le TBI (le TBI lui-même, les droits nationaux des parties y incluent les règles de conflit de loi, des accords spécifiques éventuels et les principes de droit international) étant donné que

---

[1] Arbitrage *ad hoc*, Wintershall A.G. c. Gouvernement du Qatar, sentence partielle, 5 février 1988, parag. V : 28 *ILM* 795 (1989), spéc. p. 833-841. Autres exemples, voir CPA, Chevron Corporation et Texaco Petroleum Corporation c. Équateur, sentence partielle sur le fond, CNUDCI, 30 mars 2010, aff. No. 34877a, parag. 159 ; LCIA, Occidental Exploration and Production company c. Équateur, affaire No. UN3467, proc. CNUDCI, sentence, 1er juillet 2004, parag. 93 ; Arbitrage *ad hoc*, Walter Bau A. G. c. Thaïlande, sentence, 1er juillet 2009, parag. 1.25 ; Jp citée par L. ACHTOUK-SPIVAK, « Le droit applicable aux arbitrages en matière d'investissements », *Op. cit.*, p. 852

[2] Ch. SCHREUER, *The ICSID Convention a commentary*, *Op. cit.*, p. 576. Cité par H. E. KJOS, *Applicable Law in Investor–State Arbitration, Op. cit.*, p. 6

[3] Dans l'affaire République tchèque c. CME Czech Republic B.V., Règlement CNUDCI, sentence partielle, 13 septembre 2001, parag. 396-402. Cité par ACHTOUK-SPIVAK, « Le droit applicable aux arbitrages en matière d'investissements », *Op. cit.*, p. 836-7

[4] CA Stockholm, 15 mai 2003, République tchèque c. CME Czech Republic B.V., décision sur la demande d'annulation de la sentence. Dans le même sens, voir CIRDI, Antoine Goetz et autres c. Burundi, ARBA/95/3, sentence, 10 février 1999, parag. 94-99 ; CIRDI, Emilio Agustín Maffezini c. Espagne, ARB/97/7, sentence, 13 novembre 2000. Jp citée par ACHTOUK-SPIVAK, « Le droit applicable aux arbitrages en matière d'investissements », *Op. cit.*, p. 837

[5] CIRDI, Fedax N.V. c. Venezuela, ARB/96/3, sentence, 9 mars 1998, parag. 30. Cité par ACHTOUK-SPIVAK, « Le droit applicable aux arbitrages en matière d'investissements », *Op. cit.*, p. 837

le traité sur lequel se fonde l'arbitrage est une *lex specialis* régissant la protection de l'investisseur.[1]

Zachari Douglas considère que dans les clauses de droits multiples, il ne s'agit pas vraiment de « choix » mais d'une confirmation du pouvoir du tribunal arbitral de déterminer le droit applicable.[2] Généralement, les tribunaux arbitraux ne préfèrent adopter aucune hiérarchie se laissant la liberté de choisir la source de droit à leur entière discrétion tout dépendamment des termes de la clause, de l'étendue du choix et / ou de la pertinence de l'application d'une source plutôt que d'une autre.[3] La clause de choix de loi peut établir elle-même par ses termes une hiérarchie entre les sources mais, même dans ce cas, alors que certains tribunaux arbitraux respectent la hiérarchie prévue dans la clause, d'autres ne suivent pas à la lettre la clause de choix de loi préférant résoudre la question plutôt à leur discrétion.[4] Par exemple, dans la sentence National Grid, le tribunal souligne que la clause de choix de loi prévoit l'application du traité en premier.[5] En revanche, dans la sentence Maffezini,[6] alors que la clause de choix de loi mettait en avant l'application du traité en premier lieu, le tribunal arbitral a préféré examiner davantage le droit national.[7]

Ainsi, l'interprétation de la clause de droit applicable variera en fonction du contenu de la clause en question, de l'appréciation de l'arbitre et de l'utilité ou pertinence de l'application de chaque source de droit au service des intérêts des parties.[8]

Un auteur conclut que la difficulté concernant la détermination des fonctions des principes de droit international face au droit national est le résultat du « caractère ouvert de la Convention de Washington qui, par ses silences autant

---

[1] Arbitrage *ad hoc*, National Grid Plc c. Argentine, Sentence, 3 novembre 2008, parag. 86-89 ; Le principe de spécialité fut évoqué également dans l'affaire CIRDI, SAUR International S.A. c. Argentine, ARB/04/4, compétence et responsabilité, 6 juin 2012, parag. 327. Jp citée par ACHTOUK-SPIVAK, « Le droit applicable aux arbitrages en matière d'investissements », *Op. cit.,* p. 837

[2] Z. DOUGLAS, *The international law of investment claims*, Cambridge, Cambridge University Press, 2009. Cité par L.ACHTOUK-SPIVAK, « Le droit applicable aux arbitrages en matière d'investissements », *Op. cit.,* p. 836

[3] Voir CA Stockholm, 15 mai 2003, République tchèque c. CME Czech Republic B.V., décision sur la demande d'annulation de la sentence ; CME Czech Republic B.V. c. République tchèque, sentence partielle du 13 septembre 2001, parag. 396-402 ; CIRDI, Antoine Goetz et autres c. République de Burundi, ARB/95/3, sentence, 10 février 1999, parag. 94-99. Jp citée par L. ACHTOUK-SPIVAK, « Le droit applicable aux arbitrages en matière d'investissements », *Op. cit.,* p. 836-837

[4] L. ACHTOUK-SPIVAK, « Le droit applicable aux arbitrages en matière d'investissements », *Op. cit.,* p. 837

[5] Arbitrage *ad hoc*, National Grid Plc c. Argentine, Sentence, 3 novembre 2008, parag. 86. Cité par L. ACHTOUK-SPIVAK, « Le droit applicable aux arbitrages en matière d'investissements », *Op. cit.,* p. 837

[6] CIRDI, Emilio Augustin Maffezini c. Espagne, ARB/97/7, sentence, 13 novembre 2000, parag. 67-69, 89-93. Cité par L. ACHTOUK-SPIVAK, « Le droit applicable aux arbitrages en matière d'investissements », *Op. cit.,* p. 837

[7] L. ACHTOUK-SPIVAK, « Le droit applicable aux arbitrages en matière d'investissements », *Op. cit.,* p. 837

[8] *Idem*

que par ses précisions, laisse un grand nombre de questions importantes à la sagesse des interprètes ou au libre choix des intéressés ».[1]

Si aucune précision n'est apportée quant au rapport entre le droit national et international, le plus juste serait d'appliquer les deux.[2] Il semblerait que c'est la tendance majoritaire adoptée dans le cadre du CIRDI, lorsque les parties n'ont pas choisi de droit applicable.[3] La référence au droit national de l'État hôte en combinaison avec le droit international ou aux principes de droit international est souvent considérée comme une garantie de protection de l'investisseur.[4]

En cas de conflit ou d'incompatibilité entre les deux normes, dans la majorité des cas, c'est le droit international qui prime, ce qui est logique.[5] En effet, l'article 27 de la Convention de Vienne sur le droit des traités dispose qu'un État « ne peut invoquer les dispositions de son droit interne comme justifiant la non-exécution d'un traité ». Une norme internationale prévaut sur la plupart des normes internes.[6]

On relève un manque d'uniformisation de raisonnement dans les solutions produites par les tribunaux arbitraux qui pourrait s'expliquer en partie par la personnalité des arbitres et leurs formations juridiques publicistes ou privatistes.[7]

En fin de compte, peu importe l'approche choisie, la première préoccupation des arbitres devrait être le fait d'aboutir à une solution équitable,[8] comme le souligne Patrick Rambaud, la finalité de tout arbitrage est de rendre des solutions équitables face aux affaires complexes.[9]

Section 4 - Choix des « règles de droit » par l'arbitre

À l'instar des parties, les arbitres peuvent également appliquer les règles de droit mais cette possibilité connaît quelques réticences dans les pays arabes.

Sous-section 1 - L'application des « règles de droit » par l'arbitre dans la pratique arbitrale

En cas de silence des parties sur le droit applicable, comme les parties, les arbitres peuvent également retenir des règles autres que celles d'une loi

[1] A. FATOUROS, « Investissements étrangers et arbitrage entre États et personnes privées - Convention de la BIRD du 18 mars 1965 », *Op. cit.*, p. 582. Cité par [Okilassali], p. 332
[2] A. DE NANTEUIL, *Droit international de l'investissement, Op. cit.*, p. 136
[3] *Idem*
[4] [Okilassali], p. 130
[5] A. DE NANTEUIL, *Droit international de l'investissement, Op. cit.*, p. 137
[6] *Idem*
[7] Voir [Okilassali], p. 332-334
[8] [Okilassali], p. 275
[9] P. RAMBAUD, « Des obligations de l'État vis-à-vis de l'investisseur étranger : la sentence CIRDI du 27 juin 1990, société Asian Agricultural Products Ltd (A.A.P.L.) c. Sri Lanka », *AFDI*, Vol. 38, 1992, pp. 501-510, spéc. p. 510. Cité par [Okilassali], p. 336

étatique c'est-à-dire des principes généraux du droit / la *lex mercatoria.*[1] Par exemple, dans une sentence de la CCI, l'arbitre a déclaré applicables les règles communes aux droits français et tunisien des obligations et des contrats, surtout qu'il s'agit de systèmes juridiques assez proches.[2] L'article 41, section V, de la Convention du 27 août 1966 conclue entre la société nationale des Pétroles d'Iran (NIOC) et Elf Aquitaine, était rédigé en ces termes : « Il est convenu que le Tribunal arbitral ou l'arbitre unique, pour rendre leur sentence, ne sera en aucune façon tenu au respect d'une règle de droit spécifique, mais il aura le pouvoir de fonder sa sentence sur des considérations d'équité et sur les principes de droit généralement reconnus, en particulier le droit international ».[3]

L'Institut de Droit international, dans sa résolution adoptée à la session de Saint- Jacques de Compostelle, en septembre 1989, à propos des contrats d'État, indique aux articles 4 et 6 que lorsque les parties n'ont pas choisi le droit applicable, le tribunal recherche la solution dans les principes généraux de droit international public ou privé, les principes généraux de l'arbitrage international ou une loi étatique.[4]

Comme mentionné précédemment, la résolution adoptée au Caire par l'*International Law Association* en avril 1992 à sa 65e conférence reconnaît de même que lorsque les parties n'ont pas précisé le droit applicable, le fait que les arbitres recourent à des règles transnationales ne devrait pas affecter la validité de la sentence ou son caractère exécutoire.[5] Si, en revanche, les parties demandent à l'arbitre de choisir une loi étatique pour régler le litige, l'arbitre ne peut pas, dans ce cas-là, appliquer la *lex mercatoria*, au risque de dépasser sa mission.[6]

Les règlements d'arbitrage de la CNUDCI ou de la CCI, par exemple, n'imposent pas de solution prédéterminée et laissent une grande latitude aux tribunaux arbitraux qui ont des directives assez souples afin de déterminer le droit applicable au fond du litige.[7]

Certaines lois récentes sur l'arbitrage ont expressément consacré la possibilité pour les arbitres d'appliquer, dans le silence des parties, des règles autres que celles d'un droit étatique en utilisant, l'expression « règles de

---

[1] O. LANDO, « The Law Applicable to the Merits of the Dispute », *Op. cit.,* p. 150 s. E. GAILLARD, « Droit applicable au fond du litige », JurisClasseur Droit international, Fasc. 586-9-1, *Op. cit.,* parag. 137
[2] Sent. CCI n° 5103 [1988] : *JDI* 1988, p. 1206, obs. G. A. ALVAREZ ; *Bull. CCI*, Vol. 1, n° 2, 1990, p. 25. Cité par E. GAILLARD, « Droit applicable au fond du litige », JurisClasseur Droit international, Fasc. 586-9-1, *Op. cit.,* parag. 137
[3] Ph. FOUCHARD, *Revue de l'arbitrage*, 1984, p. 333, 397. Cité par J. M. JACQUET, D. BENTOLILA, *Op. cit.,* parag. 149
[4] E. GAILLARD, « Droit applicable au fond du litige », JurisClasseur Droit international, Fasc. 586-9-1, *Op. cit.,* parag. 137
[5] Report of the Sixty Fifth Conference, Cairo 1992, *In Transnational Rules in International Commercial Arbitration,* Publication CCI n° 480/4, 1993. Cité par E. GAILLARD, « Droit applicable au fond du litige », JurisClasseur Droit international, Fasc. 586-9-1, *Op. cit.,* parag. 137
[6] *Idem*
[7] J. M. JACQUET, D. BENTOLILA, « Contrat d'État », *Op. cit.,* parag. 122

droit » et non de « loi » ou de « droit » (Articles 187 al. 1 de la LDIP suisse ; 813 du CPC libanais ; 1050 du CPCA algérien).[1]

Dans le cadre du CIRDI, faute d'accord entre les parties sur le droit applicable, la Convention de Washington prévoit à l'article 42 (1), seconde phrase, que l'arbitre applique la loi de l'État partie au contrat, y compris les règles de conflit de lois, ainsi que les principes du droit international en la matière.[2] Lors des travaux préparatoires de l'article 42 de la Convention CIRDI, à défaut de choix des parties, il a été proposé de laisser aux tribunaux arbitraux la liberté de choisir directement les règles nationales ou internationales applicables, mais cette approche fut critiquée tant par les internationalistes ne souhaitant pas recourir trop fréquemment au droit national que ceux qui voulaient au contraire recourir au droit interne de l'État d'accueil de prime abord.[3] Un compromis fut trouvé par l'inclusion du renvoi à la deuxième phrase de l'article 42 (1) et l'insertion conjointe du droit national et international.[4]

Sous-section 2 - Examen de la possibilité de choisir les règles de droit par les arbitres dans les législations arabes

Dans les droits[5] marocain, libanais et algérien, les arbitres peuvent choisir les règles de droit qu'ils jugent appropriées. La loi DIFC[6] permet à l'arbitre d'appliquer les règles de droits uniquement avec l'autorisation des parties, ceci limite ainsi son autonomie à désigner le droit applicable.[7] Dans les autres droits arabes, cette option n'est pas prévue pour les arbitres. Les arbitres peuvent uniquement appliquer une « loi »[8] étatique directement ou

[1] E. GAILLARD, « Droit applicable au fond du litige », JurisClasseur Droit international, Fasc. 586-9-1, *Op. cit.,* parag. 137

[2] J. M. JACQUET, D. BENTOLILA, « Contrat d'État », *Op. cit.,* parag. 122

[3] L. ACHTOUK-SPIVAK, « Le droit applicable aux arbitrages en matière d'investissements », *Op. cit.,* p. 845 ; P. FEUERLE, « International Arbitration and Choice of Law under article 42 of the Convention on the Settlement of Investment Disputes », *Op. cit.,* p. 89-121

[4] L. ACHTOUK-SPIVAK, « Le droit applicable aux arbitrages en matière d'investissements », *Op. cit.,* p. 846. Dans l'affaire Amco Asia, le tribunal arbitral dégage les principes de droit international relatifs aux droits et obligations des États et ceux applicables aux contrats de droit privé confirmant une solution obtenue en droit national comme le devoir de protéger les investissements étrangers, le respect des droits acquis, le respect des conventions, l'interdiction de se faire justice à soi-même, la limitation du préjudice au dommage direct et prévisible. CIRDI, Amco Asia Corporation, Pan American Development Limited and Indonesia c. Indonésie, ARB/81/1, sentence, 20 novembre 1984 : 114 *JDI* 145, spéc. p. 156. Cité par [Okilassali], p. 281

[5] Articles 327-44 CPCP marocain ; 813 NCPC libanais ; 1050 CPCA algérien ; [Najjar], p. 579

[6] LDIFC, article 35-2 : « In the absence of any designation by the parties, the Arbitral Tribunal shall apply the law determined by the conflict of laws rules which it considers applicable, provided that the parties shall be free to agree in writing that the Arbitral Tribunal may apply the law or rules of law which it considers to be most appropriate in the facts and circumstances of the dispute ».

[7] [Najjar], p. 579

[8] Article 73-2, droit tunisien

indirectement[1] ou les « règles de fond de la loi »,[2] ou les « règles de la loi »,[3] ou « la règle de conflit de lois ».[4] Il est renvoyé également aux « règles de conflit de droit international privé ».[5]

Le terme *qanoun* en arabe signifie « loi » ou « droit ». Ce terme ne peut être interprété comme signifiant les « règles de droit » au vu des codes civils des pays en question qui précisent qu'en cas d'application d'une loi étrangère[6] ou d'absence de choix de règles juridiques applicables au fond par les parties,[7] l'arbitre fait application des règles matérielles.[8]

Ainsi, la majorité des pays arabes étudiés[9] sont réticents à la possibilité pour l'arbitre de recourir aux règles de droit pour régler un litige.[10] Cette réticence est présente aussi dans d'autres législations européennes.[11] Ceci met les arbitres face à une inégalité entre leurs pouvoirs et celles des parties.[12] Or, comme par leur silence, il arrive que les parties laissent, délibérément ou implicitement, aux arbitres le soin de déterminer le droit applicable, ces derniers devraient jouir de prérogatives égales, notamment pour pouvoir répondre aux attentes légitimes des parties et être en conformité avec les exigences du commerce international.[13]

---

[1] L'application du droit applicable au fond par l'arbitre international n'est pas évoquée dans les droits de l'arbitrage des pays suivants mais la question est complétée par les textes de droit commun dont les règles de conflits de loi désignent l'application d'une « loi » étatique : articles 25 code civil irakien ; 19-1 code civil libyen ; 19-1 code civil émirati ; 59 loi koweïtienne No. 5 de 1961 ; [Najjar], p. 460, 580

[2] Articles 39-b lois égyptienne et omanaise ; 36-b nouvelle loi jordanienne ; 38-b règlement saoudien. [Najjar], p. 579

[3] Droit syrien, article 38-2 : « Si les parties ne stipulent pas les règles applicables au fond du litige, le tribunal arbitral appliquera les règles de la loi qu'il juge la plus en relation avec le litige », [Najjar], p. 579-580

[4] Bahreïn, loi-type, 28-2 : le tribunal arbitral applique « la loi désignée par la règle de conflit de lois qu'il juge applicable en l'espèce » ; 35-2 LDIFC ; 34-2 LQFC « Failing any designation by the parties, the Arbitral Panel shall apply the law determined by the conflict of laws rules which it considers applicable ».

[5] Article 45, loi yéménite

[6] Articles 29, code civil égyptien : « Si une loi étrangère est applicable, il est fait application de ses dispositions matérielles à l'exclusion de ses règles de conflit de lois ». Article repris aux articles 28 code civil jordanien ; 27 code civil omanais ; 29 code civil syrien ; 31 code civil irakien ; 72 CPCC koweïtien ; 27 code civil libyen ; 37 code civil qatari ; 25 code civil émirati. [Najjar], p. 580

[7] L'article 39-b de la loi égyptienne, repris par les droits omanais, jordanien, saoudien et syrien précise que : « Si les deux parties ne conviennent pas des règles juridiques applicables au fond du litige, le tribunal arbitral applique les règles matérielles du droit qui présente les liens les plus étroits avec le litige ». [Najjar], p. 580

[8] [Najjar], p. 580

[9] Article 73-2 droit tunisien ; articles 25 code civil irakien ; 19-1 code civil libyen ; 19-1 code civil émirati ; 59 loi koweïtienne No. 5 de 1961 ; articles 39-b lois égyptienne et omanaise ; 36-b nouvelle loi jordanienne ; 38-b règlement saoudien, article 38-2 droit syrien, 28-2 loi-type bahreïnie ; 35-2 LDIFC ; 34-2 LQFC ; article 45 loi yéménite. [Najjar], p. 581

[10] F. OSMAN, « Les principes généraux de la *lex mercatoria*. Contribution à l'étude d'un ordre juridique international », *Revue internationale de droit comparé*, Vol. 45, No. 4, 1993, p. 941 ; [Najjar], p. 581

[11] Articles 1054 CPC allemand ; 834 CPC italien ; 62 loi espagnole du 5 décembre 1988 ; 46 (3) *Arbitration Act* anglais de 1996 ; les lois qui reprennent la loi-type. Cité par [Najjar], p. 581

[12] [Najjar], p. 581

[13] *Idem*, p. 581-582

La liberté de l'arbitre pour déterminer le droit applicable au fond peut être aussi limitée par des difficultés liées à l'ordre public arabe qui sera traité dans la partie II.[1]

Section 5 - Application du droit communautaire par l'arbitre

Les États membres et les institutions européennes ne peuvent empêcher un arbitre d'appliquer et d'interpréter le droit communautaire mais il ne peut poser de question préjudicielle à la CJUE. Certaines propositions peuvent contribuer à contrôler la bonne application du droit européen par l'arbitre.

Sous-section 1 - Le droit européen fait-il partie de l'ordre juridique interne ou international ?

Le droit communautaire est un ordre juridique très développé qui a la primauté sur les droits nationaux et a un effet direct.[2] Le droit communautaire est intégré dans les droits nationaux qui sont harmonisés au niveau communautaire.[3] Les autorités nationales sont tenues d'appliquer le droit de l'Union européenne en tant que tel.[4]

Du point de vue du droit international, le droit européen, malgré sa particularité, est un sous-système du droit international.[5] Le caractère international du droit européen est prouvé par le fait que tout amendement des traités constitutifs dépend du consentement de tous les États membres, comme le prévoit l'article 48 paragraphe 3 TUE.[6] Ainsi, à chaque fois qu'un tribunal arbitral applique le droit international, il devrait appliquer le droit communautaire, le cas échéant.[7]

Du point de vue de la Convention de Washington, conformément à son article 42 (1), le tribunal décide au vu des « règles de droit adoptées par les parties », ce qui signifie que les parties peuvent choisir un droit ou une loi d'origine étatique ou non étatique comme la *lex mercatoria* pour tout ou une partie de l'accord.[8] À défaut de choix entre les parties, le tribunal arbitral applique « le droit de l'État contractant partie au différend – y compris les

---

1 *Id.*, p. 582

2 C. KESSEDJIAN et Ch. LEBEN (dir.), *Le droit européen et l'investissement*, Panthéon-Assas Paris II, 2009, p. 133

3 *Idem*

4 *Id.*

5 T. HARTLEY, « International law and the law of the European Union- A Reassessment », *British Yearbook of International Law*, Vol. 72, No. 1, 2002, p. 1. Cité par M. BURGSTALLER, « Les aspects procéduraux de l'arbitrage - Qui est partie ? Le rôle de la Commission européenne », *In Le droit européen et l'investissement*, C. KESSEDJIAN et Ch. LEBEN (dir.), *Op. cit.*, p. 132

6 *Idem*. Cité par *idem*

7 M. BURGSTALLER, « Les aspects procéduraux de l'arbitrage - Qui est partie ? Le rôle de la Commission européenne », *Op. cit.*, p. 133

8 A. GIARDINA, « La question du droit applicable : l'application directe du droit européen et son influence sur le droit et l'arbitrage des investissements », *Op. cit.*, p. 150-151

règles relatives aux conflits de lois – ainsi que les principes de droit international en la matière », ce qui implique la référence au système juridique global de cet État qui peut contenir des règles provenant d'autres systèmes par la désignation d'un droit différent du pays hôte ou de règles internationales conventionnelles ou coutumières et aussi le droit européen primaire et secondaire.[1]

Du point de vue de la jurisprudence, le droit européen est considéré comme un fait.[2] Dans l'affaire Electrabel[3] réglée sous l'égide du CIRDI et sur le fondement du traité sur la Charte de l'énergie, la question était de savoir si le droit européen pouvait être appliqué au titre des « règles et principes applicables de droit international ». Le tribunal arbitral a considéré qu'au vu du caractère *sui generis* de l'Union européenne et la nature multiple de son droit, les traités européens et le droit dérivé doivent être qualifiés de droit international.[4] Lorsque le droit européen n'est pas appliqué comme droit international, dans le cadre d'un règlement de différend, le tribunal arbitral doit le considérer comme un fait faisant partie de l'ordre juridique de l'État défendeur.[5]

Sous-section 2 - L'exclusion de l'arbitre du dialogue avec les institutions communautaires

L'arbitre ne peut poser de question préjudicielle à la CJUE. La participation de la Commission en tant qu'*amicus curiae* pourrait pallier ce problème.

§ 1 - Impossibilité pour l'arbitre de poser une question préjudicielle

Un tribunal arbitral ne peut poser de question préjudicielle à la CJUE parce que la Cour considère qu'un tribunal arbitral n'est pas une cour ou un tribunal d'un État membre au sens de l'article 234 TCE,[6] devenu article 267 TFUE (ex-art. 177 du Traité CEE).[7] Ceci n'a même pas été envisagé dans les travaux

---

[1] *Idem*

[2] ACHTOUK-SPIVAK, « Le droit applicable aux arbitrages en matière d'investissements », *Op. cit.*, p. 837 ; J. DUTHEIL DE LA ROCHÈRE, « Quel rôle pour la Cour de Justice », *In Le droit européen et l'arbitrage d'investissement*, C. KESSEDJIAN (dir.), Paris, Panthéon-Assas, LGDJ, 2011, p. 44

[3] CIRDI, Electrabel S.A. c. Hongrie, ARB/07/19, décision sur la compétence, droit applicable et responsabilité, 30 novembre 2012, parag. 4.117-4.129

[4] ACHTOUK-SPIVAK, « Le droit applicable aux arbitrages en matière d'investissements », *Op. cit.*, p. 837

[5] *Idem* ; J. DUTHEIL DE LA ROCHÈRE, « Quel rôle pour la Cour de Justice », *Op. cit.*, p. 44

[6] Article 267 TFUE (ex-article 234 TCE) « La Cour de justice de l'Union européenne est compétente pour statuer, à titre préjudiciel : a) sur l'interprétation des traités, b) sur la validité et l'interprétation des actes pris par les institutions, organes ou organismes de l'Union ».

[7] C. KESSEDJIAN, « l'arbitrage comme mode de règlement des différends est-il remis en cause par le droit européen ? », *In Le droit européen et l'investissement*, C. KESSEDJIAN et Ch. LEBEN (dir.), Panthéon-Assas Paris II, 2009, p. 120 ; E. GAILLARD, « discussion », *In Le droit européen et l'arbitrage*

préparatoires à la fin des années 60.[1] Il a été posé dans l'arrêt Vaassen-Göbbels,[2] qu'une juridiction est un organisme qui juge de manière permanente et dont la compétence s'impose aux justiciables.[3] L'arbitre a un pouvoir juridictionnel incontestablement, mais il est un juge ponctuel dessaisi par la reddition de sa sentence qui ne rend pas la justice au nom de l'État.[4] De plus, le recours à l'arbitrage n'est pas obligatoire puisqu'il dépend du choix des parties.[5] L'impossibilité pour les arbitres de poser une question préjudicielle à la CJUE a été affirmée par la CJUE dans les arrêts Nordsee,[6] Denuit,[7] Almelo[8] et Eastern Sugar.[9]

L'autonomie du droit de l'Union est assurée par le fait que la Cour est seule compétente pour fournir une interprétation de ce droit en dernier ressort.[10] L'expression « est compétente » a toujours été interprétée comme instituant une compétence exclusive, un monopole de la Cour de justice à cet effet.[11] Cette lecture est renforcée par l'article 220 TCE remplacé par l'article 19 TUE, résultant de la rédaction du traité de Lisbonne, ex-art. 164 du Traité CEE, qui dispose que « La Cour de Justice assure le respect du droit dans l'interprétation et l'application du présent Traité ».[12] Qu'une juridiction tierce interprète le droit de l'Union et se prononce sur la portée d'obligations s'imposant aux États membres en vertu du droit communautaire sans possibilité de renvoi à la Cour de justice est incompatible avec l'article 220 TCE.[13] Par ailleurs, selon les articles 344 TFUE (ex-article 292 TCE), « Les États membres s'engagent à ne pas soumettre un différend relatif à l'interprétation ou à l'application des traités à un mode de règlement autre que ceux prévus par ceux-ci ».

---

d'investissement, *Op. cit.*, p. 88 ; Ch. JARROSSON et L. IDOT, « Arbitrage », Encyclopédie Dalloz Répertoire de droit européen, Janvier 2010 (actualisation : septembre 2018), parag. 31

[1] C. KESSEDJIAN, « L'arbitrage comme mode de règlement des différends est-il remis en cause par le droit européen ? », *Op. cit.*, p. 120

[2] CJCE, 30 juin 1966, Vaassen-Göbbels c. Beambtenfonds voor het Mijnbedrijf, aff. C-61/65, Rec. 377

[3] Ch. JARROSSON et L. IDOT, « Arbitrage », *Op. cit.*, parag. 32

[4] *Idem*

[5] L'arbitrage forcé est une juridiction d'exception auxquelles le législateur a voulu conférer tout ou partie du régime juridique de l'arbitrage. Ch. JARROSSON et L. IDOT, « Arbitrage », *Op. cit.*, parag. 32

[6] CJCE, 23 mars 1982, Nordsee c. Reederei Mond, aff. C-102/81, Rec. 01095

[7] CJCE, 27 janvier 2005, Guy Denuit et Betty Cordenier c. Transorient - Mosaïque Voyages et Culture SA., aff. C-125/04, Rec. I-00923

[8] CJCE, 27 avril 1994, Gemeente Almelo c. Energiebedrijf IJsselmij, aff.C-393/92, Rec. I-01477 : *Revue de l'Arbitrage*, 1995, p. 503

[9] SCC, Eastern Sugar B.V. c. République tchèque, aff. No. 088/2004, sentence partielle, 27 mars 2007, parag. 130-139

[10] J. DUTHEIL DE LA ROCHÈRE, « Quel rôle pour la Cour de Justice », *Op. cit.*, p. 40

[11] Ch. JARROSSON et L. IDOT, « Arbitrage », *Op. cit.*, parag. 31

[12] *Idem*

[13] Voir avis 1/91 Espace économique européen ; avis 1/00 espace aérien européen commun, 2002, I-3493. Voir aussi CJCE, 30 mai 2006, Commission c. Irlande, aff. C-459/03, Rec. I-04635 : https://eur-lex.europa.eu/legal-content/FR/TXT/?uri=CELEX:62003CJ0459. Jp citée par J. DUTHEIL DE LA ROCHÈRE, « Quel rôle pour la Cour de Justice », *Op. cit.*, p. 40

Selon un auteur, la CJUE devrait classer les tribunaux arbitraux traitant d'affaires sur les investissements parmi les « juridictions d'États membres » au sens de l'article 267 (2) TFUE et non pas les assimiler à des tribunaux d'arbitrage commercial en raison des différences entre les deux genres de tribunaux.[1] Le raisonnement empêchant les tribunaux d'arbitrage commercial de poser des questions préliminaires ne peut pas s'appliquer aux tribunaux traitant d'affaires d'investissement parce que les tribunaux arbitraux commerciaux traitent d'affaires sur la base d'un contrat.[2] Ce fut un motif de refus de la part de la CJUE d'examiner une question préjudicielle dans l'affaire Eco Swiss.[3] Les tribunaux constitués sur la base d'un traité d'investissement sont établis avec l'implication d'une autorité publique.[4] Selon cet auteur, les tribunaux arbitraux des litiges fondés sur les traités sont équivalents au règlement des litiges dans les cours administratives ou constitutionnelles.[5] Les arbitrages d'investissements concernent des questions relatives à l'exercice de la puissance publique.[6]

Par ailleurs, pour rejeter les demandes de questions préjudicielles par les tribunaux arbitraux, la CJUE considère que les juridictions nationales compétentes pour réviser et exécuter les sentences arbitrales peuvent lui poser une question préjudicielle.[7] La Cour l'explique dans l'affaire Eco Swiss « [...] si un arbitrage conventionnel soulevait des questions de droit communautaire, les juridictions ordinaires pourraient être amenées à examiner ces questions, notamment dans le cadre du contrôle de la sentence arbitrale, plus ou moins étendu selon le cas, qui leur revient en cas de saisine en appel, pour opposition, pour exequatur, ou par toute autre voie de recours ou forme de contrôle prévue par la législation nationale applicable ».[8] En Grande-Bretagne et au Danemark, l'arbitre peut recevoir une réponse à une question préjudicielle indirectement, en effectuant un détour par le juge d'appui : en Grande-Bretagne, en vertu de l'article 45 de l'*Arbitration Act* de 1996, l'arbitre peut poser au juge national une question concernant le droit anglais et le juge pourrait poser une question préjudicielle à la CJUE, s'il s'agit d'une question

[1] S. SCHILL, « Arbitration Procedure : The role of the European Union and the Member states in Investor-State arbitration », *In Le droit européen et l'arbitrage d'investissement, Op. cit.,* p. 144
[2] *Idem*
[3] CJCE, 1er juin 1999, Eco-Swiss c. Benetton, aff. C-126/97, Rec. I-3055, parag. 34
[4] Sur la nature publique du l'arbitrage d'investissement, voir S. SCHILL, « International Investment Law and Comparative Public Law - an Introduction », *In International Investment Law and Comparative Public Law*, S. SCHILL (ed.), Oxford, Oxford University Press, 2010, p. 3, spéc. p. 14-17. Cité par S. SCHILL, « Arbitration Procedure : The role of the European Union and the Member states in Investor-State arbitration », *In Le droit européen et l'arbitrage d'investissement, Op. cit.,* p. 144
[5] S. SCHILL, « Arbitration Procedure : The role of the European Union and the Member states in Investor-State arbitration », *In Le droit européen et l'arbitrage d'investissement, Op. cit.,* p. 144
[6] *Idem*
[7] *Id.*
[8] CJCE, 1er juin 1999, Eco-Swiss c. Benetton, aff. C-126/97, Rec. I-3055, parag. 32

de droit européen.[1] La loi danoise de 2005 (section 27-2) prévoit une solution similaire.[2] Cette procédure-relais peut être intéressante tant qu'elle ne constitue un moyen dilatoire.[3] En tout cas, un contrôle exhaustif reste difficile puisque les tribunaux étatiques effectuent un examen minimal de la sentence et l'incertitude sur un point de droit sera prolongée jusqu'à l'exécution de la sentence.[4]

Un auteur trouve que le détour par un juge d'appui est lourd et artificiel et que le recours préjudiciel ne semble pas particulièrement adapté aux impératifs de célérité et de confidentialité de la procédure arbitrale.[5] Un autre auteur considère que les arbitres seront réticents à recourir aux juges nationaux par crainte de perdre le contrôle de la procédure.[6] Le détour par un juge d'appui se heurte à l'interprétation par la Cour de l'article 234 (devenu art. 267 TFUE) selon laquelle la juridiction nationale qui s'adresse à elle pour l'interprétation d'une disposition communautaire doit être celle devant laquelle le litige est pendant afin que cette juridiction puisse prendre en considération l'arrêt préjudiciel pour rendre sa décision, ce qui exclut l'arbitre, le juge de l'exequatur ou la cour d'appel saisie d'un recours en annulation.[7]

La possibilité pour les arbitres de poser une question préjudicielle aurait permis une interprétation plus uniforme du droit européen qui constitue une des préoccupations de l'Union.[8] Une solution radicale pour que les arbitres puissent poser des questions préjudicielles serait une modification de l'article 234 CE, devenu article 267 TFUE pour ajouter l'arbitre, mais elle est peu envisageable en raison de sa complexité.[9] La CJUE pourrait aussi assouplir sa jurisprudence par l'abandon d'un nombre de critères posés par la Cour dans l'affaire Vaassen Göbbels et l'interprétation de la notion de juridiction au sens communautaire à partir de la fonction juridictionnelle de l'arbitre.[10]

Il a été suggéré que la Commission intervienne sur certains aspects du droit européen pour combler l'impossibilité d'effectuer un recours préjudiciel devant la Cour.[11]

---

[1] C. KESSEDJIAN, « L'arbitrage comme mode de règlement des différends est-il remis en cause par le droit européen ? », *In Le droit européen et l'investissement,* C. KESSEDJIAN et Ch. LEBEN (dir.), *Op. cit.*, p. 120

[2] C. KESSEDJIAN, « Introduction », *In Le droit européen et l'arbitrage d'investissement*, *Op. cit.*, p. 14

[3] Ch. JARROSSON et L. IDOT, « Arbitrage », *Op. cit.*, parag. 35

[4] C. KESSEDJIAN, « L'arbitrage comme mode de règlement des différends est-il remis en cause par le droit européen ? », *Op. cit.*, p. 120

[5] S. MENETREY, « La participation « amicale » de la Commission européenne dans les arbitrages liés aux investissements intracommunautaires », *JDI*, Vol. 137, No. 4, 2010, p. 1127

[6] O. CAPRASSE, « L'application du droit européen de la concurrence par l'arbitre », *In L'arbitrage et le droit de L'Union européenne*, Pierre MAYER (dir.), LexisNexis, Vol. 38, 2012, p. 63, spéc. p. 82

[7] Ch. JARROSSON et L. IDOT, « Arbitrage », *Op. cit.*, parag. 35

[8] O. CAPRASSE, « L'application du droit européen de la concurrence par l'arbitre », *Op. cit.*, p. 81-82

[9] Ch. JARROSSON et L. IDOT, « Arbitrage », *Op. cit.*, parag. 35

[10] *Idem*

[11] C. KESSEDJIAN, « L'arbitrage comme mode de règlement des différends est-il remis en cause par le droit européen ? », *Op. cit.*, p. 121

§ 2 - Participation de la Commission en tant qu'*amicus curiae* comme solution devant l'impossibilité de l'arbitre d'effectuer un recours préjudiciel

L'amicus curiae est un procédé qui permet à un tiers d'exposer son point de vue devant le tribunal arbitral.[1] Le rôle classique d'un *amicus curiae* « est de fournir des informations impartiales à un tribunal pour un traitement équitable de la question à traiter ».[2] Le tiers peut être un État, une organisation internationale, une ONG, etc.[3] L*'amicus curiae* était au début une procédure étrangère au contentieux international mais les mécanismes internationaux de règlement des différends se sont reconnus le pouvoir implicite de l'autoriser progressivement (Cour européenne des droits de l'homme, Cour pénale internationale, Organe de règlement des différends de l'OMC, puis dans le cadre du CIRDI).[4] Son introduction s'est en effet opérée sous l'influence des acteurs de la société civile et les ONG par leur activisme jusqu'à s'introduire dans les règlements des différends internationaux.[5]

L'internationalisation de l*'amicus curiae* traduit une volonté de transparence des systèmes de règlement des différends internationaux.[6] Dans le cadre du CIRDI, suite à des débats sur la possibilité d'offrir aux tiers l'accès aux procédures d'arbitrage en matière d'investissement, le règlement d'arbitrage CIRDI a été modifié en 2006 pour garantir une meilleure transparence.[7] Depuis, l'article 37-2 du règlement d'arbitrage[8] permet à un tiers (appelé « partie non contestante ») de déposer une soumission écrite sur une question en rapport avec le litige. Le tribunal arbitral vérifie dans quelle mesure la soumission écrite du tiers l'aide à trancher une question de fait ou de droit et si la partie non contestante a un intérêt significatif dans l'instance, et s'assure que la soumission ne perturbe pas l'instance ou n'impose pas une charge excessive à l'une des parties et que les parties puissent présenter leurs

---

[1] P. MAYER (dir.), *Arbitrage et droit de l'Union européenne*, Paris, LexisNexis, 2012, p. 160
[2] F. BAETENS, « L'importance des dispositions transitoires pour les traités bilatéraux d'investissement conclus entre les États membres de l'UE et les États tiers », *Cahiers de Droit Européen*, 2017-3, p. 643
[3] P. MAYER (dir.), *Arbitrage et droit de l'Union européenne*, *Op. cit.*, p. 160
[4] S. MENETREY, « La participation « amicale » de la Commission européenne dans les arbitrages liés aux investissements intracommunautaires », *Op. cit.*, parag. 7
[5] *Idem*
[6] *Id.*
[7] E. CABROL, H. SMITH, « Arbitrage CIRDI », *Op.cit.*
[8] L'article 37 (2) Convention CIRDI prévoit que : « Après consultation des parties, le Tribunal peut permettre à une personne ou entité qui n'est pas partie au différend (appelée dans le présent article la « partie non contestante ») de déposer une soumission écrite auprès du Tribunal relative à une question qui s'inscrit dans le cadre du différend. Afin de déterminer s'il autorise une telle soumission, le Tribunal considère, entre autres, dans quelle mesure : (a) la soumission de la partie non contestante assisterait le Tribunal à trancher une question de fait ou de droit relative à l'instance en y apportant un point de vue, une connaissance ou un éclairage particulier distincts de ceux présentés par les parties au différend ; (b) la soumission de la partie non contestante porte sur une question qui s'inscrit dans le cadre du différend ; (c) la partie non contestante porte à l'instance un intérêt significatif ».

observations.[1] Le règlement d'arbitrage de 2006 précise, à l'article 32 (2), que le tribunal peut permettre à des tiers d'assister à des audiences et que si l'une des parties s'y oppose, l'autorisation sera refusée.[2] Le tribunal s'assure que l'intervention de la partie non contestante ne perturbe pas l'instance ou qu'elle ne cause pas de préjudice à une partie.[3]

Le tribunal arbitral a un pouvoir discrétionnaire sur l'admission de la partie contestante.[4] En vertu de l'article 37 (2) du règlement d'arbitrage CIRDI, la procédure d'admission en qualité d'*amicus curiae* est la même pour tous les candidats qui sont choisis en fonction de leur capacité à assister le tribunal.[5] C'est le tribunal qui évalue les avantages, les coûts et intérêts d'une telle participation.[6]

En principe, l'intervention du tiers est possible uniquement avec l'accord des parties.[7] Dans le cadre de l'arbitrage *ad hoc* ou CCI, *l'amicus curiae* est permis uniquement avec l'accord des parties.[8] Le nouveau règlement CNUDCI ne comprend pas de mention sur l'*amicus curiae.*[9]

Les demandes d'*amicus curiae* se sont multipliées ces dernières années, surtout dans les litiges soulevant des questions techniques comme en matière environnementale.[10] La Commission européenne a pu présenter des observations sur l'articulation entre le droit de l'Union européenne et le droit international en tant qu'*amicus curiae* qui ont été prises en compte par le tribunal arbitral.[11] Une intervention comme *amicus curiae* doit être objective au niveau du contenu du mémoire présenté, mais aussi au niveau de l'institution qui le présente.[12] Le tribunal arbitral a le pouvoir discrétionnaire de décider si une intervention *amicus curiae* est nécessaire.[13] L'intervention de la Commission en qualité d'*amicus curiae* est consacrée par le règlement n° 1/2003 du 16 décembre 2002 (relatif à la mise en œuvre des règles de concurrence des articles 81 et 82 TCE) concernant l'application de ces textes devant une juridiction nationale chargée de les appliquer.[14] La Commission peut ainsi soumettre des observations devant les juridictions des États

---

[1] E. CABROL, H. SMITH, « Arbitrage CIRDI », *Op.cit.*
[2] *Idem*
[3] *Id.*, parag. 55
[4] S. MENETREY, « La participation « amicale » de la Commission européenne dans les arbitrages liés aux investissements intracommunautaires », *Op. cit.*, parag. 16
[5] *Idem*
[6] *Id.*
[7] P. MAYER (dir.), *Arbitrage et droit de l'Union européenne*, *Op. cit.*, p. 160
[8] *Idem*
[9] *Id.*
[10] A. DE NANTEUIL, *Droit international de l'investissement*, *Op. cit.*, p. 257
[11] CIRDI, Ioan Micula, Viorel Micula, S.C. European Food S.A, S.C. Starmill S.R.L. and S.C. Multipack S.R.L. c. Romania [I], ARB/05/20, sentence, 11 décembre 2013, parag. 316 ; A. DE NANTEUIL, *Droit international de l'investissement*, *Op. cit.*, p. 258
[12] A. DE NANTEUIL, *Droit international de l'investissement*, *Op. cit.*, p. 258
[13] *Idem*
[14] S. MENETREY, « La participation « amicale » de la Commission européenne dans les arbitrages liés aux investissements intracommunautaires », *Op. cit.*, parag. 9

membres.[1] Le tribunal arbitral n'est pas lié par les arguments présentés par la partie *amicus curiae*, mais il peut obtenir des précisions pour son raisonnement.[2] La Commission a demandé à intervenir en tant qu'*amicus curiae* dans des arbitrages d'investissement intra-communautaires[3] où une incompatibilité était pointée entre les obligations communautaires de l'État membre hôte et ses obligations internationales.[4] Il est possible que la Commission intervienne comme *amicus curiae* dans des arbitrages fondés sur les TBI extra-communautaires lorsque le droit communautaire est concerné.[5] Tout dépendra de la rédaction des futurs TBI, du vouloir des parties et de l'appréciation du tribunal arbitral.[6] Si la communication du 7 juillet 2010[7] est appliquée, l'*amicus curiae* serait généralisé dans les arbitrages d'investissement conclus par l'Union ou les États membres si une telle clause est prévue dans ces accords.[8]

La participation de la Commission comme *amicus curiae* pourrait peut-être combler l'impossibilité d'effectuer un recours préjudiciel devant la CJUE.[9] Un auteur note que l'*amicus curiae* est un mécanisme procédural plus intéressant que le détour par le juge d'appui parce que l'arbitre n'a pas à attendre un éventuel revirement de la CJCE concernant la possibilité pour un tribunal arbitral de poser une question préjudicielle, et qu'il n'est pas soumis au bon vouloir d'un juge d'appui.[10] Le tribunal arbitral est libre d'inviter ou d'autoriser la Commission européenne ou toute autre entité à l'informer sur un point particulier.[11]

L'admission de la Commission européenne comme *amicus curiae* limite les risques de contestation de la sentence dans les États membres.[12] Le fait d'associer la Commission peut avoir un impact quant à la reconnaissance de la sentence dans le sens où si une sentence qui ne reflétait pas, au moins formellement, la position de la Commission, elle pourrait en effet se heurter au contrôle des juridictions nationales.[13]

---

[1] *Idem*
[2] *Id.*, parag. 27
[3] Affaires CIRDI, AES (No. 07/22), Electrabel (No.07/19) et Micula (No. 05/20). Voir S. MENETREY, « La participation « amicale » de la Commission européenne dans les arbitrages liés aux investissements intracommunautaires », *Op.cit.*
[4] P. MAYER (dir.), *Arbitrage et droit de l'Union européenne, Op. cit.,* p. 161
[5] *Idem*
[6] *Id.*
[7] Communication de la Commission au Conseil, au Parlement européen, au Comité économique et social et au Comité des Régions, Vers une politique européenne globale en matière d'investissements internationaux, Bruxelles, 7 juillet 2010, COM (2010) 343 final https://eur-lex.europa.eu/legal-content/en/ALL/?uri=CELEX%3A52010DC0343
[8] P. MAYER (dir.), *Arbitrage et droit de l'Union européenne, Op. cit.,* p. 161
[9] S. MENETREY, « La participation « amicale » de la Commission européenne dans les arbitrages liés aux investissements intracommunautaires », *Op.cit.*
[10] *Idem*
[11] *Id.*
[12] *Id.*, parag. 33
[13] *Id.*

L'*amicus curiae* peut jouer le rôle de fond entre systèmes juridiques, ce qui est utile dans les rapports entre le droit des investissements et le droit communautaire.[1] L'*amicus curiae* peut donner des solutions aux difficultés relatives aux conflits de normes auxquels font face les tribunaux arbitraux.[2]

L'*amicus curiae* est ouvert à la Commission européenne qui ne peut être partie à un arbitrage CIRDI.[3] Dans les affaires AES, Electrabel et Micula,[4] la Commission a demandé l'autorisation de participer comme *amicus curiae* à un tribunal arbitral siégeant sous l'égide du CIRDI.[5] L'Union peut intervenir en tant qu'*amicus curiae* sans être partie au CIRDI. Par exemple, dans l'affaire Micula[6] où le tribunal arbitral a été saisi sur la base du TBI entre la Suède et la Roumanie donnant compétence au CIRDI, la Commission européenne a demandé au tribunal d'intervenir en tant qu'*amicus curiae*, en vertu de l'article 37 du règlement d'arbitrage CIRDI, afin de défendre les intérêts de l'Union.[7] L'*amicus curiae* permettra à la Commission européenne, à l'instar des ONG, de participer à une procédure dont elle est normalement exclue.[8] La participation en tant qu'*amicus curiae* permet aux tiers d'exprimer leur avis sur le contexte plus général de l'affaire ou de donner une orientation à la règle de droit interprétée ou énoncée.[9] Le tribunal arbitral, quant à lui, trouverait en la Commission une source originelle d'information qui contribue à légitimer sa décision au-delà des parties en équilibrant les intérêts en présence.[10] Dans les affaires AES, Electrabel, et Micula, la Commission européenne a cherché à influencer le raisonnement du tribunal arbitral dans un sens favorable aux intérêts de la Communauté et du droit communautaire.[11]

La Commission européenne se distingue des autres participants en tant qu'*amici curiae* par sa discrétion.[12] Les ONG, par exemple, peuvent rendre publiques via internet les ordonnances autorisant ou pas leurs demandes de participation.[13] Les ONG appellent généralement à une meilleure transparence et à une plus grande publicité des arbitrages mettant en jeu des intérêts plus

---

[1] *Id.*, parag. 37

[2] *Id.*

[3] *Id.*

[4] CIRDI, AES Summit Generation Limited and AES-Tisza Erömü Kft c. Hongrie, ARB/07/22, sentence, 23 septembre 2010, parag. 8.2 ; CIRDI, Electrabel S.A. c. Hongrie, ARB/07/19, décision sur la compétence, droit applicable et responsabilité, 30 novembre 2012, parag. 1.18

[5] S. MENETREY, « La participation « amicale » de la Commission européenne dans les arbitrages liés aux investissements intracommunautaires », *Op.cit.*

[6] CIRDI, Ioan Micula, Viorel Micula, S.C. European Food S.A, S.C. Starmill S.R.L. and S.C. Multipack S.R.L. c. Romania [I], ARB/05/20, sentence, 11 décembre 2013

[7] E. SILVA ROMERO, « Quel arbitrage d'investissement (institutionnel ou *ad hoc*) ? », *In Le droit européen et l'arbitrage d'investissement*, C. KESSEDJIAN (dir.), Paris, Panthéon-Assas, LGDJ, 2011, p. 102

[8] S. MENETREY, « La participation « amicale » de la Commission européenne dans les arbitrages liés aux investissements intracommunautaires », *Op. cit.,* 2010, parag. 8

[9] *Idem*

[10] *Id.*

[11] *Id.*, parag. 8, 34

[12] *Id.*, parag. 8

[13] *Id.*

généraux que ceux des parties.[1] Le simple fait de demander à participer constitue pour eux une stratégie, contrairement à la Commission qui ne cherche pas seulement une admission formelle mais une participation effective.[2]

Le Statut de la CJCE ne permet pas aux tiers de déposer des observations en tant qu'*amicus curiae*, mais la Commission européenne et les États membres peuvent transmettre des observations à l'occasion de renvois préjudiciels.[3] Ces observations que la Commission n'hésite pas à transmettre régulièrement correspondent à des mémoires d'*amici curiae* même s'ils ne sont pas désignés comme tels.[4] Par ailleurs, la Commission européenne participe en tant qu'*amicus curiae* devant les juridictions nationales des États membres ou d'autres États.[5] Elle est, par exemple, intervenue devant la Cour Suprême des États-Unis dans l'affaire Sosa c. Alvarez Machain.[6] Dans un arbitrage fondé sur le traité sur la Charte de l'énergie, la Commission a été autorisée par le tribunal à fournir sa propre enquête sur les aides d'État concernant les accords d'achat d'énergie hongrois et ses effets sur les États membres.[7]

Sous-section 3 - Application et interprétation des arbitres du droit communautaire

Les États membres et les institutions européennes n'ont pas les moyens d'empêcher un arbitrage d'investissement entre un État membre et un investisseur.[8] Il arrive ainsi que des arbitres et juges non européens soient amenés à appliquer le droit communautaire.[9] En pratique, les règles de l'Union européenne le plus souvent invoquées devant les arbitres sont les articles 81 et 82 CE (devenus art. 101 et 102 TFUE) ou le droit communautaire des pratiques anticoncurrentielles.[10] Certains arbitres n'ont pas hésité à interpréter le droit de l'Union alors que la Cour de justice avait affirmé son monopole.[11] Dans la sentence rendue dans l'affaire du Rhin de fer, le tribunal arbitral a considéré qu'il peut appliquer le droit communautaire tant que celui-ci est

---

[1] *Id.*
[2] *Id.*
[3] *Id.*
[4] *Id.*
[5] *Id.*
[6] *Id.*
[7] *Id.*
[8] Cela reste néanmoins possible dans un contentieux interétatique comme dans l'affaire MOX. J. DUTHEIL DE LA ROCHÈRE, « Quel rôle pour la Cour de Justice », *Op. cit.,* p. 44
[9] Ch. JARROSSON et L. IDOT, « Arbitrage », *Op. cit.*, parag. 37
[10] *Idem*
[11] CIRDI, Electrabel S.A. c. Hongrie, ARB/07/19, décision sur la compétence, droit applicable et responsabilité, 30 novembre 2012, parag. 4.166. Voir A. DE NANTEUIL, *Droit international de l'investissement, Op. cit.,* p. 129

clair et ne pose pas de difficulté d'interprétation.[1] Dans le cadre de l'OMC, l'organe de règlement des différends tranche souvent des questions relatives au droit communautaire sans prendre en considération l'article 344 TFUE (ex-article 292 TCE) par lequel les États membres s'engagent à ne pas soumettre un différend relatif à l'interprétation ou à l'application des traités à un mode de règlement autre que ceux prévus par ceux-ci.[2] Dans l'affaire Electrabel, le tribunal note que bien que la CJCE a la compétence exclusive de trancher des questions relatives au droit européen entre États membres, rien n'empêche d'autres cours et d'autres tribunaux arbitraux d'appliquer le droit européen : « The ECJ's monopoly is said to derive from Article 292 EC (now Article 344 TFEU) which grants to the ECJ exclusive jurisdiction to decide disputes amongst EU Member States on the application of EU law. However, as is well known and recognized by the ECJ, such an exclusive jurisdiction does not prevent numerous other courts and arbitral tribunals from applying EU law, both within and without the European Union. Given the widespread relevance and importance of EU law to international trade, it could not be otherwise ».[3]

Cela étant dit, au risque de compromettre l'exécution de la sentence, les tribunaux arbitraux devraient prendre en considération « les normes de l'UE ».[4] En cas de difficulté, les juridictions étatiques chargées du contrôle de la sentence, dans le cadre des recours en annulation ou de l'exequatur de la sentence, pourraient, à ce moment-là, adresser à la CJUE une question préjudicielle.[5] Emmanuel Gaillard précise qu'« on voit mal dans ces conditions comment l'existence même de l'arbitrage d'investissement mettrait à mal les principes de fonctionnement de l'Union ».[6] En tout cas, selon lui, il n'y a pas de raison que les arbitres méconnaissent le droit communautaire.[7] Il conseille aussi que les arbitres n'appliquent le droit communautaire que dans des circonstances exceptionnelles et en tant que fait, quand des États

---

[1] CPA, « Réactivation du Rhin de fer (IJzeren Rijn) », (Belgique c. Pays-Bas), 24 mai 2005, parag. 197-141. Cité par L. AZOULAI, W. BEN HAMIDA, « La protection des investissements par le droit primaire – droit conventionnel des investissements et droit primaire communautaire : étude comparée des régimes et des approches », *In Le droit européen et l'investissement,* C. KESSEDJIAN et Ch. LEBEN (dir.), Panthéon-Assas Paris II, 2009, p. 87 ; voir P. CASSIA et F. MARIATTE, « Le Tribunal arbitral a-t-il « déraillé » ? À propos de la sentence rendue le 24 mai 2005 dans l'affaire du « Rhin de fer », *Europe,* No. 8-9, août 2005

[2] Voir, par exemple, OMC, rapport du Groupe spécial, 29 novembre 2002, Communauté européenne – Droits antidumping sur les importations de linge de lit de coton en provenance d'Inde, WT/DS141/RW. Cité par L. AZOULAI, W. BEN HAMIDA, « La protection des investissements par le droit primaire – droit conventionnel des investissements et droit primaire communautaire : étude comparée des régimes et des approches », *Op. cit.,* p. 87

[3] CIRDI, Electrabel S.A. c. Hongrie, ARB/07/19, décision sur la compétence, droit applicable et responsabilité, 30 novembre 2012, parag. 4.147

[4] H. E. KJOS, *Applicable Law in Investor-State Arbitration, Op. cit.,* p. 204

[5] E. GAILLARD, « Conclusions », *In Le droit européen et l'arbitrage d'investissement,* C. KESSEDJIAN (dir.), Paris, Panthéon-Assas, LGDJ, 2011, p. 204

[6] *Idem*

[7] *Id.,* p. 88

l'invoquent en tant qu'excuse pour être en conformité avec les obligations communautaires.[1]

Les clauses des traités d'investissement impliquant un État membre qui seraient contraires aux limitations imposées par le droit de l'Union ne peuvent prévaloir sans mettre en question l'autonomie et l'intégrité du droit de l'Union.[2]

Dans l'affaire Eureko[3] où il y avait identité de matière entre le traité d'investissement et le droit de l'Union en matière de libéralisation du secteur de l'assurance / santé, le tribunal arbitral ne conteste pas que le droit de l'Union puisse être pertinent.[4] Le tribunal arbitral rappelle que sa mission principale n'est pas de se prononcer sur les violations du droit de l'Union, mais sur les violations éventuelles du TBI.[5] Le tribunal arbitral ajoute néanmoins que, par courtoisie internationale et respect mutuel, il n'exclut pas de revoir sa position et si cela s'avère nécessaire de suspendre la procédure d'arbitrage jusqu'à ce que la Cour de justice ou la Commission se soient prononcées sur une violation éventuelle du droit de l'Union, et ce en raison de la proximité entre le droit européen et les protections offertes dans le TBI dans l'affaire en question.[6] Par respect mutuel et courtoisie internationale, les arbitres pourraient aller jusqu'à décliner leurs compétences jusqu'à ce que les institutions de l'Union européenne prennent une décision sur le fond.[7] Les incompatibilités ne sont pas forcément nombreuses. Cela dépendra des interprétations conciliatrices que le tribunal arbitral aura le bon vouloir d'adopter.[8]

Sous-section 4 - Des propositions visant à contrôler la bonne application du droit européen par l'arbitre

En appliquant le droit européen ou en ne pas l'appliquant, le tribunal arbitral peut se tromper en effectuant une mauvaise interprétation du droit européen ou en tirant de mauvaises conclusions concernant la violation des dispositions d'un TBI ou en privant ce droit de l'effet utile.[9] Si un tribunal arbitral se trompe, d'une manière ou d'une autre, sur l'application du droit

---

[1] *Id.*

[2] J. DUTHEIL DE LA ROCHÈRE, « Quel rôle pour la Cour de Justice », *Op. cit.*, p. 42

[3] Eureko c. Slovaquie, sentence partielle, 26 octobre 2010, point 292

[4] J. DUTHEIL DE LA ROCHÈRE, « Quel rôle pour la Cour de Justice », *Op. cit.*, p. 42

[5] CPA, Achmea B.V. c. République slovaque, Sentence sur la compétence, CNUDCI, 26 octobre 2010, aff. No. 2008-13, point 290 : (« the Tribunal notes that its jurisdiction is confined to ruling upon alleged breaches of the BIT. The Tribunal does not have jurisdiction to rule on alleged breaches of EU law as such »). Voir aussi, en ce sens, SCC, Isolux Infrastructure Netherlands B.V. c. Espagne, aff. No. V2013/153, sentence, 12 juillet 2016, point 651 et s. ; J. DUTHEIL DE LA ROCHÈRE, « Quel rôle pour la Cour de Justice », *Op. cit.*, p. 42

[6] J. DUTHEIL DE LA ROCHÈRE, « Quel rôle pour la Cour de Justice », *Op. cit.*, p. 43

[7] *Idem*, p. 44

[8] *Id.*, p. 42

[9] C. KESSEDJIAN et Ch. LEBEN (dir.), *Le droit européen et l'investissement*, *Op. cit.*, p. 136

européen, dans une sentence, voici trois propositions auxquelles les parties lésées pourraient recourir.[1]

La première option serait d'inclure les tribunaux arbitraux dans l'article 234 TCE et leur donner un statut similaire aux cours ou tribunaux d'États membres afin qu'ils puissent poser des questions préjudicielles à la CJCE.[2] Les tribunaux arbitraux auraient alors l'obligation d'appliquer le droit communautaire correctement.[3] Dans ce cas, encore faut-il qu'ils acceptent la primauté du droit communautaire et le monopole de la Cour de justice pour interpréter le droit communautaire.[4] La CJUE tient à une application uniforme du droit de l'Union à travers sa primauté.[5] Dans les affaires Nordsee[6] et Eco-Swiss,[7] la Cour a indiqué que les tribunaux arbitraux peuvent se prononcer sur des questions de droit communautaire à condition qu'il soit possible de faire un renvoi préjudiciel devant la CJUE.[8] Une interprétation uniforme du droit de l'Union exige que les sentences arbitrales concernant ce droit puissent être examinées par des juridictions nationales, et donc d'un renvoi préjudiciel, peu importe les circonstances entourant ce droit appliqué.[9] Dans le cadre de l'arbitrage CIRDI où les sentences sont considérées comme définitives et ne passent pas par la procédure de validation nationale, un réexamen ou une interprétation par la CJUE sont exclus.[10] De même, pour les arbitrages *ad hoc* si la sentence peut être exécutée en dehors de l'Union[11] : dans ce cas, il n'y aura pas de réexamen par une juridiction d'un État membre ni renvoi possible à la CJUE en cas de problème d'interprétation ou d'application du droit de l'Union.[12]

Une autre façon pour assurer la bonne application du droit européen serait de s'appuyer sur l'article 226 TCE permettant à la Commission d'émettre des observations à l'État membre ayant manqué à une obligation communautaire et de saisir la CJUE si l'État en question ne se conforme pas à son avis.[13] Dans le cadre d'un arbitrage, si le tribunal arbitral rend une sentence où les

---

[1] *Idem*
[2] *Id.*
[3] *Id.*
[4] *Id.*
[5] J. DUTHEIL DE LA ROCHÈRE, « Quel rôle pour la Cour de Justice », *Op. cit.,* p. 37
[6] CJCE, 23 mars 1982, Nordsee c. Reederei Mond, aff. C-102/81, Rec. 1095
[7] CJCE, 1er juin 1999, Eco-Swiss c. Benetton, aff. C-126/97, Rec. I-3055, parag. 40
Dans les affaires Nordsee et Eco-Swiss, les États membres n'étaient pas impliqués dans l'arbitrage. Il n'y avait pas de manquement en soi. Les affaires concernaient l'application du droit de la concurrence à des parties privées, et non pas la compatibilité de leur comportement avec le droit de l'Union. La CJUE s'est néanmoins exprimée au sujet du renvoi préjudiciel.
[8] J. DUTHEIL DE LA ROCHÈRE, « Quel rôle pour la Cour de Justice », *Op. cit.,* p. 40
[9] *Idem*
[10] *Id.*
[11] *Id.*
[12] *Id.*, p. 40-41
[13] C. KESSEDJIAN et Ch. LEBEN (dir.), *Le droit européen et l'investissement, Op. cit.,* p. 136 ; voir M. BURGSTALLER, « European Law challenges to investment arbitration », *In The Backlash against investment arbitration,* M. WAIBEL, A. KAUSHAL, al. (eds.), Wolters Kluwer Law & Business, 2010

obligations communautaires d'un État membre sont mal appliquées et qui oblige le défendeur à payer des dommages-intérêts, l'État membre en question pourrait faire face à une procédure en manquement déclenchée par la Commission s'il entend respecter la sentence.[1] Il se peut qu'une simple menace de la part de la Commission visant à saisir la Cour de justice parce qu'un État membre aurait adopté des mesures en violation du droit communautaire afin de se conformer à une sentence puisse suffire à inciter les tribunaux arbitraux à garantir l'application correcte du droit européen.[2]

La troisième proposition qui se base sur la jurisprudence Eco Swiss nécessite une intervention au stade de l'exécution de la sentence.[3] Dans l'arrêt Eco Swiss,[4] la Cour de justice a estimé qu'une juridiction nationale saisie d'une demande d'annulation d'une sentence arbitrale devait l'accueillir si elle estimait que la sentence en question était contraire à l'article 81 CE, qui est une disposition d'ordre public au sens de l'article V (2) (b) de la Convention de New York.[5] Dans l'arrêt Eco Swiss, la Cour de justice considère que le droit de la concurrence communautaire est une mission fondamentale de la communauté pour l'accomplissement de ses missions.[6] En application du principe d'équivalence, les juges nationaux, qui sont les juges communautaires de droit commun depuis les arrêts Costa ENEL[7] et Simmenthal,[8] doivent accorder au droit communautaire de la concurrence le même traitement qu'aux normes d'ordre public internes.[9] La Cour a ajouté que le droit de la concurrence doit être appliqué de façon uniforme à travers le contrôle des sentences par les juridictions nationales qui doivent effectuer un renvoi préjudiciel devant la CJCE concernant des questions d'interprétation de l'article 81 CE.[10] Pourquoi la jurisprudence Eco Swiss ne s'appliquerait-elle pas aux violations relatives à l'application directe du droit européen autres que l'article 81, notamment dans l'arbitrage d'investissement en dehors du cadre du CIRDI où l'exécution des sentences est régie généralement par la Convention de New York ?[11] Les juridictions nationales pourraient justifier le refus d'exécution d'une sentence réputée incompatible

---

[1] *Idem*
[2] *Id.*
[3] *Id.*
[4] CJCE, 1er juin 1999, Eco-Swiss c. Benetton, aff. C-126/97, Rec. I-3055
[5] C. KESSEDJIAN et Ch. LEBEN (dir.), *Le droit européen et l'investissement*, *Op. cit.*, p. 136
[6] *Idem*
[7] CJCE, 15 juillet 1964, Flaminio Costa c. E.N.E.L., Demande de décision préjudicielle : Giudice conciliatore di Milano - Italie, aff. 6/64, Rec. 01141
[8] CJCE, 9 mars 1978, Ministero delle finanze c. Simmenthal Spa, aff. 106/77, Rec. 00629
[9] C. KESSEDJIAN et Ch. LEBEN (dir.), *Le droit européen et l'investissement*, *Op. cit.*, p. 136
[10] *Idem ;* G. FABRE, « Deux applications nationales de la jurisprudence Eco Swiss : divergences sur l'étendue du contrôle des sentences arbitrales », 02/07/2007, Les blogs pédagogiques de l'Université Paris Nanterre : https://blogs.parisnanterre.fr/content/deux-applications-nationales-de-la-jurisprudence-eco-swiss-divergences-sur-l%C3%A9tendue-du-contr
[11] C. KESSEDJIAN et Ch. LEBEN (dir.), *Le droit européen et l'investissement*, *Op. cit.*, p. 137

avec le droit européen sur le fondement de l'exception d'ordre public en vertu de la Convention de New York en son article V (2) (b).[1]

Dans le cadre du CIRDI, la situation est moins évidente parce que selon l'article 53 (1) de la Convention CIRDI, la sentence est obligatoire à l'égard des parties et ne peut faire l'objet d'aucun appel ou autre recours, à l'exception de ceux prévus par la Convention CIRDI.[2] De plus, chaque État contractant reconnaît le caractère obligatoire de toute sentence rendue dans le cadre de la Convention et assure l'exécution sur son territoire des obligations pécuniaires comme s'il s'agissait d'un jugement définitif d'un tribunal fonctionnant sur son territoire (article 54 (1)).[3] La sentence peut être exécutée dans tout État partie à la Convention.[4]

Sous-section 5 - Le droit européen dans le cadre des TBI

Dans le cadre des TBI, la compétence des tribunaux arbitraux provient des TBI où il n'y a pas forcément de disposition permettant au tribunal d'appliquer le droit communautaire sauf peut-être en passant par le droit national de l'État partie.[5]

Si les arbitres appliquent effectivement le droit communautaire, le monopole de la CJUE dans l'interprétation de ce droit ne s'impose pas aux arbitres.[6] Ces derniers ne sont pas soumis institutionnellement à la CJUE et peuvent finalement appliquer le droit communautaire selon leur interprétation.[7] Le tribunal arbitral sera en présence de trois situations : soit il considère que le droit communautaire (traités et droit dérivé) fait partie de la substance du droit international ; soit il considère que le droit communautaire fait partie du droit national des États membres ; soit il considère qu'il y a un aspect d'ordre public dans les règles de droit communautaire.[8] Tout dépendra de sa volonté de faire place au droit communautaire si la procédure est en cours et de son sens de la courtoisie que les différents ordres juridiques se doivent mutuellement.[9]

Dans l'affaire AES c. Hongrie de 2010, portée devant le CIRDI sur le fondement du traité sur la Charte de l'énergie,[10] la Hongrie a justifié son

---

[1] *Idem*
[2] *Id.*
[3] *Id.*
[4] *Id.*
[5] M. AUDIT, « Discussion », *In Le droit européen et l'arbitrage d'investissement, Op. cit.*, p. 81-82
[6] J. DUTHEIL DE LA ROCHÈRE, « discussion », *In Le droit européen et l'arbitrage d'investissement, Op. cit.*, p. 81-82
[7] *Idem*
[8] *Id.*
[9] *Id.*
[10] CIRDI, AES Summit Generation Limited and AES-Tisza Erömü Kft. c. Hongrie, ARB/07/22, sentence, 23 septembre 2010, parag. 7.3.4 : « This is also said to be so given that Community law, including Community competition law, is considered the equivalent of internal or municipal law for the purposes of

comportement vis-à-vis de l'investisseur en invoquant ses obligations communautaires.[1] Et pour ce qui est du droit applicable, l'investisseur tout comme la Hongrie (défendeur) ont considéré le droit communautaire comme un fait alors que le droit applicable était le traité sur la Charte de l'énergie.[2]

Généralement, en matière d'investissement, les TBI assurent des protections plus larges et plus détaillées que le droit communautaire et, pour l'investisseur, il est plus facile de se baser sur le TBI pour fonder une réclamation que d'invoquer le droit communautaire.[3] Les TBI sont interprétés par les arbitres, le droit communautaire par les juridictions de l'État hôte.[4] Si l'on suppose que les deux ordres proposent des garanties identiques, il n'est pas sûr qu'ils aboutissent à des résultats identiques parce que même dans le cas où le droit communautaire et le droit des investissements auraient des règles en commun, rien ne garantit que le juge communautaire et les tribunaux arbitraux interprèteraient ces dispositions de la même façon.[5] Ceci a été souligné dans l'affaire Mox plant où le tribunal a souligné que « l'application des règles du droit international en matière d'interprétation des traités à des dispositions identiques ou similaires de différents traités peut ne pas aboutir à des résultats identiques, compte tenu, notamment, des différences entre leurs contextes, objets et buts respectifs, de la pratique ultérieure des parties et des travaux préparatoires ».[6]

Les TBI proposent constamment des mécanismes de règlement des différends comme la Convention de Washington, le règlement de la CNUDCI, le règlement de la Chambre de commerce internationale ou encore le règlement de l'Institut d'Arbitrage de la Chambre de commerce de Stockholm.[7] Lorsque le mécanisme du CIRDI est choisi et pour ce qui est du droit applicable, les tribunaux arbitraux doivent respecter l'article 42 (1).[8] Dans le contexte particulier du choix du CIRDI dans le cadre du TBI, les règles substantielles et procédurales du TBI s'appliquent sauf en cas d'incompatibilité entre les règles du TBI et les règles de la Convention de Washington qui doivent être respectées

this proceeding. Community law is thus merely a fact to be considered by the Tribunal when determining the applicable law ».

[1] S. MANCIAUX, « discussion », *In Le droit européen et l'arbitrage d'investissement*, *Op. cit.*, p. 82

[2] *Idem*

[3] L. AZOULAI, W. BEN HAMIDA, « La protection des investissements par le droit primaire – droit conventionnel des investissements et droit primaire communautaire : étude comparée des régimes et des approches », *Op. cit.*, p. 84

[4] *Idem*

[5] *Id.*

[6] CPJI, 15 juin 1939, Société commerciale de Belgique (Belgique/Grèce), Série A/B, n°78 ; Tribunal international du droit de la mer, Usine MOX (Irlande c. Royaume-Uni), mesures conservatoires, ordonnance du 3 décembre 2001, aff. No. 10, TIDM Recueil des arrêts 2001, p. 95, parag. 51

[7] A. GIARDINA, « La question du droit applicable : l'application directe du droit européen et son influence sur le droit et l'arbitrage des investissements », *Op. cit.*, p. 153-154

[8] *Idem*, p. 153

afin que la sentence finale puisse être exécutée et faire l'objet d'un contrôle propre à l'arbitrage CIRDI éventuellement.[1]

Lorsque les TBIs proposent aux investisseurs d'autres mécanismes ou institutions arbitrales, comme le règlement de la CNUDCI, le règlement de la CCI ou autres, les dispositions de ces derniers concernant le droit applicable doivent être respectées et être considérées comme déterminantes.[2] Par exemple, lorsque le règlement de la Chambre de commerce internationale est choisi concernant le droit applicable, c'est l'article 21 du règlement qui s'applique.[3] Ainsi, les parties peuvent choisir les « règles de droit » pour trancher un litige et l'arbitre peut choisir de même les « règles de droit qu'il juge appropriées » qui permettent de se référer au droit international conventionnel ou coutumier et au droit européen.[4] De même, en vertu de l'article 22 sur le droit applicable au fond du règlement de l'Institut d'Arbitrage de la Chambre de commerce de Stockholm, le tribunal arbitral tranche conformément aux *law(s) or rules of law* choisis par les parties ou sinon, que le tribunal *considers to be most appropriate*, ce qui permet de choisir le droit international (conventionnel ou coutumier) ainsi que le droit européen.[5]

Le TBI lui-même constitue la base juridique du choix effectué par l'investisseur.[6] Dans le cas où le droit d'un État membre de l'Union est choisi comme droit applicable, c'est le droit européen qui s'applique aussi sans que cette référence soit explicite tout comme aucune référence explicite au droit international n'est effectuée (sauf au TBI lui-même) lorsqu'un TBI se réfère, pour régler un litige, aux règlements d'institutions arbitrales / autres mécanismes.[7]

Sous-section 6 - Le droit européen dans l'arbitrage CIRDI

Dans le cadre du CIRDI et l'article 42 (1) sur le droit applicable de la Convention de Washington, un auteur propose deux approches concernant l'application du droit européen.[8] Rappelons que conformément à cet article, le tribunal décide au vu des « règles de droit adoptées par les parties », ce qui

---

[1] Ajoutons aussi que les dispositions du TBI incompatibles avec les dispositions internationales impératives générales ou particulières (*jus cogens*) ne s'appliquent pas. Source : A. GIARDINA, « La question du droit applicable : l'application directe du droit européen et son influence sur le droit et l'arbitrage des investissements », *Op. cit.,* p. 153-154

[2] *Idem*, p. 154-155

[3] L'article 21 (1), Règlement d'arbitrage de la CCI : « Les parties sont libres de choisir les règles de droit que le tribunal arbitral devra appliquer au fond du litige. À défaut de choix par les parties des règles de droit applicables, l'arbitre appliquera les règles de droit qu'il juge appropriées ».

[4] A. GIARDINA, « La question du droit applicable : l'application directe du droit européen et son influence sur le droit et l'arbitrage des investissements », *Op. cit.,* p. 154-156

[5] *Idem*, p. 154-155

[6] *Id.*, p. 156

[7] *Id.*

[8] *Id.*, p. 152

signifie que les parties peuvent choisir un droit ou une loi d'origine étatique ou non étatique comme la *lex mercatoria* pour tout ou une partie de l'accord. À défaut de choix entre les parties, le tribunal arbitral applique « le droit de l'État contractant partie au différend – y compris les règles relatives aux conflits de lois – ainsi que les principes de droit international en la matière ». La référence aux règles de conflit de l'État hôte implique le système juridique global de cet État qui peut contenir des règles provenant d'autres systèmes par la désignation d'un droit différent du pays hôte ou de règles internationales conventionnelles ou coutumières et aussi le droit européen primaire et secondaire en matière d'investissement concernant les États membres.[1]

Selon la première approche, il s'agit de considérer que le droit européen et celui des États membres sont un ensemble à l'intérieur duquel le droit européen l'emporte sur le droit interne en raison de la primauté du droit de l'Union.[2] Le droit européen fait donc partie des droits des États membres.[3] Ainsi, lorsque le droit d'un État membre est applicable en vertu de l'article 42 (1), c'est le droit de l'Union qui s'applique y compris le domaine des investissements étrangers.[4] Cela dit, étant donné que l'article 42 (1) impose le respect du droit international, le droit européen comme faisant partie du droit des États membres demeure soumis au droit international.[5] Il s'agit d'une approche fédéraliste qui pourrait être choisie par les organes de l'Union européenne car elle souligne la primauté du droit européen sur celui des États membres.[6]

Avec la deuxième approche, il s'agit de considérer le droit de l'Union européenne comme une forme particulière de droit international conventionnel, tel que prévu par l'article 42 (1).[7] Dans ce cas, le droit de l'Union européenne en tant que tel serait amené à combler les lacunes et à corriger le droit national incompatible, mais dans la mesure où le droit de l'Union européenne (comme droit international conventionnel) reste compatible avec le droit international général conventionnel et coutumier.[8] Cette approche pourrait être préférée par les États membres parce qu'elle favorise l'autonomie de chaque État membre par rapport aux États tiers dans les relations internationales.[9] Dans tous les cas, les deux approches permettent de garantir l'application du droit européen dans le domaine des IDE, ainsi que le respect du droit international conventionnel et coutumier dans le cadre de l'article 42 (1).[10]

---

[1] *Id.*, p. 150-151
[2] *Id.*, p. 152
[3] *Id.*
[4] *Id.*
[5] *Id.*
[6] *Id.*, p. 153
[7] *Id.*, p. 152
[8] *Id.*
[9] *Id.*, p. 153
[10] *Id.*

Chapitre 6 - Choix de l'amiable composition

L'arbitre peut statuer en amiable composition mais l'accord des parties à ce sujet est essentiel.

Section 1 - Définition de l'*ex aequo et bono* ou de l'amiable composition

Les parties peuvent conférer au tribunal arbitral le pouvoir de statuer *ex aequo et bono* ou en amiable composition.[1] Il s'agit de trancher selon l'équité.[2] Les sens exacts des notions d'amiable composition, d'équité et du pouvoir des arbitres à statuer *ex aequo et bono* ont fait l'objet de controverses.[3] Dans certains systèmes, une distinction est faite entre l'amiable composition et la décision rendue *ex aequo et bono*.[4] D'ailleurs, le règlement d'arbitrage CNUDCI utilise les deux termes distinctement.[5] L'arbitrage en équité serait « détaché du droit, même impératif » et l'amiable composition permettrait à l'arbitre d'atténuer les effets de l'application du droit.[6] Dans tous les cas, les arbitres mettront en avant la solution qui, à leur sentiment, paraît la plus juste dans l'affaire.[7] L'amiable composition peut être définie négativement dans le sens où les arbitres ne sont pas obligés d'appliquer une loi ou une règle de droit.[8] Une sentence CCI rendue en 1981 dans l'affaire n° 3327 précise que « la clause d'amiable composition donne à l'arbitre les moyens de limiter l'emprise du droit sur le litige au profit d'autres facteurs, et permet de soustraire des situations de fait, qui, dans une saine politique commerciale, méritent des traitements différents de l'application de règles rigides ».[9] Un auteur définit l'équité comme le recours à « un ajustement équitable [du] différend d'après les règles de justice ».[10]

---

[1] E. GAILLARD, « Droit applicable au fond du litige », JurisClasseur Droit international, Fasc. 586-9-1, *Op. cit.*, parag. 83

[2] L. ACHTOUK-SPIVAK, « Le droit applicable aux arbitrages en matière d'investissements », *Op. cit.*, p. 842

[3] E. GAILLARD, « Droit applicable au fond du litige », JurisClasseur Droit international, Fasc. 586-9-1, *Op. cit.*, parag. 83

[4] L. ACHTOUK-SPIVAK, « Le droit applicable aux arbitrages en matière d'investissements », *Op. cit.*, p. 842

[5] *Idem*

[6] P. LALIVE, J.-F. POUDRET, et C. REYMOND, *Le droit de l'arbitrage interne et international en Suisse*, *Op. cit.*, p. 401 ; Cité par E. GAILLARD, « Droit applicable au fond du litige », JurisClasseur Droit international, Fasc. 586-9-1, *Op. cit.*, parag. 83

[7] E. GAILLARD, « Droit applicable au fond du litige », JurisClasseur Droit international, Fasc. 586-9-1, *Op. cit.*, parag. 83

[8] *Idem*

[9] *JDI* 1982, p. 971, obs. Y. DERAINS. Cité par E. GAILLARD, « Droit applicable au fond du litige », JurisClasseur Droit international, Fasc. 586-9-1, *Op. cit.*, parag. 84

[10] N. NASSAR, « Internationalization of State Contracts : ICSID, the last citadel », *Op. cit.*, p. 197, 202. Cité par [Okilassali], p. 29

Section 2 - Exemples de lois et règlements

L'arbitrage *ex aequo et bono* est prévu dans un bon nombre de règlements d'arbitrage. Par exemple, la loi-type CNUDCI indique en son article 28 al. 3, que « Le tribunal arbitral statue *ex aequo et bono* ou en qualité d'amiable compositeur uniquement si les parties l'y ont expressément autorisé ». Le prévoient également le règlement d'arbitrage de la CNUDCI en son article 35 (2)[1] et la Convention de Washington à l'article 42 (3) en vertu duquel l'arbitre peut statuer *ex aequo et bono* si les parties le décident.[2] L'amiable composition est acceptée dans la plupart des droits.[3] Les États de *common law* ont quelques réticences,[4] l'amiable composition étant vue comme une création du droit français.[5] Peu de sentences partielles ou intégrales ont été rendues *ex aequo et bono* dans l'arbitrage d'investissement.[6]

Section 3 - La nécessité de l'accord des parties

Il ressort de ces règlements, mais aussi des législations nationales,[7] que l'accord des parties est essentiel dans le cadre de l'arbitrage *ex aequo bono*, et ce afin de garantir une sécurité juridique.[8] Dans le cadre de la Convention de

---

[1] Article 35 (2) du règlement d'arbitrage de la CNUDCI (version révisée de 2010) : « Le tribunal arbitral ne statue en qualité d'amiable compositeur ou *ex aequo et bono* que s'il y a été expressément autorise par les parties » ; article 33 (2) du règlement d'arbitrage de la CNUDCI (version de 1976) : « Le tribunal arbitral ne statue en qualité d'amiable compositeur : (*ex aequo et bono*) que si le tribunal arbitral y a été expressément autorise par les parties et si ce type d'arbitrage est permis par la loi applicable à la procédure arbitrale » ; article 17 (3) du règlement d'arbitrage de la CCI (version 1998) : « Le tribunal arbitral statue en amiable compositeur, ou décide *ex aequo et bono*, seulement si les parties sont convenues de l'investir de tels pouvoirs » ; article 21 (3) du Règlement d'arbitrage de la CCI (version 2012) ; article 22.4 du règlement d'arbitrage de la LCIA : « The Arbitral Tribunal shall only apply to the merits of the dispute principles deriving from "*ex aequo et bono*", "amiable composition" or "honorable engagement" where the parties have so agreed expressly in writing » ; article 22 (3) du Règlement d'arbitrage de la SCC : « Le tribunal arbitral ne tranchera le litige *ex aequo et bono* ou en amiable composition que si les parties l'y ont expressément autorisé ». Voir L. ACHTOUK-SPIVAK, « Le droit applicable aux arbitrages en matière d'investissements », *Op. cit.*, p. 842

[2] Le CIRDI propose la rédaction de la clause de l'amiable composition comme suit : « Tout Tribunal arbitral constitué conformément au présent accord aura le pouvoir de trancher le différend *ex aequo et bono ».* CIRDI, clause modèle 11 : http://icsidfiles.worldbank.org/icsid/icsid/staticfiles/model-clauses-fra/13.htm#Vb

[3] E. GAILLARD, « Droit applicable au fond du litige », JurisClasseur Droit international, Fasc. 586-9-1, *Op. cit.*, parag. 81

[4] *Idem*

[5] *Id.*

[6] Exemple de sentence partielle : CIRDI, Benvenuti Bonfant c. Congo, ARB/77/2, sentence, 8 août 1980, *ILR* Vol. 67, parag. 4.1-4.4
Exemple de sentence intégrale : CIRDI, Atlantic Triton c. Guinée, ARB/84/1, sentence, 21 avril 1986 : 15 *JDI,* (1988), 181 ; 3 *ICSID Reports* 13. Cité par Ch. SCHREUER et al., *The ICSID Convention : A Commentary*, *Op. cit.*, p. 636. Jp citée par ACHTOUK-SPIVAK, « Le droit applicable aux arbitrages en matière d'investissements », *Op. cit.*, p. 843

[7] Par exemple, CPC néerlandais, art. 1054, al. 3. ; LDIP suisse, art. 187, al. 2. Voir E. GAILLARD, « Droit applicable au fond du litige », JurisClasseur Droit international, Fasc. 586-9-1, *Op. cit.*, parag. 82

[8] Ch. SCHREUER, « Decisions *Ex aequo et bono* Under the ICSID Convention », *Op. cit.*, p. 41. Pour l'exemple d'une décision dans laquelle le tribunal refuse de rendre une décision *ex aequo et bono* sans

Washington, l'accord des parties est indispensable au vu de la prohibition du *non liquet* à l'article 42 (2).[1] L'article 42 (3) concernant l'*ex aequo et bono* contient une référence aux alinéas précédents de l'article 42 : « Les dispositions des alinéas précédents ne portent pas atteinte à la faculté pour le Tribunal, si les parties en sont d'accord, de statuer *ex aequo et bono* ». Cette référence à ce qui précède signifierait que les décisions rendues *ex aequo et bono* ne doivent pas être utilisées uniquement pour combler des lacunes ou l'absence de droit applicable afin d'éviter le *non liquet* interdit à l'article 42 (2).[2] L'accord des parties est essentiel car il assure une certaine sécurité juridique.[3]

En dehors du cadre du CIRDI, il est possible que la loi du siège de l'arbitrage et / ou du pays de reconnaissance et d'exécution de la sentence n'autorise pas l'arbitrage *ex aequo et bono*.[4] D'ailleurs, c'est sans doute la raison pour laquelle l'article 54 (2) du règlement d'arbitrage du mécanisme supplémentaire du CIRDI précise que : « Le Tribunal peut statuer *ex aequo et bono* s'il y a été expressément autorisé par les parties et si ce type d'arbitrage est permis par la loi applicable à la procédure arbitrale ». Le règlement d'arbitrage de la CNUDCI avait prévu ceci dans sa version de 1976 (article 33 (2)), mais cette condition n'a pas été reprise dans la version de 2010.[5]

Section 4 - Conséquences en l'absence d'accord des parties

Un défaut d'accord entre les parties pour trancher en équité peut constituer un motif d'annulation de la sentence pour excès manifeste de pouvoir de l'arbitre.[6] Une distinction est faite entre, d'une part, la prise d'une décision en

---

l'accord des parties, voir CIRDI, AGIP c. Congo, ARB/77/1, sentence, 30 novembre 1979, *RCDIP*, 1982, p. 92-109, spéc. p. 98, parag. 44. Cité par ACHTOUK-SPIVAK, « Le droit applicable aux arbitrages en matière d'investissements », *Op. cit.*, p. 841, 843

[1] I. F. SHIHATA, A. PARRA, « Applicable substantive law in dispute between states and private foreign parties : the case of arbitration under the ICSID Convention », *Op. cit.*, p. 198. Cité par ACHTOUK-SPIVAK, « Le droit applicable aux arbitrages en matière d'investissements », *Op. cit.*, p. 842

[2] V. A. BROCHES, « The Convention on the Settlement of Investment Disputes between States and nationals of other states », *RCADI*, 1972, t. 136, p. 331, spéc. p. 393. Cité par L. ACHTOUK-SPIVAK, « Le droit applicable aux arbitrages en matière d'investissements », *Op. cit.*, p. 842

[3] L. ACHTOUK-SPIVAK, « Le droit applicable aux arbitrages en matière d'investissements », *Op. cit.*, p. 843

[4] D. D. CARON, M. PELLONPÄÄ, L. M. CAPLAN, *The UNCITRAL Arbitration Rules : A Commentary*, Oxford, Oxford University Press, 2006, p. 135-136. Cité par ACHTOUK-SPIVAK, « Le droit applicable aux arbitrages en matière d'investissements », *Op. cit.*, p. 843

[5] L. ACHTOUK-SPIVAK, « Le droit applicable aux arbitrages en matière d'investissements », *Op. cit.*, p. 843

[6] Voir CIRDI, MTD Equity Sdn. Bhd. and MTD Chile S.A. c. Chili, ARB/01/7, décision d'annulation, 21 mars 2007 ; E. GAILLARD, *La Jurisprudence du CIRDI*, Vol. II, A. Pedone, 2010, p. 385-390, parag. 44 ; CIRDI, Maritime International Nominees Establishment c. Guinée, ARB/84/4, décision d'annulation du Comité *ad hoc*, 22 déc. 1989 ; 118 *JDI* 1991, p. 166-171 (extraits), avec les obser. d'E. GAILLARD, *La Jurisprudence du CRDI*, Vol. I, *Op. cit.*, p. 291-297 (extraits), parag. 5.03 ; CIRDI, Azurix Corp. c. Argentine, ARB/01/12, décision d'annulation, 1er septembre 2009, parag. 136. Jp citée par ACHTOUK-SPIVAK, « Le droit applicable aux arbitrages en matière d'investissements », *Op. cit.*, p. 844

ex aequo et bono sans l'accord des parties pouvant entraîner l'annulation de la sentence et, d'autre part, la prise en compte de considérations équitables par l'arbitre lors de l'application du droit qui n'entraîne pas l'annulation de la sentence et qui constitue une pratique courante en droit international.[1] Cette distinction est expliquée dans l'affaire Amco où le tribunal reprend les explications de la CIJ qui avait considéré que : « [L]orsqu'on parle du juge qui rend la justice ou qui dit le droit, il s'agit de justification objective de ses décisions non pas au-delà des textes mais selon les textes et dans ce domaine c'est précisément une règle de droit qui appelle l'application de principes équitables. Il n'est par conséquent pas question en l'espèce d'une décision *ex aequo et bono* ».[2]

L'amiable composition donne aux arbitres une plus grande liberté que s'ils devaient statuer en droit.[3] Aussi, lorsque des arbitres ayant reçu des pouvoirs d'amiables compositeurs statuent en droit, il est considéré qu'ils ont méconnu leur mission uniquement lorsqu'il est établi qu'ils ont cru qu'ils devaient statuer en droit ou qu'ils ont délibérément choisi de ne statuer qu'en droit.[4] Si ces arbitres appliquent une règle de droit parce qu'ils pensaient que c'est équitable, ils restent dans le cadre de leur mission.[5] La jurisprudence a souvent considéré que le choix fait par les arbitres d'appliquer la règle de droit parce qu'elle leur apparaît juste est implicite.[6] Par exemple, dans un arrêt du 15 mars 1984, la Cour d'appel de Paris a estimé que « si en leur conférant les pouvoirs d'amiables compositeurs, les parties ont entendu dispenser les arbitres d'appliquer strictement les règles de droit, il n'en demeure pas moins que le tribunal arbitral avait la faculté de se référer à ces règles dans la mesure où il les jugeait propres à donner au litige la solution la plus juste », et a refusé d'annuler la sentence en cause, au motif « qu'en l'espèce les arbitres n'ont à aucun moment indiqué que la sentence était exclusivement fondée sur les textes [du droit suédois dont les arbitres avaient observé le respect par la partie venderesse dont la responsabilité était recherchée], mentionnés pour expliquer et justifier l'attitude de la venderesse à un moment déterminé ».[7] Bien que les arbitres doivent avoir l'accord des parties pour statuer en équité, la

---

[1] ACHTOUK-SPIVAK, « Le droit applicable aux arbitrages en matière d'investissements », *Op. cit.*, p. 844

[2] CIRDI, Amco Asia Corporation et autres c. Indonésie, ARB/81/1, décision d'annulation du comité *ad hoc*, 16 mai 1986 : 114 *JDI* 1987, p. 174-184 (extraits), E. GAILLARD, *La Jurisprudence du CIRDI*, Vol. I, A. Pedone, 2004, p. 177-189 (extraits), parag. 24-28 ; CIJ, aff. du plateau continental de la mer du Nord (Allemagne/Danemark ; Allemagne/Pays-Bas), arrêt du 20 février 1969 : *CIJ Recueil* 1969, pp. 3-57, spéc. p. 48, parag. 88 : https://www.icj-cij.org/fr/affaire/51. Cité par ACHTOUK-SPIVAK, « Le droit applicable aux arbitrages en matière d'investissements », *Op. cit.*, p. 844

[3] E. GAILLARD, « Sentence arbitrale - Contrôle étatique- Droit commun », JurisClasseur Droit international, Fasc. 586-10, *Op. cit.*, parag. 67

[4] *Idem*

[5] *Id.*

[6] *Id.*

[7] *Revue de l'arbitrage*, 1985, 285, avec comm. E. LOQUIN p. 199. Cité par E. GAILLARD, « Sentence arbitrale - Contrôle étatique - Droit commun », JurisClasseur Droit international, Fasc. 586-10, *Op. cit.*, parag. 67

jurisprudence reste libérale à ce sujet.[1] Par exemple, il a été considéré que le fait de se référer à l'équité ne suffit pas à établir que les arbitres ont dépassé leurs pouvoirs : il faut que la sentence soit annulée ou refusée d'exequatur.[2]

Section 5 - L'application de l'amiable composition en combinaison avec d'autres sources

Il arrive que les parties demandent aux arbitres d'appliquer l'amiable composition en combinaison avec une loi étatique.[3] L'important est d'arriver à une solution équitable.[4] Lorsque les parties mentionnent uniquement l'amiable composition, les arbitres ne sont pas obligés d'appliquer une loi étatique ou la *lex mercatoria*.[5] Il a été observé que les tribunaux arbitraux qui tranchent conformément à l'équité ont tendance à s'inspirer davantage des principes généraux plutôt que de lois étatiques.[6] Cela dit, l'application des principes généraux de droit ne veut pas dire que les arbitres statuent en équité.[7] Dans les années 50 et 60, l'amiable composition visait à s'écarter de la stricte application d'un droit étatique et la doctrine l'employait surtout pour élaborer progressivement la *lex mercatoria*.[8] Aujourd'hui la *lex mercatoria* est devenue autonome par rapport à l'application de l'amiable composition et elle est même écartée si l'arbitre juge qu'elle présente une solution inéquitable.[9] Quand l'arbitre est chargé de la mission de juger en amiable composition, il peut recourir aux principes généraux du droit ou à une loi étatique si son sentiment d'équité le lui permet.[10] Certains auteurs considèrent que le fait de trancher en équité permet l'application du droit et que par la méthode du dépeçage, les parties peuvent décider que seules quelques questions soient tranchées en amiable composition.[11]

---

[1] *Idem*

[2] E. GAILLARD, « Sentence arbitrale - Contrôle étatique - Droit commun », JurisClasseur Droit international, Fasc. 586-10, *Op. cit.*, parag. 67

[3] E. GAILLARD, « Droit applicable au fond du litige », JurisClasseur Droit international, Fasc. 586-9-1, *Op. cit.*, parag. 85

[4] Sent. CCI n° 2139 [1974] : *JDI* 1975, p. 929 et obs. Y. DERAINS, p. 920. E. GAILLARD, « Droit applicable au fond du litige », JurisClasseur Droit international, Fasc. 586-9-1, *Op. cit.*, parag. 85

[5] E. GAILLARD, « Droit applicable au fond du litige », JurisClasseur Droit international, Fasc. 586-9-1, *Op. cit.*, parag. 86

[6] *Idem*

[7] *Id.*

[8] *Id.*

[9] *Id.*

[10] *Id.*, parag. 87

[11] T. BEGIC, *Applicable Law in International Investment Dipsutes*, *Op. cit.*, p. 223, 226 ; D. DI PIETRO, « Applicable Law under Article 42 of the ICSID Convention : The Case of Amco c. Indonesia », *In International Investment Law and Arbitration : Leading Cases from the ICSID, NAFTA, Bilateral Treaties and Customary International Law*, T. WEILER (ed.), London, Cameron, 2005, p. 223, spéc. p. 259-260 ; Ch. SCHREUER, « Decisions *Ex aequo et bono* Under the ICSID Convention », *Op. cit.*, p. 44-45. Cité par ACHTOUK-SPIVAK, « Le droit applicable aux arbitrages en matière d'investissements », *Op. cit.*, p. 843

Si les arbitres qui statuent en amiable composition estiment que l'application des dispositions d'un contrat est injuste, peuvent-ils les ignorer ?[1] Pour une partie de la doctrine, le pouvoir des arbitres de statuer en équité ne peut s'étendre à l'ensemble du contrat même si le respect des dispositions du contrat aboutit à des résultats inéquitables.[2] La loi-type de la CNUDCI semble adopter cette position.[3] En revanche, la majorité de la doctrine et la pratique arbitrale admettent que l'arbitre statuant en amiable composition peut écarter les droits issus du contrat ou en modifier les effets, sans toutefois aller jusqu'à réviser le contrat.[4]

Section 6 - Limites à l'application de l'amiable composition

La liberté des arbitres n'est pas absolue quand ils statuent en *ex aequo et bono* parce qu'ils ont à respecter l'ordre public international et le *jus cogens* au risque de voir leur sentence annulée ou non reconnue.[5] De même, les arbitres sont tenus de respecter les principes fondamentaux de la procédure arbitrale.[6] L'amiable composition concerne, le fond du litige (non la procédure) sauf indication contraire des parties.[7] Les arbitres ont également l'obligation de motiver la sentence sous peine d'annulation.[8] La Convention de Washington pose cette exigence à l'article 52 (1) (e) : Le défaut de motifs constitue un motif d'annulation. Toutefois, le règlement d'arbitrage de la CNUDCI (version 2010) permet d'écarter la motivation de la sentence si les parties conviennent ainsi (article 34 (3)).

---

[1] E. GAILLARD, « Droit applicable au fond du litige », JurisClasseur Droit international, Fasc. 586-9-1, *Op. cit.*, parag. 88

[2] Dans le même sens, voir sentence Sent. CCI n° 3938 [1982] : *JDI* 1984, p. 926, obs. S. JARVIN ; J. ROBERT, *L'arbitrage. Droit interne. Droit international privé,* 6e éd. 1993, n° 186. E. GAILLARD, « Droit applicable au fond du litige », JurisClasseur Droit international, Fasc. 586-9-1, *Op. cit.*, parag. 88

[3] *Idem*

[4] E. LOQUIN, *L'amiable composition en droit comparé et international. Contribution à l'étude du non-droit dans l'arbitrage international*, Paris, Librairies techniques (Litec), 1980, n° 462 s. ; P. MAYER, *La règle morale dans l'arbitrage international, In Études Bellet*, Litec, 1991, n° 3 ; Sent. CCI n° 3327 [1981] : *JDI* 1982, p. 971, obs. S. JARVIN ; Sent. CCI n° 3344 [1981] : *JDI* 1982, p. 978, obs. Y. DERAINS. Cités par E. GAILLARD, « Droit applicable au fond du litige », JurisClasseur Droit international, Fasc. 586-9-1, *Op. cit.*, parag. 88

[5] Exemple Sent. CCI n° 4265 [1984] : *JDI* 1984, p. 922, obs. Y. DERAINS ; E. LOQUIN, « Pouvoirs et devoirs de l'amiable compositeur. À propos de trois arrêts de la Cour d'appel de Paris », *Revue de l'arbitrage,* 1985, p. 199, spéc. p. 225 s. Cités par E. GAILLARD, « Droit applicable au fond du litige », JurisClasseur Droit international, Fasc. 586-9-1, *Op. cit.*, parag. 89 ; T. BEGIC, *Applicable Law in International investment Disputes, Op. cit.*, p. 229

[6] E. GAILLARD, « Droit applicable au fond du litige », JurisClasseur Droit international, Fasc. 586-9-1, *Op. cit.*, parag. 89

[7] *Idem*

[8] Ch. SCHREUER et al., *The ICSID Convention: A Commentary, Op. cit.*, p. 637-639. Cité par ACHTOUK-SPIVAK, « Le droit applicable aux arbitrages en matière d'investissements », *Op. cit.*, p. 843

Section 7 - L'amiable composition dans les législations des pays arabes

La majorité des droits arabes connaissent l'amiable composition[1] soit dans une disposition spécifique,[2] soit par l'assimilation de l'amiable composition à l'équité.[3] Au Yémen, une procédure appelée le *tahkim bil chareh* ou *bil sulh* ressemble à la procédure de conciliation.[4]

Le nouveau droit algérien de 2008 ne donne pas expressément aux parties la possibilité de conférer à l'arbitre le pouvoir d'amiable compositeur (contrairement au décret-loi de 1993).[5] Néanmoins, en droit algérien, les parties ont la liberté de choisir la procédure et les règles applicables au fond du litige, ce qui peut inclure l'amiable composition.[6] Dans certains pays arabes, la possibilité d'investir l'arbitre de pouvoirs d'amiable compositeur doit être expressément convenue par les parties.[7] Cela dit, comme l'écrit est une exigence répandue dans les législations arabes sur l'arbitrage, en raisonnant par analogie, il est possible de déduire que l'arbitre ne peut se voir conférer un pouvoir d'amiable composition qu'expressément.[8] Les arbitres ne peuvent pas se donner le pouvoir d'amiable compositeur sans y avoir été investis par les parties, sinon ils dépasseraient le cadre de leur mission.[9]

---

[1] Articles 813, NCPCL ; 327-45 loi marocaine ; 28-3 loi-type CNUDCI adoptée par le Bahreïn ; 14 et 73-3 code tunisien ; 39-4 loi égyptienne ; 39-d loi omanaise ; 36-d loi jordanienne ; 45 loi yéménite ; 38.4 loi syrienne ; 761 et 745 CPCC libyen ; 176 et 182 al. 2 CPCC koweïtien et article 12 loi koweïtienne de 1995 sur l'arbitrage judiciaire qui renvoie au CPCC ; 205 et 212-2 LF émiratie ; 191 et 198 CPCCQ ; 258 et 265 (2) CPC irakien. [Najjar], p. 480

[2] Systèmes libanais, marocain, koweïtien, émirati, qatari, irakien. [Najjar], p. 480

[3] Bahreïn, DIFC, QFC, Tunisie, Égypte, Oman, Jordanie, Arabie saoudite, Libye. [Najjar], p. 480

[4] [Najjar], p. 480-481

[5] *Idem*, p. 481

[6] *Id.*

[7] Articles 28-3 loi-type ; 35-3 LDIFC ; 34-3 LQFC ; 73-3 code tunisien ; 39-d lois égyptienne et omanaise ; 36-d loi jordanienne ; 38.4 loi syrienne ; 38.2 règlement saoudien. [Najjar], p. 481

[8] [Najjar], p. 482

[9] *Idem*

Chapitre 7 - L'adage *iura novit curia* et arbitrage

La majorité des lois nationales et règlements d'arbitrage permettent aux parties de choisir le droit applicable au fond du litige et il revient aux arbitres de respecter ce choix.[1] Mais à qui appartient la charge de déterminer le contenu et l'interprétation de la loi applicable ?[2] Autrement dit, quel est le statut du droit de fond devant l'arbitre international ?[3] L'arbitre a-t-il la liberté, le droit ou le devoir de réaliser des recherches et d'appliquer la loi d'office ou est-ce aux parties d'apporter le droit ?[4] Ou encore, faut-il rechercher une solution intermédiaire ? Que doivent faire les arbitres si les parties n'énoncent pas, involontairement ou intentionnellement, les fondements juridiques de leurs prétentions ou si certaines règles identifiées par les parties sont incorrectes, incomplètes ou cruciales pour trancher l'affaire ?[5] Le tribunal devrait-il simplement ignorer cette règle parce que les parties ne l'ont pas mentionnée ?[6] En d'autres termes, l'arbitre peut-il ou doit-il appliquer l'adage *iura novit curia* ou plutôt l'adage reformulé pour l'arbitrage, *iura novit arbiter* ?[7] La plupart des règlements d'arbitrage n'abordent pas la question.[8] Les systèmes de droit civil et de *common law* traitent différemment la question du statut du droit matériel applicable.[9] Il est utile d'examiner avant tout le statut du droit étranger devant le juge étatique parce que son attitude ressemble à celle de l'arbitre à qui tous les droits sont étrangers.[10]

---

[1] T. GIOVANNINI, « Qui contrôle les pouvoirs des arbitres : les parties, l'arbitre ou la cour d'arbitrage ? », Les Arbitres Internationaux, Centre Français de Droit Comparé, Vol. 8, Colloque du 4 février 2005, p. 142

[2] C. WIŚNIEWSKI, A. ZIELIŃSKA, « Who Should Know The Law : The Arbitrators Or The Parties ? », Kluwer Arbitration Blog, Linklaters, October 3, 2016, p. 2

[3] G. KAUFMANN-KOHLER, « Iura novit arbiter : est-ce bien raisonnable ? Réflexions sur le statut du droit de fond devant l'arbitre international », *In Études réunies sur le droit désirable en l'honneur du professeur Alain Hirsch*, Slatkine, Genève, 2014, p. 72

[4] C. WIŚNIEWSKI, A. ZIELIŃSKA, « Who Should Know The Law : The Arbitrators Or The Parties ? », *Op. cit.*, p. 1

[5] *Idem*, p. 2 ; Ch. COLLANTES, « Give Me the Facts and I'll Give You the Law : What Are the Limits of the Iura Novit Arbiter Principle in International Arbitration ? », Kluwer Arbitration Blog, Navarro Sologuren, Paredes, Gray Attorneys at Law, January 10th, 2019, p. 2

[6] Ch. COLLANTES, « Give Me the Facts and I'll Give You the Law : What Are the Limits of the Iura Novit Arbiter Principle in International Arbitration? », *Op. cit.*, p. 2

[7] C. WIŚNIEWSKI, A. ZIELIŃSKA, « Who Should Know The Law : The Arbitrators Or The Parties ? », *Op. cit.*, p. 1

[8] T. GIOVANNINI, « Qui contrôle les pouvoirs des arbitres : les parties, l'arbitre ou la cour d'arbitrage ? », *Op. cit.*, p. 143 ; C. WIŚNIEWSKI, A. ZIELIŃSKA, « Who Should Know The Law : The Arbitrators Or The Parties ? », *Op. cit.*, p. 2

[9] C. WIŚNIEWSKI, A. ZIELIŃSKA, « Who Should Know The Law : The Arbitrators Or The Parties ? », *Op. cit.*, p. 1

[10] G. KAUFMANN-KOHLER, « Iura novit arbiter : est-ce bien raisonnable ? Réflexions sur le statut du droit de fond devant l'arbitre international », *Op. cit.*, p. 72 ; N. BIESSAUX, *Regards croisés sur l'étendue et la portée de l'adage Iura Novit Curia à l'aune des exigences posées par le principe du contradictoire dans l'arbitrage*, Mémoire, Université de Liège, 2019, p. 1

Section 1 - Le juge étatique et l'adage *iura novit curia*

De façon générale, dans les systèmes de droit civiliste, le juge applique, en principe, l'adage *iura novit curia*, c'est-à-dire qu'il peut établir le contenu du fond et appliquer la loi d'office.[1] Les parties définissent l'objet de leur litige, apportent les faits, allèguent les preuves et le juge, pour trancher le litige en droit, peut effectuer des recherches supplémentaires sur le contenu du droit applicable, en plus de celles effectuées par les parties, ou encore requalifier un moyen ou en soulever un non invoqué par les parties, parfois d'office, à condition de ne pas modifier l'objet du litige et respecter le devoir de contradiction afin de veiller au respect des droits fondamentaux et des droits de la défense des parties et ne pas les surprendre par des moyens auxquels elles ne s'attendaient pas.[2] Pour pouvoir réaliser ce travail supplémentaire, le juge peut solliciter une aide externe comme le service d'un expert ou d'une institution.[3] Si le contenu du droit étranger ne peut être établi, il est généralement admis que le juge applique son droit national.[4] Autrement dit, le juge peut jouer un rôle actif pour déterminer le contenu du droit applicable.[5]

Dans les systèmes issus du *common law*, l'adage *iura novit curia* n'a pas de place.[6] Les juges abordent le droit étranger comme un fait.[7] Dans les juridictions de *common law* où le système contradictoire domine, ce sont les parties qui contribuent intégralement au débat.[8] Par exemple, en droit anglais, le juge se limite aux moyens invoqués par les parties et ne pourra pas en

---

[1] N. BIESSAUX, *Regards croisés sur l'étendue et la portée de l'adage Iura Novit Curia à l'aune des exigences posées par le principe du contradictoire dans l'arbitrage*, *Op. cit.*, p. 12

[2] C. CHAINAIS, « Rapport français - Les rôles respectifs des parties et du juge au regard de la matière litigieuse et du droit applicable au litige », *In L'office du juge – Études de droit comparé*, C. CHAINAIS, B. HESS, A. SALETTI et J.-F. VAN DROOGHENBROEK, Larcier, Bruxelles, 2018, p. 19. Cité par H. BOULARBAH, « Brèves considérations sur la nécessaire complémentarité entre l'adage « iura novit curia » et le principe du contradictoire », *In Le principe du contradictoire en arbitrage*, Bruylant, Bruxelles, 2017, p. 56. Rf. citées par N. BIESSAUX, *Regards croisés sur l'étendue et la portée de l'adage Iura Novit Curia à l'aune des exigences posées par le principe du contradictoire dans l'arbitrage*, *Op. cit.*, p. 11-13

[3] L. VAN DEN EYNDE, « Iura Novit Curia... ? Une aide externe pour l'interprétation du droit peut néanmoins être bienvenue », A. P. T., 2017, liv. 1-2, p. 69 à 78, spéc. p. 71-72. Cité par N. BIESSAUX, *Regards croisés sur l'étendue et la portée de l'adage Iura Novit Curia à l'aune des exigences posées par le principe du contradictoire dans l'arbitrage*, *Op. cit.*, p. 13

[4] N. BIESSAUX, *Regards croisés sur l'étendue et la portée de l'adage Iura Novit Curia à l'aune des exigences posées par le principe du contradictoire dans l'arbitrage*, *Op. cit.*, p. 15

[5] *Idem*

[6] C. P. ALBERTI, « Iura Novit Curia in International Commercial Arbitration : How much justice do you want ? », *In International Arbitration and International Commercial Law : Synergy, Convergence and Evolution*, Genève, Kröll, 2011, p. 10. Cité par N. BIESSAUX, *Regards croisés sur l'étendue et la portée de l'adage Iura Novit Curia à l'aune des exigences posées par le principe du contradictoire dans l'arbitrage*, *Op. cit.*, p. 16

[7] N. BIESSAUX, *Regards croisés sur l'étendue et la portée de l'adage Iura Novit Curia à l'aune des exigences posées par le principe du contradictoire dans l'arbitrage*, *Op. cit.*, p. 15

[8] J. LEW, L. MISTELIS, S. KROELL, *Comparative International Commercial Arbitration*, La Haye : Kluwer Law International, 2003, p. 725-726. Cité par Ch. COLLANTES, « Give Me the Facts and I'll Give You the Law : What Are the Limits of the Iura Novit Arbiter Principle in International Arbitration? », *Op. cit.*, p. 3

soulever d'autres.[1] C'est aux parties de prouver le contenu du droit étranger et à défaut, le juge anglais appliquera, en principe, son *lex fori*, présumé semblable.[2]

D'autres systèmes, comme le droit américain,[3] proposent une solution médiane plus souple selon laquelle le juge a la possibilité de réaliser ses investigations, par lui-même ou par l'aide d'experts, pour déterminer le contenu du droit étranger, sans en avoir l'obligation.[4] En Suisse, le juge établit le contenu du droit étranger d'office, par lui-même ou avec la collaboration des parties.[5] Si ce contenu ne peut pas être établi, c'est le droit suisse qui s'appliquera à titre supplétif.[6] La faculté voire parfois l'obligation du juge de soulever des moyens autres que ceux présentés par les parties est inhérente à son rôle en tant que « gardien de l'ordre public de l'État dont il tire son pouvoir »[7] afin qu'il interprète et applique correctement la loi de son for.[8]

Section 2 - L'adage *iura novit curia* appliqué à l'arbitrage

La question de savoir si et comment les tribunaux arbitraux peuvent appliquer le principe *iura novit curia* a fait l'objet de nombreux débats.[9] Les arbitres, contrairement aux juges étatiques, n'ont pas de for et tirent leurs pouvoirs de la convention d'arbitrage.[10] Dans la pratique, les parties précisent

---

[1] N. BIESSAUX, *Regards croisés sur l'étendue et la portée de l'adage Iura Novit Curia à l'aune des exigences posées par le principe du contradictoire dans l'arbitrage*, *Op. cit.*, p. 15

[2] G. KAUFMANN-KOHLER, « Iura novit arbiter : est-ce bien raisonnable ? Réflexions sur le statut du droit de fond devant l'arbitre international », *Op. cit.*, p. 16

[3] Voir article 44 des Federal Rules of Civil Procedure

[4] G. KAUFMANN-KOHLER, « The Arbitrator and the Law : Does He/She Know it ? Apply It ? How ? And a Few More Questions », *Arbitration International*, LCIA, Vol. 24, No. 4, p. 634 ; G. KAUFMANN-KOHLER, « Iura novit arbiter : est-ce bien raisonnable ? Réflexions sur le statut du droit de fond devant l'arbitre international », *Op. cit.*, p. 77 ; Voir N. BIESSAUX, *Regards croisés sur l'étendue et la portée de l'adage Iura Novit Curia à l'aune des exigences posées par le principe du contradictoire dans l'arbitrage*, *Op. cit.*, p. 16

[5] G. KAUFMANN-KOHLER, « Iura novit arbiter : est-ce bien raisonnable ? Réflexions sur le statut du droit de fond devant l'arbitre international », *Op. cit.*, p. 72

[6] *Idem*

[7] C. P. ALBERTI et D. BIGGE, « Ascertaining the content of the applicable law and iura novit tribunus : approaches in commercial and investment arbitration », *In Contemporary problems of Commercial Arbitration*, Hector Flores Senties, ed., Mexico, 2015, p. 3. Cité par N. BIESSAUX, *Regards croisés sur l'étendue et la portée de l'adage Iura Novit Curia à l'aune des exigences posées par le principe du contradictoire dans l'arbitrage*, *Op. cit.*, p.1 7

[8] N. BIESSAUX, *Regards croisés sur l'étendue et la portée de l'adage Iura Novit Curia à l'aune des exigences posées par le principe du contradictoire dans l'arbitrage*, *Op. cit.*, p. 17

[9] Ch. COLLANTES, « Give Me the Facts and I'll Give You the Law : What Are the Limits of the Iura Novit Arbiter Principle in International Arbitration ? », *Op. cit.*, p. 1

[10] M. SALAHUDINE ABDEL WAHAB, « Iura Novit Arbiter in International Commercial Arbitration : The Known Unknown », *In Festschrift Ahmed Sadek El-Kosheri, From the Arab World to the Globalization of International Law and Arbitration*, Ph. LEBOULANGER, M. A. RAOUF, N. ZIADE (dir.), Alphen aan den Rijn, 2015, p. 6. Cité par N. BIESSAUX, *Regards croisés sur l'étendue et la portée de l'adage Iura Novit Curia à l'aune des exigences posées par le principe du contradictoire dans l'arbitrage*, *Op. cit.*, p. 18

rarement le rôle exact de l'arbitre dans la clause d'arbitrage.[1] Dans le cadre de l'arbitrage institutionnel, la plupart des règlements n'abordent pas la question du rôle de l'arbitre excepté celui de la Cour d'arbitrage internationale de Londres, qui précise, en son article 22§1 (iii), que le tribunal arbitral déterminera son rôle concernant les moyens de droit sauf accord des parties.[2] Généralement, les juridictions qui acceptent le principe dans les litiges nationaux le reconnaissent également dans l'arbitrage international.[3] La maxime transposée à l'arbitrage signifie que concernant le droit de fond, l'arbitre est supposé connaître le droit matériel régissant le litige, doit rechercher et appliquer le droit d'office, sans être lié par l'exposé des parties.[4] Il peut modifier et remplacer la loi invoquée incorrectement ou mentionner un droit non invoqué par les parties.[5] Ceux qui sont en faveur de l'application du principe considèrent que pour trancher un litige, l'arbitre doit connaître suffisamment le droit applicable.[6] Or, l'arbitre n'est pas supposé connaître toutes les lois et pour cela doit avoir à sa disposition des outils pour régler le litige.[7] Éliminer le pouvoir discrétionnaire des arbitres ne serait pas conforme à l'objet de la mission confiée par les parties dans la convention d'arbitrage.[8] Comme l'explique Gabrielle Kaufmann-Kohler, si le tribunal connaît suffisamment un droit, pourquoi obliger les parties à prouver ce droit déjà connu ?[9] Si à l'inverse, le tribunal arbitral n'a pas de connaissances sur le droit applicable surtout s'il est difficile d'accès à cause de la langue ou des références ou de la fiabilité des informations, pourquoi ne pas recourir aux services des parties pour déterminer le contenu du droit applicable ?[10]

---

[1] C. P. ALBERTI et D. BIGGE, « Ascertaining the content of the applicable law and iura novit tribunus: approaches in commercial and investment arbitration », *Op. cit.*, p. 1. Cité par N. BIESSAUX, *Regards croisés sur l'étendue et la portée de l'adage Iura Novit Curia à l'aune des exigences posées par le principe du contradictoire dans l'arbitrage*, *Op. cit.*, p. 20

[2] Article 22, 1§, LCIA : « The Arbitral Tribunal shall have the power, (…), but in either case only after giving the parties a reasonable opportunity to state their views and upon such terms (…) :
(iii). To conduct such enquiries as may appear to the Arbitral Tribunal to be necessary or expedient, including whether and to what extent the Arbitral Tribunal should itself take the initiative in identifying relevant issues and ascertaining relevant facts and the law(s) or rules of law applicable to the Arbitration Agreement, the arbitration and the merits of the parties' dispute ». La dernière version du règlement d'arbitrage de la LCIA est entrée en vigueur le 1er octobre 2014 et est disponible sur le site suivant : https://www.lcia.org/Dispute_Resolution_Services/lcia-arbitration-rules-2014.aspx#Article%2022

[3] C. WIŚNIEWSKI, A. ZIELIŃSKA, « Who Should Know The Law: The Arbitrators Or The Parties ? », *Op. cit.*, p. 1

[4] G. KAUFMANN-KOHLER, « Iura novit arbiter : est-ce bien raisonnable ? Réflexions sur le statut du droit de fond devant l'arbitre international », *Op. cit.*, p. 73

[5] Ch. COLLANTES, « Give Me the Facts and I'll Give You the Law : What Are the Limits of the Iura Novit Arbiter Principle in International Arbitration ? », *Op. cit.*, p. 1

[6] G. KAUFMANN-KOHLER, « Iura novit arbiter : est-ce bien raisonnable ? Réflexions sur le statut du droit de fond devant l'arbitre international », *Op. cit.*, p. 76

[7] Ch. COLLANTES, « Give Me the Facts and I'll Give You the Law : What Are the Limits of the Iura Novit Arbiter Principle in International Arbitration ? », *Op. cit.*, p. 2

[8] *Idem*

[9] G. KAUFMANN-KOHLER, « Iura novit arbiter : est-ce bien raisonnable ? Réflexions sur le statut du droit de fond devant l'arbitre international », *Op. cit.*, p. 76

[10] *Idem*

Certaines précautions sont à prendre par l'arbitre pour ne pas outrepasser la mission qui lui a été confiée dans la convention d'arbitrage quant au droit applicable, au risque de voir la sentence annulée.[1] Il doit fonder sa décision sur les seuls faits allégués par les parties.[2] Les nouveaux moyens de droit devraient être soulevés avec leur implication c'est-à-dire qu'elles devraient avoir la possibilité de présenter leurs arguments.[3] De cette manière, les parties sont plus susceptibles d'accepter la décision d'un tribunal arbitral dont elles ont pu suivre le raisonnement.[4]

Le respect des principes de cohérence, du contradictoire et de procès équitable sont essentiels pour garantir la validité de la sentence et l'impartialité de l'arbitre.[5] Pour ne pas se retrouver avocat d'une partie, l'arbitre devra trouver un équilibre entre les principes fondamentaux du droit d'être entendu et l'égalité des parties, afin de rendre une sentence exécutoire.[6] Que le principe *jura novit curia* soit accepté au siège de l'arbitrage ne suffit pas.[7] Le tribunal devrait également prendre en considération les règles relatives à l'annulation des sentences et de déni d'exécution de la *lex arbitri* qui peut être différente du siège.[8] Par ailleurs, la validité d'une sentence et son exécution sont soumises au respect des règles d'ordre public.[9]

Les opposants à l'adage *iura novit arbiter* avancent souvent l'argument de l'impartialité de l'arbitre s'il soulève d'office un moyen de droit lié au fond du litige.[10] Il est possible de limiter le rôle de l'arbitre dans la détermination du contenu du droit applicable en le précisant explicitement dans l'acte de mission ou en dressant une liste de moyens que l'arbitre est autorisé à

---

[1] Ch. COLLANTES, « Give Me the Facts and I'll Give You the Law : What Are the Limits of the Iura Novit Arbiter Principle in International Arbitration ? », *Op. cit.*, p. 1

[2] *Idem*

[3] C. WIŚNIEWSKI, A. ZIELIŃSKA, « Who Should Know The Law: The Arbitrators Or The Parties ? », *Op. cit.*, p. 3 ; Ch. COLLANTES, « Give Me the Facts and I'll Give You the Law : What Are the Limits of the Iura Novit Arbiter Principle in International Arbitration ? », *Op. cit.*, p. 3

[4] C. WIŚNIEWSKI, A. ZIELIŃSKA, « Who Should Know The Law: The Arbitrators Or The Parties ? », *Op. cit.*, p. 3

[5] Ch. COLLANTES, « Give Me the Facts and I'll Give You the Law : What Are the Limits of the Iura Novit Arbiter Principle in International Arbitration ? », *Op. cit.*, p. 1 ; G. KEUTGEN et G-A. DAL, *L'arbitrage en droit belge et international*, 3e édition, t. I, Bruxelles, Bruylant, 2015, p. 51-54. Cité par N. BIESSAUX, *Regards croisés sur l'étendue et la portée de l'adage Iura Novit Curia à l'aune des exigences posées par le principe du contradictoire dans l'arbitrage*, *Op. cit.*, p. 19

[6] C. WIŚNIEWSKI, A. ZIELIŃSKA, « Who Should Know The Law : The Arbitrators Or The Parties ? », *Op. cit.*, p. 3

[7] Ch. COLLANTES, « Give Me the Facts and I'll Give You the Law : What Are the Limits of the Iura Novit Arbiter Principle in International Arbitration ? », *Op. cit.*, p. 3

[8] *Idem*

[9] *Id.*

[10] P. LEVEL, « Brèves réflexions sur l'office de l'arbitre », *In Nouveaux juges, nouveaux pouvoirs ? : mélanges en l'honneur de Roger Perrot*, Paris, Dalloz, 1996, pp. 259-276, spéc. p. 269. Cité par N. BIESSAUX, *Regards croisés sur l'étendue et la portée de l'adage Iura Novit Curia à l'aune des exigences posées par le principe du contradictoire dans l'arbitrage*, *Op. cit.*, p. 19

soulever, sous réserve du respect de l'ordre public, à défaut de quoi, la sentence peut se trouver annulée.[1]

Section 3 - L'adage dans les législations, jurisprudence et règlements en matière d'arbitrage

Aucune règle universelle ne consacre à l'adage *iura novit curia* le statut de principe général.[2] Il n'est pas appréhendé de la même manière dans différentes juridictions mais la doctrine majoritaire relative à l'arbitrage international est favorable au principe et admet que l'arbitre puisse rechercher et soulever d'office des moyens de droit à condition de respecter les droits de la défense.[3]

En cas de silence des parties ou si ce pouvoir n'est pas conféré à l'arbitre par les parties, la plupart des législations et règlements d'arbitrage accordent à l'arbitre la liberté d'adopter l'attitude qu'il souhaite concernant le droit applicable.[4] Ainsi, l'étendue de son office variera selon la conception de l'adage retenue dans la *lex arbitri* qui est souvent la loi du siège de l'arbitrage.[5]

Dans les systèmes de droit civil comme en Allemagne, Suède et Finlande, le principe *iura novit arbitrer* est accepté.[6] En droit belge et français, la faculté de l'arbitre de soulever des moyens non invoqués par les parties se transforme en obligation, lorsqu'il s'agit de moyens d'ordre public afin que la sentence ne soit pas annulée.[7] En Belgique, la jurisprudence a affirmé que l'arbitre n'est pas tenu de provoquer un débat contradictoire.[8] En France, plusieurs arrêts ont atténué l'obligation pour le tribunal arbitral de provoquer un tel débat.[9] En droit suisse, l'arbitre a le pouvoir de soulever tout moyen de

---

[1] L. WEILLER, « Un nouvel office pour le juge ? », *Revue de l'arbitrage*, Vol. 2017, No.1, 2017, pp. 135-145, spéc. p. 137. Cité par N. BIESSAUX, *Regards croisés sur l'étendue et la portée de l'adage Iura Novit Curia à l'aune des exigences posées par le principe du contradictoire dans l'arbitrage*, *Op. cit.*, p. 18-19

[2] C. WIŚNIEWSKI, A. ZIELIŃSKA, « Who Should Know The Law : The Arbitrators Or The Parties ? », *Op. cit.*, p. 1 ; T. GIOVANNINI, « Chapter 8 : Ex officio powers to investigate : When do Arbitrators Cross the Line ? », *In Stories From the Hearing Room : Experience from Arbitral Practice*, *Essays in Honour of Michael E. Schneider*, B. EHLE et D. BAIZEAU (authors), Kluwer Law international, 2015, p. 67. Cité par N. BIESSAUX, *Regards croisés sur l'étendue et la portée de l'adage Iura Novit Curia à l'aune des exigences posées par le principe du contradictoire dans l'arbitrage*, *Op. cit.*, p. 22

[3] *Idem*. Cité par *idem*.

[4] N. BIESSAUX, *Regards croisés sur l'étendue et la portée de l'adage Iura Novit Curia à l'aune des exigences posées par le principe du contradictoire dans l'arbitrage*, *Op. cit.*, p. 23

[5] *Idem*, p. 22-23

[6] T. GIOVANNINI, « Qui contrôle les pouvoirs des arbitres : les parties, l'arbitre ou la cour d'arbitrage ? », *Op. cit.*, p. 144 ; Ch. COLLANTES, « Give Me the Facts and I'll Give You the Law : What Are the Limits of the Iura Novit Arbiter Principle in International Arbitration ? », *Op. cit.*, p. 3

[7] N. BIESSAUX, *Regards croisés sur l'étendue et la portée de l'adage Iura Novit Curia à l'aune des exigences posées par le principe du contradictoire dans l'arbitrage*, *Op. cit.*, p. 43

[8] Belgique, Cass., Pas. 1995 I, p. 597 ; Bruxelles, JT 1998, p. 312, note HANOTIAU ; Cité par T. GIOVANNINI, « Qui contrôle les pouvoirs des arbitres : les parties, l'arbitre ou la cour d'arbitrage ? », *Op. cit.*, p. 144

[9] Par exemple, Cass., Rev. Arb. 1995, p. 597 et les observations de Bureau, p. 601. Cité par T. GIOVANNINI, « Qui contrôle les pouvoirs des arbitres : les parties, l'arbitre ou la cour d'arbitrage ? », *Op. cit.*, p. 143

droit à moins que les parties en conviennent autrement.[1] Si un arbitre spécialisé a accès à des connaissances qui ne sont pas à la disposition des parties, il aura l'obligation de leur présenter les éléments sur lesquels il fonde sa décision.[2] Dans tous les cas, le principe du contradictoire est à respecter.[3]

La loi anglaise sur l'arbitrage de 1996 (*English Arbitration Act*), est l'une des rares réglementations à avoir consacré expressément l'application du principe *iura novit curia* dans le droit national (contrairement au juge anglais qui joue un rôle passif par rapport au droit étranger comme vu précédemment).[4] La loi anglaise sur l'arbitrage permet à l'arbitre, en son article 34 (1) et (2) (g),[5] de soulever des moyens de droit sans y avoir l'obligation, de déterminer le statut du droit de fond et le mode d'établissement du contenu de ce droit à condition d'en avoir débattu avec les parties.[6] Le règlement d'arbitrage de la Cour d'arbitrage de la Chambre de commerce polonaise entré en vigueur le 1er janvier 2015, aborde la question explicitement également au § 6 point 2 : « An award may not be based on legal grounds different from those relied on by either of the parties, unless the Arbitral Tribunal notifies the parties in advance and gives them an opportunity to be heard concerning such legal grounds ».[7] Cette disposition ne doit pas être interprétée comme se limitant aux fondements juridiques indiqués dans les mémoires en demande ou en défense, mais comme une interdiction générale de rendre une sentence fondée sur des motifs autres que ceux identifiés par les parties.[8]

Le droit américain consacre une solution souple : d'abord, c'est aux parties de déterminer le contenu du droit applicable.[9] L'arbitre, quant à lui, a le

---

[1] G. KAUFMANN-KOHLER, « Iura novit arbiter : est-ce bien raisonnable ? Réflexions sur le statut du droit de fond devant l'arbitre international », *Op. cit.,* p. 75

[2] Tribunal fédéral, arrêt du 19 décembre 2001, cause 4P.L 14/2001, *In* Bull. ASA 2002/3, p. 493 et s. Cité par T. GIOVANNINI, « Qui contrôle les pouvoirs des arbitres : les parties, l'arbitre ou la cour d'arbitrage ? », *Op. cit.*, p. 143

[3] Le Tribunal fédéral suisse annule une sentence pour non respect du principe du contradictoire : Tribunal fédéral, arrêt du 30 septembre 2003, cause 4P. 10012003, A TF 130 II 35. Cité par T. GIOVANNINI, « Qui contrôle les pouvoirs des arbitres : les parties, l'arbitre ou la cour d'arbitrage ? », *Op. cit.*, p. 143

[4] C. WIŚNIEWSKI, A. ZIELIŃSKA, « Who Should Know The Law : The Arbitrators Or The Parties ? », *Op. cit.*, p. 1. Cité par N. BIESSAUX, *Regards croisés sur l'étendue et la portée de l'adage Iura Novit Curia à l'aune des exigences posées par le principe du contradictoire dans l'arbitrage*, *Op. cit.,* p. 21

[5] *Arbitration Act* 1996, article 34 (1) : « It shall be for the tribunal to decide all procedural and evidential matters, subject to the right of the parties to agree any matter » et 34 (2) (g) « Procedural and evidential matters include—whether and to what extent the tribunal should itself take the initiative in ascertaining the facts and the law ».

[6] T. GIOVANNINI, « Qui contrôle les pouvoirs des arbitres : les parties, l'arbitre ou la cour d'arbitrage ? », *Op. cit.*, p. 143 ; G. KAUFMANN-KOHLER, « Iura novit arbiter : est-ce bien raisonnable ? Réflexions sur le statut du droit de fond devant l'arbitre international », *Op. cit.,* p. 75

[7] C. WIŚNIEWSKI, A. ZIELIŃSKA, « Who Should Know The Law : The Arbitrators Or The Parties ? », *Op. cit.*, p. 2

Le règlement en question : https://sakig.pl/wp-content/uploads/2022/06/ARBITRATION-RULES-in-force-1-January-2015-with-changes-from-8-november-2021-in-force-1-april-2022-1-1.pdf

[8] *Idem*

[9] G. KAUFMANN-KOHLER, « Iura novit arbiter : est-ce bien raisonnable ? Réflexions sur le statut du droit de fond devant l'arbitre international », *Op. cit.,* p. 77 ; N. BIESSAUX, *Regards croisés sur l'étendue*

pouvoir, sans en avoir l'obligation, de soulever d'autres moyens s'il considère que ceux présentés par les parties sont insuffisants.[1] Dans tous les cas, le principe du contradictoire est à respecter.

La Convention de New York est silencieuse sur cette question.[2] Pour ce qui est de la loi-type de la CNUDCI (de 1985 et 2006), conformément à l'article 19, « les parties sont libres de convenir de la procédure à suivre par le tribunal arbitral. Faute d'une telle convention, le tribunal arbitral peut [...] procéder à l'arbitrage comme il le juge approprié ». Ainsi, en l'absence d'indication par les parties, le tribunal sera libre d'appliquer la maxime *iura novit curia*.[3]

Dans le cadre du CIRDI, le principe a été accepté dans l'affaire Bogdanov[4] et dans l'affaire Duke Energy où il a été précisé que « The concept of the 'powers' of a tribunal goes further than its jurisdiction, and refers to the scope of the task which the parties have charged the tribunal to perform in discharge of its mandate, and the manner in which the parties have agreed that task is to be performed ».[5] Dans une autre affaire, il a été considéré que l'omission des tribunaux arbitraux de se prononcer sur une question soumise par les parties constitue une violation du mandat confié à l'arbitre dans la convention.[6]

Section 4 - Les recommandations d'institutions et de personnalités éminentes

L'Association de droit international et des personnalités éminentes du monde de l'arbitrage ont donné leur avis sur la question ou proposé des modèles de clauses.

L'Association de droit international recommande aux points 10 et 11 de sa résolution numéro 6 / 2008 *on ascertaining the contents of the applicable law in international commercial arbitration* que : « If arbitrators intend to rely on sources not invoked by the parties, they should bring those sources to the

---

et la portée de l'adage Iura Novit Curia à l'aune des exigences posées par le principe du contradictoire dans l'arbitrage, *Op. cit.*, p. 43

[1] N. BIESSAUX, *Regards croisés sur l'étendue et la portée de l'adage Iura Novit Curia à l'aune des exigences posées par le principe du contradictoire dans l'arbitrage*, *Op. cit.*, p. 43

[2] T. GIOVANNINI, « Qui contrôle les pouvoirs des arbitres : les parties, l'arbitre ou la cour d'arbitrage ? », *Op. cit.*, p. 144

[3] N. BIESSAUX, *Regards croisés sur l'étendue et la portée de l'adage Iura Novit Curia à l'aune des exigences posées par le principe du contradictoire dans l'arbitrage*, *Op. cit.*, p. 21

[4] CIRDI, Bogdanov c. Moldova, aff. SCC 93/2004. Cité par Ch. COLLANTES, « Give Me the Facts and I'll Give You the Law : What Are the Limits of the Iura Novit Arbiter Principle in International Arbitration ? », *Op. cit.*, p. 1

[5] CIRDI, Duke Energy International Peru Investments No. 1 c. Republic of Peru, ARB/03/28, décision d'annulation, 1er mars 2011, parag. 96. Voir Ch. COLLANTES, « Give Me the Facts and I'll Give You the Law : What Are the Limits of the Iura Novit Arbiter Principle in International Arbitration ? », *Op. cit.*, p. 2

[6] CIRDI, Compañiá de Aguas del Aconquija S.A. and Vivendi Universal S.A. c. Argentine Republic, ARB/97/3, décision d'annulation, 3 juillet 2002, parag. 86 ; Ch. COLLANTES, « Give Me the Facts and I'll Give You the Law : What Are the Limits of the Iura Novit Arbiter Principle in International Arbitration?», *Op. cit.*, p. 2

attention of the parties and invite their comments, at least if those sources go meaningfully beyond the sources the parties have already invoked and might significantly affect the outcome of the case. Arbitrators may rely on such additional sources without further notice to the parties if those sources merely corroborate or reinforce other sources already addressed by the parties […] ».[1]

Gabrielle Kaufmann-Kohler propose une solution pratique qui concilie les différentes traditions juridiques.[2] Elle propose, dans un premier temps, que les parties allèguent et établissent le droit de fond.[3] Dans un deuxième temps, l'arbitre pourra effectuer ses investigations à sa discrétion, sans en avoir l'obligation et donnera l'opportunité aux parties d'en débattre, peu importe les motifs de recours de la *lex arbitri*.[4] Ceci permettra à l'arbitre de soulever d'office une loi d'application immédiate que les parties n'auraient pas présentée.[5] Finalement, si un point particulier n'a pas pu être résolu par le droit applicable, alors l'arbitre recourt à un droit proche ou une règle transnationale.[6]

James H. Carter a suggéré que la formulation suivante soit incluse dans la première ordonnance de procédure (mandat) : « The arbitral tribunal is to resolve all issues of fact and law that shall arise from the claims and counterclaims and pleadings as duly submitted by the parties, including, but not limited to, the following issues, as well as any additional issues of fact or law which the arbitral tribunal, in its own discretion, may deem necessary to decide upon for the purpose of rendering any arbitral award in the present arbitration ».[7]

Une autre formulation, proposée par Diego P. Fernández Arroyo, serait : « The parties shall establish the contents of the applicable substantive law. The Arbitral Tribunal shall have the power, but not an obligation, to make its own inquiries to establish such contents. If the contents of the applicable law are nor established, the Arbitral Tribunal is empowered to apply any rules of law which it deems appropriate ».[8]

---

[1] *Idem*, p. 3

[2] G. KAUFMANN-KOHLER, « Iura novit arbiter : est-ce bien raisonnable ? Réflexions sur le statut du droit de fond devant l'arbitre international », *Op. cit.*, p. 78

[3] *Idem*

[4] *Id.*

[5] *Id.*

[6] *Id.*

[7] J. H. CARTER, J. WAINCYMER, « International Arbitration and the Duty to Know the Law », *Journal of International Arbitration*, Vol. 28, No. 3, 2011, footnote No. 25, p. 209. Cité par C. WIŚNIEWSKI, A. ZIELIŃSKA, « Who Should Know The Law : The Arbitrators Or The Parties ? », *Op. cit.*, p. 2-3

[8] M. ARROYO (dir.), *Arbitration in Switzerland, The Practitioner's Guide*, The Hague, London, New York 2013, p. 174. Cité par C. WIŚNIEWSKI, A. ZIELIŃSKA, « Who Should Know The Law : The Arbitrators Or The Parties ? », *Op. cit.*, p. 3

Chapitre 8 - La clause de la nation la plus favorisée (NPF) et les clauses de règlement des différends

La clause NPF qui est à distinguer des dispositions plus favorables (sections 1 et 3), s'applique-t-elle aux clauses de règlement des différends qui contiennent souvent des références au droit applicable au fond du litige ? La question fait l'objet de débats (section 2).

Section 1 - Définition générale de la clause NPF

La clause de la nation la plus favorisée (clause NPF) permet à un investisseur étranger de demander à bénéficier du traitement plus favorable accordé *de lege* ou *de facto* à un autre investisseur étranger ressortissant d'un État tiers.[1] Son objectif est d'assurer une égalité de traitement entre tous les investisseurs étrangers.[2] Elle est systématiquement insérée dans les TBI et dans certains traités multilatéraux.[3] La Commission du droit international (CDI) lui a consacré un projet d'articles en 1978.[4]

Il est généralement admis que la clause NPF ne s'étend pas aux privilèges qu'un État partie au traité d'investissement accorde aux ressortissants d'un État tiers en vertu de leur appartenance commune à un ensemble économique régional intégré.[5] Ceci est énoncé à l'article 3 du TBI franco-libanais du 29 octobre 1999 : « Ce traitement ne s'étend toutefois pas aux privilèges qu'une partie contractante accorde ou accordera aux investisseurs d'un État tiers, en vertu de sa participation ou de son association à une zone de libre-échange, une union douanière, un marché commun ou toute autre forme d'organisation économique régionale ». Il en est de même à l'article 4.2 du TBI hispano-marocain.[6]

Beaucoup de TBI accordent aux investisseurs ressortissants de chacun des États parties le bénéfice de la clause NPF mais cela concerne surtout le traitement substantiel.[7] L'application de cette clause au règlement des

[1] S. MANCIAUX, « Quelles règles pour un droit méditerranéen des investissements Vision prospective », *Op. cit.*, p. 45 ; E. LOQUIN, « La coexistence du droit de l'arbitrage d'investissement avec le droit de l'arbitrage commercial international : conflit ou complémentarité ? », *Op. cit.*, p. 326

[2] S. MANCIAUX, « Quelles règles pour un droit méditerranéen des investissements. Vision prospective », *Op. cit.*, p. 45

[3] *Idem*

[4] *Ann. CDI,* 1978, Vol. II, t. 1, p. 19-81. Cité par M. AUDIT, « Contentieux arbitral international, Droit commun », JurisClasseur Droit international, Fasc. 572-65, 2016, parag. 38

[5] S. MANCIAUX, « Quelles règles pour un droit méditerranéen des investissements. Vision prospective », *Op. cit.*, p. 45

[6] *Idem*

[7] M. AUDIT, « Contentieux arbitral international, Droit commun », JurisClasseur Droit international, Fasc. 572-65, *Op. cit.*, parag. 38

différends est plus controversée depuis l'affaire Maffezzini, entraînant des sentences contradictoires.[1]

Section 2 - L'application de la clause NPF au règlement des différends

L'étendue de la clause NPF ne fait pas l'unanimité.

Sous-section 1 - La solution controversée de l'affaire Maffezini c. Espagne

L'extension du champ d'application de la clause NPF au règlement des différends permet à un investisseur ressortissant d'un État avec lequel l'État d'accueil a conclu un TBI stipulant une clause NPF de se prévaloir d'un mécanisme de règlement des litiges jugé plus favorable, et prévu dans un autre TBI conclu par l'État d'accueil avec un État tiers.[2] L'application de la clause de la nation la plus favorisée au règlement des différends est une question controversée.[3] Son origine remonte à l'affaire Maffezini où le tribunal arbitral a reconnu l'applicabilité de la clause NPF en matière de règlement des différends.[4]

Dans cette affaire, un investisseur argentin décide d'intenter une action devant le CIRDI en se basant sur le traité Espagne / Argentine qui prévoyait une obligation de saisir préalablement les juridictions de l'État d'accueil et le respect d'un délai de dix-huit mois avant tout recours à l'arbitrage international.[5] L'investisseur n'avait pas saisi les juridictions espagnoles.[6] Néanmoins, le tribunal arbitral a considéré que la demande de l'investisseur est recevable sur le fondement de la clause de la nation la plus favorisée contenue dans le TBI applicable qui prévoyait le droit de tout investisseur au traitement de la nation la plus favorisée « in all matters subject to this Agreement ».[7] L'investisseur estimait pouvoir réclamer un traitement plus favorable parce que le TBI Espagne / Chili prévoyait un délai de six mois seulement.[8] La formulation « in all matters subject to this Agreement » dans le traité Espagne / Argentine a été interprétée comme offrant une large couverture, probablement de toutes les clauses du traité en question, y inclus

---

[1] S. MANCIAUX, « Quelles règles pour un droit méditerranéen des investissements. Vision prospective », *Op. cit.*, p. 45
[2] M. AUDIT, « Contentieux arbitral international, Droit commun », JurisClasseur Droit international, Fasc. 572-65, *Op. cit.*, parag. 38
[3] A. DE NANTEUIL, *Droit international de l'investissement, Op. cit.*, p. 302
[4] CIRDI, Emilio Agustín Maffezini c. Espagne, ARB/97/7, compétence, 25 janvier 2000 ; 5 *ICSID Reports* 396, spéc. parag. 38 et s., voir A. DE NANTEUIL, *Droit international de l'investissement, Op. cit.*, p. 302
[5] A. DE NANTEUIL, *Droit international de l'investissement, Op. cit.*, p. 302
[6] *Idem*
[7] *Id.*
[8] *Id.*

la clause de règlement des différends.[1] Le tribunal a néanmoins posé des limites en considérant que l'investisseur ne doit pas, en se prévalant de la clause, ignorer les « considérations d'ordre public » que les parties au TBI ont jugé essentielles lors de l'expression de leur consentement à celui-ci.[2] D'autres tribunaux arbitraux ont également repris le critère de l'ordre public comme limite à l'application de la clause NPF en matière de règlement des litiges.[3]

Sous-section 2 - Étendue de la clause NPF

La question qui se pose est de savoir si cette étendue peut être toujours aussi large, comme dans l'affaire Maffezini, dans tous les traités indépendamment de la formulation rédactionnelle de la clause NPF.[4] Certains traités d'investissement précisent bien que la clause NPF ne s'étend pas aux mécanismes de règlement des différends.[5] Par exemple, le projet de modèle norvégien de TBI (2015) énonce que « For greater certainty, treatment referred to in paragraph 1 [most-favoured-nation-treatment] does not encompass dispute resolution mechanisms provided for in this Agreement or other International Agreements » (Projet de modèle norvégien de TBI, version du 13 mai 2015, art. 4.3).[6] La non-extension explicite de la clause NPF aux dispositions relatives au règlement des différends reste rare mais pourrait se développer au vu des vifs débats exprimés contre la solution Maffezini.[7]

Si la clause NPF s'appliquait de façon étendue à toutes les clauses d'un TBI, les frontières entre traités s'effaceraient et les différences entre les traités conclus par un même État disparaîtraient.[8] C'est pourquoi, une interprétation plus limitée de la clause NPF respecterait mieux la volonté des États de garder ces différences.[9] Une approche limitée consisterait à étendre un traitement du « même genre » que celui auquel elle renvoie, de façon à ce que seuls les étrangers se trouvant dans une situation analogue puissent en bénéficier.[10]

---

[1] *Id.*

[2] CIRDI, Emilio Agustín Maffezini c. Espagne, ARB/97/7, compétence, 25 janvier 2000 ; 5 *ICSID Reports* 396, spéc. parag. 62. M. AUDIT, « Contentieux arbitral international, Droit commun », JurisClasseur Droit international, Fasc. 572-65, *Op. cit.*, parag. 39

[3] CIRDI, Siemens A.G. c. Argentine, ARB/02/8, compétence, 3 août 2004, spéc. parag. 109 : *JDI* 2005, p. 149, obs. E. Gaillard ; Arbitrage *ad hoc*, National Grid c. Argentine, compétence, 20 juin 2006, parag. 62 ; CIRDI, Suez, Sociedad General de Aguas de Barcelona SA and Vivendi Universal SA c. Argentine, ARB/03/19, compétence, 3 août 2006, spéc. parag. 62 : *Revue de l'arbitrage*, 2006, p. 1060, obs. M. Audit. Cité par M. AUDIT, « Contentieux arbitral international, Droit commun », JurisClasseur Droit international, Fasc. 572-65, *Op. cit.*, parag. 39

[4] A. DE NANTEUIL, *Droit international de l'investissement*, *Op. cit.*, p. 302-303

[5] C'est le cas du projet d'Accord économique et commercial global en négociation entre le Canada et l'UE (article X.7.4 du projet consolidé S. MANCIAUX, « Quelles règles pour un droit méditerranéen des investissements Vision prospective », *Op. cit.*, p. 46

[6] M. AUDIT, « Contentieux arbitral international, Droit commun », JurisClasseur Droit international, Fasc. 572-65, 2016, parag. 39

[7] *Idem*

[8] A. DE NANTEUIL, *Droit international de l'investissement*, *Op. cit.*, p. 303

[9] *Idem*

[10] *Id.*

Sous-section 3 - Position de la jurisprudence

La jurisprudence est divisée sur la question.

§ 1- Jurisprudence en faveur de Maffezini

Dans l'affaire Siemens, le tribunal arbitral a appliqué la même solution que Maffezini en décidant que « [a]ccess to the [dispute settlement] mechanisms is part of the protection offered under the Treaty. It is part of the treatment of foreign investors and investments and of the advantages accessible through a [most-favored-nation] clause ».[1] De même, dans l'affaire Hochtief, il a été considéré qu'étant donné que le règlement des différends fait partie des protections accordées aux investisseurs étrangers dans les TBI, la clause NPF peut s'y appliquer à moins d'une exclusion expresse par le traité.[2]

§ 2- Jurisprudence contre Maffezini

D'autres tribunaux arbitraux ont, en revanche, refusé d'étendre la clause NPF aux dispositions de règlement des différends.[3]

Par exemple, dans l'affaire Plama l'investisseur souhaitait, par la clause NPF, bénéficier des dispositions d'un TBI comprenant l'option de soumettre le différend au CIRDI, alors que son propre traité ne contenait qu'une clause d'arbitrage *ad hoc*.[4] Le tribunal arbitral a apprécié la clause NPF de façon restrictive en considérant que les mécanismes de règlement des différends ne faisaient, *a priori*, pas partie des dispositions visées par ces clauses sauf si les parties ne laissent aucun doute sur l'intention de les inclure.[5]

De même, dans l'affaire Salini,[6] entre un investisseur italien et la Jordanie, le tribunal a adopté une approche restrictive comme dans l'affaire Plama.[7]

---

[1] CIRDI, Siemens AG c. Argentine, ARB/02/8, compétence, 3 août 2004, parag. 102. Cité par J. FOURET, D. KHAYAT, « Le Centre international pour le règlement des différends relatifs aux investissements », *Revue québécoise de droit international,* Numéro 17.2 - 2004, 1 octobre 2005, p. 272 : https://www.sqdi.org/fr/le-centre-international-pour-le-reglement-des-differends-relatifs-aux-investissements-3/

[2] CIRDI, Hochtief A.G. c. Argentine, ARB/07/31, compétence, 24 octobre 2011, parag. 77 et s., cité par A. DE NANTEUIL, *Droit international de l'investissement, Op. cit.,* p. 305

[3] M. AUDIT, « Contentieux arbitral international, Droit commun », JurisClasseur Droit international, Fasc. 572-65, *Op. cit.,* parag. 39

[4] CIRDI, Plama Consortium Limited c. Bulgarie, ARB/03/24, compétence, 8 fév. 2005. Cité par J. FOURET, D. KHAYAT, « Le Centre international pour le règlement des différends relatifs aux investissements », *Revue québécoise de droit international,* Numéro 17.2, *Op. cit.,* p. 273

[5] *Idem*, parag. 223, 102 : *ICSID Rev.-FILJ* 262 (2005). Cité par *idem*

[6] CIRDI, Salini Costruttori SpA et Italstrade SpA c. Jordanie Salini Costruttori S.p.A et Italstrade SpA c. Jordanie, ARB/02/13, compétence, 9 novembre 2004 (TBI Italie /Jordanie). Pour des extraits en français : E. GAILLARD, « Centre international pour le règlement des différends relatifs aux investissements (CIRDI) : Chronique des sentences arbitrales », 132 *JDI* 135 (2005) à la p. 153

[7] J. FOURET, D. KHAYAT, « Le Centre international pour le règlement des différends relatifs aux investissements », *Revue québécoise de droit international,* Numéro 17.2, *Op. cit.,* p. 273

Selon le tribunal, la clause NPF du traité Italie / Jordanie ne pourrait être applicable aux dispositions de règlement des différends que si ceux-ci sont visés de manière expresse.[1] En l'absence d'une telle référence, cette clause ne pourrait être invoquée pour bénéficier, comme le soutenaient les investisseurs italiens, des dispositions jugées plus favorables d'autres TBI.[2]

Dans une autre affaire, contrairement à la jurisprudence Maffezini, l'expression « all matters » n'a pas suffi pour étendre la clause NPF au règlement des différends.[3]

Section 3 - La clause NPF et les dispositions plus favorables

La clause NPF ne peut créer un droit, mais peut modifier plus favorablement les conditions d'exercice d'un droit déjà existant.[4] Cette clause n'est mise en jeu que lorsqu'il s'agit d'éléments plus favorables à l'investisseur étranger.[5]

Notons la nuance entre le règlement d'un litige en référence à une clause NPF qui exige une comparaison avec un ou plusieurs avantages perçus par un investisseur d'un autre État dans une même situation que l'investisseur invoquant la clause en question, et le règlement d'un différend en vertu des dispositions les plus favorables.

Pour régler un différend d'investissement, il est possible de se référer aux clauses relatives aux engagements particuliers et « aux dispositions plus favorables » que celles que couvre un TBI.[6] Par exemple, dans le cadre du TBI entre la France et le Liban, il est stipulé que « [l]es investissements ayant fait l'objet d'un engagement particulier de l'une des Parties contractantes à l'égard des investisseurs de l'autre Partie contractante sont régis, sans préjudice des dispositions du présent accord, par les termes de cet engagement dans la mesure où celui-ci comporte des dispositions plus favorables que celles qui sont prévues par le présent accord ».[7] Il est fait également référence aux dispositions plus favorables dans la jurisprudence arbitrale.[8] Les dispositions

---

[1] *Idem*

[2] *Id.*

[3] SCC, Vladimir Berschader and Moïse Berschaderc. Russie, aff. No. V080/2004, sentence, 21 avril 2006, parag. 185 et s. Cité par A. DE NANTEUIL, *Droit international de l'investissement, Op. cit.*, p. 305

[4] A. DE NANTEUIL, *Droit international de l'investissement, Op. cit.*, p. 304, 309

[5] CIRDI, Hochtief A.G. c. Argentine, ARB/07/31, compétence, 24 octobre 2011, parag. 77 et s., cité par A. DE NANTEUIL, *Droit international de l'investissement, Op. cit.*, p. 306

[6] L. ACHTOUK-SPIVAK, « Le droit applicable aux arbitrages en matière d'investissements », *Op. cit.*, p. 834

[7] Article 8 du TBI du 28 novembre 1996 intitulé « Accord entre le Gouvernement de la République libanaise et le Gouvernement de la République française sur l'encouragement et la protection réciproques des investissements ».

[8] CIRDI, Saipem S.p.A. c. Bangladesh, ARB/05/7, sentence, 30 juin 2009, parag. 99 : « Since Saipem's claim is based on Article 5 of the BIT, the Tribunal will primarily apply the BIT as the applicable rule of international law. The Tribunal will also apply the general rules of international law that may be applicable, either because an issue of international law is not directly dealt with in the BIT or, if necessary, to interpret the BIT. Pursuant to Article 12 (1) of the BIT, the Tribunal will also apply general international law where

les moins favorables ne peuvent être invoquées comme l'observe le tribunal dans l'affaire Middle East Cement Shipping and Handling réglée sur le fondement du TBI entre l'Égypte et la Grèce et donnant compétence au CIRDI.[1] Dans cette affaire, le tribunal arbitral considère qu'il peut statuer selon les dispositions du TBI et des règles générales de droit international pour compléter les dispositions du traité.[2] Pour déterminer le droit applicable pour régler le différend, le tribunal indique qu'il est d'abord compétent en vertu du TBI Égypte / Grèce qui donne compétence au CIRDI et qui se prononce, en son article 11, en faveur de l'application de dispositions plus favorables qui seraient présentes en droit national ou international.[3] Comme le CIRDI est compétent, l'article 42 (1) s'applique, en vertu duquel le tribunal applique le droit choisi par les parties (c'est-à-dire, en l'occurrence, l'article 11 du TBI Égypte / Grèce) et, à défaut de choix, le droit national (égyptien) et les principes de droit international.[4] L'application du droit égyptien se trouve moins favorable dans l'affaire, donc ce droit est inapplicable. Ainsi, selon le tribunal, au vu de l'article 11 du traité donnant la primauté aux dispositions les plus favorables et l'article 42 (1) de la Convention CIRDI, il peut statuer en vertu du traité et des règles de droit international.[5]

La référence aux dispositions les plus favorables n'est pas en soi véritablement une clause de choix de loi.[6] Schreuer considère que ces clauses constituent plutôt un indice pour le tribunal pour savoir s'il doit appliquer le droit national ou international.[7]

---

it may provide a more favourable solution than the one arising from the BIT ». Cité par L. ACHTOUK-SPIVAK, « Le droit applicable aux arbitrages en matière d'investissements », *Op. cit.*, p. 834

[1] CIRDI, Middle East Cement Shipping and Handling Co. S.A. c. Égypte, ARB/99/6, sentence, 12 avril 2002, parag. 86-87. Cité par L. ACHTOUK-SPIVAK, « Le droit applicable aux arbitrages en matière d'investissements », *Op. cit.*, p. 834

[2] L. ACHTOUK-SPIVAK, « Le droit applicable aux arbitrages en matière d'investissements », *Op. cit.*, p. 834

[3] *Idem*

[4] *Id.*

[5] *Id.*

[6] A. NEWCOMBE, L. PARADELL, *Law and practice of investment treaties: standards of treatment*, Wolters Kluwer Law & Business, Kluwer Law International, 2009, p. 84-85. Cité par L. ACHTOUK-SPIVAK, « Le droit applicable aux arbitrages en matière d'investissements », *Op. cit.*, p. 834

[7] Ch. SCHREUER, « Failure to apply the governing law in international investment arbitration », *Australian Review of International and European Law*, Vol. 7, No.1, 2002, p. 147, spéc. p. 156. Dans le même sens, affaire Goetz /Burundi : CIRDI, Antoine Goetz et autres c. République du Burundi, ARB/95/3, sentence, 10 février 1999, parag. 99. Cité par L. ACHTOUK-SPIVAK, « Le droit applicable aux arbitrages en matière d'investissements », *Op. cit.*, p. 834

Chapitre 9- L'agencement entre instruments d'investissement

Comme nous l'avons évoqué dans la partie préliminaire, une clause d'arbitrage peut être contenue dans trois instruments d'investissement : dans un contrat, une loi et un TBI. La procédure arbitrale peut reposer sur plusieurs fondements.[1] Une même opération d'investissement peut engendrer la coexistence de plusieurs procédures.[2] Si l'investissement fait l'objet d'un contrat avec l'État d'accueil et qu'il entre en plus dans le champ d'application d'un TBI ou d'une loi nationale, toutes les procédures arbitrales et contentieuses internationales et internes peuvent être engagées de façon concomitante, y compris le recours devant des juges nationaux.[3] Quelle est l'articulation entre ces procédures ? Seront examinées d'abord les interactions entre procédures fondées sur un contrat et un traité (section 1) puis les articulations entre offres d'arbitrage provenant d'un traité et d'une loi (section 2) et les rapports entre traités régionaux et internationaux (section 3), comme les traités européens et les TBI conclus entre les États membres de l'Union européenne et les pays tiers. Quel est l'avenir de ces TBI et des dispositions relatives aux règlements des différends (section 4) ?

Section 1 - *Treaty claim / contract claim* et effets sur le droit applicable

Dans ce cas de figure, il faut avant tout que l'investisseur ait conclu avec l'État d'accueil un contrat qui comporte en plus une clause attributive de juridiction ou une clause compromissoire en cas de litige.[4]

Le principe que la violation d'un contrat conclu entre un État et un investisseur étranger ne constitue pas une violation du droit international est généralement admis et est rappelé dans plusieurs affaires CIRDI.[5] Dans l'affaire Vivendi c. Argentine, le comité *ad hoc* a effectué une distinction claire entre réclamations conventionnelle et contractuelle en affirmant que « la détermination de l'existence de la violation du BIT et celle d'un manquement au contrat sont deux questions distinctes. Chacune d'elle sera déterminée par application du droit qui lui est applicable – dans le cas du BIT, le droit

[1] M. AUDIT, « Contentieux arbitral international, Droit commun », JurisClasseur Droit international, Fasc. 572-65, *Op. cit.*, parag. 47
[2] *Idem*
[3] *Id.*
[4] *Id.*, parag. 50
[5] Exemples : CIRDI, SGS Société Générale de Surveillance S.A. c. Pakistan, ARB/01/13, décision sur les objections à la compétence, 6 août 2003, parag. 167 ; CIRDI, Noble Ventures Inc. c. Roumanie, ARB/01/11, sentence, 12 octobre 2005, parag. 53 ; CIRDI, Impregilo S.p.A. c. Argentine, ARB/07/17, sentence, 21 juin 2011, parag. 177. Jp citée par J. CAZALA, « La clause de respect des engagements », *In Droit international des investissements et de l'arbitrage transnational,* Ch. LEBEN (dir.), Pedone, 2015, p. 347

international ; dans le cas du contrat de concession, le droit applicable au contrat ».[1]

Le contrat et le traité peuvent se rencontrer en présence d'une clause parapluie ou lorsque le contrat est qualifié d'investissement ou encore lorsque le contenu de la protection est analogue et a le même objet de sorte que le juge du traité et le juge du contrat se trouvent face à des questions analogues.[2] Cette rencontre entre traité et contrat peut surgir également lorsque les deux instruments font référence au même juge (le tribunal arbitral) qui pourrait appliquer deux instruments.[3]

Une même opération d'investissement peut donc enclencher deux ou même trois procédures parallèles sur les mêmes faits et droits.[4] Une même opération peut être soumise en même temps à un contrat et à un traité international et les deux instruments pouvant prévoir des modes différents de règlement des litiges de sorte qu'un investisseur victime d'une violation d'un contrat pourrait présenter une réclamation devant le juge du contrat / *contract claim* et une autre devant le juge du traité / *treaty claim* au motif que ses droits ont été méconnus.[5] L'instrument contractuel relevant par principe du droit interne, et l'instrument conventionnel au droit international, des solutions divergentes risquent d'en résulter.[6]

Avec l'ouverture éventuelle de deux contentieux sur une même question, l'un contractuel sur le fondement du contrat (*contract claim*), et l'autre conventionnel sur le fondement du traité (*treaty claim*), et bien que ces questions très délicates sont souvent laissées à l'appréciation des arbitres, les États ont essayé de trouver des solutions sous forme de clauses introduites dans les traités comme la clause *electa una via* et la clause parapluie.[7]

Sous-section 1 - La clause *fork in the road*

La clause *fork in the road* ou l'exception *electa una via* vise à limiter le choix de l'investisseur à une seule possibilité pour qu'il se contente de présenter une seule requête soit devant le juge interne, soit devant le juge international, et ce de façon définitive et irrévocable afin d'éviter des procédures parallèles.[8] N'étant pas coutumière, cette règle doit être

---

[1] CIRDI, Compañiá de Aguas del Aconquija S.A. et Vivendi Universal S.A. c. Argentine, ARB/97/3, décision d'annulation du Comité *ad hoc*, 3 juillet 2002 ; 6 *ICSID Reports* 340, parag. 96, trad. E. GAILLARD, *La jurisprudence du CIRDI*, Vol. I, *Op. cit.*, p.736. Cité par A. DE NANTEUIL, *Droit international de l'investissement, Op. cit.*, p. 138

[2] A. DE NANTEUIL, *Droit international de l'investissement, Op. cit.*, p. 139

[3] *Idem*

[4] M. AUDIT, « Contentieux arbitral international, Droit commun », JurisClasseur Droit international, Fasc. 572-65, parag. 47

[5] A. DE NANTEUIL, *Droit international de l'investissement, Op. cit.*, p. 138

[6] *Idem*, p. 13, 139, 147

[7] *Id.*, p. 139, 141

[8] A. DE NANTEUIL, *Droit international de l'investissement, Op. cit.*, p. 140

mentionnée expressément dans un traité.[1] Elle est assez fréquente dans les TBI.[2] Par exemple, l'article 6 du TBI France / Arabie saoudite du 26 juin 2002 prévoit que l'investisseur peut saisir soit les tribunaux internes de l'État sur le territoire duquel l'investissement a été réalisé, soit recourir à l'arbitrage CIRDI.[3] Si l'investisseur privilégie la première option, il est expressément indiqué qu'alors il « s'interdit de recourir simultanément à l'arbitrage international ».[4]

Cela étant dit, l'impossibilité de présenter des procédures parallèles est soumise aux trois conditions du principe *non bis in idem*, à savoir l'identité des parties, de la cause et de l'objet dans les procès interne et international.[5] Le plus souvent, la jurisprudence arbitrale ne peut établir une identité de cause dans les demandes contractuelle et conventionnelle, parce que devant le juge national est invoquée une violation du droit interne alors que devant le tribunal arbitral il s'agit d'une violation du traité.[6] Ceci écartera l'application de la clause *electa una via.*[7] Par exemple, dans l'affaire Toto entre un investisseur italien et le Liban, formée sur le fondement du TBI Italie / Liban, il a été clairement indiqué que « [...] In order for a fork-in-the-road clause to preclude claims from being considered by the Tribunal, the Tribunal has to consider whether the same claim is "on a different road", i.e., that a claim with the same object, parties and cause of action, is already brought before a different judicial forum. Contractual claims arising out of the Contract do not have the same cause of action as Treaty claims. Consequently, the fact that Toto has brought two contract claims before the Conseil d'État does not restrict Toto's right to submit its Treaty claims to the Tribunal ».[8] Ainsi, la plupart du temps,

---

[1] M. AUDIT, « Contentieux arbitral international, Droit commun », JurisClasseur Droit international, Fasc. 572-65, *Op. cit.*, parag. 37

[2] *Idem*

[3] Exemple cité par M. AUDIT, « Contentieux arbitral international, Droit commun », JurisClasseur Droit international, Fasc. 572-65, *Op. cit.*, parag. 37

[4] M. AUDIT, « Contentieux arbitral international, Droit commun », JurisClasseur Droit international, Fasc. 572-65, *Op. cit.*, parag. 37

[5] Concernant l'identité des parties, comme une demande fondée sur un traité est dirigée contre l'État, seul susceptible d'être partie à un traité, c'est ce même État qui doit aussi être partie au contrat (et non pas une entité juridiquement indépendante comme une collectivité locale, un établissement public...).
Une cause identique signifie que c'est la même norme qui est violée dans les deux demandes contractuelle et conventionnelle. Finalement, l'identité d'objet consiste à poser les mêmes questions aux deux juges, ce qui est rare.
A. DE NANTEUIL, *Droit international de l'investissement, Op. cit.*, p. 140-141

[6] M. AUDIT, « Contentieux arbitral international, Droit commun », JurisClasseur Droit international, Fasc. 572-65, *Op. cit.*, parag. 38 ; A. DE NANTEUIL, *Droit international de l'investissement, Op. cit.*, p. 140-141

[7] A. DE NANTEUIL, *Droit international de l'investissement, Op. cit.*, p. 141

[8] CIRDI, Toto Costruzioni Generali SpA c. Liban, ARB/07/12, compétence, 11 septembre 2009, parag. 211-212 (TBI Italie /Liban). Cité par A. DE NANTEUIL, *Droit international de l'investissement*, p. 141. Voir aussi l'affaire CMS, le tribunal a considéré que : « As contractual claims are different from *treaty claims*, even if there had been or there currently was a recourse to the local courts for breach of contract, this would not have prevented submission of the *treaty claims* to arbitration ». CIRDI, CMS Gas Transmission Company c. Argentine, ARB/01/8, compétence, 13 juillet 2003, parag. 80 : *ICSID Rep.* Vol. 9, p. 492 ; CIRDI, Azurix Corp. c. Argentine, ARB/01/12, compétence, 8 déc. 2003, parag. 89 ou *JDI* 2004,

les tribunaux trouvent une différence entre les deux demandes contractuelle et conventionnelle laissant ouvertes les deux requêtes.[1] Néanmoins, il arrive qu'une conception large de la cause soit retenue.[2]

Face à l'ouverture de procédures parallèles, à part la clause *electa una via*, les États ont tendance à insérer dans les traités la clause parapluie.

Sous-section 2 - La clause parapluie

La clause parapluie contenue dans un traité permet d'élever la violation d'un accord entre un État et un investisseur vers une violation du traité conclu entre cet État et l'État de l'investisseur.[3] Cette clause permet d'assurer que la violation d'un engagement de l'État dans un cadre conventionnel envers un investisseur étranger constitue une violation du traité.[4] Une obligation contractuelle est transformée en obligation internationale et, comme l'explique Prosper Weil, « toute inexécution du contrat, serait-elle même régulière au regard du droit interne de l'État contractant, engage dès lors la responsabilité internationale de ce dernier envers l'État national du cocontractant ».[5] Dans l'affaire Noble Venture, le tribunal indique qu'une « umbrella clause is usually seen as transforming municipal law obligations into obligations directly cognizable in international law ».[6]

La clause parapluie peut être également appelée clause de respect des engagements, *umbrella clause*, clause d'effet miroir, clause ascenseur, clause de couverture, clause de protection ou d'effet parallèle.[7] Le premier TBI qui contenait une clause parapluie est celui entre l'Allemagne et le Pakistan de 1959 dont l'article 7 disposait que : « Each Party shall at all times ensure the observance of the undertakings given by it in relation to property of nationals of any other party ».[8] Les clauses parapluies seraient présentes dans près de

---

p. 275, obs. E. GAILLARD ; LCIA, Occidental Exploration and Production company c. Équateur, affaire No. UN3467, proc. CNUDCI, sentence, 1er juillet 2004, parag. 52. Jp citée par M. AUDIT, « Contentieux arbitral international, Droit commun », JurisClasseur Droit international, Fasc. 572-65, *Op. cit.*, parag. 38

[1] A. DE NANTEUIL, *Droit international de l'investissement*, *Op. cit.*, p. 142

[2] Comme dans l'affaire *Compañía de Aguas del Aconquija* où le comité *ad hoc* du CIRDI a considéré que : « It is sufficient that the dispute relate to an investment made under the BIT » : CIRDI, Compañiá de Aguas del Aconquija S.A. et Vivendi Universal S.A. c. Argentine, ARB/97/3, décision d'annulation du Comité *ad hoc*, 3 juillet 2002, parag. 55 : *ICSID Rev.-FILJ*, 2004, p. 89. Cité par M. AUDIT, « Contentieux arbitral international, Droit commun », JurisClasseur Droit international, Fasc. 572-65, *Op. cit.*, parag. 37

[3] J. CAZALA, « La clause de respect des engagements », *Op. cit.*, p. 349

[4] *Idem*

[5] P. WEIL, « Problèmes relatifs aux contrats passés entre un État et un particulier », *RCADI*, 1969-III, p. 130. Cité par J. CAZALA, « La clause de respect des engagements », *Op. cit.*, p. 350

[6] CIRDI, Noble Ventures Inc. c. Roumanie, ARB/01/11, sentence, 12 octobre 2005, parag. 53. Cité par J. CAZALA, « La clause de respect des engagements », *Op. cit.*, p. 350

[7] J. CAZALA, « La clause de respect des engagements », *Op. cit.*, p. 347 ; S. LEMAIRE, « La mystérieuse "*umbrella clause*" (Interrogations sur l'impact de la clause de respect des engagements sur l'arbitrage en matière d'investissements) », *Revue de l'Arbitrage*, Vol. 2009, No. 3, 2009, p. 479

[8] J. CAZALA, « La clause de respect des engagements », *Op. cit.*, p. 349

40% des TBI en vigueur.[1] L'*umbrella clause* insérée dans un TBI est souvent rédigée comme suit : « Chacune des parties se conformera à toutes ses obligations à l'égard d'un investissement effectué sur son territoire par un investisseur, ressortissant de l'autre partie contractante ».[2] Voici quelques exemples de clauses de respect des engagements : dans le TBI Italie / Jordanie, la clause parapluie à l'article 2 (4) prévoit que « Each Contracting Party shall create and maintain in its territory a legal framework apt to guarantee to investors the continuity of legal treatment, including the compliance, in good faith, of all undertakings assumed with regard to each specific investor ».

L'article 11 (2) du TBI Allemagne / Koweït du 30 mars 1994 présente la clause parapluie comme suit : « Each Contracting State shall observe any other obligation it may have entered into with regard to investments in its territory by investors of the other Contracting State ». Dans le TBI France / Bahreïn du 24 février 2004, il est prévu à l'article 8 al. 1er que le traité vise généralement « any dispute concerning an investment between an investor of one contracting party and the other contracting party ». Le modèle de TBI de la Suisse (1995) prévoit à l'article 10 (2) : « Chacune des Parties Contractantes se conformera à toutes ses obligations à l'égard des investissements effectués sur son territoire par des investisseurs de l'autre Partie Contractante ».

Malgré la clarté apparente de ces clauses, leur invocation dans le contentieux s'est multipliée à partir des années 2000 et les solutions ne sont pas toujours unanimes.[3] Plusieurs controverses y sont attachées comme la controverse sur la « transformation » ou « l'élévation » du contrat en fait internationalement illicite et, par là, les conséquences sur le droit applicable, sur le recours à la clause de règlement des différends contenue dans le traité en cas de présence d'une *umbrella clause* dans le traité, sur la reconnaissance d'une clause comme telle à cause de son imprécision, ou encore la limitation de ses effets à seulement certaines catégories d'obligations contractuelles.[4]

---

[1] CNUCED, International investment agreements 1999-2006 : trends in international rulemaking, p. 73. Cité par A. DE NANTEUIL, *Droit international de l'investissement*, *Op. cit.*, p. 142

[2] S. LEMAIRE, « Treaty claims et Contract claims : la compétence du CIRDI à l'épreuve de la dualité de l'État », *Op. cit.*, 2006

[3] Ch. SCHREUER, « Investment Treaty Arbitration and Jurisdiction over *Contract claim* - the Vivendi I Case Considered », *In International Investment Law and Arbitration : Leading Cases from the ICSID, NAFTA Bilateral Treaties and Customary International Law*, T. WEILER (ed.), Cameron May, London, 2003, p. 281, spéc. p. 299. Cité par L. ACHTOUK-SPIVAK, « Le droit applicable aux arbitrages en matière d'investissements », *Op. cit.*, p. 349

[4] S. LEMAIRE, « La mystérieuse "*umbrella clause*" », *Op. cit.*, parag. 17

§ 1 - Controverse concernant la « transformation » ou « l'élévation » du contrat en fait internationalement illicite

Une des controverses concerne la « transformation » ou « l'élévation » du contrat en fait internationalement illicite.[1] Si certains tribunaux[2] affirment que les demandes fondées sur une *umbrella clause* font partie de la catégorie des *treaty claims*, d'autres considèrent qu'ils ne peuvent pas aboutir à une telle conclusion.[3] L'objectif initial de la clause parapluie est de permettre à un investisseur de fonder sa demande sur l'*umbrella clause* pour qu'elle soit qualifiée de *treaty claim*.[4] La controverse concerne le fait de savoir si le fait internationalement illicite est le résultat d'une « transformation » ou d'une « élévation » du contrat et de l'approche adoptée dépendra le raisonnement que suivra l'arbitre pour déterminer le droit applicable.[5]
Selon une minorité de tribunaux arbitraux, l'*umbrella clause* transforme les obligations contractuelles en obligations internationales. Dans la sentence Noble Ventures le tribunal a affirmé : « An umbrella clause is usually seen as transforming municipal law obligations into obligations directly cognizable in international law ».[6]

Pour la majorité des tribunaux arbitraux, la clause parapluie ne modifie pas l'obligation contractuelle en soi mais transforme sa violation en un manquement au TBI.[7] Comme cela a été affirmé dans l'affaire Lesi-Dipenta entre un investisseur italien et l'Algérie fondée sur le TBI Italie / Algérie : « Ces clauses ont pour effet de transformer les violations des engagements contractuels de l'État en violations de cette disposition du traité [...] ».[8] Il s'agit plutôt de l'atteinte à l'obligation internationale de respecter les engagements internes.[9]

---

[1] J. CAZALA, « La clause de respect des engagements », *Op. cit.*, p. 351

[2] CIRDI, Burlington Resources inc. c. Équateur, ARB/08/5, décision sur la responsabilité, 14 décembre 2012, parag. 189 ; CIRDI, SGS Société Générale de Surveillance S.A. c. Paraguay, ARB/07/29, décision sur la compétence, 12 février 2010, parag. 166. Jp citée par J. CAZALA, « La clause de respect des engagements », *Op. cit.*, p. 351

[3] CIRDI, Bureau Veritas, Inspection, Valuation, Assessment and Control, BIVAC B.V. c. Paraguay, ARB/07/9, compétence, 9 octobre 2012, parag. 149. Cité par J. CAZALA, « La clause de respect des engagements », *Op. cit.*, p. 351

[4] J. CAZALA, « La clause de respect des engagements », *Op. cit.*, p. 351

[5] S. LEMAIRE, « La mystérieuse '*umbrella clause*' », *Op. cit.*, parag. 30

[6] CIRDI, Noble Ventures c. Roumanie, ARB/01/11, sentence, 12 octobre 2005, parag. 53, trad. française par E. GAILLARD, *JDI* 2006, p. 326. Cité par S. LEMAIRE, « La mystérieuse '*umbrella clause*' », *Op. cit.*, parag. 28

[7] S. LEMAIRE, « La mystérieuse '*umbrella clause*' », *Op. cit.*, parag. 29

[8] CIRDI, Lesi-Dipenta c. Algérie, ARB/03/08, sentence, 10 janvier 2005, parag. 25, trad. française par E. GAILLARD, *JDI*, 2006, p. 237. Cité par S. LEMAIRE, « La mystérieuse '*umbrella clause*' », *Op. cit.*, parag. 29

[9] J. CAZALA, « La clause de respect des engagements », *Op. cit.*, p. 351

§ 2 - Effet de la clause parapluie sur le droit applicable

Pour ce qui est du droit applicable, si le tribunal adopte l'approche retenue dans Noble Ventures, c'est-à-dire la transformation de l'obligation contractuelle en obligation internationale, l'arbitre du TBI considérera que c'est le droit international qui régira la violation du contrat et non pas la *lex contractus* (c'est-à-dire généralement le droit national choisi par les contractants).[1] Dans ce cas de figure, le droit local / national s'appliquant au contrat appartiendra au contexte factuel.[2] La violation du droit national sera, du moins, prise en compte comme un fait, mais pour déterminer s'il y a eu violation du traité ou si la responsabilité de l'État est engagée, seul le droit international sera appliqué.[3]

Cette approche fut adoptée dans plusieurs affaires. Dans l'affaire Helnan entre un investisseur danois contre l'Égypte fondée sur le TBI Danemark / Égypte, alors que le droit égyptien s'appliquait au contrat les tribunaux ont affirmé l'application du droit international dans le cadre du *treaty claim*, et ce au motif que les droits contractuels ne suffisent pas pour déterminer la violation du traité : le comportement de l'État hôte pouvant être incompatible avec ses obligations en vertu du TBI.[4] Dans l'affaire Bosh International, le tribunal considère que « the Claimants' claims are expressed by reference to the substantive standards of protection in the BIT, and that the Respondent has defended those claims on this basis. In this respect, the Tribunal considers that the applicable law consists, for the most part, of the BIT, as interpreted in accordance with international law. However, the Tribunal agrees with the Respondent that, in addition to applying the provisions of the BIT, it will have to consider Ukrainian law, in particular as the Claimants' claims are at least in part based on asserted contractual rights ».[5] Dans l'affaire Azurix, la violation du droit national est prise en compte comme un fait. Le comité *ad hoc* considère que « any breach of municipal law that might be established would be a fact or element to which the terms of the BIT and international law would be applied in order to determine whether there was a breach of Article

[1] S. LEMAIRE, « La mystérieuse "*umbrella clause*" », *Op. cit.*, parag. 30

[2] L. ACHTOUK-SPIVAK, « Le droit applicable aux arbitrages en matière d'investissements », *Op. cit.*, p. 852-853

[3] *Idem*

[4] CIRDI, Helnan International Hotels SA c. Égypte, ARB/05/19, sentence, 3 juillet 2008, parag. 103 : « In other words, the analysis of the Claimant's rights under the BIT must on the one hand take into account the existence, or non-existence of contractual rights of the Claimant as they exist on the level of Egyptian law. On the other hand, an exclusive focus on contractual rights will not be sufficient to determine whether or not the rights of the Claimant laid down in the Treaty have been respected. Even in the absence of a valid contract, it is possible that a certain kind of conduct of the host State is inconsistent with its obligations under a BIT ». Cité par L. ACHTOUK-SPIVAK, « Le droit applicable aux arbitrages en matière d'investissements », *Op. cit.*, p. 853

[5] CIRDI, Bosh International, Inc. and B&P Ltd Foreign Investments Enterprise c. Ukraine, ARB/08/11, sentence, 25 octobre 2012, parag. 113. Cité par L. ACHTOUK-SPIVAK, « Le droit applicable aux arbitrages en matière d'investissements », *Op. cit.*, p. 853

II.2 (c) ».[1] De même dans l'affaire Enron, le comité *ad hoc* applique le droit international tout en ayant pris en considération le droit local.[2]

En revanche, si le tribunal considère que l'*umbrella clause* transformerait la violation de l'obligation contractuelle en violation du traité, « ce n'est plus le manquement au contrat qui constitue un fait internationalement illicite mais le fait de ne pas satisfaire à l'obligation internationale de respecter le contrat ».[3] Ici, c'est d'abord la violation du contrat en vertu de la *lex contractus* qui est constatée.[4] Puis, dans un second temps, la violation du contrat sera considérée comme une violation du traité.[5] Le droit international ne fera pas ainsi partie du raisonnement.[6]

Cette approche fut adoptée dans l'affaire CMS où le comité *ad hoc* considère que la clause parapluie ne transforme pas le contenu du contrat ou le droit applicable au contrat.[7] De même, dans l'affaire Ioan Micula, le comité *ad hoc* considère que : « [...] this separate and additional obligation does not exist in a vacuum ; it is subject to its own proper law. In the words of the tribunal in SGS v. Philippines, an umbrella clause does not convert non-binding domestic blandishments into binding international obligations. It does not convert questions of contract law into questions of treaty law. In particular it does not change the proper law of the [relevant agreement] from the law of the Philippines to international law. This Tribunal concurs with this view. Thus, whether an obligation has arisen depends on the law governing that obligation, and so the interpretation of the term "obligation" for purposes of the umbrella clause would rely primarily on that law rather than on international law. In other words, to be afforded the protection of the BIT, the obligation must qualify as such under its governing law. In this case, the governing law cannot be other than Romanian law and the Parties did not point to any other possibly applicable law ».[8] Dans l'affaire SGS, le tribunal arbitral

[1] CIRDI, Azurix Corp. c. Argentine, ARB/01/12, compétence, 8 déc. 2003, parag. 151. Cité par L. ACHTOUK-SPIVAK, « Le droit applicable aux arbitrages en matière d'investissements », *Op. cit.*, p. 853

[2] CIRDI, Enron Creditors Recovery Corp. c. Argentine, ARB/01/3, décision d'annulation, 30 juillet 2010, parag. 223-246 ; Voir aussi CIRDI, Wena Hotels Limited c. Égypte, ARB/98/4, décision d'annulation, 5 févr. 2002 : *JDI* 2003, p. 167-191, E. GAILLAIRD, *La jurisprudence du CIRDI*, Vol. I, *Op. cit.*, p. 689-711 (extraits), parag. 28-36. Cité par L. ACHTOUK-SPIVAK, « Le droit applicable aux arbitrages en matière d'investissements », *Op. cit.*, p. 853

[3] Y. NOUVEL, « La compétence matérielle: contrat traité et clause parapluie », *In la procédure arbitrale relative aux investissements internationaux aspects récents,* B. AUDIT, Ch. LEBEN (dir.), Paris, LGDJ, Anthemis 2010, p. 13. Cité par S. LEMAIRE, « La mystérieuse "*umbrella clause*" », *Op. cit.*, parag. 30

[4] S. LEMAIRE, « La mystérieuse "*umbrella clause*" », *Op. cit.*, parag. 30

[5] *Idem*

[6] *Id.*

[7] CIRDI, CMS Gas Transmission Company c. Argentine, ARB/01/8, compétence, 17 juillet 2003 ; E. GAILLARD, *La Jurisprudence du CIRDI*, Vol. I, *Op. cit.*, p. 793-810 (extraits), parag. 95. Cité par L. ACHTOUK-SPIVAK, « Le droit applicable aux arbitrages en matière d'investissements », *Op. cit.*, p. 854

[8] CIRDI, Ioan Micula, Viorel Micula, S.C. European Food S.A, S.C. Starmill S.R.L. and S.C. Multipack S.R.L. c. Romania [I], ARB/05/20, sentence, 11 décembre 2013, parag. 417-418 ; voir aussi CIRDI, Burlington Resources Inc. c. Équateur, ARB/08/5, décision sur la responsabilité, 14 décembre 2012, parag. 214. Jp citée par L. ACHTOUK-SPIVAK, « Le droit applicable aux arbitrages en matière d'investissements », *Op. cit.*, p. 854

considère que la clause parapluie ne transforme pas l'étendue ou le contenu des obligations contractuelles « en une question de droit international », mais ces questions restent soumises au contrat d'investissement et au droit qui lui est applicable.[1]

Selon un auteur, la seconde approche – c'est-à-dire « la transformation de la violation de l'obligation contractuelle constatée en référence à la *lex contractus* en violation du TBI » – est la seule pertinente parce que la clause de droit applicable et la clause attributive de juridiction insérées dans le contrat ne perdent pas leur sens et que cette approche est conforme à l'article 42 (1) de la Convention de Washington qui prévoit, dans un premier temps, la soumission du fond du litige « aux règles de droit adoptées par les parties », puis, aux « règles de droit de l'État contractant partie au différend », les « principes de droit international » n'ayant qu'un rôle « très résiduel », selon l'auteur.[2]

Il nous semble qu'une approche intermédiaire prenant en compte les deux corps de règles serait plus pragmatique et équitable pour répondre aux attentes des deux parties. Comme l'a expliqué Ibrahim Fadlallah « [l]a distinction à fin de compétence du tribunal implique une distinction concomitante sur la loi applicable : à l'un le traité et le droit international public, à l'autre les règles contractuelles. Mais les faits étant souvent les mêmes, il faudra bien appliquer les deux corps de règles lorsqu'une double violation est invoquée simultanément ».[3]

Une autre controverse concerne le recours à la clause de règlement des différends contenue dans le traité en cas de présence d'une *umbrella clause* dans le traité.

---

[1] CIRDI, Société Générale de Surveillance S.A. c. Philippines, ARB/02/6, décision du Tribunal sur les objections à la compétence, 29 janvier 2004, parag. 127-128 : « To summarize, for present purposes Article X (2) includes commitments or obligations arising under contracts entered into by the host State. The basic obligation on the State in this case is the obligation to pay what is due under the contract, which is an obligation assumed with regard to the specific investment (the performance of services under the CISS Agreement). But this obligation does not mean that the determination of how much money the Philippines is obliged to pay becomes a treaty matter. The extent of the obligation is still governed by the contract, and it can only be determined by reference to the terms of the contract.
To summarize the Tribunal's conclusions on this point, Article X (2) makes it a breach of the BIT for the host State to fail to observe binding commitments, including contractual commitments, which it has assumed with regard to specific investments. But it does not convert the issue of the extent or content of such obligations into an issue of international law. That issue (in the present case, the issue of how much is payable for services provided under the CISS Agreement) is still governed by the investment agreement. In the absence of other factors it could be decided by a tribunal constituted pursuant to Article VIII (2). The proper law of the CISS Agreement is the law of the Philippines, which in any event this Tribunal is directed to apply by Article 42 (1) of the ICSID Convention ».
Jp citée par S. LEMAIRE, « La mystérieuse "*umbrella clause*" », *Op. cit.*, parag. 31

[2] S. LEMAIRE, « La mystérieuse "*umbrella clause*" », *Op. cit.*, parag. 31

[3] I. FADLALLAH, « La distinction *Treaty claims* - *Contract claims* », *In Droit international des investissements et de l'arbitrage transnational*, Ch. LEBEN (dir.), Pedone, 2015, p. 759, spéc. p. 766

§ 3 - Controverse concernant le recours à la clause de règlement des différends dans le traité en cas de présence d'une *umbrella clause*

La jurisprudence et la doctrine ont montré que les juges du traité ont apprécié de diverses manières les demandes fondées sur la clause parapluie en présence d'une clause contractuelle de règlement des différends.[1] D'une part, certains considèrent que la *clause parapluie* s'étend à la compétence du juge du traité en présence d'un contrat entre l'État et l'investisseur étranger, ce qui permettrait à l'investisseur d'éviter le mécanisme de règlement de différend prévu dans contrat.[2] Dans l'affaire Lesi Dipenta c. Algérie, le tribunal tenait cette position en affirmant que « [c]es clauses ont pour effet de transformer les violations des engagements contractuels de l'État en violations de cette disposition du traité et par là même, de donner compétence au tribunal arbitral mis en place en application du traité pour en connaître ».[3] Dans l'affaire Sempra, il a été considéré que si le demandeur se plaint de manquements au TBI et non au contrat, ce sont les clauses de règlement de différend des premiers qui s'appliquent.[4] Une partie des tribunaux arbitraux considèrent que les effets juridictionnels de la clause parapluie ne peuvent être réduits ou limités à cause de la présence d'une clause contractuelle de règlement des différends.[5] D'autre part, d'autres tribunaux ont considéré que la clause parapluie ne peut avoir d'effet lorsque la clause contractuelle de juridiction est exclusive.[6] Par exemple, dans Toto Costruzioni Generali c. Liban, le tribunal

---

[1] J. CAZALA, « La clause de respect des engagements », *Op. cit.,* p. 353

[2] Voir B. POULAIN, « La clause de respect des engagements : Une clause d'extension de la compétence du juge du traité aux "*contract claims*" », *Cahiers de l'arbitrage*, 2012, No. 4, p. 931. Cité par S. LEMAIRE, « La mystérieuse "*umbrella clause*" », *Op. cit.,* p. 493 ; J. CAZALA, « La clause de respect des engagements », *Op. cit.,* p. 352

[3] CIRDI, Consortium groupement L.E.S.I.-DIPENTA c. Algérie, ARB/03/8, sentence, 10 janvier 2005, parag. 25, ii (TBI Italie /Algérie) ; voir aussi Roussalis c. Roumanie où le tribunal considère que « [a]pplying the *umbrella clause* [...], the Tribunal has jurisdiction over Claimant's Investment Claim [...] without regard for dispute resolution clause in the Privatization Agreement ». CIRDI, Spyridan Roussalis c. Roumanie, ARB/06/1, sentence, 7 décembre 2011, parag. 781. Cité par J. CAZALA, « La clause de respect des engagements », *Op. cit.,* p. 352

[4] CIRDI, Sempra Energy International c. Argentine, ARB/02/16, compétence, 11 mai 2005, parag. 80 et s., cité par J. FOURET, D. KHAYAT, « Le Centre international pour le règlement des différends relatifs aux investissements », *Revue québécoise de droit international,* Numéro 18.2 - 2005, 1 octobre 2006 : https://www.sqdi.org/fr/le-centre-international-pour-le-reglement-des-differends-relatifs-aux-investissements-2/p.344

[5] Ainsi, par exemple, dans Bayindir c. Pakistan, le tribunal arbitral a considéré que: « [w]hen the investor has a right under both the contract and the treaty, it has a self-standing right to pursue the remedy accorded by the treaty ».
CIRDI, Bayindir Insaat Turizm Ticaret Ve Sanayi AS. c. Pakistan, ARB/03/29, compétence, 14 novembre 2005, parag.167 ; voir aussi CIRDI, Compañiá de Aguas del Aconquija S.A. et Vivendi Universal S.A. c. Argentine, ARB/97/3, décision d'annulation du Comité *ad hoc*, 3 juillet 2002, parag. 101 ; arbitrage *ad hoc*, Eureko B.V. c. Pologne, sentence partielle, 19 août 2005, parag. 113 ; CIRDI, Noble Ventures Inc. c. Roumanie, ARB/01/11, sentence, 12 octobre 2005, parag. 62 ; CIRDI, Spyridon Roussalis c. Roumanie, ARB/06/1, sentence, 7 décembre 2011, parag. 781. Jp citée par J. CAZALA, « La clause de respect des engagements », *Op. cit.,* p. 353-354

[6] J. CAZALA, « La clause de respect des engagements », *Op. cit.,* p. 354

a considéré que : « Although Article 9.2 of the Treaty may be used as a mechanism for the enforcement of claims, it does not elevate pure contractual claims into treaty claims. The contractual claims remain based upon the contract ; they are governed by the law of the contract and may be affected by the other provisions of the contract. In the case at hand that implies that they remain subject to the contractual jurisdiction clause and have to be submitted exclusively to the Lebanese courts for settlement. Because of this jurisdiction clause in favor of Lebanese courts, the Tribunal has no jurisdiction over the contractual claims arising from the contract referring disputes to Lebanese courts ».[1] D'après ce raisonnement, la clause de règlement des différends du TBI est générale et s'efface ainsi devant la clause contractuelle, plus spécifique, librement négociée par les parties.[2] De plus, l'objectif des traités serait de compléter les stipulations contractuelles et non pas de les remplacer.[3]

Une autre opinion considère que les procédures de règlement des différends contractuelle et conventionnelle coexistent sans que l'une l'emporte sur l'autre et que l'investisseur a le choix entre les deux, lorsque le TBI est adopté après la conclusion du contrat.[4]

S'ajoutent à ces difficultés jurisprudentielles, l'imprécision dans la rédaction de certaines clauses parapluie ne permettant pas de comprendre précisément l'effet à reconnaître à la clause parapluie.[5] Par exemple la clause parapluie du TBI Mexique / Grèce du 30 novembre 2000, article 19 (2)) est rédigée en des termes « classiques » : « Each Contracting Party shall observe any other obligation it may have entered into in writing with regard to specific investment of an investor of the other Contracting Party ». Puis, il est indiqué que « the disputes arising from such obligations shall be settled only under the terms and conditions of the respective contract ».[6]

Heureusement, certaines clauses sont rédigées plus clairement. Par exemple, le TBI Allemagne / Pakistan (du 1er décembre 2009, article 10(5)) dispose que : « if a contract between an investor and a Contracting State provides a dispute resolution mechanism, the investor can invoke only the dispute resolution mechanism, concerning the issues arising under that contract. However, in case of issues arising under this Agreement including [the umbrella clause], he is

---

[1] CIRDI, Toto Costruzioni Generali SpA c. Liban, ARB/07/12, compétence, 11 septembre 2009, parag. 202 (TBI Italie / Liban) ; voir aussi CIRDI, Malicorp Limited c. Égypte, ARB/08/18, sentence, 7 février 2011, parag. 103 (TBI Égypte / Royaume/Uni) ; CIRDI, SGS Société Générale de Surveillance S.A. c. Philippines, ARB/02/6, décision du Tribunal sur les objections à la compétence, 29 janvier 2004, parag. p. 155 ; Jp citée par J. CAZALA, « La clause de respect des engagements », *Op. cit.*, p. 354

[2] J. CAZALA, « La clause de respect des engagements », *Op. cit.*, p. 354

[3] *Idem*

[4] CIRDI, SGS Société Générale de Surveillance S.A. c. Philippines, ARB/02/6, décision du Tribunal sur les objections à la compétence, 29 janvier 2004, déclaration d'Antonio Crivellaro. Cité par J. CAZALA, « La clause de respect des engagements », *Op. cit.*, p. 255

[5] J. CAZALA, « La clause de respect des engagements », *Op. cit.*, p. 255-256

[6] *Idem*, p. 256

entitled to utilize the dispute settlement procedures provided under this article ».

Dans les affaires SGS et BIVAC,[1] les tribunaux invitent le juge du traité à se prononcer sur l'existence d'une violation du traité du fait de la violation du contrat après que le juge du contrat s'est prononcé sur la violation du contrat.[2] Or, il se peut que l'investisseur saisisse et le juge du contrat et le juge du traité comme dans l'affaire Arif.[3] En l'espèce, le tribunal arbitral a affirmé qu'il n'est pas un juge d'appel et qu'il ne peut statuer sur ce qu'a décidé le juge du contrat.[4] Ainsi, la forme de rédaction de la clause parapluie et son identification peuvent parfois être une source de controverse.[5]

Les investisseurs peuvent être tentés d'invoquer une conception très large de la clause parapluie.[6] Par exemple, dans l'affaire Salini c. Jordanie[7], l'article 2 (4) du TBI Jordanie / Italie (1996) invoqué dispose que l'État s'engage à « mettre en place et maintenir un cadre juridique de nature à garantir aux investisseurs la continuité du traitement juridique, y compris le respect, de bonne foi, de tous les engagements assumés à l'égard de chaque investisseur spécifique ». Les arbitres ont considéré que cette clause n'a pas les mêmes effets qu'une clause parapluie mais signifie que chaque État visait à garantir un cadre juridique favorable aux investisseurs de l'État co-contractant.[8]

Il arrive qu'en l'absence de clause parapluie dans un traité, l'investisseur essaye de l'invoquer par le mécanisme de la clause de la nation la plus favorisée.[9]

§ 4 - Actes unilatéraux et clauses parapluie

Pour ce qui est des engagements écrits unilatéraux émis par les États d'accueil de l'investissement (actes règlementaires ou législatifs), plusieurs

---

[1] CIRDI, SGS Société Générale de Surveillance S.A. c. Philippines, ARB/02/6, décision sur les objections à la compétence, 29 janvier 2004, parag. 125 ; CIRDI, Bureau Veritas, Inspection, Valuation, Assessment and Control, BIVAC B.V. c. Paraguay, ARB/07/9, compétence, 9 octobre 2012, parag. 284. Cité par J. CAZALA, « La clause de respect des engagements », *Op. cit.*, p. 356

[2] J. CAZALA, « La clause de respect des engagements », *Op. cit.*, p. 356

[3] *Idem*

[4] CIRDI, M. Franck Charles Arif c. Moldavie, ARB/11/23, sentence, 8 avril 2013, parag. 298. Cité par J. CAZALA, « La clause de respect des engagements », *Op. cit.*, p. 356-357

[5] J. CAZALA, « La clause de respect des engagements », *Op. cit.*, p. 357

[6] *Idem*, p. 358

[7] CIRDI, Salini Costruttori SpA and Italstrade SpA c. Jordanie, ARB/02/13, compétence, 9 novembre 2004, parag. 126. Cité par J. CAZALA, « La clause de respect des engagements », *Op. cit.*, p. 358

[8] Autre exemple, dans l'affaire Arif c. Moldavie où les arbitres ont refusé d'accorder à l'article 9 du TBI France / Moldavie (1997) le rôle de clause parapluie :« Les investissements ayant fait l'objet d'un engagement particulier de l'une des Parties contractantes à l'égard des nationaux et sociétés de l'autre Partie contractante sont régis, sans préjudice des dispositions du présent accord, par les termes de cet engagement dans la mesure où celui-ci comporte des dispositions plus favorables que celles qui sont prévues par le présent accord ». CIRDI, M. Franck Charles Arif c. Moldavie, ARB/11/23, sentence, 8 avril 2013, parag. 392. J. CAZALA, « La clause de respect des engagements », *Op. cit.*, p. 358

[9] J. CAZALA, « La clause de respect des engagements », *Op. cit.*, p. 358

tribunaux arbitraux[1] ont reconnu que ces derniers sont également couverts par la clause parapluie, surtout si la rédaction de cette clause est effectuée en des termes larges.[2] Néanmoins, l'interprétation des tribunaux arbitraux peut varier. Par exemple, dans l'affaire Enron, concernant la clause applicable qui prévoyait s'appliquer à « any obligation », le tribunal considère que « under its ordinary meaning, the phrase "any obligation" refers to obligations regardless of their nature ».[3] Dans l'affaire SGS, la clause applicable prévoyait que « [e]ach Contracting Party shall observe any obligation it has assumed with regard to specific investments in its territory ».[4] Le tribunal considère que par « specific Investments » les parties visaient uniquement les engagements spécifiques.[5] Or, un engagement spécifique ne saurait se réduire à un lien contractuel entre l'État et l'investisseur.[6] Dans l'affaire LG&E, l'*umbrella clause* disposait que « [e]ach Party shall observe any obligation it may have entered into with regard to investments ».[7] Malgré la formulation large de la clause, le tribunal considère que la clause ne couvre que les engagements spécifiques et que la loi argentine sur le secteur gazier est justement un engagement suffisamment spécifique parce qu'elle s'adresse aux investisseurs étrangers et vise spécifiquement leurs investissements.[8] Cette décision fut critiquée par la doctrine parce que cette loi visait tous les opérateurs ayant investi dans le secteur du gaz et n'était donc pas spécifiquement destinée à régir la situation des investisseurs dans l'affaire en question.[9] Une généralisation du raisonnement effectué par le tribunal voudrait dire que les clauses parapluie interdisent aux États de modifier le cadre normatif régissant les investissements étrangers, ce qui constitue une confusion entre clause parapluie et clause de stabilisation.[10]

---

[1] CIRDI, SGS Société Générale de Surveillance S.A. c. Pakistan, ARB/01/13, décision sur les objections à la compétence, 6 août 2003, parag. 166 ; Arbitrage *ad hoc*, Eureko B.V. c. Pologne, sentence partielle, 19 août 2005, parag. 246 ; CIRDI, Ioan Micula, Viorel Micula, S.C. European Food S.A, S.C. Starmill S.R.L. and S.C. Multipack S.R.L. c. Romania [I], ARB/05/20, sentence, 11 décembre 2013, parag. 415 ; CIRDI, Enron Corporation Ponderosa Assets, L.P. c. Argentine, ARB/01/3, sentence, 22 mai 2007, parag. 274. Jp citée par J. CAZALA, « La clause de respect des engagements », *Op. cit.*, p. 363-364

[2] M. AUDIT, « Contentieux arbitral international, Droit commun », JurisClasseur Droit international, Fasc. 572-65, *Op.cit.*

[3] CIRDI, Enron Corporation Ponderosa Assets, L.P. c. Argentine, ARB/01/3, sentence, 22 mai 2007, parag. 274. Cité par J.CAZALA, « La clause de respect des engagements », *Op. cit.*, p. 364

[4] CIRDI, SGS Société Générale de Surveillance, S.A. c. Philippines, ARB/02/6, décision sur les objections à la compétence du 29 janvier 2004, parag. 121. Cité par J. CAZALA, « La clause de respect des engagements », *Op. cit.*, p. 364

[5] J. CAZALA, « La clause de respect des engagements », *Op. cit.*, p. 364

[6] *Idem*

[7] CIRDI, LG&E Energy Corp. LG&E Capital Corp., LG&E International Inc. c. Argentine, ARB/02/1, décision sur la responsabilité, 3 octobre 2006, parag. 169. Cité par J. CAZALA, « La clause de respect des engagements », *Op. cit.*, p. 365

[8] CIRDI, LG&E Energy Corp. *Idem*, parag. 174-175. J. CAZALA, « La clause de respect des engagements », *Op. cit.*, p. 365 ; S. LEMAIRE, « La mystérieuse "*umbrella clause*" », *Op. cit.*, parag. 23

[9] E. GAILLARD, *JDI*, 2007, p. 319, spéc. 325. Cité par S. LEMAIRE, « La mystérieuse "*umbrella clause*" » *Op. cit.*, parag. 24

[10] S. LEMAIRE, « La mystérieuse "*umbrella clause*" », *Op. cit.*, parag. 24

En définitive, tout dépendra de la rédaction de la clause et de l'interprétation des arbitres.[1] La jurisprudence à ce sujet n'est pas uniforme.[2] Des auteurs[3] concluent que pour que la clause parapluie s'applique, la forme de l'acte invoqué n'a pas d'importance mais ce qui compte est le caractère spécifique de la norme qu'il englobe.[4] Autrement dit, si une norme est « générale, abstraite et hypothétique », sa violation ne peut pas être couverte par l'*umbrella clause*.[5] En revanche, si elle est « concrète et catégorique », l'investisseur pourra invoquer la clause parapluie.[6]

§ 5 - Limitation des effets de la clause parapluie à certaines catégories d'obligations contractuelles

Certains tribunaux arbitraux limitent les effets des clauses parapluie à certaines catégories d'obligations contractuelles.[7] Dans l'affaire Joy Mining c. Égypte fondée sur le TBI Égypte / Royaume-Uni, le tribunal arbitral a considéré que la clause parapluie peut produire des effets uniquement en cas d'une violation considérable commise par l'État alors que la clause en question n'insinuait à aucune « ampleur » de violation nécessaire pour déclencher l'effet de la clause parapluie.[8] En effet, la clause disposait que : « Each Contracting Party shall observe any obligation it may have entered into with regard to investments of nationals or companies of the other Contracting Party » (Article 2.2, TBI Royaume-Uni / Égypte du 11 juin 1975). Un tel raisonnement reste marginal.[9] La clause parapluie devrait protéger l'investisseur quelle que soit la « magnitude » de la violation de l'État.[10]

Dans le même ordre d'idées, certains tribunaux arbitraux ont considéré qu'uniquement les clauses de stabilisation du contrat pouvaient être couvertes par l'*umbrella clause* du traité.[11] Par exemple, dans l'affaire CMS, le tribunal a refusé de protéger par la clause parapluie les aspects purement commerciaux du contrat.[12] Néanmoins, il ajoute que : « Il existe deux clauses de stabilisation

---

[1] A. DE NANTEUIL, *Droit international de l'investissement*, *Op. cit.*, p. 144
[2] *Idem*
[3] S. LEMAIRE, « La mystérieuse "*umbrella clause*" », *Op. cit.*, parag. 26 ; cet auteur cite P. MAYER, *La distinction entre règles et décisions et le droit international privé*, Dalloz, 1973, n° 48 et s.
[4] S. LEMAIRE, « La mystérieuse "*umbrella clause*" », *Op. cit.*, parag. 26
[5] *Idem*
[6] *Id.*
[7] *Id.* parag. 17
[8] CIRDI, Joy Mining Machinery Limited c. Égypte, ARB/03/11, sentence sur la compétence, 6 août 2004, parag. 81 : « It could be held that an *umbrella clause* inserted in the Treaty [...] could have the effect of transforming all contract disputes into investment disputes under the Treaty, unless of course there would be [...] a violation of contract rights of such a magnitude as to trigger the Treaty protection ». Cité par J. CAZALA, « La clause de respect des engagements », *Op. cit.*, p. 366
[9] Voir dans le même sens, CIRDI, CMS Gas Transmission Company c. Argentine, ARB/01/8, sentence, 12 mai 2005, parag. 299. Cité par J. CAZALA, « La clause de respect des engagements », *Op. cit.*, p. 366
[10] J. CAZALA, « La clause de respect des engagements », *Op. cit.*, p. 366
[11] S. LEMAIRE, « La mystérieuse "*umbrella clause*" », *Op. cit.*, parag. 18
[12] *Idem*

contenues dans la licence qui ont des effets importants lorsqu'on examine la protection résultant à leur égard de la clause de respect des engagements. La première clause est l'engagement de ne pas geler les tarifs ou de les soumettre au contrôle des prix. La seconde est l'obligation de ne pas modifier les règles fondamentales régissant la licence ».[1]

Les clauses parapluies opposant investisseurs et États dans l'espace euro-arabe ne présentent pas de particularité.[2] Concernant les futurs accords d'investissement conclus par l'Union, le Parlement propose d'exclure les clauses parapluie désignées par « clauses de protection ». Ceci est contraire à la position du Conseil qui souligne la nécessité d'inclure justement ces clauses dans les futurs accords d'investissement dans le but de garantir une protection efficace aux investisseurs.[3]

Section 2 - Articulation entre offres d'arbitrage provenant d'un traité et d'une loi

Lorsqu'une loi contient une disposition sur la résolution des litiges par arbitrage, elle coexiste avec les traités d'investissements.[4] Les législations étatiques revêtent de l'importance lorsqu'elles prescrivent une offre d'arbitrage parce que dans les cas où il n'y aurait pas de disposition conventionnelle pour régir la résolution d'un différend, ces lois d'investissement peuvent constituer une alternative.[5]

Sous-section 1 - Concurrence entre instruments et le principe de primauté des traités

Devant plusieurs offres générales d'arbitrage (provenant d'un traité ou d'une loi), le choix par l'investisseur, entre une procédure CIRDI et une procédure devant une autre institution arbitrale entraînant l'application du règlement d'arbitrage correspondant et, par là, le droit applicable lié au règlement choisi, peut être guidé par le principe de primauté des traités. Aussi, les lois d'investissement elles-mêmes peuvent renvoyer aux traités d'investissement ou à d'autres juridictions compétentes.

---

[1] CIRDI, CMS Gas Transmission Company c. Argentine, ARB/01/8, sentence, 12 mai 2005, parag. 302 : trad. française par E. GAILLARD, *JDI* 2006, p. 308. Voir aussi CIRDI, El Paso Energy International Company c. Argentine, ARB/03/15, compétence, 27 avril 2006. Cité par S. LEMAIRE, « La mystérieuse "*umbrella clause*" », *Op. cit.*, parag. 18

[2] D. MOURALIS, « Procédures parallèles et arbitrages d'investissement dans l'espace méditerranéen », *In Vers une lex mediterranea des investissements*, *Op. cit.*, p. 314-315

[3] Cons. UE, Conclusions sur une politique européenne globale en matière d'investissements internationaux, 3041e session du Conseil des Affaires étrangères, Luxembourg, le 25 octobre 2010, point 12, 14 : http://www.consilium.europa.eu/uedocs/cms_data/docs/pressdata/FR/foraff/117357.pdf

Voir A. GIARDINA, « La question du droit applicable : l'application directe du droit européen et son influence sur le droit et l'arbitrage des investissements », *Op. cit.*, p. 163

[4] [Najjar], p. 89

[5] *Idem*

Les traités d'investissement priment lorsque leur objet (l'investissement) coïncide avec celui des matières règlementées par le droit national de l'investissement.[1] Si la matière objet du différend n'est régie par aucune convention internationale, alors les modes de résolution des différends prévus par les lois nationales peuvent être suivis.[2] Dans les pays où les lois d'investissement ne font pas référence à ces conventions internationales, la primauté des traités est reconnue de toute façon.[3]

Il arrive qu'une disposition nationale soit plus favorable que le droit conventionnel international ou régional ou en conflit avec ce dernier.[4] Si la convention ne contient aucune disposition réglant ses rapports avec les législations nationales, il s'agit d'appliquer le principe de la primauté des traités.[5] Ainsi, en cas de conflit avec les législations nationales, et en cas de silence de la convention régionale ou internationale, c'est la convention qui prime. Dans son rapport avec le droit national, la convention régionale ou internationale peut jouer un rôle supplétif en complétant le vide législatif d'un droit national.[6]

Sous-section 2 - Rapport entre les conventions internationales et les législations nationales dans les pays arabes

La majorité des pays arabes ont promulgué à partir des années 2000 des lois pour encourager et promouvoir les investissements, en plus des lois sur l'arbitrage et de la conclusion de traités bilatéraux, régionaux et internationaux. Plusieurs de ces lois font référence au droit conventionnel international pour le règlement des différends.[7] Certaines de ces législations prévoient un recours à l'arbitrage sur la base de la loi d'investissement « sous réserve du droit conventionnel international » ou renvoient au droit conventionnel international.[8] Lorsque l'objet d'un traité ou d'une convention internationale est le même que celui qui est règlementé par le droit national de l'investissement, la convention prime.[9] Si la matière objet du différend n'est prévue par aucune convention internationale, alors les modes de résolution des conflits prévus par la législation nationale peuvent être suivis.[10]

---

[1] *Id.*, p. 105
[2] *Id.*
[3] *Id.*, p. 106
[4] *Id.*, p. 908-909
[5] *Id.*, p. 908
[6] *Id.*, p. 908-909
[7] [Najjar], p. 105
[8] *Idem*
[9] *Id.*
[10] *Id.*

En Algérie, le principe de primauté des traités a été reconnu et le pays a adhéré à la Convention de Vienne de 1969.[1] Ainsi, la loi algérienne sur l'investissement (article 17) a prévu que les différends entre l'État et les investisseurs étrangers sont de la compétence des tribunaux étatiques à moins qu'il n'y ait un TBI ou une convention multilatérale contenant une disposition sur l'arbitrage.[2] L'arbitrage *ad hoc* est permis également.[3]

La Tunisie a reconnu la primauté des traités et a adhéré à la Convention de Vienne. L'article 67 du code tunisien prévoit que les différends avec les investisseurs étrangers sont de la compétence des tribunaux étatiques à moins qu'il n'y ait un TBI ou une convention multilatérale.[4]

La Libye a reconnu le principe de primauté des traités, et a adhéré à la Convention de Vienne.[5] Les différends avec les investisseurs étrangers sont de la compétence des tribunaux étatiques, à moins qu'il n'y ait un TBI ou une convention multilatérale entre l'État et les États des investisseurs qui contient des dispositions sur l'arbitrage (article 24, loi sur l'investissement).[6]

L'Arabie saoudite a adhéré à la Convention de Vienne et la loi d'investissement (à l'article 13 du règlement saoudien de l'investissement) prévoit que les différends entre l'État et les investisseurs étrangers sont de la compétence des tribunaux étatiques à moins qu'il n'y ait un TBI ou une convention multilatérale contenant une disposition sur l'arbitrage.[7] Cela étant dit, la conciliation entre les traités et les législations nationales est difficile à réaliser en raison de la *charia*, loi divine supérieure à toute autre norme élaborée par l'homme.[8] Ainsi, les juridictions internes n'ont pas à appliquer une norme internationale même si elle s'avère plus favorable par rapport au droit local, et le principe de primauté des traités ne peut être respecté.[9]

Dans d'autres États, les lois arabes sur l'investissement ne mentionnent pas le droit conventionnel international mais la reconnaissance du principe de primauté dans ces pays implique l'application de ces conventions.[10]

L'Iraq a reconnu le principe de primauté des traités (article 29 code civil irakien).[11] Les parties peuvent convenir de recourir à l'arbitrage national ou

---

[1] Articles 29 code civil irakien ; 24 code civil jordanien ; 34 code civil yéménite ; 68 code civil koweïtien ; 300 CPCC égyptien (code de procédure civile et commerciale) ; comparer les articles 23 c.civ et 411 CPCC libyen ; 311 CPC syrien ; le principe de primauté est également consacré dans les CPC marocain, algérien, tunisien et libanais qui s'inspirent du droit français. [Najjar], p. 920

[2] [Najjar], p. 105

[3] *Idem*, p. 103

[4] *Id.*, p. 105

[5] *Id.*, p. 99

[6] *Id.*, p. 105

[7] *Id.*, p. 105, 921

[8] *Id.*, p. 921

[9] *Id.*, p. 918-919

[10] *Id.*, p. 105-106

[11] *Id.*, p. 920

étranger en s'accordant sur les procédures à suivre et sur le droit applicable (article 27) et, à défaut, ce sont les tribunaux judiciaires qui sont compétents.[1]

Oman a adhéré à la Convention de Vienne. La loi omanaise sur l'investissement permet tout type d'arbitrage local ou international.[2]

La loi d'investissement qatarie ne fait aucune allusion au droit conventionnel international (article 11) et permet tout type d'arbitrage local ou international également.[3] L'article 68 de la constitution du Qatar[4] n'apporte pas de solution en cas de conflit entre la nouvelle loi de l'arbitrage n° 2 de 2017 et une convention internationale étant donné qu'elle admet la valeur législative des conventions internationales ratifiées dans l'ordre juridique national mais ne définit pas l'ordre de préférence des conventions internationales dans la hiérarchie des sources du système juridique national.[5] Néanmoins, il est possible de déduire la supériorité des conventions internationales à partir de la lecture de l'article 2 de la nouvelle loi sur l'arbitrage qui dispose que « Sans préjudice des dispositions des conventions internationales applicables dans l'État du Qatar, les dispositions de la présente loi s'appliquent ». [6]

Le Koweït a reconnu le principe de primauté des traités (art. 68 du code civil) et a adhéré à la Convention de Vienne, et permet tout type d'arbitrage local ou international.[7]

Le Yémen a reconnu le principe de primauté des traités (article 34 du code civil). Dans l'arbitrage entre l'État et un investissement étranger, les parties sont libres de choisir le type d'arbitrage (article 26, loi sur l'investissement).[8]

Le Liban a reconnu le principe de primauté des traités également.

La Jordanie a reconnu le principe de primauté des traités (art. 24 du code civil) et l'article 20 de la loi d'investissement autorise les investisseurs étrangers à recourir à l'arbitrage dans le cadre des traités bilatéraux et multilatéraux.[9]

Le Maroc a reconnu le principe de primauté des traités et a adhéré à la Convention de Vienne. Au Maroc, la charte de l'investissement autorise l'État et les investisseurs étrangers, en son article 17, à soumettre les litiges

---

[1] *Id.*, p. 103

[2] *Id.*, p. 102

[3] *Id.*, p. 102, 105

[4] Article 68 : « The Emir shall conclude treaties and agreements by a decree and refer them to Al-Shoura Council accompanied with appropriate explanatory notes. The treaty or agreement shall have the power of law after ratification and publication in the official Gazette ; however, reconciliation treaties and treaties pertaining to the territory of the State or those relating to the right of sovereignty or public or private rights of the citizens, or those that involve an amendment of the laws of the State shall come into force when the same are issued as a law. Under no case may a treaty include secret conditions contradicting its publicized conditions ». Cité par S. M. AL-ABDULLA and Y. EL SHAZLY, « The New Qatari Arbitration Law in Light of the Modern Principles of Commercial Arbitration », *International Journal of Arab Arbitration*, 2017, Vol. 9, No. 1, p. 68

[5] S. M. AL-ABDULLA and Y. EL SHAZLY, « The New Qatari Arbitration Law in Light of the Modern Principles of Commercial Arbitration », *Op. cit.*, p. 68

[6] *Idem.*

[7] [Najjar], p. 102

[8] *Idem*

[9] *Id.*, p. 104, 106

d'investissement régis par la charte, aux modes de résolution de conflits, dont l'arbitrage, prévus par le droit conventionnel international.[1] Autrement dit, le recours à l'arbitrage est permis uniquement dans le cadre de traités bilatéraux et multilatéraux.[2]

La Syrie a reconnu le principe de primauté des traités (article 311 du CPC syrien) et a adhéré à la Convention de Vienne de 1969.[3] Pour résoudre un différend, la législation syrienne permet le recours à plusieurs mécanismes à choisir librement, sous forme d'offre générale d'arbitrage.[4] Les parties peuvent choisir l'arbitrage ou les juridictions syriennes compétentes ou la Cour arabe d'investissement ou un traité ou convention de protection de l'investissement bilatéral ou multilatéral conclu entre la Syrie et l'État de l'investisseur (l'article 7 de la loi syrienne de l'investissement).[5] L'arbitrage peut être *ad hoc*, institutionnel, local ou étranger. Tout choix de mécanisme lie l'État et l'investisseur définitivement et ils ne pourront pas agir selon d'autres mécanismes (*fork in the road*).[6]

Le Bahreïn n'a ni reconnu le principe de primauté ni adhéré à la Convention de Vienne mais a modernisé sa législation sur l'arbitrage par l'adoption de la loi-type CNUDCI, et en incorporant dans son droit national les articles IV à VI de la Convention de New York sur la reconnaissance et l'exécution des sentences arbitrales.[7]

L'Égypte a reconnu le principe de primauté des traités (article 300, CPC égyptien) et a adhéré à la Convention de Vienne.[8] Les dispositions de la loi égyptienne sur l'investissement ne peuvent prévaloir sur les offres d'arbitrage prévues dans les TBI / conventions multilatérales au risque de méconnaître le principe de primauté des traités.[9] Ainsi, les dispositions nationales se limitent aux différends régis par la loi nationale et non visés par le TBI ou la convention.[10]

Aux Émirats arabes unis, selon l'article 37 (2) de la nouvelle loi sur l'arbitrage, si les parties conviennent de soumettre la relation juridique entre elles aux dispositions d'un contrat type, d'une convention internationale ou tout autre accord, les dispositions de ces derniers, y compris celles relatives à l'arbitrage, s'appliqueront, sous réserve du respect de l'ordre public et des bonnes mœurs de l'État. Les Émirats n'ont pas adhéré à la Convention de Vienne. Le principe de primauté des traités a été reconnu à l'article 37 (2) de la nouvelle loi sur l'arbitrage de 2018 selon lequel si les parties conviennent

[1] *Id.*, p. 106
[2] *Id.*, p. 104
[3] *Id.*, p. 920
[4] *Id.*, p. 102
[5] *Id.*
[6] *Id.*
[7] *Id.*, p. 921
[8] *Id.*, p. 920
[9] *Id.*, p. 100
[10] *Id.*

de soumettre leur rapport juridique aux dispositions d'un contrat type, d'une convention internationale ou tout autre accord, les dispositions de ces derniers, y compris celles relatives à l'arbitrage, s'appliqueront, sous réserve du respect de l'ordre public et des bonnes mœurs de l'État.[1]

Section 3 - Rapport entre traités régionaux et internationaux

Les traités européens conclus entre les États membres de l'UE sont un exemple de traités régionaux qui peuvent poser des difficultés d'articulation avec des TBI conclus entre les pays de l'UE et les États tiers.

Sous-section 1 - Articulation entre TBI extra-européens et droit de l'Union européenne

Comment articuler les normes qui relèvent d'une même situation juridique et appartiennent à la fois au champ d'application d'un traité international (comme un TBI) et à celui d'un traité régional (par exemple, un traité européen) ?[2] Rappelons que les traités européens constituent une source primaire du droit de l'Union européenne. Le conflit entre normes peut être résolu par la négation des conflits de normes qui s'effectue soit par une interprétation harmonieuse, soit en faisant prévaloir une norme sur l'autre.[3] Cela étant dit, ces solutions ne résolvent pas tous les problèmes pouvant exister et d'autres solutions sont à rechercher comme l'interprétation finaliste.

Sous-section 2 - La négation des conflits de normes

La négation des conflits de normes peut s'effectuer par une interprétation harmonieuse ou par la hiérarchisation d'une norme sur une autre.

§ 1 - La négation des conflits de normes par l'interprétation harmonieuse

La négation des conflits de normes par une interprétation harmonieuse, appelée aussi interprétation compatible ou stratégie d'accommodation, consiste à interpréter ou à appliquer soit le droit européen, soit le droit international de

---

[1] Traduction libre de l'arabe de l'article 37 (2) de la nouvelle loi d'arbitrage de 2018 des EAU.
Voici une traduction en anglais de l'article 37 (2) : « If the Parties agree to subject the legal relationship between them to the provisions of any model contract, international convention, or any other document, then the provisions of such document, including those related to Arbitration, shall apply, provided there is no conflict with the public order or morality of the State ». Source : « Federal Law No. 6 of 2018 - the UAE Arbitration Law - Unofficial translation », *In* ICCA International Handbook on Commercial Arbitration, BOSMAN (ed.), Freshfields Bruckhaus Deringer LLP, Dubai, Oct. 2018

[2] G. ANOU, « Les conflits entre le droit de l'Union européenne et le droit international des investissements dans l'arbitrage CIRDI », *JDI*, Vol. 142, No. 2, avril-juin 2015, p. 505, spéc. parag. 3

[3] *Idem*

l'investissement de façon à effacer tout conflit de normes et éviter d'établir une priorité ou une hiérarchie entre elles.[1] Il s'agit de présumer dès le départ que les deux ordres juridiques, le droit européen et le droit international, sont compatibles parce qu'ils offriraient des protections équivalentes et que le conflit n'est que de surface.[2] La courtoisie internationale incitant à une cohabitation entre ordres juridiques encourage une interprétation harmonieuse.[3]

Cette interprétation harmonieuse a des limites et ne permet pas toujours de résoudre tous les conflits de normes comme c'est le cas avec la limitation du transfert des capitaux sur les investissements directs permettant au Conseil (en vertu des articles 57, paragraphes 2, 59 et 60 CE, devenus respectivement les articles 64, 66 et 75 TFUE) d'adopter certaines mesures restrictives sur les mouvements de capitaux sur les investissements directs à destination ou en provenance des États tiers, alors que les TBI n'ont pas prévu une telle limitation.[4] Dans les trois fameux arrêts de 2009 que nous verrons dans la section suivante, la Cour de justice a indiqué que « ces compétences du Conseil, consistant à adopter unilatéralement des mesures restrictives à l'égard des États tiers dans une matière qui est identique ou connexe à celle réglée par un accord antérieur conclu entre un État membre et un État tiers, font apparaître une incompatibilité avec ledit accord lorsque, d'une part, celui-ci ne prévoit pas de disposition permettant à l'État membre concerné d'exercer ses droits et de remplir ses obligations en tant que membre de la Communauté et que, d'autre part, aucun mécanisme de droit international ne le permet non plus ».[5]

§ 2 - La négation des conflits de normes par la hiérarchisation entre ordres juridiques

À part l'interprétation harmonieuse, un autre moyen de nier les conflits de normes est de procéder par l'approche classique de hiérarchisation en faisant prévaloir une norme sur l'autre.[6]

Pour les partisans de la primauté de l'ordre juridique européen, celui-ci est supérieur parce qu'une sentence non conforme au droit de l'Union européenne

---

[1] *Id.*, parag. 6

[2] Par exemple, il est possible de considérer que la Charte des droits fondamentaux et la Convention européenne des droits de l'homme protègent les droits fondamentaux de manière équivalente. G. ANOU, « Les conflits entre le droit de l'Union européenne et le droit international des investissements dans l'arbitrage CIRDI », *Op. cit.*, parag. 6

[3] G. ANOU, « Les conflits entre le droit de l'Union européenne et le droit international des investissements dans l'arbitrage CIRDI », *Op. cit.*, parag. 6

[4] CJCE, 3 mars 2009, Commission c. Suède, aff. C-249/06, Rec. I-1335, pt. 38 ; CJCE, 3 mars 2009, Commission c. Autriche, aff. C-205/06, Rec. I-1301, pt. 37 ; CJCE, 19 nov. 2009, Commission c. Finlande, aff. C-118/07, Rec. I-10889, pt. 31. Cité par G. ANOU, « Les conflits entre le droit de l'Union européenne et le droit international des investissements dans l'arbitrage CIRDI », *Op. cit.*, parag. 9-11

[5] G. ANOU, « Les conflits entre le droit de l'Union européenne et le droit international des investissements dans l'arbitrage CIRDI », *Op. cit.*, parag. 11

[6] *Idem*, parag. 6

risque de ne pas être exécutée dans l'État membre même s'il s'agit d'une sentence CIRDI, et surtout s'il s'agit d'appliquer une matière qui fait partie de l'ordre public comme le droit européen de la concurrence depuis l'arrêt Eco Swiss.[1] La primauté du droit de l'Union européenne a été acceptée dans l'affaire Electrabel.[2]

Pour d'autres, c'est l'ordre international qui prévaut. Voici un exemple où est établie la primauté d'un TBI par rapport à une directive communautaire. En juillet 2009, la Commission introduit un recours en manquement contre la Slovaquie[3] qui selon elle n'a pas respecté ses obligations communautaires en vertu de la directive 2003/54/CE[4] (notamment ses articles 20 paragraphes 1 et 9 point e) en n'assurant pas un accès non discriminatoire aux réseaux de transport d'électricité.[5] La CJUE s'est prononcée sur la question du conflit entre la directive et un TBI conclu avant l'adhésion de la Slovaquie à l'Union européenne entre la République fédérative tchèque et slovaque et la Suisse. Dans les faits, ATEL, une société suisse avait conclu avec la Slovaquie, par son gestionnaire de réseau public (SEPS), un contrat de droit privé incluant une clause d'arbitrage donnant compétence à la CCI.[6] ATEL avait un droit de transit réservé sur une ligne électrique slovaque à la suite d'un investissement financier effectué pour la construction de l'infrastructure.[7] Selon la Commission, la Slovaquie doit résilier ce contrat car il privilégiait la société par rapport à d'autres utilisateurs et violait ainsi la directive qui exigeait un accès non discriminatoire au réseau de distribution électrique.[8] Or, une telle résiliation serait contraire au traité sur la Charte de l'énergie ainsi qu'au TBI. Comme la construction de la ligne et le droit de transit ont été considérés comme des investissements au sens du TBI, la CJUE s'est demandé si la violation du contrat devrait être considérée comme une violation du TBI.[9] La Cour se déclare incompétente pour interpréter le TBI, cette tâche relevant de la compétence des tribunaux arbitraux.[10] En l'absence de clause de dénonciation du contrat, sa résiliation devrait être assimilée à une expropriation interdite par le TBI.[11] La Slovaquie ne pouvait ainsi mettre fin au contrat sans violer le traité. La Slovaquie a une obligation internationale en

---

[1] *Id.*, parag. 16

[2] *Id.*, parag. 18

[3] CJUE, 15 septembre 2011, Commission c. République slovaque, aff. C-264/09, Rec. I-08065

[4] Cons. UE, Parlement européen, dir. 2003/54/CE, 26 juin 2003 : JO L 176, 15.7.2003, p. 37-56

[5] S. DENYS, « Cour de justice et tribunaux de l'Union européenne », *Annuaire français de droit international*, Vol. 57, 2011, p. 685 ; S. MENETREY, « Droit international des investissements et droit de l'Union européenne », *In Droit international des investissements et de l'arbitrage transnational*, Ch. LEBEN, (dir.), Paris, Pedone, 2015, p. 613, spéc. p. 631

[6] S. DENYS, « Cour de justice et tribunaux de l'Union européenne », *Op. cit.*, p. 685

[7] *Idem*

[8] *Id.*

[9] *Id.*

[10] S. MENETREY, « Droit international des investissements et droit de l'Union européenne », *Op. cit.*, p. 631

[11] S. DENYS, « Cour de justice et tribunaux de l'Union européenne », *Op. cit.*, p. 685

vertu de l'article 307 al. 1 TCE.[1] Ainsi, le conflit entre le TBI et le droit communautaire devrait être tranché suivant l'article 307 CE[2] (351 TFUE)[3] et l'article 30 paragraphe 4, b, de la Convention de Vienne sur le droit des traités. Ainsi, l'application du traité CE n'affecte pas les obligations de l'État membre vis-à-vis des pays tiers issues d'un accord antérieur à l'adhésion.[4] Et comme cela a été précisé dans une jurisprudence antérieure, il est nécessaire, « pour déterminer si une norme communautaire peut être tenue en échec par une convention internationale antérieure, d'examiner si celle-ci impose à l'État membre concerné des obligations dont l'exécution peut encore être exigée par les États tiers qui sont parties à la convention ».[5]

Dans cette affaire, vu l'absence de clause de dénonciation du TBI et au vu de l'impossibilité de mettre fin à l'application du contrat, la Slovaquie, pour respecter le TBI, devait maintenir les effets du contrat.[6] Le recours en manquement de la Commission fut rejeté par la CJUE dans un arrêt du 15 septembre 2011.[7] Les obligations internationales de la Slovaquie ne changent pas suite à son entrée dans l'Union européenne et l'investisseur avait acquis ses droits avant l'adhésion de la Slovaquie.[8]

Lorsque des normes découlent de traités internationaux, il est difficile d'établir une hiérarchie sauf si les parties prévoient une telle hiérarchie.[9] La primauté de l'ordre juridique européen est donc un principe interne qui ne devrait pas affecter l'ordre international.[10]

À part la résolution des conflits de normes par leur négation, ces derniers peuvent se résoudre aussi par d'autres approches.

Sous-section 3 - Autres solutions pour la résolution des conflits de normes entre TBI et le droit de l'Union européenne

L'interprétation finaliste, les règles *lex speciali derogat generali* et *lex posterior derogat legi priori* peuvent constituer éventuellement des solutions aux conflits de normes.

---

[1] S. MENETREY, « Droit international des investissements et droit de l'Union européenne », *Op. cit.*, p. 631

[2] Article 307 al.1, Traité instituant la Communauté européenne : « Les droits et obligations résultant de conventions conclues antérieurement au 1er janvier 1958 ou, pour les États adhérents, antérieurement à la date de leur adhésion, entre un ou plusieurs États membres, d'une part, et un ou plusieurs États tiers, d'autre part, ne sont pas affectés par les dispositions du présent traité ».

[3] S. DENYS, « Cour de justice et tribunaux de l'Union européenne », *Op. cit.*, p. 685

[4] *Idem*

[5] CJCE, 2 août 1993, Ministère public et Direction du travail et de l'emploi c. Jean-Claude Levy, aff. C-158/91, Rec. I-0428

[6] S. DENYS, « Cour de justice et tribunaux de l'Union européenne », *Op. cit.*, p. 685

[7] *Idem*

[8] S. MENETREY, « Droit international des investissements et droit de l'Union européenne », *Op. cit.*, p. 631

[9] G. ANOU, « Les conflits entre le droit de l'Union européenne et le droit international des investissements dans l'arbitrage CIRDI », *Op. cit.*, parag. 18

[10] *Idem*

§ 1 - L'interprétation finaliste comme solution aux conflits de normes

Une autre solution pour remédier aux conflits entre conventions consiste à recourir à l'interprétation finaliste appelée aussi « règle de l'efficacité maximale » (consacrée, par exemple, à l'article VII de la Convention de New York)[1] qui vise à rechercher la volonté réelle des signataires des traités qui peut être explicite ou implicite.[2] La volonté explicite s'exprime généralement dans les clauses de compatibilité quand elles existent, comme le prévoit l'article 30 alinéa 2 de la Convention de Vienne sur le droit des traités selon lequel « lorsqu'un traité précise qu'il est sujet à ou ne doit pas être considéré comme étant incompatible avec un traité conclu ou à conclure, les dispositions de ce dernier traité auront la primauté ».[3] Si la convention régionale ne précise pas ses rapports avec d'autres conventions internationales, la volonté implicite des signataires des traités peut être recherchée dans les travaux préparatoires, les exposés des motifs et le contexte de chaque instrument.[4] Avec la méthode finaliste, sont comparés les objectifs protégés par les conventions et la préférence est donnée à la convention qui les réalise de la manière la plus efficace.[5] Il s'agit de comparer soit la finalité de chaque convention dans son ensemble, soit les finalités des matières réglées ou des dispositions précises en conflit dans ces conventions.[6] Les intérêts protégés par les traités de protection des investissements sont la promotion et la protection des investissements.[7]

L'approche finaliste ne conviendrait pas si le droit de l'Union européenne est en concurrence avec un TBI parce que ce dernier vise davantage à protéger l'investissement qu'à préserver la libre concurrence, à moins que l'on considère qu'à travers les libertés communautaires le droit de l'Union européenne vise aussi à faciliter et à protéger l'investissement dans le marché intérieur.[8] Dans ce cas, les dispositions les plus favorables aux investisseurs ou à l'investissement pourraient être retenues.[9]

---

[1] F. MAJOROS, *Les conventions internationales en matière de droit privé, Le droit des conflits des conventions*, t. II, Paris, Pedone, 1980 ; DUTOIT ET MAJOROS, « Le lacis des conflits de conventions en droit privé, leurs solutions possibles », *RCDIP*, 1984, p. 565, spéc. p. 581. Rf. citées par [Najjar], p. 910-911

[2] G. ANOU, « Les conflits entre le droit de l'Union européenne et le droit international des investissements dans l'arbitrage CIRDI », *Op. cit.*, parag. 27

[3] *Idem*, parag. 28

[4] *Id.*, parag. 28

[5] *Id.*, parag. 27

[6] *Id.*, parag. 27-29

[7] *Id.*, parag. 28

[8] *Id.*

[9] *Id.*

§ 2 - Les règles *lex speciali derogat generali* et *lex posterior derogat legi priori* comme autres solutions

Si l'interprétation finaliste ne suffit pour résoudre les conflits de normes, d'autres moyens sont à rechercher comme la règle de la spécialité *lex speciali derogat generali* et éventuellement la règle *lex posterior derogat legi priori* (la règle postérieure prime).[1] La spécialité, et éventuellement la règle *lex posterior derogat legi priori*, peut constituer une autre solution au conflit de normes, la règle de la spécialité selon laquelle une convention peut être spéciale en raison de sa matière ou de son champ d'application dans l'espace.[2] Il est généralement considéré qu'un TBI est plus spécial qu'une convention multilatérale et qu'un TBI a un champ d'application plus précis que le droit de l'Union européenne.[3] Cela étant dit, le droit de l'Union européenne peut contenir des règles plus spécifiques sur certaines questions comme les aides d'État, la concurrence ou les quotas qui peuvent directement viser les investissements, alors que les TBI sont plus spéciaux en matière d'incitations fiscales, par exemple.[4] Aussi, une convention générale peut contenir des règles plus spéciales sur une question précise qu'une convention spéciale en la matière.[5]

Pour ce qui est de la règle du traité postérieur ou *lex posterior derogat legi priori* énoncée à l'article 30 alinéa 3 de la Convention de Vienne, elle suppose que les normes portent sur la même matière.[6] Or, le droit de l'Union européenne et les TBI ne portent pas nécessairement sur la même matière et même si c'était le cas, la solution ne s'appliquerait pas aux TBI extra-européens parce que les parties aux deux conventions en conflit (traités européens et TBI extra-européen) ne seraient pas les mêmes.[7] Cela étant dit, rappelons que, quelle que soit la règle choisie, les droits acquis par les investisseurs avant l'entrée en vigueur du traité postérieur, c'est-à-dire avant l'adhésion à l'Union européenne, doivent être respectés.[8] L'article 28 de la Convention de Vienne dispose en ce sens que : « À moins qu'une intention différente ne ressorte du traité ou ne soit par ailleurs établie, les dispositions d'un traité ne lient pas une partie en ce qui concerne un acte ou fait antérieur à la date d'entrée en vigueur de ce traité au regard de cette partie ou une situation qui avait cessé d'exister à cette date ». Toute la question est de préciser ce que sont les droits acquis.[9] Si les avantages fiscaux accordés doivent être acquis, doivent-ils l'être indéfiniment ou uniquement jusqu'à la

---

[1] *Id.*, parag. 27
[2] *Id.*, parag. 31
[3] *Id.*
[4] *Id.*
[5] *Id.*
[6] *Id.*, parag. 32
[7] *Id.*
[8] *Id.*, parag. 33
[9] *Id.*

date d'entrée en vigueur du traité postérieur, ou la date à laquelle le législateur national abroge le texte accordant ces incitations ?[1] Il serait sans doute équitable d'appliquer immédiatement la nouvelle réglementation aux investissements en cours, mais aussi aux nouveaux investissements.[2] Les droits acquis avant l'entrée en vigueur de la nouvelle réglementation sont alors maintenus, ce qui veut dire que les nouveaux investisseurs seraient défavorisés par rapport à leurs concurrents installés antérieurement.[3]

Nous constatons ainsi que le choix du droit et / ou des règles de droit par les parties ou l'arbitre et son interprétation dépendront des circonstances, des instruments en présence, de la rédaction de la clause de règlement des différends ou de la clause de choix de droit applicable, de l'étendue du choix et de la pertinence de l'application de telle ou telle source de droit.[4] L'articulation entre ordres juridiques et la confrontation entre droit interne, droit régional et droit international se manifestent également dans le cadre des TBI conclus entre les États membres de l'Union européenne et les pays tiers comme nous le verrons dans les paragraphes suivants.[5]

L'Union européenne, organisation internationale dotée d'une architecture institutionnelle particulière, repose sur un ordre juridique propre intégré aux systèmes juridiques des États membres.[6] Contrairement aux organisations internationales classiques, les États membres ne se limitent pas à coopérer mais ont convenu de transférer à l'Union européenne une partie de leurs compétences dans les domaines où une action commune serait plus efficace.[7] Les compétences de l'Union européenne sont énumérées dans des traités qui constituent le doit primaire de l'Union européenne et qui sont ratifiés par les États.[8] Les traités européens et les actes communautaires adoptés sur leur base sont supérieurs au droit national.[9] Au fur et à mesure de la construction européenne, l'Union européenne s'est vu confier de plus en plus de compétences, comme depuis 2009, la gestion des investissements directs étrangers, ce qui lui pose certaines difficultés. La position du droit européen comme appartenant à l'ordre juridique interne ou international est appréhendée.[10] Dans l'affaire Electrabel[11], le tribunal constate le caractère *sui*

---

[1] *Id.*
[2] *Id.*
[3] *Id.*
[4] Voir remarques de L.ACHTOUK-SPIVAK, « Le droit applicable aux arbitrages en matière d'investissements », *Op. cit.*, p. 837
[5] L. ACHTOUK-SPIVAK, « Le droit applicable aux arbitrages en matière d'investissements », *Op. cit.*, p. 837
[6] https://www.diplomatie.gouv.fr/IMG/swf/media/html/fiches/union_europeenne.htm
[7] *Idem*
[8] *Id.*
[9] *Id.*
[10] L. ACHTOUK-SPIVAK, « Le droit applicable aux arbitrages en matière d'investissements », *Op. cit.*, p. 837
[11] CIRDI, Electrabel S.A. c. Hongrie, ARB/07/19, décision sur la compétence, droit applicable et responsabilité, 30 novembre 2012, parag. 4.117, 4.119-4.126, 4.127-4.129

generis du droit de l'UE et considère que les traités et le droit dérivé méritent la qualification de droit international.[1] Il ajoute que le droit de l'UE, lorsqu'il n'est pas appliqué en tant que droit international, doit être considéré comme un fait par le tribunal arbitral dans l'appréhension du règlement des différends, comme faisant partie de l'ordre juridique de l'État défendeur.[2]

Section 4 - L'avenir des TBI conclus entre les États membres de l'Union européenne et les pays tiers et l'impact éventuel sur le droit applicable et le règlement des différends

Le développement du droit international des investissements s'est réalisé à travers la multiplication des traités de protection et de promotion des investissements depuis les années 1980.[3] Ces traités visent l'établissement de la liberté des échanges et la libération des investissements, l'empêchement de la double imposition et la protection juridique des investissements.[4] Ils contiennent des dispositions substantielles de protection (traitement juste et équitable, compensation prompte et adéquate en cas d'expropriation, nation la plus favorisée NPF, la protection pleine et entière, la non-discrimination, etc.), et des mécanismes d'arbitrage obligatoire permettant aux investisseurs d'attraire les États d'accueil des investissements devant un tribunal arbitral.[5] En cas d'arbitrage, le litige est souvent soumis à l'arbitrage CIRDI ou à d'autres institutions comme la Cour d'arbitrage internationale de la Chambre de commerce internationale (CCI), la SCC, ou l'arbitrage *ad hoc*. Le premier TBI prévoyant un recours à l'arbitrage entre investisseur et État a été conclu en 1968 entre les Pays-Bas et l'Indonésie.[6] Et la première décision CIRDI fondée sur un TBI a été rendue en 1990.[7] Sur l'ensemble des TBI dans le monde, près de la moitié ont été conclus par les États européens, et les pays ayant conclu le plus de TBI sont l'Allemagne, les Pays-Bas, la France et le Royaume-Uni.[8]

---

[1] L. ACHTOUK-SPIVAK, « Le droit applicable aux arbitrages en matière d'investissements », *Op. cit.*, p. 837

[2] *Idem*

[3] Le développement du droit international des investissements ne s'est pas formé, comme le droit international des échanges, à travers l'OMC (organisation à vocation universelle). Voir Ch. LEBEN, « Introduction », *In Le droit européen et l'investissement,* C. KESSEDJIAN et Ch. LEBEN (dir.), Panthéon-Assas Paris II, 2009, p. 17-18

[4] V. KOROM, *Soutenance de travaux en droit européen des sociétés et en arbitrage international*, Université Aix-Marseille, France, 2014, p. 1

[5] [Boudouhi]

[6] CIRDI, Rapport annuel 2012, p. 5

[7] CIRDI, Asian Agricultural Products Limited c. Sri Lanka, ARB/87/3 (TBI Royaume-Uni/Sri Lanka)

[8] V. KOROM, *Soutenance de travaux en droit européen des sociétés et en arbitrage international, Op. cit.*, p. 4

Les États membres de l'Union européenne (« UE »)[1] avaient l'habitude de conclure des TBI avec les États tiers sans intervention de l'Union : le domaine des investissements directs étrangers faisait partie de leurs compétences réservées.[2] Lors de l'élaboration du traité de Rome, en 1957, aucune compétence en matière d'IDE n'étant envisagée, chaque État membre avait compétence pour régir le régime de la propriété, les critères de nationalité des personnes physiques et morales et les conditions d'accès au territoire.[3]

L'adhésion des nouveaux États membres de l'UE a fait surgir des questions de compatibilité des dispositions de fond de ces traités conclus entre les nouveaux adhérents à l'UE et les pays tiers avec le droit communautaire.[4] La possibilité de pouvoir continuer à recourir à l'arbitrage a été remise en question également.[5] La CJUE s'est prononcée dans trois arrêts de manquement rendus en 2009 sur les conséquences de l'incompatibilité entre le Traité CE et certaines des dispositions des TBI entre les nouveaux États membres et les pays tiers.[6] La même année, quelques mois plus tard, le 1er décembre 2009, entre en vigueur le traité de Lisbonne qui étend la politique commerciale commune (PCC) sur laquelle l'Union détient une compétence exclusive aux investissements étrangers directs (IDE), en vertu des articles 206 et 207 TFUE.[7] Cette nouvelle compétence de l'UE relative aux IDE est toutefois aux contours flous et la délimitation des compétences entre l'UE et les États membres nécessite des précisions.[8]

Quel est le sort des traités conclus entre les nouveaux adhérents à l'UE et les pays tiers avant l'entrée en vigueur du traité de Lisbonne (sous-section 1) et les conséquences de la nouvelle compétence exclusive de l'Union en matière d'IDE sur les TBI entre l'UE et les pays tiers, d'une part, du point de vue des États membres de l'Union et de la Commission (sous-section 2), et, d'autre part, du point de vue des pays tiers (sous-section 3) ? Dans le cadre de la négociation par l'UE d'accords de libre-échange, la CJUE a émis plusieurs avis qui auront une incidence sur l'avenir de la politique de l'UE en matière de droit de l'investissement et le règlement des différends (sous-section 4).

---

1 L'abréviation « UE » sera utilisée pour désigner la Communauté économique européenne entre 1958 à 1992, la Communauté européenne entre 1993 à 2009 et l'Union européenne depuis le 1er décembre 2009. Les « droit européen » et « droit communautaire » seront utilisés alternativement pour désigner le droit européen

2 [Boudouhi]

3 J. DUTHEIL DE LA ROCHÈRE, « Le pouvoir des États membres de l'Union européenne de conclure des Traités bilatéraux d'investissement », *In Le droit européen et l'investissement, Op. cit.*, p. 28 ; S. MENETREY, « Droit international des investissements et droit de l'Union européenne », *Op. cit.*, p. 631

4 [Boudouhi]

5 Ch. JARROSSON et L. IDOT, « Arbitrage », *Op. cit.*, parag. 70

6 [Boudouhi]

7 S. MENETREY, « Droit international des investissements et droit de l'Union européenne », *Op. cit.*, p. 628

8 *Idem*, p. 634

Sous-section 1 - Le sort des traités conclus entre les nouveaux adhérents à l'UE et les pays tiers avant l'entrée en vigueur du traité de Lisbonne

Les six pays fondateurs de la Communauté économique européenne[1] (ci-après « CEE ») n'avaient pas conclu de TBI entre eux lors de la création de la CEE.[2] Celle-ci a connu plusieurs vagues d'élargissements[3] notamment après la chute du mur de Berlin et l'entrée des pays d'Europe centrale et de l'Est après leur indépendance au début des années 1990. Les nouveaux adhérents, avant leur entrée à l'UE, avaient déjà conclu des TBI avec des pays tiers. Surgit alors la question de la compatibilité avec le droit communautaire de ces TBI conclus entre les nouveaux États membres avant leur adhésion et les pays tiers. Que deviennent ces TBI en cas d'incompatibilité avec le droit communautaire (§ 1) ? La CJCE s'est prononcée sur la question dans trois arrêts rendus en 2009. Par ailleurs, les traités ne présentant pas d'incompatibilité avec le droit communautaire seront-ils maintenus (§ 2) ?

§ 1 - Le sort des traités incompatibles avec le droit communautaire conclus entre les nouveaux adhérents à l'UE et les pays tiers

L'hypothèse de la conclusion par les États membres d'accords incompatibles avec les traités de l'UE n'a pas été envisagée par les rédacteurs des traités.[4] En 2004, la Commission européenne met en demeure l'Autriche,[5] la Suède[6] et la Finlande,[7] leur demandant de dénoncer ou de renégocier plusieurs traités conclus avec des États tiers avant leur adhésion à l'UE.[8] Il s'agissait de

---

[1] L'Allemagne, la Belgique, la France, l'Italie, le Luxembourg et les Pays-Bas.

[2] V. KOROM, *Soutenance de travaux en droit européen des sociétés et en arbitrage international*, *Op. cit.*, p. 4

[3] 1973 : entrée du Royaume-Uni, l'Irlande et le Danemark à la Communauté économique européenne.
1981 : entrée de la Grèce.
1986 : entrée du Portugal et de l'Espagne.
1995 : entrée de l'Autriche, de la Suède et de la Finlande.
2004 : Chypre, la République tchèque, l'Estonie, la Hongrie, la Lettonie, la Lituanie, Malte, la Pologne, la Slovaquie et la Slovénie.
2007 : la Roumanie et la Bulgarie.
2013 : la Croatie

[4] J. DUTHEIL DE LA ROCHÈRE, « Quel rôle pour la Cour de Justice », *Op. cit.*, p. 38

[5] CJCE, 3 mars 2009, Commission c. Autriche, aff. C-205/06, Rec. I-1301

[6] CJCE, 3 mars 2009, Commission c. Suède, aff. C-249/06, Rec. I-1335
Accords conclus par le **Royaume de Suède** avec la République argentine, la République de Bolivie, la République de Côte d'Ivoire, la **République arabe d'Égypte**, Hong-Kong, la République d'Indonésie, la République populaire de Chine, la République de Madagascar, la Malaisie, la République Islamiste du Pakistan, la République du Pérou, la République du Sénégal, la République socialiste démocratique de Sri Lanka, la **République tunisienne**, la République socialiste du Viêt Nam, la République du Yémen et l'ex-République socialiste fédérative de Yougoslavie en matière d'investissements.

[7] CJCE, 19 nov. 2009, Commission c. Finlande, aff. C-118/07, Rec. I-10889

[8] [Boudouhi]

l'impossibilité pour ces trois États de respecter certaines obligations du droit communautaire prévues aux articles 57 § 2, 59, et 60 § 1 TCE permettant au Conseil, à certaines conditions, d'imposer des restrictions à la libre circulation des capitaux.[1] Or, la plupart des dispositions dans les traités d'investissement comprennent l'obligation de garantir la liberté du transfert sans aucune restriction.[2] La Commission européenne a relevé une incompatibilité hypothétique entre des TBI et les articles 57 § 2 et 9, 59 § 10, et 60 § 1 et 11 TCE, devenus les articles 64 (2-3), 66 et 75 TFUE.[3] La Commission a considéré que ces trois États ne pourraient pas respecter d'éventuelles décisions du Conseil visant à restreindre le mouvement des capitaux entre ces États membres et les pays tiers.[4] Comme il s'agit de traités antérieurs incompatibles avec le TCE, les États membres auraient l'obligation de recourir à tous les moyens pour éliminer les incompatibilités et ce en vertu de l'article 307 TCE (351 TFUE).[5]

Pour se défendre, ces États ont invoqué leur liberté de règlementer la circulation des capitaux avec les pays tiers en vertu de l'article 56 TCE, tant que le Conseil n'a pas adopté de telles restrictions.[6] De plus, selon eux, tant qu'il s'agit uniquement d'une hypothèse qui ne s'est pas réalisée, il n'y a aucune incompatibilité entre l'obligation communautaire et l'obligation conventionnelle, d'où l'absence de manquement, et un manquement hypothétique ne peut fonder une action devant la CJCE.[7]

La Cour a donné raison à la Commission, tout comme l'avait fait l'avocat général dans ses conclusions.[8] Ainsi, les clauses assurant la liberté de transfert des capitaux et des paiements contenues dans les TBI conclus avec les pays tiers peuvent être en contradiction avec le TCE conférant au Conseil le pouvoir de restreindre, sous certaines circonstances, les mouvements de capitaux.[9] La CJUE a reconnu le manquement de ces États à leurs obligations communautaires telles qu'énoncées aux articles 57 § 2, 59 et 60 § 1 TCE pour avoir « omis de recourir aux moyens appropriés pour éliminer les incompatibilités relatives aux dispositions en matière de transfert des capitaux contenues dans les accords conclus avec des pays tiers ».[10] La CJCE indique que les États ont « [...] l'obligation d'éliminer les incompatibilités existant entre une convention précommunautaire et le traité CE. Si un État membre rencontre des

---

[1] Ch. LEBEN, « Introduction », *In Le droit européen et l'investissement,* C. KESSEDJIAN et Ch. LEBEN (dir.), Panthéon-Assas Paris II, 2009, p. 20

[2] [Boudouhi]

[3] *Idem*

[4] *Id.*

[5] *Id.*

[6] *Id.*

[7] Ch. LEBEN, « Introduction », *Op. cit.,* p. 20

[8] [Boudouhi]

[9] *Idem*

[10] Parag. 45 des deux arrêts Commission c. Suède et Commission c. Autriche. Ch. LEBEN, « Introduction », *Op. cit.,* p. 20-21

difficultés rendant la modification d'un accord impossible, on ne saurait donc exclure qu'il lui incombe de dénoncer cet accord ».[1]

Pour se conformer à l'article 307 (2) TCE, les États membres peuvent soit dénoncer les TBI selon les procédures prévues dans ces traités, mais il s'agit d'une solution radicale, soit renégocier les traités avec les pays tiers en ajoutant une clause visant à limiter le transfert des capitaux, mais les États tiers risquent de refuser de renégocier ces accords.[2] Dans ce cas, une action simultanée et collective de la part de tous les États membres de l'UE aurait le mérite de peser davantage dans la négociation avec les États tiers qui ne voudraient pas détériorer les relations commerciales avec tous les États membres de l'Union.[3] En tout cas, les incompatibilités ne semblent pas nombreuses et aussi hypothétiques.[4] S'il y avait d'autres incompatibilités sérieuses, la Commission n'aurait pas hésité à les relever.[5]

La Cour a ainsi traité des affaires présentant des incompatibilités matérielles entre les TBI et le droit européen, mais qu'en est-il des TBI qui ne présentent pas d'incompatibilité matérielle avec le droit européen ?[6]

§ 2 - Le sort des TBI qui ne présentent pas d'incompatibilité matérielle avec le droit européen

La CJUE ne s'est pas prononcée sur les effets de la nouvelle compétence exclusive de l'UE en matière d'IDE sur les TBI existants lorsqu'ils ne présentent pas d'incompatibilité avec le droit de l'UE.[7] Seront-ils maintenus ?

La nouvelle compétence exclusive de l'UE ne suffit pas pour remettre en cause le maintien des TBI qui ne présentent pas d'incompatibilité avec le droit communautaire.[8] Les articles 206 (ex art. 131) (41) et 207-1 (ex art. 133) (42) TFUE concernant la PCC doivent être lus parallèlement avec les articles 2 et

[1] CJCE, 4 juillet 2000, Commission c. Portugal, aff. C-62/98, Rec. I-05171, parag. 49
[2] F. BAETENS, « L'importance des dispositions transitoires pour les traités bilatéraux d'investissement conclus entre les États membres de l'UE et les États tiers », *C.D.E.*, 2017-3, p. 641
[3] [Boudouhi]
[4] J. DUTHEIL DE LA ROCHÈRE, « Quel rôle pour la Cour de Justice », *Op. cit.*, p. 43
[5] [Boudouhi]
[6] *Idem*
[7] *Id.*
[8] *Id.*

3 TFUE[1] prévoyant le caractère exclusif de la PCC.[2] Avec l'acquisition de la compétence exclusive de l'Union sur les aspects du droit des investissements relevant de la PCC, les États membres ne pourront plus théoriquement exercer leur compétence extérieure sur ces aspects même en l'absence d'incompatibilité matérielle.[3] Les TBI conclus par les États membres avant l'entrée en vigueur du traité de Lisbonne devraient être protégés par une interprétation extensive de l'article 351, al.1 du TFUE (ex art. 307 TCE) selon lequel les droits et obligations résultant de conventions conclues avant l'entrée en vigueur du Traité CE ou avant l'adhésion d'un État membre ne sont pas affectés par les dispositions du traité.[4] La Cour a interprété l'article 351, al.1 TFUE comme imposant aux institutions communautaires l'obligation de ne pas entraver la mise en œuvre des accords préalablement conclus par les États membres.[5] Néanmoins, les États membres doivent éliminer les éventuelles incompatibilités conformément à l'alinéa 2 du même article.[6] Or, l'obligation imposée aux États membres s'applique uniquement en cas d'incompatibilité matérielle entre le droit de l'Union et l'accord conclu par les États membres avec un État tiers.[7] Si des dispositions des TBI conclus par les États membres avec des pays tiers avant l'entrée en vigueur du traité de Lisbonne tombent aujourd'hui sous la compétence exclusive de l'UE, cela ne veut pas dire qu'ils sont incompatibles avec le droit de l'UE.[8] Il est vrai que les États membres ont un devoir de coopération en vertu de l'article 10 TCE, mais leur demander d'amender ces TBI ou de les dénoncer, uniquement en raison de la nouvelle compétence exclusive de la Communauté, serait excessif.[9]

---

[1] L'article 206 (ex-article 131 TCE) énonce que : « Par l'établissement d'une union douanière conformément aux articles 28 à 32, l'Union contribue, dans l'intérêt commun, au développement harmonieux du commerce mondial, à la suppression progressive des restrictions aux échanges internationaux et aux investissements étrangers directs, ainsi qu'à la réduction des barrières douanières et autres ».
et l'article 207 parag. 1 (ex-article 133 TCE) prévoit que : « La politique commerciale commune est fondée sur des principes uniformes, notamment en ce qui concerne les modifications tarifaires, la conclusion d'accords tarifaires et commerciaux relatifs aux échanges de marchandises et de services, et les aspects commerciaux de la propriété intellectuelle, les investissements étrangers directs, l'uniformisation des mesures de libéralisation, la politique d'exportation, ainsi que les mesures de défense commerciale, dont celles à prendre en cas de dumping et de subventions. La politique commerciale commune est menée dans le cadre des principes et objectifs de l'action extérieure de l'Union ».
Or, conformément à l'article 3 parag. 1 e TFUE, l'Union a la compétence exclusive en matière de politique commerciale commune. Et l'article 2 parag. 1 TFUE prévoit que : « Lorsque les traités attribuent à l'Union une compétence exclusive dans un domaine déterminé, seule l'Union peut légiférer et adopter des actes juridiquement contraignants, les États membres ne pouvant le faire par eux-mêmes que s'ils sont habilités par l'Union, ou pour mettre en œuvre les actes de l'Union ».

[2] [Boudouhi]

[3] *Idem*

[4] *Id.*

[5] CJCE, 14 octobre 1980, Attorney General c. Juan C. Burgoa, aff. C-812/79, Rec. 2787, point 9. Cité par [Boudouhi]

[6] [Boudouhi]

[7] *Idem*

[8] *Id.*

[9] *Id.*

Un auteur affirme que l'absence d'incompatibilité avec le droit de l'UE ne veut pas dire pour autant que les États peuvent simplement maintenir tous leurs TBI malgré le transfert de compétence à l'UE.[1] Il pense qu'une coexistence de ces TBI antérieurs avec un éventuel accord de l'Union à l'avenir peut constituer une solution.[2] Néanmoins, dans la pratique, à chaque fois qu'une nouvelle compétence exclusive est attribuée à la Communauté, le Conseil adopte une décision autorisant le maintien des TBI existants conclus préalablement à l'apparition de la compétence exclusive.[3] Cela étant dit, en l'absence d'une telle autorisation, ces TBI violeraient-ils la répartition des compétences alors même que les États membres les avaient conclus avant l'apparition de cette nouvelle compétence ?[4] Certains auteurs répondent par l'affirmative.[5] Or, comme vu précédemment, la simple entrée en vigueur d'une nouvelle compétence exclusive ne suffit pas à déclarer incompatibles avec le droit communautaire les TBI conclus préalablement par les États membres.[6] Dans sa proposition de règlement du 7 juillet 2010 concernant « les modalités, les conditions et la procédure selon lesquelles les États membres sont autorisés à maintenir en vigueur, à modifier ou à conclure des accords bilatéraux d'investissements avec des pays tiers »,[7] et dans le règlement 3 la Commission prévoit le maintien des TBI antérieurs au traité de Lisbonne à court terme.[8]

Ainsi, les États membres ont l'obligation de dénoncer ou de renégocier les TBI incompatibles avec le droit communautaire. Ceux qui ne présentent pas d'incompatibilité seront maintenus du moins provisoirement. Quelles seront les conséquences de la nouvelle compétence exclusive de l'Union en matière d'IDE sur les TBI entre les pays de l'UE et les pays tiers ?

Sous-section 2 - La nouvelle compétence exclusive de l'Union en matière d'IDE et ses effets sur les TBI entre l'UE et les pays tiers

La nouvelle compétence exclusive de l'Union en matière d'IDE n'a pas surgi du jour au lendemain (§ 1), et concernant la notion d'investissement, il n'est pas clair si les investissements de portefeuille sont inclus dans la

---

[1] *Id.*

[2] J. KARL, « The Competence for Foreign Direct Investment : New Powers for the European Union? », *Journal of World Trade and Investment,* Vol. 5, No. 3, 2004, p. 413, spéc. p. 439. Une observation de la pratique suggère une solution plus consensuelle. Cité par [Boudouhi].

[3] C'était le cas avec les accords relatifs au commerce et à la coopération conclus par les États membres avec des États tiers avant la communautarisation de la PCC. Cons. UE, Déc. 69/494/CEE, 16 déc. 1969 : JOCE L 326/39 concernant l'uniformisation progressive des accords relatifs aux relations commerciales des États membres avec les pays tiers et la négociation des accords communautaires. Cité par [Boudouhi].

[4] [Boudouhi]

[5] M. LICKOVA, « European Exceptionalism in International Law », *EJIL*, Vol. 19, No. 3, 2008, p. 463, spéc. p. 474. Cité par [Boudouhi]

[6] [Boudouhi]

[7] Art. 1 règl. proposé par la Commission dans la proposition COM (2010) 344 final relative à l'établissement d'arrangements provisoires pour les accords bilatéraux d'investissements conclus entre les États membres et les pays tiers.

[8] [Boudouhi]

nouvelle compétence exclusive (§ 2). En tout cas, si les futurs accords remplaçant les TBI seront mixtes (§3), ils devraient s'étendre aux investissements de portefeuille. La politique commune des investissements devra prendre en considération la question du règlement des différends. La CJUE pose des limites à la participation des États membres et de l'Union à l'arbitrage afin de respecter l'autonomie de l'ordre juridique communautaire et du monopole d'interprétation par la CJUE du droit européen (§ 4). Dans le cadre du règlement des différends à propos des TBI conclus avec les États tiers, les États membres sont également soumis au devoir de coopération loyale (§ 5). La mise en place de la future politique d'investissement de l'UE n'est pas dépourvue d'obstacles (§ 6 et 7) et prendra du temps. C'est la raison pour laquelle la Commission a élaboré une procédure provisoire de transition sous forme d'autorisation et requérant la coopération des États membres (§ 8 et 9).

§ 1 - Une compétence construite progressivement

Bien que la nouvelle compétence se soit concrétisée avec le traité de Lisbonne, son évolution a été acquise progressivement.[1] La Commission européenne suit l'évolution de la matière des IDE depuis les années 1990.[2] La Commission a plaidé pour l'extension de la PCC aux IDE lors des deux conférences intergouvernementales débouchant sur les révisions d'Amsterdam et de Nice.[3] Puis cette extension fut glissée dans le projet de traité établissant une Constitution pour l'Europe.[4] La Commission fut surtout soutenue par les petits États qui ne peuvent pas conclure un très grand nombre de TBI avec les pays tiers.[5] Avant l'entrée en vigueur du traité de Lisbonne, l'Union avait une compétence externe explicite limitée et une compétence externe implicite.[6] La compétence externe explicite limitée couvrait uniquement les aspects du droit des investissements liés au commerce dans le cadre de l'ADPIC (accord sur les aspects des droits de propriété intellectuelle qui touchent au commerce).[7] La compétence externe implicite n'était pas exclusive et portait sur les aspects des investissements étrangers recouverts par une compétence interne.[8] Ainsi, la compétence en matière d'investissements étrangers était partagée avec les États membres. Par exemple, la Communauté pouvait accorder sur la base de l'article 48 CE sur la liberté d'établissement un droit d'établissement aux

[1] *Idem*
[2] S. MENETREY, « Droit international des investissements et droit de l'Union européenne », *Op. cit.*, p. 633
[3] *Idem*
[4] *Id.*
[5] *Id.*
[6] [Boudouhi]
[7] *Idem*
[8] *Id.*

investisseurs de pays tiers et obtenir, en échange, le même droit des investisseurs de ses États membres dans le territoire des premiers.[1] Cette compétence était implicite et partagée. Néanmoins, cette complémentarité n'entraînait pas la conclusion d'accords mixtes sur les investissements étrangers parce que la compétence implicite de la Communauté était utilisée uniquement pour inclure une section sur les investissements dans des accords mixtes conclus par la Commission et couvrant la coopération politique et les échanges commerciaux.[2] C'est pourquoi la majorité des accords mixtes conclus ces dernières années par la Communauté et ses États membres avec des États tiers comprennent un chapitre sur les investissements, comme les accords de partenariat économique ou les accords d'association.[3] Ces accords ne couvrent pas la libéralisation des investissements (y inclus la non-discrimination) et ne comportent pas certaines protections substantielles comme dans les TBI conclus par les États membres.[4] Ainsi, l'article 207 (1) TFUE formalise une compétence explicite et exclusive à l'UE en matière d'IDE qui existait déjà.

§ 2 - L'étendue de la notion d'investissement avec la nouvelle compétence

Le droit de l'Union ne contient pas de définition de la notion d'investissement et appréhende l'IDE comme « mouvement de capital ».[5] La Cour a énuméré les opérations formant la notion de « mouvements de capitaux » interprétée à la lumière de la directive 88/361/CE du 24 juin 1988.[6] Le droit de l'UE s'appuie sur des instruments de libre circulation et non sur des instruments de protection de l'investissement pour définir l'IDE.[7] La Cour constitutionnelle allemande l'a complétée en considérant que « [m]uch [...] argues in favour of assuming that the term « foreign direct investment » only encompasses investment which serves to obtain a controlling interest in an enterprise ». Elle en conclut que « exclusive competence only exists for investment of this type whereas investment protection agreements that go

[1] *Id.*
[2] *Id.*
[3] *Id.*
[4] *Id.*
[5] Concernant la définition des investisseurs étrangers, l'article 48 TCE définit les sociétés selon les critères de siège statutaire, administration centrale ou lieu principal établissement à condition que ces sociétés poursuivent un but lucratif. La définition de l'article 48 est importante pour l'exercice du droit d'établissement. Les sociétés définies à l'article 48 peuvent fournir librement des services selon l'article 55, qui étend l'application des dispositions des articles 45 à 48 aux services. Ces dispositions s'appliquent aux sociétés quelle que soit la nationalité des dirigeants et de ceux qui les contrôlent. Les TBI, par contre, peuvent contenir des critères de la propriété et du contrôle dans la définition des investisseurs étrangers. Source : A. RADU, « Foreign Investors in the EU - Which 'Best Treatment' ? Interactions Between Bilateral Investment Treaties and EU Law », *Op. cit.*, p. 244
[6] [Boudouhi]
[7] *Idem*

beyond this would have to be concluded as mixed agreements ».[1] Le juge allemand exclut les investissements de portefeuille (indirects).[2] Ainsi, les investissements de portefeuille ne sont pas couverts par les articles 206 et 207 TFUE.[3]

La compétence expresse de l'UE concerne les investissements directs.[4] Or, les TBI couvrent les investissements directs et indirects.[5] La Commission a défendu une compétence implicite en matière d'investissements de portefeuille dans sa communication en considérant que le chapitre du traité sur les capitaux et les paiements (articles 63 à 66 du TFUE) « ne prévoit pas expressément la possibilité de conclure des accords internationaux en matière d'investissements, y compris en matière d'investissements de portefeuille. Cependant, dans la mesure où les accords internationaux en matière d'investissements ont une incidence sur le champ d'application des règles communes fixées dans le chapitre du traité sur les capitaux et les paiements, l'Union aurait implicitement la compétence exclusive pour la conclusion d'accords dans ce domaine ».[6] Quoi qu'il en soit, si les futurs accords remplaçant les TBI seront mixtes, ils devraient s'étendre aux investissements de portefeuille. [7]

§ 3 - Remplacement des TBI par de futurs accords mixtes

Malgré la « nouvelle » compétence de l'Union, les États membres ont du mal à abandonner une matière où ils exerçaient leur souveraineté.[8] Il est fort probable que les TBI actuels soient remplacés par des traités de forme mixte c'est-à-dire conclus conjointement, d'une part, par l'Union et les États membres, et d'autre part, par un État tiers. La politique commune des investissements devra prendre en considération la question du règlement des différends « […] qui est une composante essentielle de l'héritage que l'Union reçoit des TBI conclus par les États membres » et qui « est si bien ancré dans les accords d'investissement que son absence aurait en réalité pour effet de décourager les investisseurs et de réduire l'attrait d'une économie hôte par rapport aux autres ».[9] Rappelons que la Communauté peut être partie à un arbitrage puisqu'elle a la personnalité morale (art. 281 [remplacé par TUE, art.

---

1 Décision du 30 juin 2009 relative au Traité de Lisbonne, parag. 379. Cité par [Boudouhi]
2 [Boudouhi]
3 *Idem*
4 S. MENETREY, « Droit international des investissements et droit de l'Union européenne », *Op. cit.*, p. 634
5 *Idem*
6 Communication de la Commission au Parlement européen, au Conseil, Comité économique et social européen et au Comité des régions - Vers une politique européenne globale en matière d'investissements internationaux, 7 juillet 2010, COM (2010) 343 final, p. 9
7 [Boudouhi]
8 *Idem*
9 Communication de la Commission au Parlement européen, *Op. cit.*, 7 juillet 2010, COM (2010) 343 final, point d. Voir S. SCHILL, « Arbitration procedure : the role of the European Union and the Member States in Investor-State arbitration », *Op. cit.*, p. 135

47] et 282 CE [devenu article 335 TFUE] ; art. 184, art. 185 CEEA) dans les ordres juridiques interne et international et il en est de même de l'Union européenne.[1]

§ 4 - Limites posées par la CJUE quant à la participation des États membres et de l'Union à l'arbitrage

La Commission précise que « les futurs accords de l'UE comportant la protection des investissements devraient contenir des dispositions relatives au règlement des différends entre les investisseurs et l'État » et que « l'Union devrait exploiter la pratique des États membres pour aboutir à des mécanismes de ce genre qui soient à la pointe de la modernité ».[2]

Le traité sur la Charte de l'énergie est un accord mixte qui prévoit le recours à l'arbitrage comme mécanisme de règlement des différends.[3] La CJUE pose certaines limites à la participation des États membres et de l'Union à l'arbitrage d'investissement en indiquant que ce mécanisme de résolution des différends doit être articulé d'une manière qui n'affecte pas l'autonomie de l'ordre juridique communautaire ni le monopole de la Cour à interpréter le droit européen.[4] Le monopole de la CJUE quant à l'interprétation du droit communautaire risque d'être menacé si un accord international autorise un mécanisme international de résolution des différends à trancher sur des questions, qui, du point de vue du droit européen, font partie de la compétence exclusive de la CJUE.[5] La Convention pour la Protection du Rhin et la Charte de l'énergie constituent des exemples où l'Union et ses États membres ont accepté de se soumettre à une procédure d'arbitrage dans un éventuel différend avec un État tiers tout en respectant l'unité de l'ordre juridique communautaire ainsi que la compétence exclusive de la CJUE pour interpréter le droit communautaire.[6] Ainsi, on peut lire au paragraphe 8 de la Convention pour la Protection du Rhin, qu'« [e]n cas de différend entre deux Parties contractantes dont une seule est un État membre de la Communauté européenne, elle-même Partie contractante, l'autre Partie adresse la requête, à la fois à cet État membre et à la Communauté, qui lui notifient conjointement, dans un délai de deux mois après la réception de la requête, si l'État membre, la Communauté ou l'État membre et la Communauté conjointement se constituent partie au différend. À défaut d'une telle notification dans ledit délai, l'État membre et la Communauté sont réputés n'être qu'une seule et

[1] Ch. JARROSSON et L. IDOT, « Arbitrage », *Op. cit.*, parag. 88
[2] Communication de la Commission au Parlement européen, *Op. cit.*, 7 juillet 2010, COM (2010) 343 final, point d
[3] [Boudouhi]
[4] S. SCHILL, « Arbitration procedure : the role of the European Union and the Member States in Investor-State arbitration », *Op. cit.*, p. 135
[5] *Idem*
[6] *Id.*, p. 138

même partie au différend pour l'application des dispositions de la présente annexe. Il en est de même lorsque l'État membre et la Communauté se constituent conjointement partie au différend ».[1] De même, dans une déclaration communiquée par les Communautés européennes au Secrétariat de la Charte de l'énergie à laquelle sont parties l'Union et les États membres, il est indiqué que « Les Communautés européennes, d'une part, et leurs États membres, d'autre part, ont signé le traité sur la Charte de l'énergie et doivent donc répondre au niveau international de l'exécution des obligations qui y figurent, selon leurs compétences respectives. Si nécessaire, les Communautés et les États membres concernés détermineront lequel d'entre eux est la partie défenderesse dans une procédure d'arbitrage engagée par un investisseur ou par une autre partie contractante. Le cas échéant, à la demande de l'investisseur, les Communautés et les États membres concernés procéderont à cette désignation dans un délai de trente jours ».[2]

En plus de l'exigence du respect de l'autonomie de l'ordre juridique communautaire et du monopole d'interprétation par la CJUE du droit européen dans le cadre du règlement des différends à propos des TBI conclus avec les États tiers, les États membres sont soumis au devoir de coopération loyale.

§ 5 - Devoir de coopération loyale dans le cadre du règlement des différends

Les États membres et la Commission sont soumis à l'obligation de coopération, d'information et de consultation.[3] Cette obligation s'applique également dans le cadre du règlement des différends à propos des TBI conclus avec les États tiers (TBI extra-européens).[4] Ce principe interdit aux États membres d'agir de façon à nuire à la primauté et l'uniforme application du droit de l'UE.[5]

Les obligations d'information, de coordination et de consultation permettent à la Commission de s'assurer que les États membres respectent le droit de l'UE dans un arbitrage, que l'activité des États membres et des

---

[1] Convention pour la Protection du Rhin, Berne, le 12 avril 1999, parag. 8 https://www.admin.ch/opc/fr/classified-compilation/19995744/index.html

[2] [1998] JO L69/115, Déclaration communiquée par les Communautés européennes au secrétariat de la Charte de l'énergie en application de l'article 26, parag. 3, point b) ii), du traité sur la Charte de l'énergie https://eur-lex.europa.eu/legal-content/FR/TXT/HTML/?uri=CELEX:31998D0181&from=FR#ntc1-L_1998069FR.01011501-E0001

[3] S. SCHILL, « Arbitration procedure : the role of the European Union and the Member States in Investor-State arbitration », *Op. cit.*, p. 143

[4] Voir Affaire CJCE, 30 mai 2006, Commission c. Irlande, aff. C-459/03, Rec. I-04635, parag. 179 et s. : https://eur-lex.europa.eu/legal-content/FR/TXT/?uri=CELEX:62003CJ0459 ; S. SCHILL, « Arbitration procedure : the role of the European Union and the Member States in Investor-State arbitration », *Op. cit.*, p. 143

[5] S. SCHILL, « Arbitration procedure : the role of the European Union and the Member States in Investor-State arbitration », *Op. cit.*, p. 143

tribunaux arbitraux n'affecte pas l'exercice des compétences de l'Union en la matière à l'avenir, et que les tribunaux arbitraux n'agissent pas de façon à affecter le monopole d'interprétation de la CJUE en vertu de l'article 19 (1) (2) TUE.[1]

Le devoir de loyauté exige que les États membres informent la Commission de l'existence ou le déclenchement d'un arbitrage d'investissement, communiquent les mémoires en défense et les communications écrites et orales et coopèrent avec elle au cas où elle voudrait émettre ou intégrer les siennes.[2] Ces éléments de la coopération loyale sont retrouvés dans la proposition de règlement du Parlement européen et du Conseil établissant des dispositions transitoires pour les accords bilatéraux d'investissement conclus entre des États membres et des pays tiers.[3]

Ainsi, dans le cadre de règlements de différends, les États membres sont soumis à l'obligation de coopération loyale et de respect du monopole de la CJUE dans l'interprétation du droit européen.[4] Ces exigences ne doivent pas être ignorées dans les futurs accords mixtes dont l'ébauche a été dressée par la Commission à travers les principales orientations de la future politique de l'Union en matière d'investissements internationaux.[5]

§ 6 - Qui sera défendeur dans les futurs accords de l'Union ?

Dans le cadre d'accords mixtes, il sera nécessaire de déterminer qui sera partie défenderesse à l'arbitrage d'investissement : est-ce l'Union ou les États membres ? Il s'agit d'une question importante pour les investisseurs, les États membres et la Commission dont les intérêts peuvent être divergents et pas facile à concilier.[6] En effet, l'investisseur de l'État tiers qui recherche surtout la sécurité juridique doit savoir contre qui initier l'arbitrage et une répartition claire évitera de compliquer les procédures d'arbitrage qui sont supposées être simples et rapides pour les investisseurs ; les États membres voudraient savoir quelle stratégie de défense adopter : devront-ils se défendre eux-mêmes ou œuvrer à influencer la stratégie de défense de la Commission ?[7] Ils pourraient s'opposer à ce que la Commission les défende s'ils ont éventuellement à payer les dommages.[8] Cette question intéresse également l'Union et notamment la Commission parce que (1) le fait de participer à l'arbitrage lui permettra

---

[1] *Idem*

[2] *Id.*

[3] Communication de la Commission au Parlement européen, *Op. cit.*, 7 juillet 2010, COM (2010) 343 final– article 13 parag. 2 et 3. S. SCHILL, « Arbitration procedure : the role of the European Union and the Member States in Investor-State arbitration », *Op. cit.*, p. 143

[4] [Boudouhi]

[5] *Idem*

[6] S. SCHILL, « Arbitration procedure : the role of the European Union and the Member States in Investor-State arbitration », *Op. cit.*, p. 133

[7] *Idem*, p. 131-132

[8] *Id.*, p. 131

d'adopter une interprétation harmonieuse du droit international de l'investissement et du droit de l'UE ce qui garantirait que les valeurs du droit de l'UE, et notamment son application uniforme, ne soient pas compromises par les décisions des tribunaux arbitraux, ce qui allègerait la tâche de la CJUE dans sa fonction d'assurer la bonne application et interprétation du droit de l'UE en vertu de l'article 19 (1) (2) TUE ; et (2) parce que la future politique d'investissement de l'UE sera certainement influencée par le développement de l'arbitrage d'investissement et le droit international des investissements dont les tribunaux arbitraux sont les promoteurs par la jurisprudence et les précédents.[1]

Dans sa communication de 2010, la Commission a manifesté son souhait d'être l'unique entité à paraître dans les arbitrages d'investissement en mentionnant que « [l]'Union européenne, représentée par la Commission, défendra toutes les actions menées par les institutions de l'UE. En raison de la compétence externe exclusive, la Commission estime que l'Union européenne aura également qualité de défenderesse unique à l'égard de toute mesure adoptée par un État membre et ayant une incidence sur les investissements effectués par les ressortissants ou les entreprises des États tiers relevant de l'accord concerné ».[2] La Commission prévoit également d'avoir un rôle actif dans l'arbitrage d'investissement. En effet, elle énonce que « l'État membre informe la Commission de toute demande de règlement de différend introduite au titre de l'accord, aussitôt qu'il en est averti. L'État membre et la Commission coopèrent pleinement et prennent toutes les mesures nécessaires pour assurer une défense efficace, ce qui, le cas échéant, peut impliquer la participation de la Commission à la procédure ».[3]

La conciliation de tous les intérêts ne sera pas chose aisée. L'important selon la proposition de la Commission (du 7 juillet 2010) est que les États membres et l'UE coopèrent étroitement dans la conduite de l'arbitrage d'investissement.[4]

Malgré la volonté de la Commission de conclure des accords mixtes à l'avenir, cette solution n'est pas dépourvue d'obstacles.

---

[1] S. SCHILL, « Arbitration procedure : the role of the European Union and the Member States in Investor-State arbitration », *Op. cit.*, p. 132

[2] Communication de la Commission au Parlement européen, *Op. cit.*, 7 juillet 2010, COM (2010) 343 final, p. 13

[3] Commission européenne, COM (2010) 344 final, Proposition de règlement du Parlement européen et du Conseil établissant des dispositions transitoires pour les accords bilatéraux d'investissement conclus entre des États membres et des pays tiers, Bruxelles, le 7 juillet 2010, page 15, point 2 http://www.europarl.europa.eu/meetdocs/2009_2014/documents/com/com_com(2010)0344_/com_com(2010)0344_fr.pdf

[4] S. SCHILL, « Arbitration procedure : the role of the European Union and the Member States in Investor-State arbitration », *Op. cit.*, p. 133

§ 7 - Difficultés de mise en place d'accords mixtes

La technique des accords mixtes permet aux États membres et aux institutions d'éviter la délicate question de délimitation de leurs compétences respectives.[1] Cependant, côté pratique, ce n'est pas la solution la plus facile. Tout d'abord, au vu de l'article 207-6 TFUE, l'Union ne peut pas s'octroyer des compétences qu'elle n'exerce pas au niveau interne.[2] Les TBI contiennent des garanties de protection qui ne sont pas toutes présentes en droit communautaire.[3] Suivant le principe du parallélisme entre les compétences internes et externes, il n'est pas sûr que l'Union puisse s'octroyer légalement une compétence exclusive concernant les dispositions des TBI sur le traitement juste et équitable, l'expropriation[4] ou le règlement des différends puisque ces protections n'ont pas d'équivalent au niveau interne.[5] Dans l'affaire Eastern Sugar, le tribunal arbitral a souligné que le droit de l'UE n'offre pas comme garantie l'arbitrage qui est en revanche présent dans le TBI.[6] De plus, il n'est pas sûr que l'Union dispose de moyens suffisants pour renégocier une centaine de TBI.[7] La conclusion d'accords mixtes bilatéraux demandera une certaine adaptation des structures institutionnelles qui prendra du temps.[8] Entre temps, une solution provisoire est nécessaire pour permettre aux États membres et aux pays tiers de continuer à conclure des TBI dont certains aspects relèvent de la compétence exclusive de l'Union.[9] Pour cela, la Commission propose une procédure de coopération.[10]

§ 8 - La procédure de coopération, solution provisoire jusqu'à la mise en place d'une politique d'investissement européenne

L'élaboration d'une politique commune des investissements par les accords mixtes n'est pas dépourvue d'obstacles à court terme. La procédure de coopération proposée par la Commission peut constituer une solution

---

[1] P. ECKOUT, *External Relations of the European Union*, Oxford, Oxford University Press, 2004, p. 198-199. Cité par [Boudouhi].

[2] [Boudouhi]

[3] L. AZOULAI et W. BEN HAMIDA, « La protection des investissements par le droit primaire - droit conventionnel des investissements et droit primaire communautaire : étude comparée des régimes et des approches », *In Le droit européen et l'investissement*, C. KESSEDJIAN, Ch. LEBEN (dir.), Paris, Éditions Panthéon Assas, 2009, p. 82

[4] Les règles sur l'expropriation relèvent d'autant plus de la compétence des États membres au vu de l'article 345 TFUE (ex. art. 295 CE) qui prévoit que « les traités ne préjugent en rien le régime de la propriété dans les États membres ». Voir [Boudouhi]

[5] [Boudouhi]

[6] SCC, Eastern Sugar B.V. c. République tchèque, affaire No. 088/2004, sentence partielle, 27 mars 2007, parag. 164

[7] [Boudouhi]

[8] *Idem*

[9] *Id.*

[10] *Id.*

provisoire pour permettre à l'Union et aux États membres d'avancer vers la conclusion de nouveaux TBI.[1] La procédure de coopération a été mise en avant dans la proposition de règlement du 7 juillet 2010 adoptée par la Commission.[2] Il s'agit pour cette dernière d'accorder aux États membres une autorisation d'agir dans les domaines où elle détient une compétence exclusive.[3] Un tel mécanisme a été utilisé après l'avis rendu par la Cour à propos de la Convention de Lugano[4]. L'autorisation donnée à propos de la Convention de Lugano relative à certains aspects du droit international privé vise à permettre aux États d'agir non pas pour rendre leurs traités bilatéraux compatibles avec le droit communautaire, mais pour intervenir dans un domaine relevant de la compétence exclusive de la Communauté.[5] Dans le cadre de l'exécution de l'avis rendu par la Cour à propos de la Convention de Lugano, le Conseil d'une part et le Parlement et le Conseil d'autre part ont adopté deux règlements instituant une procédure pour autoriser les États membres à modifier un accord existant ou à négocier et conclure un nouvel accord dont certains aspects relèvent de la compétence exclusive de la Communauté.[6]

Cette pratique dans le domaine du droit international privé a inspiré la Commission dans la rédaction de la proposition de règlement adoptée le 7 juillet 2010.[7] Son chapitre trois concerne la modification des accords existants ainsi que la conclusion de nouveaux accords.[8] Selon la proposition, les États membres doivent notifier toute intention de négociation ou de renégociation d'un traité bilatéral d'investissements.[9] La Commission autorisera éventuellement l'ouverture des négociations au cas par cas et pourra même exiger de participer aux négociations en tant qu'observateur afin de veiller aux intérêts de la politique de l'UE en matière d'investissements.[10]

La Commission pourra refuser d'octroyer une autorisation dans trois cas (article 9) : en cas d'incompatibilité avec le droit de l'Union ; d'incompatibilité avec « les objectifs de négociations en cours ou imminentes entre l'Union et le pays concerné » ; ou d'obstacle au développement et à la mise en œuvre des politiques de l'Union. Les deuxième et troisième conditions pourraient entraîner le blocage de négociations.[11] Les obligations de notification et les autorisations limitent la marge de manœuvre des États membres.[12] Le

[1] *Id.*
[2] *Id.*
[3] *Id.*
[4] CJCE, 7 févr. 2006, Compétence de la Communauté pour conclure la nouvelle convention de Lugano concernant la compétence judiciaire, la reconnaissance et l'exécution des décisions en matière civile et commerciale, avis 1/03, Rec. I-1145. Cité par [Boudouhi]
[5] [Boudouhi]
[6] *Idem*
[7] *Id.*
[8] *Id.*
[9] *Id.*
[10] *Id.*
[11] *Id.*
[12] *Id.*

règlement 1219/2012 que nous verrons dans la section suivante va dans le même sens,[1] mais accorde un meilleur respect aux TBI.[2] La proposition de règlement du 7 juillet 2010 permettait à la Commission d'autoriser un État membre à négocier et conclure un TBI mais sans vraiment prendre en considération les conséquences à cause de la possibilité pour la Commission de retirer l'autorisation de maintenir des TBI extra-européens qui lui ont été notifiés par les États membres, notamment lorsque l'accord « comporte des incompatibilités avec le droit de l'Union autres que celles découlant de la répartition des compétences entre l'Union et ses États membres » (articles 3 et 6 de la proposition de règlement du 7 juillet 2010).[3] Les TBI peuvent contenir des dispositions contraires au droit de l'Union, comme en matière d'aides d'État, de libre transfert des capitaux, etc.[4]

§ 9 - Le régime transitoire du règlement n°1219/2012

Comme déjà mentionné, il faudrait probablement attendre plusieurs décennies pour que l'UE puisse remplacer les traités existants entre les États membres et les pays tiers par des traités européens conclus par l'Union et mettre en place une politique commune des investissements.[5]

Le Parlement et le Conseil adoptent le 12 décembre 2012 le Règlement (UE) n° 1219/2012[6] du Parlement européen et du Conseil du 12 décembre 2012 établissant des dispositions transitoires pour les accords bilatéraux d'investissement conclus entre des États membres et des pays tiers. Il est entré en vigueur le 9 janvier 2013 et vise à déterminer le sort des accords en vigueur entre les États membres et les États tiers avant l'entrée en vigueur des accords qui seront conclus par l'UE.[7] Remplacer les traités existants n'étant pas facile,

---

[1] *Id.*

[2] G. ANOU, « Les conflits entre le droit de l'Union européenne et le droit international des investissements dans l'arbitrage CIRDI », *Op. cit.*, parag. 36

[3] *Idem*

[4] *Id.*

[5] F. BAETENS, « L'importance des dispositions transitoires pour les traités bilatéraux d'investissement conclus entre les États membres de l'UE et les États tiers », *Op. cit.*, p. 614

[6] Cons. UE, Parlement européen, Règlement (UE) No. 1219/2012, 12 décembre 2012 : JOUE L 351/40, 2012, établissant des dispositions transitoires pour les accords bilatéraux d'investissement entre États membres et pays tiers.

[7] F. BAETENS, « L'importance des dispositions transitoires pour les traités bilatéraux d'investissement conclus entre les États membres de l'UE et les États tiers », *Op. cit.*, p. 614

La liste des accords bilatéraux d'investissement concernés par le règlement (UE) No. 1219/2012 du 12 décembre 2012 établissant des dispositions transitoires pour les accords bilatéraux d'investissement conclus entre des États membres et des pays tiers : https://eur-lex.europa.eu/legal-content/FR/TXT/?qid=1560602428582&uri=CELEX%3A52013XC0508%2801%29#document1

Voici quelques-uns des TBI entre États membres de l'UE et pays arabes (entre parenthèses, est la date de signature des accords) : Union économique belgo-luxembourgeoise/ Algérie (1991) ; Union économique belgo-luxembourgeoise/ Bahreïn (2006) ; Union économique belgo-luxembourgeoise/ Koweït (2000) ; Union économique belgo-luxembourgeoise/ Libye (2004) ; Union économique belgo-luxembourgeoise/ Oman (2008) ; Bulgarie/ Algérie (1998) ; Bulgarie/ Bahreïn (2009) ; Bulgarie/ Jordanie (2002) ; Bulgarie/ Liban (1999) ; République Tchèque/ Koweït (1996) ; République tchèque/ Maroc (2001) ; Danemark/

tout comme la mise en place d'une politique commune des investissements à court et moyen termes, la Commission autorise une procédure de coopération qui permet aux États membres d'agir dans les domaines relavant de sa compétence exclusive.[1] Le règlement met en place des mesures transitoires et permet le maintien provisoire des TBI conclus entre les États membres de l'UE et les pays tiers afin de maintenir les avantages dont bénéficient les investisseurs.[2] Si les États membres souhaitent modifier les TBI existants ou en conclure de nouveaux, ils ne peuvent le faire sans l'autorisation de la Commission.[3] La Commission a demandé à tous les États membres de lui notifier les traités existant avec les États tiers afin qu'elle les autorise à les maintenir et qu'elle dresse une liste afin de ne garder que les accords qui sont conformes à des conditions que la Commission a laissées très générales, se réservant ainsi une grande liberté d'appréciation.[4]

Le règlement (UE) n° 1219/2012 concilie mieux les conflits de normes que la proposition de règlement initiale du 7 juillet 2010 portant sur le même objet qui prévoyait que la Commission peut autoriser un État membre à négocier et à conclure un TBI.[5] Cette proposition avait pour objectif de mettre fin aux TBI sans réellement voir les conséquences : alors que l'article 3 prévoyait que les États peuvent être autorisés à maintenir en vigueur leurs TBI extra-européens notifiés à la Commission, l'article 6 autorisait la Commission à retirer une telle autorisation pour divers motifs, notamment lorsque l'accord « comporte des incompatibilités avec le droit de l'Union autres que celles découlant de la répartition des compétences entre l'Union et ses États membres ».[6] Or, comme déjà mentionné, les TBI peuvent avoir des dispositions contraires au droit de l'Union, comme en matière de libre transfert des capitaux, d'aides d'État, etc.[7]

Les questions relatives à l'interprétation et à l'application du règlement peuvent être clarifiées auprès de la CJUE.[8] Par exemple, il a été reconnu que le règlement est « inspiré de l'article 351 TFUE, tel qu'interprété par la CJUE dans sa jurisprudence relative aux clauses TBI sur le transfert de fonds ».[9]

Algérie (1999) ; Danemark/ Maroc (2003) ; Allemagne/ Bahreïn (2007) ; Allemagne/ Libye (2004) ; Estonie/ Maroc (2009) ; Grèce/ Algérie (2000) ; Espagne/ Bahreïn (2008) ; Espagne/ Koweït (2005) ; France/ Bahreïn (2004) ; Malte/ Libye (2003) ; Pays-Bas/ Algérie (2007) ; Autriche/ Égypte (2001) ; Slovaquie/ Jordanie (2008)

[1] S. MENETREY, « Droit international des investissements et droit de l'Union européenne », *Op. cit.*, p. 634-635

[2] *Idem*, p. 635

[3] *Id.*

[4] E. GAILLARD, « Conclusions », *In Le droit européen et l'arbitrage d'investissement*, C. KESSEDJIAN (dir.), Paris, Panthéon-Assas, LGDJ, 2011, p. 200

[5] G. ANOU, « Les conflits entre le droit de l'Union européenne et le droit international des investissements dans l'arbitrage CIRDI », *Op. cit.*, parag. 36

[6] *Idem*

[7] *Id.*

[8] F. BAETENS, « L'importance des dispositions transitoires pour les traités bilatéraux d'investissement conclus entre les États membres de l'UE et les États tiers », *Op. cit.*, p. 644

[9] E. MILANESI, G. SACERDOTI et al. (ed.), *General Interests of Host States in International Investment Law*, Cambridge, Cambridge University Press, 2014, p. 301. Cité par F.BAETENS, « L'importance des

L'article 351 TFUE[1] prévoit que les traités de préadhésion des États membres ne sont pas affectés par les obligations découlant des traités de l'UE mais s'ils sont incompatibles avec les traités de l'UE, les États membres prennent des mesures pour éliminer ces incompatibilités (art. 351(2) TFUE).[2] Dans de précédentes décisions concernant les TBI extra-UE des États membres, la CJUE a montré qu'elle était prête à utiliser les principes du droit international pour résoudre ces incompatibilités et pourrait le faire à nouveau s'agissant du règlement No. 1219/2012.[3] La jurisprudence de la CJUE sur l'article 351 TFUE montre que les incompatibilités constatées devront être résolues au cas par cas, mais qu'une solution unique était possible aussi.[4]

L'avenir des TBI entre les États membres de l'UE et les pays tiers a été examiné jusqu'ici du point de vue des États membres et de la Commission européenne. Qu'en est-il du point de vue des pays tiers ? Un transfert de compétences des États membres vers l'UE a-t-il un effet direct sur la relation des États membres avec les pays tiers sous le droit international ?

Sous-section 3 - Le sort des TBI extra-européens du point de vue des États tiers et sous le droit international coutumier des traités

Avant le traité de Lisbonne, les IDE ne tombaient pas sous la PCC. Le droit communautaire peut-il changer les droits et obligations des pays tiers sous les TBI conclus entre les États membres de l'UE et les pays tiers ?[5]

Pour déterminer si le droit européen a un effet sur les traités conclus entre les États membres et les pays tiers, il est important d'abord de déterminer le statut de ces traités sous le droit international.[6] Comme tout traité, un TBI conclu entre un État membre de l'UE et un pays tiers est soumis au droit international.[7] Ainsi, l'application et l'interprétation d'un TBI, en tant que traité international, sont soumises au droit international public, et plus

---

dispositions transitoires pour les traités bilatéraux d'investissement conclus entre les États membres de l'UE et les États tiers », *Op. cit.*, p. 644

[1] Selon l'article 351 (ex-article 307 TCE) : « Les droits et obligations résultant de conventions conclues antérieurement au 1er janvier 1958 ou, pour les États adhérents, antérieurement à la date de leur adhésion, entre un ou plusieurs États membres, d'une part, et un ou plusieurs États tiers, d'autre part, ne sont pas affectés par les dispositions des traités.
Dans la mesure où ces conventions ne sont pas compatibles avec les traités, le ou les États membres en cause recourent à tous les moyens appropriés pour éliminer les incompatibilités constatées. En cas de besoin, les États membres se prêtent une assistance mutuelle en vue d'arriver à cette fin et adoptent le cas échéant une attitude commune ».

[2] F. BAETENS, « L'importance des dispositions transitoires pour les traités bilatéraux d'investissement conclus entre les États membres de l'UE et les États tiers », *Op. cit.*, p. 644

[3] *Idem*, p. 645

[4] *Id.*

[5] R. VOLTERRA, « Le point de vue des États tiers », *In Le droit européen et l'investissement*, C. KESSEDJIAN et Ch. LEBEN (dir.), Panthéon-Assas Paris II, 2009, p. 41

[6] *Idem*, p. 42

[7] *Id.*

précisément au droit international coutumier des traités codifié par la Convention de Vienne sur le droit des traités de 1969 (CVDT).[1]

Des modifications dans les exigences communautaires entraînent des conséquences qui incombent aux États membres et non aux États tiers.[2] Ceci a été confirmé par la CJUE dans un arrêt de la grande chambre qui se réfère à des traités conclus entre un État membre avant son adhésion à l'UE et un État tiers, ce qui couvre également la situation des TBI.[3] La Cour indique qu'« [i]l découle de l'article 307, premier alinéa, CE que les droits et obligations résultant d'une convention conclue antérieurement à la date d'adhésion d'un État membre entre ce dernier et un État tiers ne sont pas affectés par les dispositions du traité. Cette disposition a pour objet de préciser, conformément aux principes du droit international, que l'application du traité CE n'affecte pas l'engagement de l'État membre concerné de respecter les droits des pays tiers résultant d'une convention antérieure et d'observer ses obligations correspondantes [...] ».[4]

Suivant le principe *pacta sunt servanda* consacré à l'article 26 de la Convention de Vienne,[5] les États sont tenus de respecter les dispositions des traités qu'ils signent avec les pays tiers, y sont inclus les TBI. La jurisprudence ne cesse de souligner l'importance de ce principe.[6] Par exemple, la CIJ indique que : « L'un des principes de base qui président à la création et à l'exécution d'obligations juridiques, quelle qu'en soit la source, est celui de la bonne foi. La confiance réciproque est une condition inhérente de la coopération internationale, surtout à une époque où, dans bien des domaines, cette coopération est de plus en plus indispensable. Tout comme la règle du droit des traités *pacta sunt servanda* elle-même, le caractère obligatoire d'un engagement international assumé par déclaration unilatérale repose sur la bonne foi. Les États intéressés peuvent donc tenir compte des déclarations

---

[1] *Id.*

[2] *Id.*, p. 49

[3] *Id.*

[4] CJCE, 18 novembre 2003, Budějovický Budvar, národní podnik c. Rudolf Ammersin GmbH, aff. C-216/01, Rec. I-13617, parag. 144-145 : http://curia.europa.eu/juris/showPdf.jsf?text=&docid=48407&pageIndex=0&doclang=FR&mode=lst&dir=&occ=first&part=1&cid=1643538 ; voir aussi CJCE, 14 octobre 1980, Attorney General c. Juan C. Burgoa, aff. C-812/79, Rec. 2787, parag. 8 : « l'application du traité n'affecte pas l'engagement de l'État membre concerné de respecter les droits des États tiers résultant d'une convention antérieure, et d'observer ses obligations correspondantes » : http://curia.europa.eu/juris/showPdf.jsf?text=&docid=90719&pageIndex=0&doclang=FR&mode=lst&dir=&occ=first&part=1&cid=1642113 ; voir aussi CJCE, 4 juillet 2000, Commission c. Portugal, aff. C-84/98, Rec. I-05215, parag. 53 : http://curia.europa.eu/juris/showPdf.jsf;jsessionid=374474DA463553B46D528B8DAD106BA1?text=&docid=45422&pageIndex=0&doclang=FR&mode=lst&dir=&occ=first&part=1&cid=1641704 ; Jp citée par R. VOLTERRA, « Le point de vue des États tiers », *In Le droit européen et l'investissement*, *Op. cit.*, p. 43

[5] Convention de Vienne, article 26 : « Tout traité en vigueur lie les parties et doit être exécuté par elles de bonne foi ».

[6] R. VOLTERRA, « Le point de vue des États tiers », *In Le droit européen et l'investissement*, *Op. cit.*, p. 43

unilatérales et tabler sur elles ; ils sont fondés à exiger que l'obligation ainsi créée soit respectée ».[1]

De plus, le droit communautaire fait partie du droit interne des États membres. Un État membre ne peut invoquer ses obligations communautaires pour justifier la non-exécution d'un TBI avec un État tiers.[2] Cette règle a été codifiée à l'article 27 de la Convention de Vienne.[3] Les articles sur la responsabilité de l'État pour fait internationalement illicite de 2001 élaborés par la Commission du droit international des Nations Unies après près de quarante ans de travaux abordent cette situation.[4] En effet, l'article 3 prévoit que « la qualification du fait de l'État comme internationalement illicite relève du droit international. Une telle qualification n'est pas affectée par la qualification du même fait comme licite par le droit interne ».

En vertu de l'article 46, un État ne peut invoquer un vice de consentement à être lié par un traité en raison du fait que ce consentement est en violation d'une disposition de son droit interne concernant la compétence pour conclure des traités sauf s'il s'agit d'une violation « manifeste » et qui concerne « une règle de son droit interne d'importance fondamentale ». Les États membres ont conclu un grand nombre de TBI avec les États tiers, ce qui rend difficile de prouver une violation manifeste qui lui permettrait de se soustraire à ses obligations issues d'un TBI.[5]

Un TBI ne peut être amendé unilatéralement sans le consentement exprès de l'État tiers, même si le TBI n'est pas conforme aux obligations communautaires.[6] En effet, les articles 34 à 38 CVDT prévoient qu'un traité ne peut créer des droits ou obligations pour un État tiers sans son consentement, et un traité ne peut être amendé qu'avec l'accord des parties (article 39, CVDT).

En vertu de l'article 54, l'extinction d'un TBI entre un État membre de l'UE et un État tiers peut s'effectuer conformément aux dispositions du TBI ou par consentement de toutes les parties. Il ne peut pas être mis fin à un TBI par le droit communautaire seulement.[7]

L'article 42 dispose que la validité, l'extinction et la suspension d'un traité ne peuvent s'effectuer qu'en application de la Convention de Vienne ou du traité d'investissement (en l'occurrence) lui-même. Après examen des traités d'investissement entre les pays de l'UE et les pays arabes, on n'a pas trouvé de disposition précisant que le droit communautaire peut modifier les droits et obligations des TBI.[8]

---

[1] CIJ, Essais nucléaires (Australie c. France), arrêt du 20 décembre 1974, parag. 46

[2] R. VOLTERRA, « Le point de vue des États tiers », *In Le droit européen et l'investissement, Op. cit.*, p. 44

[3] Convention de Vienne, article 27. Droit interne et respect des traités : « Une partie ne peut invoquer les dispositions de son droit interne comme justifiant la non-exécution d'un traité. Cette règle est sans préjudice de l'article 46 ».

[4] R. VOLTERRA, « Le point de vue des États tiers », *In Le droit européen et l'investissement, Op. cit.*, p. 44

[5] *Idem*, p. 46

[6] *Id.*, p. 45

[7] *Id.*, p. 46

[8] *Id.*, p. 45

Conformément à l'article 56 de la Convention de Vienne, il n'est pas possible de dénoncer ou de retirer un traité s'il ne contient pas de disposition à cet effet. Deux exceptions sont prévues et elles sont évaluées au cas par cas.[1] Dans le premier cas, il s'agit de considérer l'intention des parties de vouloir dénoncer un traité ou s'en retirer. Dans le second cas, il s'agit de considérer la nature du traité qui devrait être telle qu'il soit possible de déduire une dénonciation ou un retrait.[2] Dans tous les cas, une partie doit notifier au moins douze mois à l'avance son intention de dénoncer un traité ou de s'en retirer.[3] Autrement dit, les dénonciations unilatérales sont prohibées sous réserve du respect de deux conditions et qu'un délai de 12 mois soit écoulé.[4] Si un traité ne comporte pas de disposition pour y mettre fin, il n'est pas possible de le dénoncer à moins d'établir que les parties ont eu l'intention de le terminer ou si le droit de dénonciation est implicite.[5]

Concernant l'extinction d'un traité ou la suspension de son application implicite du fait de la conclusion d'un traité postérieur, l'article 59 de la Convention de Vienne prévoit qu'un traité est considéré comme ayant pris fin lorsque toutes les parties concluent ultérieurement un traité portant sur la même matière. Cet article ne peut s'appliquer aux TBI parce que les parties à un TBI ne sont pas liées à un traité postérieur et les États tiers ne sont pas parties au droit communautaire.[6]

Les articles 60 et 61 CVDT évoquent les cas autorisant l'extinction ou la suspension d'un traité. Selon l'article 60 CVDT, une violation substantielle d'un traité bilatéral autorise son extinction ou sa suspension et l'article 61 évoque les cas de force majeure entraînant une impossibilité matérielle absolue ou provisoire dans l'exécution d'un traité et non pas une difficulté importante.[7] Ces articles ne s'appliquent pas aux TBI entre les États membres et les pays tiers parce qu'aucune violation substantielle n'étant relevée ni une difficulté de force majeure.[8]

L'article 62 CVDT évoque le changement fondamental des circonstances pour mettre fin au traité, s'en retirer ou le suspendre. Le changement fondamental des circonstances est interprété par la jurisprudence internationale de façon restrictive et garde un caractère exceptionnel.[9] Il est peu probable qu'un État membre

---

[1] *Id.*, p. 46
[2] *Id.*
[3] *Id.*, p. 52
[4] *Id.*
[5] *Id.*
[6] *Id.*, p. 47
[7] E. GROSSRIEDER, *Commentaires à la Convention de Vienne sur le droit des traités de 1969*, hei.stoessel.ch › dip › Commentaires CVDT : http://hei.stoessel.ch/dip/Commentaires%20a%20la%20CVDT.doc (30 décembre 2020)
[8] R. VOLTERRA, « Le point de vue des États tiers », *In Le droit européen et l'investissement*, *Op. cit.*, p. 47
[9] La CIJ indique que « [...] pour que l'on puisse invoquer un changement de circonstances en vue de mettre fin à un traité, ce changement doit avoir entraîné une transformation radicale de la portée des obligations qui restent à exécuter. Il doit avoir rendu plus lourdes ces obligations, de sorte que leur exécution devienne

invoque une incompatibilité avec ses obligations communautaires comme changement fondamental des circonstances afin de mettre fin ou se retirer d'un TBI.[1]

Un transfert de compétences des États membres vers l'UE n'a pas d'effet direct sur la relation des États membres avec les pays tiers sous le droit international.[2] Avec l'entrée en vigueur du traité de Lisbonne, les traités existants entre les États membres de l'UE et les pays tiers, bien qu'ils présenteraient éventuellement des incompatibilités avec le droit communautaire, demeurent valides sous le droit international.[3] Les traités d'investissement sont des accords internationaux conclus entre deux États et régis par le droit international.[4] L'application et l'interprétation d'un TBI sont soumises au droit international public.[5] Le droit communautaire ne peut modifier les principes de droit international public qui régissent ces traités, tels que codifiés par la CVDT.[6] Les obligations incombant aux États membres de l'UE en vertu du droit communautaire n'affectent pas les obligations des États tiers qui ont conclu des TBI avec ces États membres.[7]

Sous-section 4 – Les accords d'investissement de « nouvelle génération » et la position de la CJUE sur le règlement des différends et le droit de l'UE

Après l'entrée en vigueur du traité de Lisbonne et l'élargissement de la politique commerciale, l'Union a développé des liens conventionnels avec d'autres partenaires commerciaux, via des accords d'investissement (comme

---

essentiellement différente de celle à laquelle on s'était engagé primitivement ». CIJ, compétence en matière de pêcheries (Royaume-Uni c. Islande), arrêt du 2 février 1973 : parag. 43 et dans l'affaire Gabčíkovo-Nagymaros, la Cour précise : « Le fait que l'article 62 de la convention de Vienne sur le droit des traités soit libellé en termes négatifs et conditionnels indique d'ailleurs clairement que la stabilité des relations conventionnelles exige que le moyen tiré d'un changement fondamental de circonstances ne trouve ii s'appliquer que dans des cas exceptionnels ». CIJ, Projet Gabčíkovo-Nagymaros (Hongrie c. Slovaquie), arrêt du 25 septembre 1997 : Recueil 1997, p. 7, parag. 104 ; arrêts cités par E. GROSSRIEDER, *Commentaires à la Convention de Vienne sur le droit des traités de 1969, Op.cit.*

[1] R. VOLTERRA, « Le point de vue des États tiers », *In Le droit européen et l'investissement, Op. cit.*, p. 48

[2] S. SCHILL, « Arbitration Procedure : The role of the European Union and the Member states in Investor-State arbitration », *In Le droit européen et l'arbitrage d'investissement, Op. cit.*, p. 140

[3] C. KESSEDJIAN et Ch. LEBEN (dir.), *Le droit européen et l'investissement*, Panthéon-Assas Paris II, 2009, p.124-125 ; voir P. MANZINI, « The Priority of Pre-Existing Treaties of EC Member States within the Framework of International Law », *EJIL*, Vol. 12, No. 4, 2001, p.781. Un auteur considère que ces traités demeurent conformes au droit communautaire tout comme au droit international. Th. EILMANSBERGER, « Bilateral investment treaties and EU law », *Common Market Law Review*, 2009, Vol. 4, No. 2, p. 383

[4] R. VOLTERRA, « Le point de vue des États tiers », *In Le droit européen et l'investissement, Op. cit.*, p. 49

[5] *Idem*

[6] *Id.*

[7] *Id.*

la Chine)[1] ou via des accords de libre-échange (ALE) incluant un chapitre sur l'investissement (comme avec le Canada,[2] Singapour,[3] le Vietnam,[4] les États-Unis).[5] Ces accords appelés de « nouvelle génération » comprennent en plus des dispositions traditionnelles sur la réduction des droits de douane et des obstacles non tarifaires dans le domaine des échanges de marchandises et de services, des dispositions liées au commerce comme la protection de la propriété intellectuelle, les investissements, les marchés publics, la concurrence et le développement durable.[6] Ils offrent aussi aux investisseurs des standards de protection (traitement national, traitement juste et équitable, protection contre les expropriations directes ou indirectes, notamment) et des mécanismes de règlement des différends.[7]

Ces ALE sont à l'origine de débats houleux et de nombreuses protestations. Parmi les questions débattues figuraient les questions de savoir si l'Union européenne avait la compétence pour conclure seule ces ALE et remplacer complètement les États dans tous domaines couverts par ces accords notamment pour ce qui est du règlement des différends. Saisie de demandes d'avis, la CJUE a tranché sur certaines des questions qui intéressent ce chapitre que nous avons évoquées ci-dessus. La portée de ces avis pourrait s'étendre sans doute à d'autres futurs accords de « nouvelles générations », pourquoi pas avec de futurs partenaires arabes.[8]

---

[1] EU-China Comprehensive Agreement on Investment (EU-China CAI) : http://www.europarl.europa.eu/legislative-train/theme-a-balanced-and-progressive-trade-policy-to-harness-globalisation/file-eu-china-investment-agreement ; EU-China Trade : http://ec.europa.eu/trade/policy/countries-and-regions/countries/china/

[2] V. COM (2016) 444 final et COM (2016) 443 final, 7 juill. 2016. EU-Canada Comprehensive Economic and Trade Agreement (CETA). Le chapitre 8 de cet accord porte spécifiquement sur l'investissement. http://ec.europa.eu/trade/policy/countries-and-regions/countries/canada/

[3] EU-Singapore Trade : http://ec.europa.eu/trade/policy/countries-and-regions/countries/singapore/

[4] EU-Vietnam trade and investment agreements. Free Trade Agreement : https://policy.trade.ec.europa.eu/eu-trade-relationships-country-and-region/countries-and-regions/vietnam/eu-vietnam-agreement_en

[5] EU-US trade and investment negotiations, European Union's proposal for services, investment and e-commerce text, Transatlantic Trade and Investment Partnership, Trade in services, investment and e-commerce, July 2015 : http://trade.ec.europa.eu/doclib/docs/2015/july/tradoc_153669.pdf. Voir A. HERVÉ, « L'appel au juge : l'Union européenne souhaite juridictionnaliser le contentieux de l'investissement », *Revue trimestrielle de droit européen*, No. 3, Dalloz, 2016, p. 631 https://hal.archives-ouvertes.fr/halshs-02261764/

[6] CJUE, « L'accord de libre-échange avec Singapour ne peut pas, dans sa forme actuelle, être conclu par l'Union européenne seule », Communiqué de presse n° 52/17, Luxembourg, 16 mai 2017 https://curia.europa.eu/jcms/upload/docs/application/pdf/2017-05/cp170052fr.pdf

[7] A. HERVÉ, « L'appel au juge : l'Union européenne souhaite juridictionnaliser le contentieux de l'investissement », *Op. cit.*, p. 631

[8] E. RUIZ CAIRO, « Avis 1/17 : compatibilité du mécanisme de règlement des différends entre investisseurs et États de l'accord CETA avec le droit primaire », Actualité du 6 mai 2019, www.ceje.ch ; Sénat, Commission des affaires européennes, « Les grands avis et arrêts récents de la Cour de justice de l'Union européenne. Politique commerciale : les critères précis de la « mixité » des accords de libre-échange (Accord de libre-échange UE-Singapour) : Avis 2/15 CJUE, 16 mai 2017 », *Actualités européennes*, 6 décembre 2017 : https://www.senat.fr/fileadmin/Fichiers/Images/commission/affaires_europeennes/Actualites/Actualites_europeennes_54_Arrets_CJUE.pdf

Le premier avis en question, l'avis 2 / 15,[1] concerne la répartition des compétences entre l'Union européenne et les États membres et a été émis par la CJUE, le 16 mai 2017, après avoir été saisie par la Commission pour déterminer si l'Union européenne avait la compétence exclusive pour signer et conclure seule l'accord de libre-échange (ALE) avec la République de Singapour.[2] Dans cet avis, la Cour a jugé que les investissements de portefeuille ou indirects et les dispositions de l'accord relatives au règlement des différends entre investisseurs et États font partie des compétences partagées alors que les autres dispositions de l'accord relèvent de la compétence exclusive de l'Union.[3] Cette nature mixte signifie que les votes positifs des parlements nationaux de tous les États membres seront requis pour ratifier et appliquer l'accord, en plus de l'approbation de l'Union.[4]

Le deuxième avis concerne l'Accord Économique et Commercial Global entre le Canada et l'Union européenne (AECG) ou en anglais *EU-Canada Comprehensive Economic and Trade Agreement* (*CETA*). Après de nombreuses protestations durant les négociations de l'AECG et à l'occasion de son adoption, la Belgique a saisi la CJUE, le 7 septembre 2017, d'une demande d'avis[5] au sujet du nouveau genre de régime de règlement des différends inséré dans le chapitre 8 de cet accord qui prévoit la création d'un tribunal de première instance, d'un tribunal d'appel et, ultérieurement, d'un tribunal multilatéral des investissements.[6] Ces tribunaux permanents remplacent le recours à des tribunaux arbitraux *ad hoc* généralement prévus dans les TBI.[7] Parmi les questionnements émis par la Belgique figurent ceux concernant la compatibilité de l'AECG avec la compétence exclusive de la CJUE dans l'interprétation du droit de l'Union et avec le principe général d'égalité de traitement.[8] Dans l'avis 1 / 17, la CJUE a confirmé, le 30 avril

---

[1] CJUE, avis 2/15 du 16 mai 2017

[2] N. DE SADELEER, « Toujours le règlement des différends prévu par le CETA : la Belgique demande l'avis de la Cour de justice de l'Union européenne », 24 octobre 2017 : https://www.justice-en-ligne.be/Toujours-le-reglement-des, parag. 4 ; Sénat, Commission des affaires européennes, « Les grands avis et arrêts récents de la Cour de justice de l'Union européenne », *Op.cit.* ; CJUE, « L'accord de libre-échange avec Singapour ne peut pas, dans sa forme actuelle, être conclu par l'Union européenne seule », Communiqué de presse n° 52/17, Luxembourg, 16 mai 2017, https://curia.europa.eu/jcms/upload/docs/application/pdf/2017-05/cp170052fr.pdf

[3] N. DE SADELEER, « Toujours le règlement des différends prévu par le CETA : la Belgique demande l'avis de la Cour de justice de l'Union européenne », *Op. cit.*, parag. 4 ; Sénat, Commission des affaires européennes, « Les grands avis et arrêts récents de la Cour de justice de l'Union européenne », *Op.cit.*

[4] Sénat, Commission des affaires européennes, « Les grands avis et arrêts récents de la Cour de justice de l'Union européenne », *Op.cit.*

[5] CJUE, Avis 1/17 du 30 avril 2019

[6] Ch. COLLIN, « Épilogue de l'affaire Achmea : l'extinction des traités d'investissement intra-UE », Dalloz actualité, 21 juillet 2020 ; L-H. PAGNAT, « CETA : éclaircissement sur l'affirmation d'une compatibilité avec le droit européen », 14 février 2019, https://www.taurillon.org/ceta-eclaircissement-sur-l-affirmation-d-une-compatibilite-avec-le-droit

[7] Ch. COLLIN, « Épilogue de l'affaire Achmea : l'extinction des traités d'investissement intra-UE », *Op.cit.*

[8] *Idem* ; L-H. PAGNAT, « CETA : éclaircissement sur l'affirmation d'une compatibilité avec le droit européen », *Op.cit.* ; N. DE SADELEER, « Toujours le règlement des différends prévu par le CETA : la Belgique demande l'avis de la Cour de justice de l'Union européenne », *Op. cit.*, parag. 3 ; J.-Y. DE CARA,

2019, la compatibilité du mécanisme de règlement des différends entre investisseurs et États (mécanisme RDIE) prévu dans l'AECG avec le droit primaire et donc sa compatibilité avec le principe d'autonomie de l'ordre juridique de l'Union et avec le principe d'égalité de traitement.[1]

Pour conclure la compatibilité de l'AECG avec la compétence exclusive de la CJUE dans l'interprétation du droit de l'Union, le raisonnement de la CJUE s'appuie sur les arguments qui suivent. Tout d'abord, le mécanisme RDIE est extérieur aux mécanismes juridictionnels de l'Union.[2] S'agissant d'une juridiction concurrente à la CJUE, ceci soulevait des questions similaires à celles posées dans l'affaire Achmea[3] dans le cadre de laquelle la CJUE a considéré qu'une clause d'arbitrage dans un TBI conclu entre deux États membres de l'Union européenne est incompatible avec le droit européen, conformément aux articles 19 paragraphe 1, alinéa 2 TUE, 267 TFUE, 344 TFUE.[4] Selon la Cour, la structure constitutionnelle de l'Union et la nature même de ce droit justifient l'autonomie du droit de l'Union par rapport au droit des États membres et au droit international.[5] Elle a précisé que « le droit de l'Union se caractérise en effet par la circonstance d'être issu d'une source autonome, constituée par les traités, par sa primauté par rapport aux droits des États membres ainsi que par l'effet direct de toute une série de dispositions applicables à leurs ressortissants et à eux-mêmes » (§ 33, Achmea).[6] La création d'un tribunal arbitral dans le cadre d'un TBI intra-européen est contraire à l'article 19, paragraphe 1, alinéa 2 TUE, parce que les États soustraient des litiges susceptibles de concerner l'application et l'interprétation du droit de l'Union à la compétence de leurs propres juridictions, et par conséquent, ne respectent pas leur obligation d'ériger un système de recours juridictionnels dans les domaines couverts par le droit de l'Union.[7] De plus, l'article 344 TFUE ne se trouve pas respecté parce que les États membres, en soumettant leurs différends à un tribunal arbitral, créent un autre mode de

« Le CETA est-il compatible avec le droit de l'Union européenne ? », 24 juin 2019, https://www.dgavocats.fr/ceta-arbitrages-investissements ; E. RUIZ CAIRO, « Avis 1/17: compatibilité du mécanisme de règlement des différends entre investisseurs et États de l'accord CETA avec le droit primaire », *Op.cit.*

[1] E. RUIZ CAIRO, « Avis 1/17 : compatibilité du mécanisme de règlement des différends entre investisseurs et États de l'accord CETA avec le droit primaire », *Op.cit.*

[2] Ch. COLLIN, « Épilogue de l'affaire Achmea : l'extinction des traités d'investissement intra-UE », *Op.cit.*

[3] *Idem* ; CJUE, 6 mars 2018, République slovaque c. Achmea, aff. C-284/16 : http://eur-lex.europa.eu/legal-content/FR/TXT/?uri=CELEX:62016CJ0284

[4] L. ANKERSMIT, « Achmea : le début de la fin du RDIE en et avec l'Europe ? », International Institute for Sustainable Development IISD, Investment Treaty News, 24 avril 2018, disponible ici : https://www.iisd.org/itn/fr/2018/04/24/achmea-the-beginning-of-the-end-for-isds-in-and-with-europe-laurens-ankersmit/ ; F. SCHUBERT, « L'UE et l'arbitrage d'investissement – une nouvelle relation à la lumière de l'arrêt « Achmea » C-284/16 de la CJUE du 6 mars 2018 », *Revue générale du droit online*, No. 29600, 2018, www.revuegeneraledudroit.eu/?p=29600 ; Ch. COLLIN, « Épilogue de l'affaire Achmea: l'extinction des traités d'investissement intra-UE », *Op.cit.*

[5] Ch. COLLIN, « Épilogue de l'affaire Achmea : l'extinction des traités d'investissement intra-UE », *Op.cit.*

[6] *Idem*

[7] F. SCHUBERT, « L'UE et l'arbitrage d'investissement – une nouvelle relation à la lumière de l'arrêt « Achmea » C-284/16 de la CJUE du 6 mars 2018 », *Op.cit.*

règlement des différends que celui prévu à l'article 344 TFUE, les États ne devant pas soumettre un différend relatif à l'interprétation ou à l'application des traités à un mode de règlement autre que ceux prévus par ceux-ci.[1] Par ailleurs, la convention d'arbitrage contenue dans un TBI intra-européen viole l'article 267 TFUE étant donné que l'arbitre ne peut faire de renvoi préjudiciel à la CJUE puisqu'il n'est pas une juridiction d'un des États membres au sens de cette disposition (§ 43, Achmea).[2] Par cette décision, la Cour protégeait l'identité constitutionnelle de l'Union et le principe d'autonomie de l'ordre juridique européen lui permettant de conserver le monopole d'interprétation du droit de l'Union.[3] Concrètement, tous les TBI conclus entre les États membres de l'UE doivent être supprimés sous peine de se voir sanctionnés par la Commission et les conventions d'arbitrage sont considérées nulles.[4] D'ailleurs, l'accord portant extinction des traités bilatéraux d'investissement entre États membres de l'Union européenne, signé, à Bruxelles, le 5 mai 2020, est la suite logique de l'affaire Achmea.[5] Il vise à mettre fin aux TBI intra-UE qui n'ont pas été formellement dénoncés de manière bilatérale.[6] L'extinction des TBI sera rétroactive, à compter de la date à laquelle les États sont devenus membres de l'UE (article 4.1. de l'accord).[7] Concernant l'AECG, la Belgique voulait savoir si le principe de la compétence exclusive de la CJUE dans l'interprétation définitive du droit de l'Union est respecté par cet accord.[8] En tant qu'autorité judiciaire suprême de l'Union européenne, la CJUE doit veiller à l'application des traités européens, à l'interprétation uniforme du droit de l'Union (article 19 §1 TFUE) et au respect de l'autonomie de l'ordre juridique de l'Union découlant du droit primaire.[9] La Belgique craignait que les tribunaux du mécanisme RDIE imposent une interprétation déterminée du droit de l'Union.[10] En s'appuyant sur plusieurs dispositions de l'AECG qui affirment que l'accord sera interprété conformément à la Convention de Vienne sur le droit des traités et les autres règles et principes de droit international applicables entre les parties, la CJUE a donné un avis favorable à la compatibilité du système de règlement des différends créé dans le cadre

---

[1] *Idem*

[2] *Id.*

[3] Ch. COLLIN, « Épilogue de l'affaire Achmea : l'extinction des traités d'investissement intra-UE », *Op.cit.*

[4] F. SCHUBERT, « L'UE et l'arbitrage d'investissement – une nouvelle relation à la lumière de l'arrêt « Achmea » C-284/16 de la CJUE du 6 mars 2018 », *Op.cit* ; L. ANKERSMIT, « Achmea : le début de la fin du RDIE en et avec l'Europe ? », *Op.cit.*

[5] Accord portant extinction des traités bilatéraux d'investissement entre États membres de l'Union européenne, 29 mai 2020, JOUE L 169/1 : https://eur-lex.europa.eu/legal-content/FR/TXT/?uri=CELEX%3A22020A0529%2801%29

[6] Ch. COLLIN, « Épilogue de l'affaire Achmea : l'extinction des traités d'investissement intra-UE », *Op.cit.*

[7] *Idem*

[8] L-H. PAGNAT, « CETA : éclaircissement sur l'affirmation d'une compatibilité avec le droit européen », *Op.cit.*

[9] *Idem*

[10] *Id.*

de l'AECG.[1] Dans l'affaire Achmea, il s'agissait de tribunaux arbitraux intra-européens alors que dans le cadre de l'AECG, les tribunaux seront extérieurs au système juridictionnel de l'Union. Ces tribunaux ne seront pas habilités à interpréter ou appliquer des dispositions du droit de l'Union européenne autres que celles de l'AECG.[2] Les sentences rendues dans le cadre du mécanisme RDIE n'empêcheront pas les institutions de fonctionner conformément au cadre constitutionnel de l'Union européenne (points 119-120 de l'avis).[3] En outre, l'AECG n'a pas d'effet direct, ce qui signifie qu'il n'est pas directement invocable auprès des juridictions internes.[4] La CJUE précise que le droit interne des parties contractantes – canadien d'une part et européen d'autre part – ne fera pas partie des normes de droit applicable aux différends par un tribunal constitué sur le fondement de l'AECG.[5] Le droit de l'Union européenne ne sera pris en compte que comme question de fait et un tribunal de l'AECG est tenu de suivre l'interprétation dominante dudit droit par les juridictions et autorités de ladite partie.[6] Le juge européen a considéré qu'il y aurait eu atteinte à l'autonomie de l'ordre juridique de l'Union si les tribunaux de l'AECG pouvaient mettre en cause un intérêt public du marché intérieur.[7] Or, les parties de l'AECG ont exclu toute compétence, pour les tribunaux de l'accord, de remettre en cause les choix de chaque partie en matière notamment, d'ordre public, de la santé et de la vie des personnes et des animaux, de la sécurité alimentaire, de la préservation des végétaux, de l'environnement, du bien-être au travail, de la sécurité des produits, des consommateurs et des droits fondamentaux.[8] Pour toutes ces raisons, la CJUE conclut que l'accord ne porte pas atteinte à l'autonomie de l'ordre juridique de l'Union.[9]

Pour ce qui est de la compatibilité de l'AECG avec le principe d'égalité de traitement, la Belgique craignait que les investissements canadiens échappent à des sanctions financières qui résulteraient d'une violation du droit européen de la concurrence, ce qui créerait une discrimination envers les investisseurs européens et violerait le principe général d'égalité de traitement.[10] Selon la Cour, un investisseur canadien investissant dans l'UE effectue un

---

[1] Ch. COLLIN, « Épilogue de l'affaire Achmea : l'extinction des traités d'investissement intra-UE », *Op.cit.*; E. RUIZ CAIRO, « Avis 1/17 : compatibilité du mécanisme de règlement des différends entre investisseurs et États de l'accord CETA avec le droit primaire », *Op.cit.*

[2] E. RUIZ CAIRO, « Avis 1/17 : compatibilité du mécanisme de règlement des différends entre investisseurs et États de l'accord CETA avec le droit primaire », *Op.cit.*

[3] *Idem*

[4] L-H. PAGNAT, « CETA : éclaircissement sur l'affirmation d'une compatibilité avec le droit européen », *Op.cit.*

[5] *Idem*

[6] Ch. COLLIN, « Épilogue de l'affaire Achmea : l'extinction des traités d'investissement intra-UE », *Op.cit.*

[7] J.-Y. DE CARA, « Le CETA est-il compatible avec le droit de l'Union européenne ? », *Op.cit.*

[8] *Idem*

[9] *Id.*

[10] L-H. PAGNAT, « CETA : éclaircissement sur l'affirmation d'une compatibilité avec le droit européen », *Op.cit.*

investissement international, alors qu'un investisseur européen investissant dans l'UE effectue un investissement intracommunautaire.[1] Ces investisseurs n'étant pas dans des situations similaires, le principe d'égalité de traitement ne s'applique pas.[2] En revanche, un investisseur européen investissant au Canada et un investisseur canadien investissant dans l'UE sont bien dans une situation équivalente.[3] L'appréciation de ces deux situations comparables est soumise aux tribunaux de l'AECG, ce qui n'interfère ni avec l'effectivité du droit de l'Union ni son droit de la concurrence.[4]

Ainsi, l'arbitrage n'étant pas intégré dans le système juridictionnel intra-européen, les places qui lui restent dans l'UE « seront l'arbitrage commercial – aussi interne – [...] l'arbitrage d'investissement non-interne à l'UE et l'arbitrage d'investissement impliquant l'UE comme partie ».[5]

---

[1] *Idem*
[2] *Id.*
[3] *Id.*
[4] *Id.*
[5] F. SCHUBERT, « L'UE et l'arbitrage d'investissement – une nouvelle relation à la lumière de l'arrêt « Achmea » C-284/16 de la CJUE du 6 mars 2018 », *Op.cit.*

Partie II - Les limites au choix du droit applicable au fond du litige

L'autonomie de la volonté des parties de choisir le droit qu'elles souhaitent appliquer au fond du litige, et la liberté de l'arbitre de désigner ce droit en l'absence d'un choix des parties, n'est pas sans limite. L'arbitre, que cela soit dans le cadre du CIRDI ou en dehors de l'institution, doit veiller à ce que la sentence puisse être exécutée et pas annulée. Bien que la sentence soit obligatoire pour les parties, son exécution peut être problématique en cas de recours effectué contre la sentence notamment pour le motif de non-application du droit convenu (chapitre 1). Aussi, la révision de la sentence au fond dans certains pays arabes constitue indirectement une deuxième limite à laquelle est confronté l'arbitre (chapitre 2). Finalement, une sentence s'avère inefficace si elle est incohérente avec l'ordre public du pays voire de la région où elle devrait être exécutée et l'ordre public réellement international. L'ordre public est donc la troisième limite face à la liberté de l'arbitre de désigner le droit applicable mais aussi celle des parties (chapitre 3).

Chapitre 1 - L'arbitre face au risque d'annulation et de non-exécution de la sentence

Que cela soit dans le cadre du CIRDI ou pas, le non-respect du droit applicable peut constituer un motif de recours contre la sentence.

Section 1 - Dans le cadre du CIRDI : risque d'annulation de la sentence en cas de non-respect du droit applicable

En principe, une sentence arbitrale est définitive et n'est pas susceptible d'appel, ceci étant logique au vu du caractère *ad hoc* de l'arbitrage, même s'il se déroule dans le cadre d'une institution, parce qu'un tribunal arbitral est formé que pour une espèce particulière. Néanmoins, des recours sont possibles.[1]

Si l'arbitre ne respecte pas le droit applicable au différend, cela peut aboutir à l'annulation de la sentence, que cela soit dans le cadre du CIRDI ou hors CIRDI.[2] L'annulation d'une sentence s'effectue selon des règles différentes selon que l'annulation se déroule au sein du CIRDI ou en dehors de l'institution.[3] Un risque de refus de l'exequatur de la sentence se présente aussi en dehors du CIRDI.

Les procédures d'annulation et d'exécution des sentences dans le cadre du CIRDI suivent un régime spécial qu'il convient de présenter (sous-section 1). Les motifs d'annulation énoncés dans la Convention de Washington sont limitatifs. La non-application par l'arbitre du droit choisi par les parties pourrait constituer un excès de pouvoir manifeste qui est un des griefs d'annulation prévus dans la Convention (sous-section 2).

Sous-section 1 - Présentation générale du recours en annulation dans le cadre du CIRDI

L'arbitrage CIRDI est un système autonome par rapport aux juridictions internes qui s'étend à toutes les étapes de la procédure, y compris l'exécution et l'annulation des sentences.[4] Dans le cadre du CIRDI, on trouve deux voies de recours : les recours qui sont portés devant le tribunal d'origine comme la

---

[1] A. DE NANTEUIL, *Droit international de l'investissement*, *Op. cit.*, p. 261

[2] L.-A. SPIVAK, « Le droit applicable aux arbitrages en matière d'investissements », *Op. cit.*, p. 854

[3] A. DE NANTEUIL, *Droit international de l'investissement*, *Op. cit.*, p. 261

[4] P. BERNARDINI, « ICSID Versus non-ICSID Investment Treaty Arbitration », *In Liber Amicorum Bernardo Cremades*, M. A. FERNANDEZ-BALLESTEROS and D. ARIAS (eds.), La Ley, 2010, parag. 7 : www.arbitration-icca.org/media/4/30213278230103/media012970223709030bernardini_icsid-vs-non-icsid-investent.pdf. Cité par S. RAJOO, « Annulment of investment arbitration awards (Chapter 12) », *The Investment Treaty Arbitration Review*, 1st edition, April 2016, UK, p. 159, spéc. p. 160 ; A. DE NANTEUIL, *Droit international de l'investissement*, *Op. cit.*, p. 264

demande de rectification (article 49 (2), Convention CIRDI), d'interprétation (article 50 (1), Convention CIRDI) et de révision (article 51 (1)) de la sentence, et, d'autre part, les recours en annulation (article 52) portés devant un comité *ad hoc* qui n'est pas le tribunal d'origine.[1] Les décisions en interprétation et révision ne sont pas sujettes à l'annulation mais visent à apporter des précisions ou des interprétations si une sentence arbitrale comporte des complexités ou des ambiguïtés pour l'exécuter correctement.[2]

Dans le cadre du CIRDI, avec chaque demande d'annulation, un comité *ad hoc* composé de trois membres est formé au cas par cas et nommé par le président du conseil administratif du CIRDI.[3] Le recours en annulation contre la sentence reste interne et n'est donc pas porté devant une juridiction étatique.[4] Les membres du comité *ad hoc* font partie de la liste des arbitres du CIRDI et ne peuvent être choisis parmi les membres du tribunal ayant rendu la sentence initiale ni avoir la nationalité d'aucun des membres de ce tribunal, ni avoir la nationalité de l'État partie au différend ou de l'État dont l'investisseur est le ressortissant, ni avoir été désignés par ces États pour figurer sur la liste d'arbitres du CIRDI (article 52 (3)).[5]

Chaque partie peut former un recours en annulation contre une sentence CIRDI pour l'un ou plusieurs des cinq motifs suivants énumérés dans une liste exhaustive et exclusive à l'article 52 (1)[6] : (a) vice dans la constitution du Tribunal ; (b) excès de pouvoir manifeste du Tribunal ; (c) corruption d'un membre du Tribunal ; (d) inobservation grave d'une règle fondamentale de procédure ; (e) défaut de motifs. Le recours en annulation soumis au comité *ad hoc* n'est pas un appel, ce qui veut dire qu'il ne réexamine pas les faits, n'examine pas de nouvelles pièces ou de nouveaux arguments, ne rejuge pas l'affaire et ne statue pas sur le fond.[7] Il ne peut que déclarer la sentence nulle en tout ou en partie ou rejeter le recours.[8] Dans les premiers temps, certains motifs d'annulation, comme l'excès de pouvoir manifeste ou le défaut de motif, ont conduit les comités *ad hoc* à effectuer un examen approfondi de la

---

[1] L.-A. SPIVAK, « Les voies de recours dans l'arbitrage en matière d'investissements », *In Droit international des investissements et de l'arbitrage transnational,* Ch. LEBEN (dir.), Paris, Pedone, 2015, p. 885, spéc. p. 886

[2] *Idem*, p. 894 ; A. DE NANTEUIL, *Droit international de l'investissement*, *Op. cit.*, p. 267

[3] S. RAJOO, « Annulment of investment arbitration awards (Chapter 12) », *Op. cit.*, p.160 ; E. CABROL, H. SMITH, *Op. cit.*, parag. 81

[4] E. CABROL, H. SMITH, « Arbitrage CIRDI », *Op. cit.*, parag. 81

[5] *Idem*

[6] CIRDI, RSM Production Corporation c. Grenade, ARB/05/14, décision du comité *ad hoc* sur la demande de décision préliminaire, 7 décembre 2009, parag. 18. Cité par L.-A. SPIVAK, « Les voies de recours dans l'arbitrage en matière d'investissements », *Op. cit.*, p. 900 ; A. DE NANTEUIL, *Droit international de l'investissement, Op. cit.*, p. 264 ; E. CABROL, H. SMITH, « Arbitrage CIRDI », JurisClasseur Droit international, Fasc. 572-70, *Op. cit.*, parag. 86

[7] L.-A. SPIVAK, « Les voies de recours dans l'arbitrage en matière d'investissements », *Op. cit.*, p. 900-901 ; E. CABROL, H. SMITH, « Arbitrage CIRDI », *Op. cit.*, parag. 87

[8] E. CABROL, H. SMITH, « Arbitrage CIRDI », *Op. cit.*, parag. 87

sentence s'apparentant à un appel, ce qui a été critiqué.[1] Désormais, le comité *ad hoc* opère un contrôle strict des sentences.[2] Normalement, le contrôle de l'excès manifeste de pouvoir s'effectue sans révision de la sentence au fond.[3]

Les décisions du comité *ad hoc* ne sont pas susceptibles de recours, ce qui protège la sentence contre l'intervention d'une juridiction nationale.[4] Les comités *ad hoc* ont un large pouvoir discrétionnaire pour annuler une sentence et peuvent effectuer des annulations totales ou partielles (article 52(3)).[5] Chaque État contractant reconnaît le caractère obligatoire de toute sentence rendue dans le cadre de la Convention et assure son exécution sur son territoire comme s'il s'agissait d'un jugement définitif d'un tribunal national (article 54 (1)).[6] La sentence peut être exécutée dans tout État partie à la Convention et à l'écart de la Convention de New York du 10 janvier 1958 pour la reconnaissance et l'exécution des sentences arbitrales étrangères.[7] Les sentences du CIRDI sont épargnées d'exequatur.[8] Dans le cadre de l'arbitrage CIRDI, si le tribunal arbitral n'applique pas le droit choisi par les parties ou applique des règles différentes, la sentence pourra faire l'objet d'un recours en annulation pour non-respect par le tribunal arbitral de sa mission ou autrement dit excès de pouvoir manifeste.[9]

Sous-section 2 - Annulation éventuelle de la sentence en raison du non-respect du droit applicable

Le tribunal tient son pouvoir du mandat qui lui a été conféré par les parties et ne peut se prononcer au-delà ou en-deçà de ce qui lui a été confié expressément, au risque de voir la sentence annulée pour excès de pouvoir manifeste.[10]

Une application erronée d'une loi ne permet pas nécessairement l'annulation d'une sentence.[11] Néanmoins, dans la pratique, la distinction peut être ambiguë

---

[1] CIRDI, Klöckner Industrie-Anlagen GmbH et autres c. Cameroun et Société Camerounaise des Engrais, ARB/81/2, décision d'annulation du comité *ad hoc*, 3 mai 1985 ; 114 *JDI* 163 ; CIRDI, Amco Asia Corporation et autres c. Indonésie, ARB/81/1, décision d'annulation du comité *ad hoc*, 16 mai 1986 : 114 *JDI* 1987. Jp citée par E. CABROL, H. SMITH, « Arbitrage CIRDI », *Op. cit.*, parag. 87

[2] E. CABROL, H. SMITH, « Arbitrage CIRDI », *Op. cit.*, parag. 87

[3] J. FOURET, D. KHAYAT, « Chronique Centre international pour le règlement des différends relatifs aux investissements », *Revue québécoise de droit international*, Numéro 15.2, *Op. cit.*, p. 167-170

[4] L.-A. SPIVAK, « Les voies de recours dans l'arbitrage en matière d'investissements », *Op. cit.*, p. 894 ; S. RAJOO, « Annulment of investment arbitration awards (Chapter 12) », *Op. cit.*, p. 160

[5] L'annulation de sentences partielles ne fait pas l'unanimité. L.-A. SPIVAK, « Les voies de recours dans l'arbitrage en matière d'investissements », *Op. cit.*, p. 894, 897

[6] A. REINISCH, « Historical overview », *Op. cit.*, p. 28-29

[7] A. ATALLAH, « L'Arbitrage et ses Évolutions - Quelques remarques sur la reconnaissance et l'exécution des sentences arbitrales CIRDI », *La Revue des Juristes de Sciences Po*, No. 2, Avril 2010, p. 18

[8] A. DE NANTEUIL, *Droit international de l'investissement*, *Op. cit.*, p. 274

[9] J. M. JACQUET, D. BENTOLILA, « Contrat d'État », *Op.cit.* ; E. CABROL, H. SMITH, « Arbitrage CIRDI », *Op. cit.*, parag. 60

[10] A. DE NANTEUIL, *Droit international de l'investissement*, *Op. cit.*, p. 264

[11] E. CABROL, H. SMITH, « Arbitrage CIRDI », *Op. cit.*, parag. 86

car parfois une mauvaise interprétation ou application de la loi serait si flagrante qu'elle équivaut à un défaut d'application.[1]

§ 1 - Dans le cadre du CIRDI, la non-application du droit choisi par les parties constitue un excès de pouvoir manifeste

Parmi les motifs d'annulation du CIRDI, le motif de l'excès manifeste de pouvoir prévu à l'article 52 (1) peut englober la non-application du droit choisi par les parties.[2] Aron Broches précisa dans les travaux préparatoires que cette expression couvre les cas où le tribunal outrepasse le mandat accordé par les parties dans le compromis ou la clause compromissoire,[3] ce qui inclut les sentences rendues *ultra* et *infra petita* tout comme les sentences qui n'appliquent pas le droit applicable.

Dans les affaires Klöckner[4] et Amco,[5] les comités *ad hoc* notent que la non-application de la loi compétente constitue un excès de pouvoir manifeste.[6] De même, dans l'affaire MINE,[7] il est expliqué que le choix de loi fait partie de l'accord d'arbitrage et qu'une erreur dans ce choix signifie que le tribunal a dépassé la mission qui lui a été confiée par les parties et que, par conséquent, il s'agit d'un excès manifeste des pouvoirs du tribunal.[8]

---

[1] *Idem* ; L.-A. SPIVAK, « Le droit applicable aux arbitrages en matière d'investissements », *Op. cit.*, p. 854

[2] Ch. LEBEN (dir.), *droit international des investissements et de l'arbitrage transnational*, Paris, Pedone, 2015, p. 902

[3] Procès-verbal de la réunion du comité juridique du 20 juillet 1964, Historique de la Convention CIRDI, Vol. II-1, p. 458, spéc. p. 517. Voir L.-A. SPIVAK, « Les voies de recours dans l'arbitrage en matière d'investissements », *Op. cit.*, p. 905

[4] CIRDI, Klöckner Industrie-Anlagen GmbH et autres c. Cameroun et Société Camerounaise des Engrais, ARB/81/2, décision d'annulation du comité *ad hoc*, 3 mai 1985, parag. 62 ; 2 *ICSID Report* 95 ; et en extraits au 114 *JDI* 163 avec les observations d'E. GAILLARD, spéc. parag. 58

[5] CIRDI, Amco Asia Corporation et autres. c. Indonésie, ARB/81/1, décision d'annulation du comité *ad hoc*, 16 mai 1986, parag. 23 : 114 *JDI* 1987, p.174-175, avec les observations d'E. GAILLARD, *La Jurisprudence du CIRDI*, Vol. I, A. Pedone, 2004, pp.177-189 (extraits), spéc. parag. 23

[6] J. FOURET, D. KHAYAT, « Chronique Centre international pour le règlement des différends relatifs aux investissements », *Revue québécoise de droit international*, Numéro 15.2, *Op. cit.*, p.167-170 ; Dans une autre affaire, il fut indiqué qu'« En ce qui concerne l'excès de pouvoir, les deux parties convinrent qu'un tribunal peut excéder ses pouvoirs de deux manières : (i) en exerçant sa compétence de manière inappropriée (ou en n'exerçant pas sa compétence) ; et (ii) en n'appliquant pas le droit approprié » ; CIRDI, Victor Pey Casado and President Allende Foundation c. Chili, ARB/98/2, décision d'annulation, 18 décembre 2012, parag. 66. Cité par L.-A. SPIVAK, « Les voies de recours dans l'arbitrage en matière d'investissements », *Op. cit.*, p. 905

[7] CIRDI, Maritime International Nominees Establishment c. Guinée, ARB/84/4, décision du comité *ad hoc*, 22 déc. 1989, parag. 4.10, 4 *ICSID Reports* 79, traduction française d'extraits de la décision au 118 *JDI* 1991, p. 166, avec les observations d'E. GAILLARD, parag. 5.03

[8] Voir aussi CIRDI, Hussein Nuaman Soufraki c. Émirats arabes unis, ARB/02/7, décision du comité *ad hoc*, 5 juin 2007, parag. 45 (TBI Italie /EAU) ; CIRDI, Helnan International Hotels c. Égypte, ARB/05/19, décision du comité *ad hoc*, 14 juin 2010, parag. 40 (TBI Danemark / Égypte). Jp citée par L.-A. SPIVAK, « Les voies de recours dans l'arbitrage en matière d'investissements », *In Droit international des investissements et de l'arbitrage transnational*, Ch. LEBEN (dir.), Paris, Pedone, 2015, p. 885, spéc. p. 909

§ 2 - Signification du terme « manifeste »

Selon Christoph Schreuer, « manifeste » signifierait « évident » ou « sérieux ».[1] Il ressort des travaux préparatoires de la Convention CIRDI que le terme « manifeste » fut ajouté pour limiter le recours à ce motif.[2]

Dans l'affaire Repsol, il est expliqué qu'un excès de pouvoir est manifeste « when it is obvious by itself simply by reading the Award, that is, even prior to a detailed examination of its contents ».[3] Dans d'autres affaires, il a été considéré que l'excès de pouvoir doit être manifeste et sérieux en même temps.[4]

Dans certaines affaires, il a été considéré qu'il s'agit d'une évidence[5] comme dans Wena Hotels c. Égypte où le comité *ad hoc* a indiqué que « [t]he excess of power must be self évident rather than the product of elaborate interpretations one way or another ».[6] Dans l'affaire Soufraki entre un investisseur italien et les Émirats arabes unis fondée sur le TBI Italie / EAU, le tribunal précise que « the term manifest is a strong and emphatic term referring to obviousness ».[7]

---

[1] Ch. SCHREUER et al., *The ICSID Convention : a Commentary*, *Op. cit.*, parag. 134-154. Cité par L.-A. SPIVAK, « Les voies de recours dans l'arbitrage en matière d'investissements », *Op. cit.*, p. 905

[2] Premier projet (Doc. 43), Historique de la Convention CIRDI, Vol. I, p. 232. Voir L.-A. SPIVAK, « Les voies de recours dans l'arbitrage en matière d'investissements », *Op. cit.*, p. 904

[3] CIRDI, Repsol YPF Ecuador S.A. c. Empresa Estatal Petróleos del Ecuador (Petroecuador), ARB/01/10, décision d'annulation, 8 janvier 2007, parag. 36

[4] CIRDI, Hussein Nuaman Soufraki c. Émirats arabes unis, ARB/02/7, décision du comité *ad hoc*, 5 juin 2007, *JDI* 2008, p. 335-341 (extraits), E. GAILLARD, *La Jurisprudence du CIRDI*, vol. II, *Op. cit.*, p. 395-401 (extraits), parag. 40 ; voir aussi CIRDI, AES Summit Generation Limited and AES-Tisza Erömü Kft c. Hongrie, ARB/07/22, décision d'annulation, 29 juin 2012, parag. 31 ; Impregilo, décision du comité *ad hoc*, parag.128. Jp citée par L.-A. SPIVAK, « Les voies de recours dans l'arbitrage en matière d'investissements », *Op. cit.*, p. 906

[5] Par exemple, dans CIRDI, Amco Asia c. Indonésie, ARB/81/1, compétence, 25 septembre 1983, parag. 23, 113 *JDI* 202 ; CIRDI, Azurix Corp. c. Argentine, ARB/01/12, décision d'annulation, 1er septembre 2009, parag. 136. Cité par L. ACHTOUK-SPIVAK, « Le droit applicable aux arbitrages en matière d'investissements », *Op. cit.*, p. 844 ; CIRDI, MTD Equity Sdn. Bhd. and MTD Chile S.A. c. Chili, ARB/01/7, décision d'annulation, 21 mars 2007, parag. 44 ; CIRDI, Compañiá de Aguas del Aconquija S.A. and Vivendi Universal S.A. c. Argentine, ARB/97/3, décision d'annulation, 10 août 2010, parag. 260 : « Although an improper application of the applicable law is not directly mentioned as ground for annulment under Article 52 (1) (b), it is generally accepted that it may amount to an annulment ground under that Article [...] ». Jp citée par L.-A. SPIVAK, « Les voies de recours dans l'arbitrage en matière d'investissements », *Op. cit.*, p. 909

[6] CIRDI, Wena Hotels Limited c. Égypte, ARB/98/4, décision d'annulation, 5 févr. 2002, parag. 25

[7] CIRDI, Hussein Nuaman Soufraki c. Émirats arabes unis, ARB/02/7, décision du comité *ad hoc*, 5 juin 2007, parag. 39 (TBI Italie/EAU). Cité par E. CABROL, H. SMITH, « Arbitrage CIRDI », *Op.cit.*

§ 3 - Une mauvaise application de la loi applicable n'est pas un motif d'annulation

Une distinction est faite entre la non-application de la règle de droit et son application erronée ou incorrecte ou mauvaise qui ne peut donner lieu à une annulation.[1]

Généralement, les comités *ad hoc* ne contrôlent pas l'erreur dans l'application de la loi.[2] Dans l'affaire Klöckner, le comité précise toutefois la distinction entre « le défaut d'application du droit normalement applicable et *l'error in judicando* effectuée [...], ainsi qu'à la nécessité qui en résulte d'éviter une réouverture des débats au fond ayant pour effet de transformer la procédure d'annulation en procédure d'appel ».[3] Dans l'affaire Amco I, le comité *ad hoc* souligne également la différence entre la non-application d'une loi et l'erreur dans son application.[4] Il est indiqué dans l'affaire MINE qu'« une « mauvaise » application des règles de droit n'est pas un motif d'annulation, même si cette application est « manifestement injustifiée ».[5]

Dans l'affaire CMS,[6] bien que le comité *ad hoc* remarque plusieurs erreurs « manifestes » dans l'application de la loi, il refuse d'annuler la sentence sur ce motif.[7] Le comité reprend la limite posée par MTD, à savoir, que pour l'annulation d'une sentence, l'erreur dans le droit applicable doit être

---

[1] E. CABROL, H. SMITH, « Arbitrage CIRDI », *Op. cit.*, parag. 86

[2] L.-A. SPIVAK, « Les voies de recours dans l'arbitrage en matière d'investissements », *Op. cit.*, p. 910

[3] CIRDI, Klöckner Industrie-Anlagen GmbH et autres c. Cameroun et Société Camerounaise des Engrais, ARB/81/2, décision d'annulation du comité *ad hoc*, 17 mai 1990, parag. 22. Cité par J. FOURET, D. KHAYAT, « Chronique Centre international pour le règlement des différends relatifs aux investissements », *Revue québécoise de droit international*, Numéro 15.2, *Op. cit.*, p. 167-170

[4] Amco Asia Corporation et al. c. République d'Indonésie, ARB/81/1, décision d'annulation du comité *ad hoc*, 16 mai 1986, *JDI*, 1987, p.174-184 (extraits), E. GAILLARD, *La Jurisprudence du CIRDI*, Vol. I, *Op. cit.*, p. 177-189 (extraits), parag. 23, 89-98. Cité par L.-A. SPIVAK, « Le droit applicable aux arbitrages en matière d'investissements », *Op. cit.*, p. 854

[5] CIRDI, Maritime International Nominees Establishment c. Guinée, ARB/84/4, décision d'annulation du Comité *ad hoc*, 22 déc. 1989 ; 4 *ICSID Reports* 79 ; traduction française d'extraits de la décision au 118 *JDI* 1991, p. 166, avec les obs. d'E. GAILLARD, parag. 5.04. Cité par J. FOURET, D. KHAYAT, « Chronique Centre international pour le règlement des différends relatifs aux investissements », *Revue québécoise de droit international*, Numéro 15.2, *Op. cit.*, p.167-170. Voir aussi CIRDI, Wena Hotels Limited c. Égypte, ARB/98/4, décision d'annulation, 5 févr. 2002, parag. 22 : « The Committee is mindful of the views expressed *Klockner I*, *Amco I* and *MINE* to the effect that the failure to apply the proper law may constitute a manifest excess of power and a ground for annulment. It is also mindful of the distinction between failure to apply the proper law and the *error in judicando* drawn in *Klockner I*, and the consequential need to avoid the reopening of the merits in proceedings that would turn annulment into appeal » ; CIRDI, Duke Energy International Peru Investment No. 1 Limited c. Pérou, ARB/03/28, décision d'annulation, 1er mars 2011, parag. 213 ; CIRDI, Malicorp Limited c. Égypte, ARB/08/18, décision d'annulation, 3 juillet 2013, parag. 154 (TBI Égypte / Royaume-Uni) ; CIRDI, Hussein Nuaman Soufraki c. Émirats arabes unis, ARB/02/7, décision du comité *ad hoc*, 5 juin 2007, parag. 85-114 : « [...] a distinction must be made between the failure to apply the proper law, which can result in annulment, and an error in the application of the law, which is not a ground for annulment » (parag.85). Jp citée par L.-A. SPIVAK, « Les voies de recours dans l'arbitrage en matière d'investissements », *Op. cit.*, p. 910

[6] CMS Gas Transmission Company c. Argentine, ARB/01/8, décision d'annulation, 25 septembre 2007, parag. 130, 132, 136 146, 158. Cité par L.-A. SPIVAK, « Les voies de recours dans l'arbitrage en matière d'investissements », *Op. cit.*, p. 910

[7] L.-A. SPIVAK, « Les voies de recours dans l'arbitrage en matière d'investissements », *Op. cit.*, p. 910

manifeste et « not arguable » et qu'une mauvaise compréhension du contenu d'une règle ne constitue pas un motif suffisant pour l'annulation de la sentence.[1]

§ 4 - La non-annulation d'une sentence en raison d'une mauvaise application du droit applicable reste une question ambiguë

En réalité, la non-annulation d'une sentence en raison d'une mauvaise application du droit applicable est une question controversée.[2] Ceci est souligné dans l'affaire Vivendi II ainsi : « Although an improper application of the applicable law is not directly mentioned as ground for annulment under Article 52 (1) (b), it is generally accepted that it may amount to an annulment ground under that Article and this issue needs therefore further consideration ».[3]

Dans l'affaire Soufraki[4], il fut considéré qu'une mauvaise interprétation de la loi applicable qui est grossière ou flagrante (*gross or egregious*), et non pas une simple erreur ou même une erreur sérieuse, équivaut à un défaut d'application.[5]

Dans l'affaire Helnan, le comité *ad hoc* rappelle, d'un côté, qu'une mauvaise application de la loi applicable ne constitue pas un motif d'annulation, mais, d'un autre côté, annule partiellement la sentence en raison de ce qui ressemble à une erreur dans l'application de la loi applicable, c'est-à-dire le TBI Égypte / Danemark et la Convention CIRDI.[6] D'ailleurs, il n'est pas clair si le comité *ad hoc* annule la sentence sur ce point pour excès de pouvoir relatif à la compétence du tribunal ou excès de pouvoir dans la détermination de la loi applicable (Helnan, paragraphe 41).[7] Néanmoins, comme la partie annulée de la sentence n'affecte pas le dispositif (Helnan, paragraphe 57), la raison la plus probable de l'annulation reste l'erreur sur le droit applicable.[8] Le requérant se plaignait de l'application par le tribunal de

---

[1] CIRDI, MTD Equity Sdn. Bhd. and MTD Chile S.A. c. Chili, ARB/01/7, décision d'annulation, 21 mars 2007, parag. 47 ; repris par CMS parag. 51. Jp citée par L.-A. SPIVAK, « Les voies de recours dans l'arbitrage en matière d'investissements », *Op. cit.*, p. 910

[2] L.-A. SPIVAK, « Les voies de recours dans l'arbitrage en matière d'investissements », *In* Ch. LEBEN (dir.), droit international des investissements et de l'arbitrage transnational, Paris, Pedone, 2015, p. 911

[3] CIRDI, Compañiá de Aguas del Aconquija S.A. and Vivendi Universal S.A. c. Argentine, ARB/97/3, décision d'annulation, 10 août 2010, parag. 260. Cité par L.-A. SPIVAK, « Les voies de recours dans l'arbitrage en matière d'investissements », *Op. cit.*, p. 911

[4] CIRDI, Hussein Nuaman Soufraki c. Émirats arabes unis, ARB/02/7, décision du comité *ad hoc*, 5 juin 2007, parag. 86

[5] L.-A. SPIVAK, « Les voies de recours dans l'arbitrage en matière d'investissements », *Op. cit.*, p. 911 ; E. CABROL, H. SMITH, « Arbitrage CIRDI », *Op. cit.*, parag. 86

[6] CIRDI, Helnan International Hotels c. Égypte, ARB/05/19, décision du comité *ad hoc*, 14 juin 2010, parag. 41 (TBI Danemark / Égypte), Cité par L.-A. SPIVAK, « Les voies de recours dans l'arbitrage en matière d'investissements », *Op. cit.*, p. 911

[7] L.-A. SPIVAK, « Les voies de recours dans l'arbitrage en matière d'investissements », *Op. cit.*, p. 912

[8] *Idem*

la condition de l'épuisement des voies de recours internes avant l'arbitrage international, ce qui fut critiqué par le comité *ad hoc* qui conclut qu'il y a un excès manifeste de pouvoir en raison du non-respect de la clause de règlement des différends du TBI et de l'article 26 de la Convention de Washington (Helnan, paragraphes 45-57).[1]

Section 2 - Hors CIRDI, risque de recours contre une sentence pour non-respect du droit convenu par les parties

L'arbitre doit rendre une sentence efficace. En dehors du CIRDI, le contrôle post-arbitral pour non-respect du droit applicable convenu au fond par les parties peut constituer un risque de non-application de la sentence. En dehors du CIRDI, le non-respect du droit convenu peut entraîner l'annulation de la sentence ou son refus d'exécution comme le montre la jurisprudence et certaines dispositions législatives (sous-section 2). Comme dans le cadre du CIRDI, des tensions existent concernant l'étendue de contrôle des juridictions interne de la loi applicable.[2] Avant tout, quelques remarques s'imposent sur les modalités de recours contre une sentence en matière d'investissement hors CIRDI (sous-section 1).

Sous-section 1 - Les modalités de recours contre une sentence en matière d'investissement hors CIRDI

En dehors du cadre du CIRDI, les recours contre une sentence (recours en annulation et action en exequatur)[3] suivent la même logique que celle de l'arbitrage commercial, ce qui fait qu'il est difficile de trouver une cohérence qui serait propre à l'arbitrage d'investissement.[4] Le mécanisme supplémentaire du CIRDI fait partie des mécanismes en dehors du CIRDI.[5] Il faut ainsi revenir au principe fondamental de l'arbitrage selon lequel un recours contre une sentence internationale est possible mais uniquement devant un juge

---

[1] *Id.*

[2] L. ACHTOUK-SPIVAK, « Le droit applicable aux arbitrages en matière d'investissements », *Op. cit.*, p. 855

[3] Rappelons que l'annulation d'une sentence n'est pas un appel. L'appel, intenté devant une juridiction nationale, permet la révision du fond et la modification de l'issue du litige alors que le recours en annulation est limité au contrôle de la procédure sur le fondement de chefs d'annulation limitativement énumérés. Les règlements d'arbitrage CCI et LCIA excluent tout appel au fond devant les juridictions étatiques. Le règlement CNUDCI ne comprend pas cette disposition, ce qui signifie qu'une disposition spécifique excluant tout appel peut être ajoutée. Source : Latham et Watkins, *Guide de l'arbitrage international*, 2013, p. 28-29, 54-55, 48 ; L.-A. SPIVAK, « Les voies de recours dans l'arbitrage en matière d'investissements », *Op. cit.*, p. 899

[4] J. FERNANDEZ-ARNESTO, « Different Systems for the Annulment of Investment of Investment Awards », *ICSID Rev-FILJ*, Vol. 26, No.1, 2011, p.128, spéc. p. 131-132. Cité par S. RAJOO, « Annulment of investment arbitration awards (Chapter 12) », *Op. cit.*, p. 160 ; L.-A. SPIVAK, « Les voies de recours dans l'arbitrage en matière d'investissements », *Op. cit.*, p. 931

[5] A. DE NANTEUIL, *Droit international de l'investissement*, *Op. cit.*, p. 262

national.[1] Ce recours sera effectué généralement auprès du siège[2] de l'arbitrage ou le siège de l'institution administrant l'arbitrage ou dans tous les États dans lesquels son exécution forcée pourra être sollicitée.[3] Les motifs d'annulation et les conditions de refus de l'exequatur seront fixés par les législations nationales.[4] Les recours seront ceux de la loi de l'État sur le territoire duquel l'annulation ou l'exécution est recherchée.[5] Les États se donnent toujours le droit d'exécuter une sentence suite à des vérifications de forme et de fond.[6]

La Convention de New York pour la reconnaissance et l'exécution des sentences arbitrales étrangères qui est conçue pour les sentences rendues entre personnes privées, présente, en son article V, les justifications possibles que les juridictions internes peuvent évoquer pour refuser d'exécuter une sentence (il ne s'agit pas de motifs d'annulation).[7]

Les dispositions des législations nationales sur l'exécution des sentences étrangères s'inspirent de la Convention de New York et les motifs d'annulation des législations nationales ressemblent souvent aux motifs de refus d'exécution de la Convention de New York.[8] Bien que la pratique des États ne soit pas uniforme, parmi les chefs d'annulation les plus souvent énumérés dans les législations nationales, on trouve l'invalidité de l'accord d'arbitrage, l'irrégularité de la constitution du tribunal arbitral, son incompétence, la contrariété à l'ordre public du pays dans lequel l'exécution est recherchée et le dépassement de l'arbitre de sa mission qui peut englober la non-application du droit choisi par les parties.[9]

Les motifs de non-application du droit convenu au fond et l'erreur de droit sont souvent invoqués par les parties mais sont très rarement accueillis.[10]

---

[1] *Idem*

[2] Exemple d'affaire de recours en annulation rendu par les juridictions du siège : tribunal fédéral suisse, 1re civ., 10 novembre 2005, République du Liban c. France Telecom Mobiles International S.A. ; L.-A. SPIVAK, « Les voies de recours dans l'arbitrage en matière d'investissements », *Op. cit.*, p. 932

[3] A. DE NANTEUIL, *Droit international de l'investissement*, *Op. cit.*, p. 262 ; E. GAILLARD, « Sentence arbitrale - Contrôle étatique - Droit commun », JurisClasseur Droit international, Fasc. 586-10, *Op. cit.*, parag. 2

[4] A. DE NANTEUIL, *Droit international de l'investissement*, *Op. cit.*, p. 262

[5] *Idem*, p. 262, 269

[6] E. GAILLARD, « Sentence arbitrale - Contrôle étatique - Droit commun », JurisClasseur Droit international, Fasc. 586-10, *Op. cit.*, parag. 2

[7] A. DE NANTEUIL, *Droit international de l'investissement*, *Op. cit.*, p. 262

[8] *Idem*, p. 263

[9] A. DE NANTEUIL, *Droit international de l'investissement*, *Op. cit.*, p. 263, 270 ; L.-A. SPIVAK, « Les voies de recours dans l'arbitrage en matière d'investissements », *Op. cit.*, p. 932, 933, 935

[10] L.-A. SPIVAK, « Les voies de recours dans l'arbitrage en matière d'investissements », *Op. cit.*, p. 932, 933, 935

Sous-section 2 - Jurisprudence hors CIRDI et dispositions législatives sur les recours au motif de non-application du droit convenu au fond

En dehors du CIRDI, dans l'affaire Metalclad[1], en raison d'une mauvaise application du droit applicable, les cours canadiennes effectuent une annulation partielle de la sentence.[2]

Dans l'affaire CME, une erreur de droit est invoquée pour l'annulation de la sentence auprès de la Cour d'appel de Stockholm mais celle-ci, contrairement aux juridictions canadiennes dans l'affaire Metalclad, montre une grande retenue sur l'interprétation de la clause de choix de loi dans le TBI Pays-Bas / République tchèque.[3] Il s'agissait d'une clause à droit multiple à l'article 8 (6) du TBI en question qui précisait que « The arbitral tribunal shall decide on the basis of the law, taking into account in particular though not exclusively : - the law in force of the Contracting Party concerned ; - the provisions of this Agreement, and other relevant Agreements between the Contracting Parties ; - the general principles of international law ».[4] Dans la sentence partielle sur la responsabilité, le tribunal arbitral a effectué une analyse classique sur la responsabilité de l'État aux termes du TBI sans considérer le droit tchèque,[5] ce qui fut critiqué dans une opinion dissidente[6] où il a été avancé que le droit tchèque devait être appliqué étant donné qu'il a été fixé par les deux États parties au TBI. Dans la sentence finale, le tribunal arbitral a considéré que la clause de choix de loi lui permet d'appliquer une source de droit à sa discrétion sans que ce choix soit exclusif.[7] La cour d'appel de Stockholm a été du même avis.[8]

---

[1] Cour suprême de la Colombie-Britannique, États-Unis du Mexique c. Metalclad Corporation 2 mai 2001, *ILR*, Vol. 119, p. 646. Cité par L.-A. SPIVAK, « Le droit applicable aux arbitrages en matière d'investissements », *Op. cit.*, p. 855

[2] L.-A. SPIVAK, « Les voies de recours dans l'arbitrage en matière d'investissements », *Op. cit.*, p. 936

[3] CA Stockholm, 15 mai 2003, République tchèque c. CME Czech Republic B.V., décision sur la demande d'annulation de la sentence ; CA Stockholm, 13 avril 2006, Petrobart Limited c. République Kirghize : *ICSID Reports* 2008, Vol. 13, pp. 369-381 ; voir aussi tribunal fédéral de première instance du district de Columbia, International Thunderbird c. Mexique, décision du 14 février 2007 ; tribunal fédéral de première instance du district de Columbia, Raymond Loewen c. États-Unis d'Amérique, décision du 31 octobre 2005. Cité par L.-A. SPIVAK, « Les voies de recours dans l'arbitrage en matière d'investissements », *Op. cit.*, p. 936 ; L.-A. SPIVAK, « Le droit applicable aux arbitrages en matière d'investissements », *Op. cit.*, p. 856

[4] Cité par L.-A. SPIVAK, « Le droit applicable aux arbitrages en matière d'investissements », *Op. cit.*, p. 836

[5] CME Czech Republic B.V. c. République tchèque, sentence partielle, 13 septembre 2001, parag. 590. Cité par L.-A. SPIVAK, « Le droit applicable aux arbitrages en matière d'investissements », *Op. cit.*, p. 836

[6] CME Czech Republic B.V. c. République tchèque, sentence partielle, 13 septembre 2001, opinion dissidente de Jaroslav Hándl, parag. 92. Cité par L.-A. SPIVAK, « Le droit applicable aux arbitrages en matière d'investissements », *Op. cit.*, p. 836

[7] CME Czech Republic B.V. c. République tchèque, CNUDCI, sentence du 14 mars 2003, parag. 396-402

[8] CA Stockholm, 15 mai 2003, République tchèque c. CME Czech Republic B.V., décision sur la demande d'annulation de la sentence. Cité par L.-A. SPIVAK, « Le droit applicable aux arbitrages en matière d'investissements », *Op. cit.*, p. 837

Une sentence appliquant un droit étatique autre que celui que les parties auraient choisi pourrait être annulée ou se voir refuser l'exequatur.[1] Si le droit déclaré applicable par les parties s'inspire lui-même de droits étrangers, les arbitres peuvent s'y référer sans crainte que la sentence soit annulée.[2] Dans un arrêt du 10 mars 1988, la Cour d'appel de Paris a rejeté le recours en annulation formé contre une sentence qui, pour déterminer le contenu de la loi égyptienne applicable, s'était référée à certaines dispositions du droit français après avoir observé que le droit égyptien s'en était inspiré. La cour d'appel a considéré que l'arbitre avait en réalité fait application de la loi égyptienne au litige.[3]

Comme nous l'avons invoqué, chaque législation prévoit un nombre limité de griefs qu'il est possible d'invoquer pour une demande d'annulation de la sentence.[4] Le motif d'annulation relatif à la non-application de la loi applicable au fond du litige se retrouve dans certaines législations des pays arabes comme l'Égypte, Oman, la Jordanie, la Syrie et le Koweït[5], bien que la législation arbitrale de ces pays, à l'exception de celle du Koweït, soit inspirée pour une grande partie de la loi-type CNUDCI qui reste silencieuse sur ce motif d'annulation.[6]

À Bahreïn, le BCDR / AAA faisant partie d'une *free arbitration zone* et soumis à un règlement d'arbitrage qui lui est propre, suit des règles particulières quant aux procédures de contrôle des sentences rendues sous son égide qui se distinguent de celles qui sont rendues dans un arbitrage obligatoire conformément à la loi.[7] Pour ce qui est du contrôle post-arbitral, les sentences rendues sous l'égide du BCDR / AAA sont soumises aux dispositions de la loi No. 30 de 2009 (et non pas aux dispositions nationales de l'arbitrage issues de la loi-type CNUDCI).[8] Les motifs de refus d'exequatur sont similaires aux motifs d'annulation, et parmi ces motifs figure la violation de la loi applicable choisie par les parties.[9]

---

[1] E. GAILLARD, « Sentence arbitrale - Contrôle étatique - Droit commun », JurisClasseur Droit international, Fasc. 586-10, *Op. cit.*, parag. 69

[2] *Idem*

[3] *Id.*

[4] L.-A. SPIVAK, « Les voies de recours dans l'arbitrage en matière d'investissements », *Op. cit.*, p. 935

[5] Articles 53-1-d loi égyptienne No. 27 de 1994 et omanaise ; 49-1-4 loi jordanienne ; 50-1-d loi syrienne ; articles 9 à 11 de la loi koweïtienne No. 11 de 1995 sur l'arbitrage judiciaire dans les matières civiles et commerciales

[6] Z. OBEID, *Le recours en annulation des sentences arbitrales dans les pays arabes*, *Op. cit.*, p. 422, 698

[7] *Idem*, p. 562

[8] *Id.*

[9] Les autres motifs de refus d'*exequatur* et d'annulation sont la nullité de la convention d'arbitrage pour incapacité d'une partie ou pour, notification irrégulière des parties de la nomination du tribunal arbitral ou de la procédure arbitrale ou incapacité pour une partie de présenter sa défense, irrégularité de la procédure ou de la composition du tribunal arbitral, sentence tranchant un litige non prévu par la convention d'arbitrage ou des questions qui dépassent le champ d'application de ladite convention et violation de l'ordre public du Royaume du Bahreïn (Article 24 (a) du décret législatif No. 30 de 2009). (Référence et traduction par Z. OBEID, *Le recours en annulation des sentences arbitrales dans les pays arabes*, *Op. cit.*, p. 562

En Égypte, la cour d'appel du Caire, a annulé plusieurs sentences arbitrales sur le fondement de la non-application de la loi applicable au fond du litige comme dans les affaires Chromalloy[1] (entre un organisme d'armement attaché au ministère de la Défense égyptien et une partie privée américaine) et Italorc[2] (entre un organisme de transport public du Caire, un organe étatique, et une société italienne Italorc, réglée sous l'égide de la CCI (No. 9048), concernant un contrat d'approvisionnement) où il a été considéré que le tribunal arbitral a appliqué le droit civil égyptien au lieu du droit administratif égyptien.[3]

Dans un arrêt[4], la cour d'appel du Caire a admis qu'une sentence peut être annulée en cas d'absence de motifs ou de motifs obscurs ou imprécis ou encore en cas d'erreur du tribunal arbitral dans l'application de la loi choisie par les parties ayant des conséquences manifestes sur la solution du litige.[5] Il a été jugé également que l'erreur grossière de l'application de la loi n'est pas une cause de nullité de la sentence, conformément à l'article 51-1-d de la loi égyptienne.[6]

La Cour suprême à Oman, dans un arrêt,[7] a annulé une sentence après avoir réexaminé le fond d'un litige sous prétexte de vérification du respect de la convention des parties.[8] La Cour a considéré que « la non-application de la convention des parties équivaut à une non-application de la loi convenue par les parties, les conventions étant la loi des parties ».[9]

En Jordanie, dans une autre affaire,[10] les parties ont convenu d'appliquer le droit civil jordanien mais le tribunal arbitral l'a écarté pour retenir la responsabilité d'une des parties.[11] La Cour de cassation a approuvé la Cour d'appel qui avait révisé les faits et les preuves et conclu que si le tribunal

---

[1] CA Caire, 5 /12/1995, Ministère de la Défense de la République d'Égypte c. Chromalloy Aeroservices Inc. : VAN DEN BERG (Albert), *YCA*, Kluwer Law International, 1999, Vol. XXIV, p. 265-268 ; *Revue de l'arbitrage*, 1998, p. 723, note Ph. LEBOULANGER. Cité par Z. OBEID, *Le recours en annulation des sentences arbitrales dans les pays arabes, Op. cit.*, p. 424

[2] CA Caire, 7e ch.com, No. 8 de la 115e année jud., du 7/9/1999, Italork c. Comité de transport public (Égypte) : *Revue libanaise de l'arbitrage*, No. 17, p. 84. Cité par Z. OBEID, *Le recours en annulation des sentences arbitrales dans les pays arabes, Op. cit.*, p. 424

[3] Z. OBEID, *Le recours en annulation des sentences arbitrales dans les pays arabes, Op. cit.*, p. 424

[4] CA Caire, 7e ch. com. No. 68 de la 129e année jud., du 3/9/2013 : *Majallat al-Tahkim al-Aalamiyya*, No. 22 de 2014, p. 753. Voir aussi dans le même sens, CA Caire, 7e ch.com., No. 48 de la 130e année jud., du 2/6/2014 : *Majallat al-Tahkim a-Aalamiyya*, No. 24 de 2014, p. 526, note M. S. AL-AWWA. Jp citée par [Najjar], p. 779-780

[5] [Najjar], p. 779-780

[6] CA Caire, 62e ch. com., No. 55 de la 128e année jud., du 8/5/2013 : T. RIAD, « L'annulation de la sentence arbitrale et ses effets sur l'exécution de la sentence en application de la convention de New York-Commentaire de l'affaire Chromalloy », *In* N. G. ZIADE (ed.), F.A.S. El-KOSHERI, Kluwer Law International, 2015, p. 134. Cité par [Najjar], p. 777

[7] Cour suprême d'Oman, No. 2/98 du 19/10/1998 : *Majallat al-Tahkim*, No. 5 de 2010, p. 320. Cité par [Najjar], p. 778

[8] [Najjar], p. 778

[9] *Idem*

[10] Cour Cass. jordanienne, No. 1352/2006 du 16/1/2007, Société arabe Boutas SA c. ATA pour la construction, l'industrie et le commerce : *Majallat al-Tahkim*, No. 1, 2009, p. 275. Cité par [Najjar], p. 779

[11] [Najjar], p. 779

arbitral n'a pas appliqué le droit convenu par les parties, la loi jordanienne permet l'annulation de la sentence.[1]

En réalité, les griefs liés à la non-application du droit choisi par les parties, l'erreur de droit ou la mauvaise application du droit sont liés à la révision de la sentence au fond, principe presque universellement abandonné mais qui persiste dans certains pays arabes, ce qui constitue une deuxième limite à la liberté de l'arbitre de désigner le droit applicable au fond (chapitre 2).

[1] *Idem*

Chapitre 2 - Révision de la sentence au fond dans certains pays arabes

La révision du fond d'un litige international est abandonnée dans la grande majorité des législations d'arbitrage modernes.[1] Dans les pays arabes, malgré les réformes législatives appuyées par la jurisprudence favorable à l'interdiction de la révision du fond, dans certaines situations, le contrôle du fond persiste.[2] Ce contrôle de fond constitue une limite à la liberté de l'arbitre puisqu'un contrôle de fond de la sentence peut s'étendre vers un contrôle du droit applicable.

Section 1 - En Jordanie

En Jordanie, le principe de la non-révision au fond de la sentence arbitrale et de l'autonomie de la volonté des parties sont établis dans la législation et la jurisprudence jordanienne mais, malgré tout, la Cour de cassation jordanienne a annulé une sentence en procédant par un examen de fond en substituant son propre raisonnement à celui du tribunal arbitral et en décidant que les arbitres ont appliqué de manière erronée la loi en se fondant sur l'article 789 du code civil au lieu de l'article 786 du même code et que, par conséquent, la sentence arbitrale a écarté l'application de la loi au fond du litige convenue entre les parties.[3] La Cour de cassation a considéré que « bien que le tribunal arbitral ait appliqué en apparence les articles du code civil jordanien relatifs au contrat de construction, il a en pratique écarté les textes de loi applicables aux faits de l'espèce conduisant au partage de la responsabilité du demandeur au pourvoi avec la partie ayant conçu et supervisé la construction du barrage ».[4]

La cour d'appel d'Amman a examiné également le fond d'une affaire[5] concernant la restitution d'un certain montant d'argent et un gain manqué avec les indemnités à la suite d'un préjudice subi résultant d'un investissement.[6] Le tribunal arbitral a condamné le défendeur à effectuer les paiements réclamés, mais ce dernier fait une demande d'annulation de la sentence auprès de la cour d'appel qui lui donne raison au motif que le tribunal arbitral a fait une mauvaise application de la loi.[7]

---

[1] *Businessman's guide to the Euro-Arab arbitration* system, *Op. cit.*, p. 54 ; [Najjar], p. 773

[2] [Najjar], p. 773

[3] Z. OBEID, *Le recours en annulation des sentences arbitrales dans les pays arabes*, *Op. cit.*, p. 426

[4] Cour Cass. jordanienne, No. 1352/2006 du 16/1/2007, Société arabe Boutas SA c. ATA pour la construction, l'industrie et le commerce : *Majallat al-Tahkim*, No. 1, 2009, p. 275. Cité par Z. OBEID, *Le recours en annulation des sentences arbitrales dans les pays arabes*, *Op. cit.*, p. 426

[5] CA Amman, No. 220/2008 du 8/4/2009 : *Majallat al-Tahkim*, No. 3 de 2009, p. 282. Cité par [Najjar], p. 775

[6] [Najjar], p. 775

[7] *Idem*

Section 2 - En Tunisie

La jurisprudence tunisienne a refusé de manière constante de réviser une sentence au fond du litige, en application de l'article 78 du code de l'arbitrage tunisien.[1] Ainsi, les juridictions tunisiennes ont refusé de vérifier la légalité d'une sentence[2] ou les faits du litige[3] ou les modes d'admission des moyens de preuve[4] parce qu'un tel examen signifierait l'examen de la sentence au fond.[5] Les juridictions étatiques ne peuvent vérifier que la conformité de la sentence à l'ordre public, sans réexaminer pour autant les faits ou le fond.[6] Néanmoins, la Cour d'appel de Tunis a effectué une révision du fond dans une sentence internationale qu'elle annule au motif que la loi a été mal interprétée.[7]

Section 3 - En Égypte

En Égypte, la révision du fond de la sentence n'est pas autorisée non plus en vertu des articles 52 et 53 de la loi sur l'arbitrage. La cour d'appel du Caire a respecté le principe de non-révision au fond dans de nombreuses affaires.[8]

Dans l'arrêt Zoser[9] où la cour d'appel du Caire démontre que le taux d'intérêts moratoires de 7% fixé par l'article 227 du code civil n'est pas d'ordre public, la cour conclut que : « Quel que soit l'avis sur cette violation, [le grief] tend à critiquer la solution de la sentence attaquée en lui reprochant une erreur dans l'application de la loi sur le fond du litige, ce qui sort du domaine de l'action en annulation ; il est donc rejeté par la Cour puisqu'il est constant que les cas d'ouverture de l'action en annulation sont limitativement énumérés et que l'action en annulation n'est pas un appel, elle ne permet ni de rejuger le fond du litige, ni de critiquer la décision des arbitres afin de vérifier son bien-fondé ou l'exactitude de l'appréciation par les arbitres et leur

---

[1] *Id.*, p. 770

[2] CA Tunis, 12/1/1998 : *Revue de jurisprudence et de législation*, mai 1999, p. 293. Cité par [Najjar], p. 770

[3] Cour Cass. tunisienne, No. 9534 du 15/1/2002 : *Majallat al Tahkim*, No. 3 de 2009, p. 349. Cité par [Najjar], p. 770

[4] CA Tunis, No. 12677 du 8/11/2011 : *Majallat al-Tahkim al-Aalamiyya*, No. 14 de 2012, p. 189, note A. OUERFELLI. Cité par [Najjar], p. 770

[5] *Idem*

[6] *Id.*

[7] En l'occurrence, l'article 242 du Code des obligations et des contrats tunisien. CA Tunis, No. 24 du 2/6/1998, Multifinance Investment c. Mrad. Cité par M. AMMAR « L'arbitrage en Tunisie depuis l'édiction du Code de l'arbitrage », *Revue de l'Arbitrage*, Vol. 2000, No. 2, p. 247-266, spéc. p. 265, Cité par [Najjar], p. 774

[8] Par exemple, CA Caire, 91e section com., No. 88 de la 119e année jud., du 27/2/2005, *Revue libanaise de l'arbitrage*, No. 42, p. 39 ; CA Caire, 91e section com., du 26/4/2006, *Revue libanaise de l'arbitrage*, No. 41, p. 57 ; CA Caire, 91e section com., du 25/9/2005, *Revue libanaise de l'arbitrage*, No. 38, p. 51. Jp citée par [Najjar], p. 770-771, 77

[9] CA Caire, No. 108 et 111 de la 121e année jud., du 30/5/2005, Farouk Nakhla c. Sté Partner & N., inédit : cité par D. HUSSEIN, I. SELIM et al., « Chronique de jurisprudence étrangère », Égypte, *Revue de l'arbitrage*, No. 1, 2013, p. 191, spéc., p. 225-228. Cité par [Najjar], p. 772

qualification des faits ou leur interprétation et application du droit, cela relevant de la compétence du juge d'appel ».

Dans une autre affaire, la cour d'appel du Caire a refusé de réviser le fond du litige au motif que le tribunal arbitral a mal appliqué et interprété la loi convenue par les parties pour régir le fond du litige parce que, selon la cour, un tel contrôle sort du cadre du recours en annulation.[1]

Dans un autre arrêt, fut rejetée la demande d'annulation d'une sentence qui prévoyait l'application du droit égyptien sans préciser s'il s'agissait du droit civil ou commercial.[2] La cour d'appel du Caire a considéré qu'une appréciation du bien-fondé du choix de la branche du droit effectué par les arbitres signifierait la révision du fond de la sentence, ce qui n'est pas autorisé par les articles 52 et 53 de la loi sur l'arbitrage.[3]

Malgré le principe établi de l'interdiction de révision des sentences au fond lors des recours en annulation, en vertu de l'article 53 de la loi égyptienne sur l'arbitrage, en pratique, ce principe n'est pas toujours respecté par les tribunaux locaux, surtout lorsque le contrôle du fond n'est pas invoqué à titre principal.[4]

Par exemple, dans une affaire réglée sous le CRCACI, la cour d'appel du Caire a suspendu l'exécution d'une sentence jusqu'à ce qu'un expert ait été délégué pour « examiner le cas, ses documents ainsi que les conclusions des parties et vérifier jusqu'à quel point le contrat objet du litige a été exécuté par les parties conformément aux principes de bonne foi contractuelle ainsi qu'en vue de dégager la partie ayant violé ses stipulations et si une telle violation existe ».[5] Autrement dit, la cour lui a confié la tâche de réexaminer le fond.

Dans une affaire du 20 mars 2003, la cour d'appel du Caire scrute le fond et annule une sentence pour mauvaise application de la loi, en l'occurrence l'application du code civil à une opération bancaire à la place de la loi sur les opérations bancaires.[6]

Une autre sentence est annulée partiellement au motif que le tribunal arbitral a retenu la responsabilité délictuelle d'une partie alors que le droit convenu était le droit civil égyptien.[7]

---

[1] CA Caire, 7e ch. com., No. 55 de la 117e année jud. du 7/7/2002, *Majallat al-Tahkim al-Aalamiyya*, No.17, 2013, p. 663. Cité par [Najjar], p. 777

[2] CA Caire, 29/3/2003, Sté Asia Brown Boveri Misr (ABB) c. Sté Amco, *Revue libanaise de l'arbitrage*, No. 31, p. 36. Cité par [Najjar], p. 778

[3] *Idem*

[4] *Id.*, p. 773

[5] CA Caire, 50e circ., No. 74 de la 123e année jud., du 26/4/2007 : *Majallat al-Tahkim*, No. 1, 2009, p. 465. Cité par [Najjar], p. 774

[6] Cité par A. S. EL-KOSHERI, « Settlement of Disputes in Civil and Commercial Matters in Egypt », *YIMEL*, Vol. 15, 2011, p. 357-363, spéc. p. 361. Cité par [Najjar], p. 778

[7] Cour Cass. égyptienne, ch. com., No. 86 de la 70e année jud., du 26/1/2002 : *Majallat al-Tahkim al-Aalamiyya*, No. 28, 2015, p. 527. Cité par [Najjar], p. 778

Section 4 - Au Liban

Au Liban, les griefs invoqués pour le recours contre l'ordonnance de refus d'exequatur et l'action en annulation sont les mêmes et sont limitativement énoncés à l'article 817 NCPC libanais.[1] La révision du fond du litige est interdite.[2] La jurisprudence de la cour d'appel de Beyrouth et de la Cour de cassation a refusé à plusieurs reprises de réexaminer le fond du litige dans les sentences internationales.[3] Néanmoins, elle a enfreint ce principe dans plus d'une affaire.[4] Par exemple, dans une affaire en 2011[5], les parties avaient convenu d'appliquer au fond, le droit libanais. L'arbitre, pour interpréter le principe de bonne foi (énoncé à l'article 287 du code des obligations et des contrats libanais), s'est référé au droit anglais.[6] Une des parties demande l'annulation de la sentence au motif que l'arbitre n'a pas appliqué le droit convenu par les parties et donc, par là, n'a pas respecté la mission qui lui a été confiée par les parties.[7] La cour d'appel a rejeté ce motif, non pas parce qu'un tel argument obligerait la cour d'appel à vérifier le raisonnement suivi par le tribunal arbitral et donc à réviser le fond du litige, mais au motif que l'arbitre, dans sa motivation, a bel et bien appliqué le droit libanais et ses principes généraux convenus par les parties et que la mention du droit anglais n'est faite que pour apporter une précision / interprétation à une notion (le principe de bonne foi) édictée à l'article 287 du code des obligations et des contrats libanais.[8] Autrement dit, la cour d'appel n'a pas hésité à contrôler le raisonnement effectué par l'arbitre alors qu'il s'agit d'une violation du principe de non-révision du fond du litige.

Section 5 - En Algérie

En Algérie, les griefs invoqués pour le recours contre l'ordonnance de refus d'exequatur et l'action en annulation sont les mêmes.[9] Ces recours sont limitativement énoncés à l'article 1056 CPCA algérien, et on y trouve

---

[1] [Najjar], p. 818
[2] 817 NCPC libanais. [Najjar], p. 819, 821
[3] Exemples, CA Beyrouth, 3e ch., No. 1404/2003 du 9/10/2003 : *Majallat al-Tahkim*, No 4, p. 425 ; CA Beyrouth, 1re ch., No. 308/2011 du 3/3/2011: *Majallat al-Tahkim al-Aalamiyya*, No. 10, 2011, p. 451. Jp citée par [Najjar], p. 819-820
[4] CA Beyrouth, 1ere ch., No. 1786/2011 du 21/12/2011 : *Majallat al-Tahkim al-Aalamiyya*, No. 20, 2013, p. 531, note R. ASSI ; CA Beyrouth, 3e ch. du 6/12/2007 : *Revue libanaise de l'arbitrage*, No. 47, p. 58 ; Jp citée par [Najjar], p. 820, 821
[5] CA Beyrouth, 1ere ch., No. 308/2011 du 3/3/2011 : *Majallat al-Tahkim al-Aalamiyya*, No. 10, 2011, p. 451 ; Cité par [Najjar], p. 820, 821
[6] [Najjar], p. 820
[7] *Idem*
[8] *Id.*
[9] *Id.*, p. 818

l'absence ou l'insuffisance de motivation de la sentence ou encore la contrariété de motifs, ce qui permettrait au juge de réviser le fond.[1]

Section 6 - En Libye

En Libye, le juge de l'exequatur n'effectue pas un simple contrôle de formalité.[2] La sentence devient exécutoire sur ordonnance du juge des référés du tribunal au greffe duquel l'original a été déposé.[3] Cette ordonnance doit être rendue « après examen de la sentence et de la convention d'arbitrage et après vérification de l'absence d'empêchement à son exécution » (article 763 CPC libyen), ce qui confère au juge de l'exequatur un large pouvoir de contrôle sur la sentence et la convention d'arbitrage, y compris un contrôle sur le droit appliqué.[4] Par exemple, dans une ordonnance d'exequatur, il a été indiqué qu'« Attendu que la sentence rendue est conforme à la loi, et que le litige entre les parties tourne autour des limites qui séparent ces dernières, et qu'il n'existe aucun motif apparent qui empêcherait l'exécution [...] l'ordonnance d'exequatur doit être octroyée ».[5]

Dans le cadre du recours en annulation d'une sentence internationale rendue en Libye, le tribunal de l'annulation a un pouvoir de contrôle étendu qui ne se limite pas aux griefs indiqués à l'article 769 CPC.[6] La cour d'appel de Tripoli a jugé qu'il est possible de réexaminer l'exactitude et la cohérence des motifs[7] ou si elle comporte une contradiction flagrante, ce qui permet la révision du fond et notamment du droit appliqué.[8]

Section 7 - En Arabie saoudite

En Arabie saoudite, théoriquement, le règlement saoudien de 2012 consacre en son article 50-2 le principe de non-révision au fond de la sentence.[9] Toutefois, le règlement saoudien permet au juge de l'annulation et de l'exequatur de soulever d'office la violation de la *charia*, ce qui lui confère en pratique un large pouvoir discrétionnaire de contrôle qui peut aller jusqu'à

[1] *Id.*, p. 818-821
[2] *Id.*, p. 830
[3] *Id.*
[4] *Id.*
[5] TPI Misrata, ordonnance du 9/7/2014 : *Majallat al-Tahkim al Aalamiyya*, No. 27, 2015, p. 449 note O. S. El-MEHAICHI. Cité par [Najjar], p. 830
[6] [Najjar], p. 832
[7] CA Tripoli (Libye), 4e ch. civ., No. 245 et 306/2010 du 20/5/2010 : *Majallat al-Tahkim al-Aalamiyya*, No. 9 de 2011, p. 519, note K.A. AABBOUDE, *Majallat al-Tahkim al-Aalamiyya*, No. 13 de 2011, p. 367. Cité par [Najjar], p. 832
[8] D'autres griefs d'annulation peuvent porter sur l'absence de nombreuses mentions obligatoires comme l'exposé des motifs et des moyens des parties, le lieu et date de signature de la sentence, signature des arbitres (article 760 CPC libyen) ; le non-respect des règles de procédure etc. voir [Najjar], p. 832
[9] [Najjar], p. 770

la révision des faits et du fond.[1] En Arabie saoudite, la sentence peut être censurée si « elle est contraire à la *charia* islamique et à l'ordre public ».[2] La conciliation entre l'exigence de conformité à la *charia* et l'interdiction de la révision des faits et du fond est difficile à atteindre sans que l'une empiète sur l'autre.[3] La *charia*, rappelons-le, interdit, par exemple, les intérêts et l'aléa comme les dommages indirects, dommages et intérêts punitifs ou liés à une perte de profits.[4] Pour évaluer l'étendue et la nature du dommage admis selon la *charia* et le montant de la compensation, les cours saoudiennes ont un large pouvoir discrétionnaire et par là, *de facto*, effectuent un contrôle du fond du litige, malgré la prohibition de réviser les faits et le fond[5]. Toute violation de la *charia* emporte une annulation, du moins partielle, de la sentence internationale.[6]

Section 8 - Au Yémen

Au Yémen, le juge d'exécution et de l'annulation ont un large pouvoir de contrôle des sentences.[7] Conformément à l'article 58 de la loi sur l'arbitrage, la sentence ne doit pas contredire des jugements rendus par les tribunaux locaux et doit être conforme à la loi yéménite d'arbitrage en vigueur, ce qui inclut l'exigence de conformité à la *charia* (édictée à l'article 53 de la loi d'arbitrage yéménite) qui autorise le contrôle de la procédure et du fond.[8] Au Yémen, la sentence peut être censurée si « elle est contraire à la *charia* islamique et à l'ordre public ».[9]

Section 9 - En Irak

En droit irakien, la sentence n'est exécutoire qu'à la suite d'une procédure d'homologation effectuée à la demande de la partie intéressée (article 272).[10] Il est possible de demander l'annulation de la sentence pour l'un des motifs évoqués à l'article 273[11] qui ne sont pas limitatifs et qui peuvent être invoqués

[1] *Idem*, p. 768
[2] *Id.*, p. 782
[3] *Id.*
[4] *Id.*
[5] *Id.*
[6] *Id.*
[7] *Id.*, p. 753
[8] *Id.*
[9] *Id.*, p. 782
[10] *Id.*, p. 846
[11] Les griefs d'annulation prévus à l'article 273 sont :
« 1) Si la sentence n'a pas été rendue par écrit ou a été prononcée sur la base d'une convention nulle ou si l'arbitre a outrepassé sa mission ;
2) si la sentence a contrevenu à l'ordre public, aux bonnes mœurs ou à l'une des règles de l'arbitrage énoncées dans la présente loi ;
3) si l'une des causes de révision se trouve réalisée ;

d'office.[1] La notion de l'ordre public étant très large, le juge étatique pourrait aller jusqu'à réviser le fond.[2] « L'erreur substantielle » invoquée à l'article 273 peut également amener le juge à justifier le réexamen du fond de la sentence.[3]

---

4) si la sentence ou la procédure a été entachée d'une erreur substantielle qui affecte la validité de la sentence ».

[1] [Najjar], p. 846

[2] S. MAJID, « Iraq Arbitration Law », www.mondaq.com. Cité par [Najjar], p. 846

[3] [Najjar], p. 847

Chapitre 3 - Les limites imposées à l'arbitre et aux parties par l'exigence de respect de l'ordre public

La sentence rendue est obligatoire pour les parties mais son exécution peut être problématique si elle est incohérente avec la « moralité » ou « l'ordre public » du pays où elle doit être exécutée.[1] Dans l'arbitrage d'investissement tout comme dans l'arbitrage commercial, constitue une limite au pouvoir de l'arbitre et à l'autonomie des parties, le contrôle de la conformité de la sentence à l'ordre public international effectué par les juridictions internes de l'État du siège, dans le cadre d'un recours en annulation, ou lors du contrôle de l'exécution d'une sentence internationale.[2] Le respect de l'ordre juridique réellement international s'impose également. L'arbitre et les parties doivent respecter l'ordre public international du for et l'ordre public réellement international pour que la sentence soit reconnue (section 1). La tâche est d'autant plus délicate lorsque plusieurs ordres juridiques de références s'entremêlent (section 2).

Section 1 - L'obligation de respect de l'ordre public international du for et l'ordre public réellement international

Il s'agit avant tout de présenter les définitions et contenus de l'ordre public international et réellement international (sous-section 1) pour mieux comprendre les raisons de l'obligation de les respecter (sous-section 2).

Sous-section 1 - Présentation de l'ordre public international et réellement international

§ 1 - L'ordre public international

L'ordre public distingue ce qui est possible de ce qui est interdit.[3] Il est la règle de droit à laquelle on ne peut déroger et constitue une limite à la volonté des individus.[4]

Dans le contexte national, le terme ordre public peut signifier deux choses : le premier est similaire à celui employé dans le *common law*, c'est-à-dire « public policy », et le second correspond à ce qui est appelé, dans les systèmes de droit civil, dispositions législatives à caractère obligatoires ou

---

[1] *Businessman's guide to the Euro-Arab arbitration* system, *Op. cit.*, p. 18

[2] L. ACHTOUK-SPIVAK, « Le droit applicable aux arbitrages en matière d'investissements », *Op. cit.*, p. 841, 856 ; M. TRARI-TANI, « L'ordre public transnational devant l'arbitre international », *Op. cit.*, p. 91

[3] J. GUILLAUME, « Ordre public international, Notion d'ordre public international », JurisClasseur Civil Code Art. 3, Fasc. 40, 2 mai 2018, parag. 1

[4] *Idem*

impératives.[1] Chaque droit national conçoit la notion de l'ordre public à sa façon.[2] La même sentence peut être conforme à l'ordre public d'un État mais pas à celui d'un autre.[3] Le non-respect des bonnes mœurs et la violation des garanties de procès équitable (droit de la défense, égalité entre les parties, motivation de la sentence) sont des exemples de cas considérés comme contraires à l'ordre public dans la plupart des droits nationaux.[4]

L'ordre public international est plus étroit que l'ordre public interne, ce qui signifie que ce qui est d'ordre public interne n'est pas nécessairement d'ordre public international.[5] L'ordre public international est le noyau dur de l'ordre public interne.[6] Une valeur d'ordre public international est nécessairement d'ordre public interne, mais le contraire n'est pas vrai parce que les relations privées internationales invitent à davantage de tolérance.[7]

Un auteur définit l'ordre public international comme « une notion complexe qui désigne les règles, les valeurs ou les principes les plus fondamentaux d'un ordre juridique [qui] se manifeste soit de façon positive, grâce au mécanisme des lois de police, soit de façon négative, grâce à l'exception d'ordre public ».[8] Le mécanisme des lois de police et l'exception d'ordre public sont fondés sur une base commune qui est l'ordre public international et visent à protéger les valeurs les plus impérieuses du for.[9] Les lois de police sont des règles matérielles internes d'application immédiate défendant des intérêts étatiques ou particuliers qui respectent une politique législative et nécessaire dans les rapports privés internationaux.[10] L'exception d'ordre public est une notion fonctionnelle dont le contenu est relatif et qui peut varier dans le temps.[11]

En droit international privé, l'ordre public est une limite indirecte à l'autonomie de la volonté.[12] De façon directe, son rôle est d'empêcher la réception de normes étrangères qui sont contraires aux valeurs fondamentales du for.[13] Par le déclenchement de l'exception d'ordre public, la loi étrangère choisie par les parties ou désignée par la règle de conflit de lois peut être rejetée par le juge du for.[14] Gérard Cornu définit l'ordre public du droit international privé comme « un ensemble de principes, écrits ou non, qui sont, au moment où l'on raisonne, considérés, dans un ordre juridique, comme

---

[1] H. E. KJOS, *Applicable Law in Investor–State Arbitration, Op. cit.*, p. 97
[2] *Businessman's guide to the Euro-Arab arbitration* system, *Op. cit.*, p. 55
[3] *Idem*
[4] *Id.*
[5] J. GUILLAUME, « Ordre public international, Notion d'ordre public international », *Op. cit.*, parag. 60
[6] *Idem*
[7] *Id.*
[8] *Id.*
[9] *Id.*
[10] *Id.*
[11] *Id.*, (point-clé 4)
[12] *Id.*, parag. 1
[13] *Id.*
[14] *Id.*

fondamentaux et qui, pour cette raison, imposent d'écarter l'effet, dans cet ordre juridique, non seulement de la volonté privée mais aussi des lois étrangères et des actes des autorités étrangères ».[1]

L'ordre public international mis en œuvre par le juge du for dans les rapports de droit privé ayant un élément d'extranéité est l'ordre public international de ce for.[2] Il s'agit ainsi d'un ordre public international par son objet (qui s'applique à des situations internationales), mais national par sa source (il protège les valeurs les plus impérieuses de l'ordre juridique du for).[3]

Chaque État a son propre ordre public international dont il est libre de déterminer le contenu et de choisir les modalités de mise en œuvre.[4] La Cour permanente de Justice internationale a reconnu ce pouvoir souverain de l'État dans l'affaire des emprunts serbes où elle a énoncé que l'ordre public est « une notion dont la définition dans un pays déterminé dépend dans une large mesure de l'opinion qui prévaut à chaque moment dans ce pays ».[5]

La distinction entre l'exception d'ordre public et le mécanisme des lois de police n'est pas très claire dans les sentences arbitrales relatives au commerce international.[6] L'ordre public est soumis au principe d'actualité de l'ordre public, c'est-à-dire que le juge apprécie l'ordre public international au jour où il statue, sans considération de l'ordre public international au jour où la situation a été créée.[7] En revanche, les lois de police ne sont pas soumises au principe d'actualité mais au droit transitoire commun, ce qui signifie que le juge peut appliquer une loi de police abrogée mais qui était en vigueur au moment de la naissance du rapport de droit.[8]

L'ordre public international vise à coordonner les ordres juridiques étatiques afin de satisfaire les intérêts privés en faisant en sorte de protéger les valeurs vitales du for sans montrer trop d'ethnocentrisme juridique.[9]

Les lois de police sont également appelées « loi d'application immédiate » ou « loi d'application nécessaire ».[10] S'il est vrai que les lois de police sont d'application nécessaire et immédiate, toutes les lois d'application nécessaire ou d'application immédiate ne sont pas pour autant des lois de police.[11] Pierre Mayer définit les lois d'application immédiate ou nécessaire comme « toute règle qui doit être appliquée, selon l'État qui l'a édictée, à toutes les relations juridiques présentant un lien donné avec lui, et qui rend pour cela compétent

---

[1] G. CORNU, « ordre public ». Vocabulaire juridique, Association Henri Capitant, PUF

[2] J. GUILLAUME, « ordre public international, Notion d'ordre public international », *Op. cit.*, parag. 6

[3] *Idem*

[4] *Id.*, parag. 7

[5] CPJI, 12 juillet 1929, affaire concernant le paiement de divers emprunts serbes émis en France (France/Serbie), arrêt No. 14, Série A, n° 20, p. 46

[6] J. GUILLAUME, « Ordre public international, Notion d'ordre public international », *Op. cit.*, parag. 31

[7] *Idem*, parag. 34

[8] *Id.*

[9] *Id.*, parag. 9

[10] *Id.*, parag. 36

[11] *Id.*

l'ordre juridique auquel elle appartient lorsque cette compétence ne résulte pas de la règle de conflit de lois ».[1]

Dans l'annexe de la résolution 2 / 2002 de l'Association de droit international,[2] il est recommandé que l'efficacité internationale des sentences rendues dans le contexte d'un arbitrage commercial international soit assurée, sous réserve de circonstances exceptionnelles comme la non-conformité à l'ordre public international. L'ordre public international d'un État est défini comme comprenant « (i) les principes fondamentaux, relatifs à la justice et à la morale, que l'État désire protéger, même lorsqu'il n'est pas directement concerné ; (ii) les règles destinées à servir les intérêts politiques, sociaux ou économiques de l'État, connues sous l'appellation de "lois de police" ou "lois d'ordre public" ; et (iii) le devoir de l'État de respecter ses obligations envers d'autres États ou des organisations internationales » (parag.1 (d) de la résolution 2 / 2002).

§ 2 - L'ordre public véritablement international

La notion d'ordre public véritablement international ou transnational désigne des normes ou des valeurs d'ordre public faisant l'objet d'un consensus universel qui seraient protégées devant n'importe quel tribunal.[3] L'universalité signifie simplement une acceptation très large, comme telle, de ces normes par la majorité des États.[4] L'ordre public transnational est construit en considération des ordres publics internationaux des États.[5] Ainsi, pour considérer qu'une règle ou une valeur fait partie de l'ordre public transnational, il convient, au terme d'une analyse de droit comparé, de s'assurer de l'existence d'un consensus au sein de la communauté internationale.[6] L'ordre public international est celui sur lequel il y a un large consensus.[7] L'Institut de Droit international l'affirme en ces termes : « [en] aucun cas un arbitre ne doit méconnaître les principes d'ordre public international sur lesquels un large consensus s'est formé dans la communauté

---

[1] P. MAYER, « Les lois de police étrangères », *JDI*, 1981, p. 277, spéc. p. 287. Cité par J. GUILLAUME, « ordre public international, Notion d'ordre public international », *Op. cit.*, parag. 36

[2] Résolution 2/2002, Recommendations sur le recours à l'ordre public en tant que motif de refus de reconnaissance ou d'exécution des sentences arbitrales internationales, Association de droit international, 70ème conférence, New-Delhi, 2-6 avril 2002

[3] M. FORTEAU, « L'ordre public « transnational » ou « réellement international ». L'ordre public international face à l'enchevêtrement croissant du droit international privé et du droit international public », *JDI*, 2011, doctr. 1, p. 3 s., cité par J. GUILLAUME, « ordre public international, Notion d'ordre public international », *Op. cit.*, parag. 68

[4] J. GUILLAUME, « ordre public international, Notion d'ordre public international », *Op. cit.*, parag. 77

[5] *Idem*

[6] *Id.*

[7] J.-B. RACINE, *L'arbitrage commercial international et l'ordre public*, Paris, LGDJ, 1999, n° 632 s. Cité par J. GUILLAUME, « ordre public international, Notion d'ordre public international », *Op. cit.*, parag. 68

internationale ».[1] De même, dans l'affaire World Duty Free Company Limited, le tribunal arbitral a défini l'ordre public véritablement international comme suit : « The term "international public policy" [...] is sometimes used with another meaning, signifying an international consensus as to universal standards and accepted norms of conduct that must be applied in all fora. It has been proposed to cover that concept in referring to "transnational public policy" or "truly international public policy" [...] ».[2]

Sous-section 2 - Les raisons de l'obligation de respecter l'ordre public international du for et l'ordre public réellement international

L'arbitre, juge privé et n'ayant pas de for, n'a pas l'obligation de sauvegarder l'ordre public international de tel ou tel État.[3] Toutefois, pour rendre une sentence efficace, il a intérêt à prendre en considération l'ordre public international de l'État du siège de la sentence pour éviter un recours en annulation, ainsi que celui de l'État ou des États du lieu d'exécution de la sentence pour que l'exequatur soit accordée.[4] L'arbitre aura à identifier les dispositions internationalement impératives, y compris les lois de police, des États susceptibles d'exercer un contrôle sur la sentence.[5] Sa difficulté sera d'autant plus grande si l'un de ces États contrôle également le respect des lois de police étrangères liées à la situation.[6] Le recours à l'ordre public réellement international lui faciliterait alors la tâche, lui permettant de considérer globalement l'impérativité des normes des différents États au lieu de procéder à une application cumulative de lois pour prévaloir la loi la plus stricte.[7] Lorsque le juge étatique effectue un contrôle sur la sentence, lors d'un recours en annulation ou d'une action en exequatur, normalement, il doit s'assurer que la sentence ne viole pas l'ordre public international du for qui l'emporte sur l'ordre public transnational dégagé par l'arbitre.[8] C'est au regard des exigences de l'ordre juridique du for que le juge peut décider de rejeter la norme étrangère.[9]

---

[1] Institut de Droit international, résolution « L'arbitrage entre États – entreprises d'État ou entités étatiques et entreprises étrangères », Saint-Jacques de Compostelle, 1989 : texte dans *Revue de l'arbitrage*, 1990, p. 931, comm. Ph. FOUCHARD ou www.idi-iil.org/app/uploads/2017/06/1989_comp_01_fr.pdf. Cité par J. GUILLAUME, « ordre public international, Notion d'ordre public international », *Op. cit.,* parag. 68

[2] CIRDI, World Duty Free Company Limited c. Kenya, ARB/00/7, sentence, 4 octobre 2006, parag. 139

[3] I. FADLALLAH, « L'ordre public dans les sentences arbitrales », *RCADI*, Vol. 249, 1994, p. 369 et s., cité par J. GUILLAUME, « Ordre public international, Notion d'ordre public international », *Op. cit.,* parag. 78

[4] *Idem*. Cité par *idem*

[5] J. GUILLAUME, « ordre public international, Notion d'ordre public international », *Op. cit.,* parag. 78

[6] *Idem*

[7] *Id.*

[8] *Id.*

[9] *Id.*, parag. 35

Le concept d'ordre public est connu dans la plupart des systèmes juridiques et peut être examiné d'office.[1] Néanmoins, ce moyen d'annulation est d'une portée limitée et il est apprécié généralement de façon restrictive.[2] Si le contrôle s'effectue au regard de l'« ordre public international » et non de l'« ordre public », comme en matière d'arbitrage interne, c'est parce que les sentences sont rendues en matière internationale ou à l'étranger.[3] Chaque État fixe les motifs d'annulation ou d'exequatur.

Les arbitres qui statuent en amiable composition ont l'obligation de respecter l'ordre public international aussi, au risque de voir leur sentence annulée ou non reconnue.[4]

La notion d'ordre public est importante non seulement pour les valeurs qu'elle comporte mais aussi parce qu'elle est évoquée à plusieurs stades de l'arbitrage : au stade de la convention d'arbitrage pour vérifier sa validité ; devant les institutions d'arbitrage lorsqu'elles doivent vérifier la validité de la convention d'arbitrage, avant même la désignation des arbitres ; devant le juge d'appui qui doit vérifier que la convention d'arbitrage n'est pas « manifestement nulle », s'il est appelé à aider à la constitution du tribunal arbitral ; et devant le juge de la reconnaissance et de l'exequatur ou encore devant le juge de l'annulation qui peuvent, pour vérifier la conformité de la sentence à leur ordre public international, s'appuyer sur un ou plusieurs éléments de l'ordre public transnational.[5]

Dans le cadre du CIRDI, la sentence est obligatoire à l'égard des parties et ne peut être l'objet d'aucun appel ou autre recours, à l'exception de ceux prévus par la Convention CIRDI.[6] Chaque État contractant reconnaît le caractère obligatoire de la sentence rendue dans le cadre de la Convention et assure l'exécution sur son territoire comme s'il s'agissait d'un jugement définitif d'un tribunal fonctionnant sur son territoire (article 54 (1)). [7] La sentence peut être exécutée dans tout État partie à la Convention.[8] Le juge de l'exequatur ne peut que vérifier l'authenticité de la sentence CIRDI pour

---

[1] L.-A. SPIVAK, « Les voies de recours dans l'arbitrage en matière d'investissements », *Op. cit.,* p. 936

[2] Cour suprême du Sénégal, État du Sénégal c. Express Navigation, arrêt No. 46 du 3 juillet 1985, *ICSID Rev-FILJ*, 1988, Vol. 3 No. 2, p. 356-359 ; Cour d'appel de l'Ontario, Mexique c. Marvin Roy Feldman Karpa, arrêt du 1er novembre 2005 ; Tribunal fédéral suisse, 1re civ., 10 novembre 2005, République du Liban c. France Telecom Mobiles International S.A. ; Cour d'appel de Paris, République tchèque c. Pren Nreka, arrêt du 25 septembre 2008 ; Cour fédérale du Canada, Canada c. S. D. Myers, jugement du 13 janvier 2004. Jp citée par L.-A. SPIVAK, « Les voies de recours dans l'arbitrage en matière d'investissements », *Op. cit.,* p. 936

[3] E. GAILLARD, « Sentence arbitrale - Contrôle étatique - Droit commun », JurisClasseur Droit international, Fasc. 586-10, *Op. cit.,* parag. 17

[4] Par exemple Sent. CCI n° 4265 [1984] : *JDI* 1984, p. 922, obs. Y. DERAINS. Cité par E. GAILLARD, « Droit applicable au fond du litige », JurisClasseur Droit international, Fasc. 586-9-1, *Op. cit.,* parag. 89

[5] M. TRARI-TANI, « L'ordre public transnational devant l'arbitre international », *Op. cit.,* p. 90

[6] E. CABROL, H. SMITH, « Arbitrage CIRDI », *Op. cit.,* parag. 67

[7] *Idem ;* A. REINISCH, « Historical overview », *Op. cit.,* p. 28-29

[8] E. CABROL, H. SMITH, « Arbitrage CIRDI », *Op. cit.,* parag. 67

accorder l'exequatur.[1] Il ne contrôle même pas le respect par la sentence de l'ordre public de cet État.[2] Dans le cadre du CIRDI, l'ordre public ne figure pas parmi les motifs d'annulation limitatifs énumérés à l'article 52 (1), mais les tribunaux arbitraux n'hésitent pas à rappeler l'importance de l'application de l'ordre public transnational (ou réellement international). Dans l'affaire World Duty Free, le demandeur admet avoir corrompu les autorités locales.[3] L'investisseur voulait obtenir réparation pour violation du contrat, mais le tribunal arbitral lui refusa toute demande pour violation de l'ordre public transnational.[4] Dans l'affaire Waguih Elie George Siag and Clorinda Vecchi c. République arabe d'Égypte fondée sur la base du TBI Égypte / Italie, il est rappelé que « Whether the principle of *ex turpi causa non oritur actio*, the doctrine of unclean hands or the policy of eliminating corruption domestically and internationally are relied upon, the result is that an arbitration tribunal cannot find for a claim that is tainted by such practices ».[5] Il y est ensuite fait référence à la jurisprudence World Duty Free où il a été souligné que « In light of domestic laws and international conventions relating to corruption, and in light of the decisions taken in this matter by courts and arbitral tribunals, this Tribunal is convinced that bribery is contrary to the international public policy of most, if not all, States or, to use another formula, to transnational public policy. Thus, claims based on contracts of corruption or on contracts obtained by corruption cannot be upheld by this Arbitral Tribunal ».[6]

Hors CIRDI, contrairement aux motifs d'annulation dans le cadre du CIRDI, l'ordre public est systématiquement invoqué comme motif d'annulation des sentences en matière d'arbitrage d'investissement devant les juridictions internes.[7]

---

[1] L. CHEDLY, « Le régime de reconnaissance et d'exécution des sentences dans l'arbitrage d'investissement dans l'espace méditerranée », *In Vers une lex mediterranea des investissements,* F. OSMAN (dir.), Bruxelles, Bruylant, 2016, p. 291

[2] *Idem*, p. 292

[3] World Duty Free Company Limited c. République du Kenya, ARB/00/7, sentence, 4 octobre 2006 ; L.-A. SPIVAK, « Le droit applicable aux arbitrages en matière d'investissements », *Op. cit.,* p. 841

[4] *Idem*

[5] CIRDI, Waguih Elie George Siag and Clorinda Vecchi c. Égypte, ARB/05/15, sentence, 1er juin 2009, opinion dissidente de Francisco Orrego Vicuña du 11 mai 2009, p. 4-5 (TBI Égypte / Italie)

[6] World Duty Free Company Limited c. République du Kenya, ARB/00/7, sentence, 4 octobre 2006, parag. 157. Autres affaires où il a été fait référence à l'ordre public international : CIRDI, Liman Caspian Oil BV and NCL Dutch Investment BV c. Kazakhstan, ARB/07/14, sentence, 22 juin 2010 ; CIRDI, Incesysa Vallisoletana S.L. c. République d'El Salvador, ARB/03/26, sentence, 2 août 2006 parag. 245-249. Jp citée par L.-A. SPIVAK, « Le droit applicable aux arbitrages en matière d'investissements », *Op. cit.,* p. 842

[7] Exemples : CIRDI, Niko Resources (Bangladesh) Ltd. c. Bangladesh Petroleum Exploration & Production Company Limited ("Bapex") and Bangladesh Oil Gas and Mineral Corporation ("Petrobangla"), ARB/10/18, compétence, 19 août 2013 ; CIRDI, Niko Resources (Bangladesh) Ltd. c. Bangladesh Petroleum Exploration & Production Company Limited ("Bapex") and Bangladesh Oil Gas and Mineral Corporation ("Petrobangla"), ARB/10/11, compétence, 19 août 2013 ; CIRDI, Incesysa Vallisoletana S.L. c. République d'El Salvador, ARB/03/26, sentence, 2 août 2006, parag. 245-249 ; CIRDI, Rumeli Telekom A.S. et Telsim Mobil Telekomikasyon Hizmetleri A.S. c. République du Kazakhstan, ARB/05/16, sentence, 29 juillet 2008, parag. 323 ; CIRDI, Liman Caspian Oil BV and NCL Dutch Investment BV c. Kazakhstan, ARB/07/14, sentence, 22 juin 2010 ; voir R. KREINDLER, « Corruption in International Investment Arbitration : Jurisdiction and the Unclean Hands Doctrine », *In Between East and West : Essays in Honour*

L'article V / 2 (b)[1] de la convention de New York indique que la reconnaissance et l'exécution d'une sentence arbitrale pourront être refusées si l'autorité compétente du pays où la reconnaissance et l'exécution sont requises constate que la reconnaissance ou l'exécution de la sentence serait contraire à l'ordre public de ce pays. Ainsi, la partie ou son avocat recherchant l'exécution de la sentence devrait s'assurer que la sentence ne viole pas l'ordre public du droit du for.[2]

Le fait qu'un État ait ratifié la Convention de New York pour la reconnaissance et l'exécution des sentences arbitrales étrangères ne veut pas dire nécessairement que la sentence sera exécutée par un simple dépôt de la sentence dans l'État concerné.[3] Dans certains États, la sentence étrangère ne sera exécutée qu'à la suite d'une nouvelle révision judiciaire du fond de l'affaire et un jugement final d'une cour de l'État où l'exécution est recherchée.[4]

Dans l'arbitrage euro-arabe, l'arbitre et les parties se retrouvent face à plusieurs ordres juridiques qui sont susceptibles de s'enchevêtrer. Se pose alors la question de savoir quels ordres publics de quels ordres juridiques prendre en considération pour que la sentence soit valide et reconnue. L'application de l'ordre public international d'un État et de l'ordre public transnational suppose l'existence d'un ordre juridique de référence qui sert « en quelque sorte de mesure » au juge saisi : l'ordre juridique de référence est l'ordre juridique du for pour l'ordre public international d'un État ; l'ordre juridique international (ou transnational) pour l'ordre public véritablement international.[5] Dans le cadre de notre étude, existe également un ordre juridique régional de référence qui est l'ordre juridique de l'Union européenne pour l'ordre public de l'Union européenne et l'ordre juridique des pays arabo-musulman pour l'ordre public islamique.

Section 2 - Les ordres publics régionaux

Seront examinés respectivement l'ordre public européen (sous-section 1) et l'ordre public islamique (sous-section 2).

of Ulf Franke, New York, NY : Juris, 2010, p. 309. Cité par L. ACHTOUK-SPIVAK, « Le droit applicable aux arbitrages en matière d'investissements », *Op. cit.*, p. 841-842 ; L.-A. SPIVAK, « Les voies de recours dans l'arbitrage en matière d'investissements », *Op. cit.*, p. 936

[1] Aux termes de l'article V, parag. 2 de la Convention de New York :
« La reconnaissance et l'exécution d'une sentence arbitrale pourront aussi être refusées si l'autorité compétente du pays où la reconnaissance et l'exécution sont requises constate :
a) Que, d'après la loi de ce pays, l'objet du différend n'est pas susceptible d'être réglé par voie d'arbitrage ; ou
b) Que la reconnaissance ou l'exécution de la sentence serait contraire à l'ordre public de ce pays ».

[2] *Businessman's guide to the Euro-Arab arbitration* system, *Op. cit.*, p. 55

[3] *Idem*, p. 18-19

[4] *Id.*, p. 18-19, 57

[5] H. BATIFFOL et P. LAGARDE, *Droit international privé*, *Op. cit.*, p. 584, n° 636. Cité par J. GUILLAUME, « ordre public international, Notion d'ordre public international », *Op. cit.*, parag. 59

Sous-section 1 - L'ordre public européen : identification et application

L'ordre public de l'Union européenne a émergé avec la construction de l'ordre juridique européen.[1] L'ordre public de l'Union européenne est composé de règles ou de principes de source européenne (communautaire) dont le respect est jugé crucial par l'Union européenne.[2]

Dans les rapports verticaux, au vu du principe de primauté du droit de l'Union européenne et de son effet direct, le recours à la notion d'ordre public de l'Union européenne est inutile puisque le principe de primauté et le principe d'effet direct absorbent l'impérativité communautaire.[3] En revanche, dans les relations horizontales entre particuliers, la notion d'ordre public de l'Union européenne peut être utile.[4]

L'ordre public interne européen peut être appliqué dans les rapports privés intra-européens (entre États membres).[5] L'ordre public international de l'Union européenne peut être appliqué dans les rapports privés extra-européens et entre États membres et États tiers.[6]

Une règle d'ordre public de l'Union européenne est identifiée lorsqu'une directive indique que « les États membres prennent les mesures nécessaires » pour que les personnes visées par la directive ne soient pas privées des dispositions protectrices de la directive.[7] Il est possible de considérer que ces dispositions sont impératives et constituent l'expression d'un ordre public de l'Union européenne.[8] Si la règle matérielle inscrite dans la directive limite la volonté des parties uniquement dans les rapports intra-européens, elle protège l'ordre public interne de l'Union européenne.[9] En revanche, si elle limite la volonté des parties dans les rapports extra-européens, elle protège l'ordre public international de l'Union européenne.[10] Lorsque l'application d'une loi de police du for entrave la réalisation du marché intérieur ou des libertés européennes, elle ne peut pas être appliquée[11] sauf si elle réussit le test de compatibilité : la loi de police doit être justifiée par un motif d'intérêt général et être nécessaire et proportionnée par rapport à l'objectif visé.[12]

---

[1] *Idem* cité par *idem* parag. 61

[2] Depuis l'entrée en vigueur, le 1er décembre 2009, du traité de Lisbonne du 13 décembre 2007, la notion d'ordre public de l'Union européenne a remplacé celle d'ordre public communautaire. J. GUILLAUME, « ordre public international, Notion d'ordre public international », *Op. cit.,* parag. 61

[3] J. GUILLAUME, « ordre public international, Notion d'ordre public international », *Op. cit.,* parag. 61

[4] *Idem*

[5] *Id.,* parag. 62

[6] *Id.*

[7] *Id.,* parag. 61

[8] *Idem*

[9] *Id.*

[10] *Id.*

[11] CJCE, 23 nov. 1999, Arblade, aff. C-369/96 et C-376/96, Rec. I-08453

[12] J. GUILLAUME, « ordre public international, Notion d'ordre public international », *Op. cit.,* parag. 27

Des dispositions du droit primaire de l'Union européenne peuvent également composer l'ordre public international communautaire, comme l'article 81 TCE (devenu art. 101 TFUE).[1] Dans l'arrêt Eco Swiss, la CJUE a déféré aux tribunaux des États membres les questions concernant la nature et les conditions de recours contre les sentences arbitrales et a donné aux États une directive leur demandant de prendre en considération le droit européen de la concurrence s'ils doivent admettre un recours contre une sentence pour des motifs d'ordre public.[2] Selon la CJCE, « une juridiction nationale saisie d'une demande en annulation d'une sentence arbitrale doit faire droit à une telle demande lorsqu'elle estime que cette sentence est contraire à l'article 81 CE, dès lors qu'elle doit, selon ses règles de procédure internes, faire droit à une demande en annulation fondée sur la méconnaissance des règles nationales d'ordre public ».[3] Ainsi, selon l'ordre juridique de l'Union européenne, l'article 81 CE est une disposition d'ordre public international que les juges des États membres doivent opposer aux normes étrangères incompatibles dans le cadre de leur exception d'ordre public.[4]

Cela étant dit, si les États membres doivent intégrer l'article 81 CE dans leur ordre public international, la procédure de contrôle demeure celle du droit national.[5] L'État membre reste donc libre de déterminer l'opportunité de contrôler la conformité à l'ordre public international d'une sentence arbitrale et le degré de contrôle.[6] Par exemple, la Cour de cassation française exige une violation manifeste de l'ordre public international pour rejeter la sentence.[7] Selon l'expression d'un auteur, le juge français n'annulera la sentence que si sa contrariété au droit communautaire « crève les yeux ».[8]

Les dispositions françaises relatives à la protection des consommateurs contre les clauses abusives ne peuvent pas s'appliquer à titre de police si la loi du contrat est celle d'un État membre en raison de l'existence d'une directive européenne qui harmonise la lutte contre les clauses abusives.[9] Cette directive est impérative[10] et les États membres doivent éviter d'ajouter dans leurs droits

---

[1] *Idem*, parag. 67

[2] C. KESSEDJIAN, « L'arbitrage comme mode de règlement des différends est-il remis en cause par le droit européen ? », *In Le droit européen et l'investissement*, C. KESSEDJIAN et Ch. LEBEN (dir.), Panthéon-Assas Paris II, 2009, p. 112

[3] Eco Swiss, C-126/97, arrêt du 1er juin 1999, parag. 41

[4] J. GUILLAUME, « ordre public international, Notion d'ordre public international », *Op. cit.*, parag. 67

[5] *Idem*

[6] *Id.*

[7] *Id.*

[8] L. G. RADICATI DI BROZOLO, « L'illicéité « qui crève les yeux » : critère de contrôle des sentences au regard de l'ordre public international », *Revue de l'arbitrage*, Vol. 2005, No. 3, 2005, p. 529. Cité par J. GUILLAUME, « ordre public international, Notion d'ordre public international », *Op. cit.*, parag. 67

[9] Cons. UE, dir. 93/13/CEE, 5 avr. 1993 : JOCE L 95, 21 avr. 1993, p. 29 mod. par PE et Cons. UE, dir. 2011/83/UE, 25 oct. 2011 : JOUE L 304, 22 nov. 2011, p. 64. Cités par J. GUILLAUME, « ordre public international, Notion d'ordre public international », *Op. cit.*, parag. 25

[10] « Si le droit applicable au contrat est le droit d'un État membre, le consommateur ne peut renoncer aux droits qui lui sont conférés par les dispositions nationales transposant la présente directive » (art. 25, al. 1er, dir. 2011/83/UE) :

nationaux des dispositions plus strictes ou plus souples car cela entraînerait un niveau différent de protection des consommateurs.[1]

Le droit communautaire est donc applicable en tant que branche du droit international, mais également en tant que règle d'ordre public du droit de l'État membre dans lequel sa sentence sera exécutée.[2]

Sous-section 2 - L'ordre public islamique

L'ordre public islamique est issu de deux exigences : le respect de la *charia* et la mise en place de mesures politiques communes par les membres de la ligue arabe pour le boycottage de l'État d'Israël.[3] Comment adapter cet ordre public restrictif et imprécis aux arbitrages internationaux ?[4] La *charia* est une source de droit dans la majorité des pays arabes qui doivent la respecter, et le boycott de l'État d'Israël pose un problème de conformité à l'ordre public réellement international.[5] Le rapport entre l'ordre public islamique et l'arbitrage commercial international est une question sensible où la détermination du droit applicable au fond tient une place importante.[6]

§ 1 - Contenu de l'ordre public islamique

En Arabie saoudite[7] et au Yémen[8], il est prévu expressément dans les textes de loi que la sentence doit être conforme à la *charia* et que les sentences étrangères doivent être conformes à la *charia* également.[9] Au niveau régional, il est également prévu que la sentence arbitrale doit être conforme à la *charia*[10] et que la sentence étrangère ne peut être exécutée si elle est contraire « à l'ordre public, à la *charia* ou à la Constitution du pays d'exécution ».[11]

Dans les autres pays arabes, l'exigence de conformité de la sentence arbitrale internationale à la *charia* dépendra de son influence dans le système sociojuridique du pays.[12] Il est possible que l'exigence de conformité à la *charia* fasse partie de l'ordre public du pays comme dans le code civil émirati qui qualifie d'ordre public « les questions portant sur le statut personnel,

---

https://eur-lex.europa.eu/legal-content/FR/TXT/PDF/?uri=CELEX:32011L0083&from=HU

[1] J. GUILLAUME, « ordre public international, Notion d'ordre public international », *Op. cit.*, parag. 27

[2] S. MENETREY, « La participation « amicale » de la Commission européenne dans les arbitrages liés aux investissements intracommunautaires », *Op.cit.*

[3] [Najjar], p. 583

[4] *Idem*, p. 582, 583

[5] *Id.*, p. 583

[6] *Id.*

[7] Ancien article 39 du décret d'application de 1985 saoudien

[8] Article 43 et 53, loi sur l'arbitrage yéménite et article 284 du CPC yéménite sur la reconnaissance et l'exécution des sentences étrangères

[9] [Najjar], p. 584-585

[10] Article 37 (e), Convention de Riyad ; Article 2, Convention de Mascate de 1996

[11] [Najjar], p. 585

[12] *Idem*

l'élaboration des jugements, la liberté du commerce, les règles portant sur la propriété individuelle et toute autre règle fondamentale de la société, sous réserve toutefois des dispositions impératives et des principes fondamentaux de la *charia* islamique » (article 3, code civil émirati).[1]

L'ordre public islamique ne ressemble pas tout à fait à la notion occidentale de l'ordre public parce que, comme la *charia*, l'ordre public islamique est immuable, d'origine divine et est donc supérieur à toute norme humaine qu'elle soit étatique ou conventionnelle.[2] Il est possible qu'une partie se prévale de la *charia* pour remettre en cause une disposition écrite de droit positif.[3] Dans une affaire, en Égypte, par exemple, un débiteur condamné à payer des intérêts moratoires à la suite d'un jugement rendu par les juridictions égyptiennes n'a pas hésité à contester cette décision devant la Cour constitutionnelle au motif que l'article 226 du code civil égyptien est contraire au principe de la prohibition de l'intérêt en Islam.[4] Le nouvel article 2 de la Constitution modifiée en 1980 dispose désormais que « l'Islam est la religion de l'État. L'arabe est sa langue officielle et ***la*** source principale de législation est la *charia* islamique ».[5] La Cour constitutionnelle a évité de répondre à la question et a rejeté l'argument au motif que l'article 226 du code civil égyptien, promulgué en 1948 avec le code civil, devait s'apprécier au regard des dispositions constitutionnelles en vigueur lors de sa promulgation, ce qui signifie que le nouvel article 2 de la Constitution ne devait pas avoir d'effet rétroactif.[6]

Les versets coraniques et les *hadiths* relatifs à la morale contractuelle ne sont pas nombreux : certains passages évoquent les objets interdits et réputés impurs qui ne peuvent faire l'objet de commerce international ou d'une convention ; et le Coran et la *sunna* interdisent le *riba* ou l'usure et le *gharar* ou l'aléa considérés comme contraires au principe de l'équilibre des prestations contractuelles entraînant un gain injustifié.[7] En droit musulman, le contrat est basé sur le principe de l'équivalence des prestations.[8] Le Coran interdit l'enrichissement ou le gain non justifié par le travail ou l'esprit d'entreprise.[9] De même qu'est interdite l'exploitation de l'ignorance de l'autre (*jahalat*).[10] La morale contractuelle islamique tourne surtout autour de l'interdiction de l'usure et de l'aléa, et ces deux notions sont interprétées de façon large.[11] Le *fiqh*

---

[1] *Id.*
[2] *Id.*
[3] *Id.*
[4] *Id.*
[5] L'ancienne version considérait la charia comme ***une*** source principale de législation.
[6] [Najjar], p. 585
[7] *Idem*, p. 586
[8] *Id.*
[9] *Id.*
[10] Voir, par exemple, sourat IV, verset 33/39 : « Ô vous qui croyez, ne mangez pas vos biens entre vous de manière vaine, sauf s'il s'agit d'une affaire commerciale » ; Sourat II, verset 27 : « Ô Croyants, ne pratiquez pas le riba qui va multipliant de double en double mais craignez Dieu pour réussir dans le droit chemin ». Cité par [Najjar], p. 586
[11] [Najjar], p. 587

islamique n'a pas développé de règles sur les obligations contractuelles, mais a construit les transactions autour de ces deux prohibitions.[1]

Un auteur définit le *riba* comme un « profit ou gain illicite découlant d'une inéquivalente dans la contre-valeur des prestations réciproques au cours de l'échange de deux ou plusieurs biens de la même espèce, du même genre et régis par la même cause ».[2] Ainsi, dans la pratique, sont interdits les intérêts et les opérations de crédit de toutes sortes comme les prêts à intérêt, vente à crédit, intérêts composés, intérêts moratoires.[3] Le *gharar* est un enrichissement aux dépens d'autrui et résultant d'un hasard.[4] Les conventions qui n'ont pas d'objet déterminé ou déterminable lors de leurs conclusions et celles portant sur un objet futur dont la réalisation est conditionnée ou incertaine sont nulles.[5] Ainsi, sont interdites les conventions concernant la vente de choses inexistantes, les ventes aux enchères, la loterie, le contrat d'assurance, etc.[6]

Lorsque l'arbitrage se déroule dans un système qui considère la *charia* comme l'expression de son ordre public, ceci constitue une limite à la liberté de l'arbitre international par rapport au droit du siège pour désigner le droit applicable au fond.[7] C'est le cas du Yémen et de l'Arabie saoudite où la *charia* est appliquée de façon exclusive.[8] L'adoption d'une loi sur l'arbitrage sur la base de la loi-type CNUDCI permettrait aux parties ou sinon à l'arbitre de choisir une loi étrangère à condition de respecter la *charia*.[9] Il en est de même s'agissant des arbitrages se déroulant dans les pays arabo-musulmans ouverts aux législations étrangères et à la loi d'autonomie mais qui exigent que l'arbitre international respecte le droit du siège.[10]

Sous réserve d'une « délocalisation », l'arbitre se voit obligé d'appliquer la *charia* ou l'ordre public islamique de la loi désignée par la règle de conflit du siège, bien que ce droit n'a aucun lien avec le litige, qu'il ne fait pas partie de la *lex causae* ou qu'il se trouve inadapté.[11] De cette façon, l'arbitre évite la condamnation de la sentence sur son lieu de prononcé et l'effet de l'article V-I-e de la Convention de New York.[12] Or, à défaut de choix des parties, l'arbitre international doit jouir de la liberté de désigner le droit applicable au fond, de

---

[1] *Idem*

[2] N. SALEH et al., *Unlawful gain and legitimate profit in Islamic law*, 2de ed., Graham and Trotman, Londres, 1992, p. 16. Voir aussi définition propose par J. SCHACHT, *Introduction au droit musulman, Op. cit.*, p. 124. Réf. citées par [Najjar], p. 586-587

[3] [Najjar], p. 587

[4] S. JAHEL, « Chari'a et contrats internationaux », *Op. cit.*, p. 311. Cité par [Najjar], p. 587

[5] [Najjar], p. 587

[6] *Idem*

[7] *Id.*, p. 588

[8] *Id.*

[9] *Id.*

[10] *Id.*

[11] *Id.*, p. 588-589

[12] *Id.*, 589

choisir la méthode qu'il juge appropriée et être autonome par rapport aux règles de conflit du siège.[1]

Pour l'arbitre international, n'ayant pas de for, toutes les lois devraient être susceptibles de s'appliquer au litige à titre égal, qu'elles soient d'origine étatique ou religieuse.[2] Il est évident que l'arbitre doit veiller à une exécution efficace de la sentence mais, abstraction faite de cela, face à une règle de la *charia* qui serait inadaptée au commerce international[3] ou inconciliable avec les pratiques du commerce international l'arbitre doit-il l'exclure ou s'y conformer ?[4]

Tout d'abord, si la *charia* a vocation à s'appliquer pour une raison sérieuse, l'arbitre ne devrait pas l'exclure sous prétexte que cette règle est liée à la religion.[5] Aussi, si une règle est religieuse, cela ne veut pas dire qu'elle doit primer sur d'autres lois applicables au différend.[6] Ceci a été confirmé par la *Commission Paris Europlace Commission for Islamic Finance* (PECIF).[7]

L'arbitre international doit respecter les principes suivis dans les arbitrages internationaux.[8] Il existe aussi des techniques spécifiques suivies dans le droit musulman et des subterfuges légaux *hiyal char'iyya* permettant d'assouplir ou de contourner une règle d'ordre public islamique inadaptée au commerce international.[9]

§ 2 - Choix de l'arbitre international d'appliquer ou non la règle d'ordre public islamique

En principe, l'arbitre a la liberté de choisir le droit applicable au litige, mais il ne peut éviter l'application des règles d'ordre public de la loi désignée pour régir le litige (la *lex causae*) qu'elle soit contractuelle ou désignée par l'existence de liens les plus étroits avec le litige.[10] Ainsi, l'arbitre international

---

[1] *Id.*

[2] *Id.*, p. 589, 590

[3] Le fait d'écarter une règle de la charia inadaptée au commerce international n'est pas à confondre avec la condamnation de la charia en tant que source de droit du commerce international comme cela a été le cas avec les fameuses sentences pétrolières des années 1950 dans lesquelles les arbitres ont qualifié la charia d'« embryonnaire », « précaire », et « inapte à régir les techniques évoluées du commerce international moderne » la remplaçant par des principes généraux de droit « communs aux nations civilisées », ce qui a été critiqué par la doctrine arabe et occidentale. [Najjar], p. 589

[4] [Najjar], p. 589-590

[5] *Idem*

[6] *Id.*

[7] Voir rapport de la Commission de l'Organisation de Financement Islamique en France pour rechercher le droit applicable pour la résolution des différends portant sur le financement Islamique : G. AFFAKI (ed.), I. FADLALLAH, D. HASCHER, A. PEZARD, F. X. TRAIN, Commission Paris Europlace pour la Finance Islamique (*Paris Europlace Commission for Islamic Finance* (PECIF)), Rapport du Groupe de travail sur le droit applicable et le règlement des différends dans les financements islamiques, 21 septembre 2009, *Majallat al-Tahkim al-Aalamiyya*, No. 6, 2010, p. 21, cité au point 5.6.1. Voir [Najjar], p. 590

[8] [Najjar], p. 590

[9] *Idem*

[10] *Id.*, p. 591

doit respecter l'ordre public islamique de la *lex causae* ou de la loi applicable au litige qu'il statue en droit ou en amiable composition.[1]

Lorsque le choix des parties est inexistant, une jurisprudence considère que la liberté de l'arbitre de désigner le droit applicable doit être conforme aux attentes légitimes des parties que la loi choisie n'annule pas leur contrat.[2]

Dans une affaire CCI de 1984, les arbitres devaient choisir entre l'application de la loi suisse ou de la loi d'un pays arabe au fond.[3] Ils ont considéré que « le droit [du pays arabe] peut partiellement ou totalement mettre en cause la validité du contrat […]. Il est raisonnable de penser que de deux droits possibles, les parties auraient choisi celui qui assure la validité du contrat. C'est également un principe général reconnu qu'entre deux solutions juridiques, le juge choisit celle en faveur de la validité du contrat (*favor negotii*) ».[4] Dans une autre sentence, le tribunal a eu recours à la technique du renvoi pour éviter la loi restrictive du droit normalement applicable.[5] Une partie de la doctrine critique cette position et considère que si l'arbitre choisit une loi autre que celle qui a des liens étroits ou exclusifs avec le litige au motif que la loi choisie annule le contrat, cela signifierait que la validité du contrat devient un lien de rattachement.[6]

Si une disposition de l'ordre public islamique n'appartient pas à la loi normalement applicable à la *lex causae*, l'arbitre n'est pas tenu de l'appliquer (la disposition islamique).[7] Cependant, dans la pratique, l'arbitre international est parfois obligé de respecter l'ordre public, bien qu'il n'appartienne pas à la *lex causae*, et ce en raison de son obligation de rendre une sentence efficace au lieu d'exécution de la sentence.[8] Cette obligation est rappelée par la doctrine[9] et la CCI.[10]

---

[1] *Id.*

[2] C. FERRY, *La validité des contrats en droit international privé*, France/USA, LGDJ, 1987, spéc. note No. 307, p. 147. Cité par [Najjar], p. 591

[3] *Id.*

[4] Sent. CCI n° 4145 [1984] : *JDI* 1985, p. 985, obs. Y. DERAINS : Rec. CCI. I, p. 558. Cité par [Najjar], p. 591

[5] Sentence No. 8113 de 1993, inédite, citée par I. FADLALLAH, « L'ordre public dans les sentences arbitrales », *RCADI*, 1994, V, No. 71, p. 418-419. Cité par [Najjar], p. 591

[6] J.-B. RACINE, *L'arbitrage commercial international et l'ordre public*, Thèse, Nice, 1997, p. 240 et s. Voir aussi H. BATIFFOL, P. LAGARDE, *Traité de droit international privé*, t. II, 1983, No. 591, p. 304-306. Cité par [Najjar], p. 591

[7] [Najjar], p. 591

[8] *Id.*, p. 592

[9] A. BUCHER, *Le nouvel arbitrage international en Suisse*, Bâle, Helbing & Lichtenhahn, Théorie et pratique du droit, 1988, No. 251, p. 87 ; P. LEVEL, « Brèves réflexions sur l'office de l'arbitre », *Op. cit.*, No. 15, p. 270. Cités par [Najjar], p. 592

[10] Article 42 du règlement d'arbitrage de la CCI de 2017 ; CCI, Contrat modèle d'Agent Commercial, article 23-3. Voir [Najjar], p. 592

§ 3 - Exclusion de la règle d'ordre public islamique

Ainsi, le principe est que lorsque l'arbitre international est confronté à une règle restrictive d'ordre public islamique qui fait partie de la *lex causae*, il est tenu de respecter la loi du contrat même si cela entraîne son annulation.[1] Cela étant dit, il peut écarter une règle prohibitive de la *charia* au titre de l'ordre public international si cette règle d'ordre public islamique de la loi applicable n'est pas conforme aux nécessités du commerce international.[2] Un auteur précise, néanmoins, que cette possibilité devrait rester « exceptionnelle » et que la contrariété entre l'ordre public de la *lex causae* et les besoins du commerce international doit être manifeste.[3] Cette attitude de l'arbitre international est nécessaire pour rendre une sentence efficace, notamment si elle est rendue ou doit être exécutée dans un pays musulman, et aussi pour respecter l'article V, I, e de la Convention de New York.[4] Dans le but de rendre des sentences efficaces exécutables dans les pays arabo-musulmans, les arbitres internationaux ont décidé, dans plusieurs affaires, d'appliquer un taux d'intérêt légal accepté par la *charia* et les juridictions internes de ces pays, taux inférieur à celui trouvé dans le commerce international, en recourant à la méthode conflictuelle classique[5] ; ou ont décidé d'appliquer la *charia* convenue pour régir le fond en évitant d'octroyer des intérêts.[6] La Cour de cassation égyptienne a affirmé, par exemple, que le paiement d'intérêts de retard de 5% est conforme à l'article 231 de code civil et n'est pas contraire à l'ordre public.[7] Dans une autre affaire, la cour d'appel a jugé conforme à la *charia* l'intérêt de 7% convenu pour une compensation contractuelle de l'obligation de paiement d'une somme d'argent ou l'indemnisation de l'utilisation du capital d'une société.[8] Une autre sentence exécutée en Libye fixe des intérêts moratoires de 5% en vertu de l'article 226 du code civil.[9]

---

[1] [Najjar], p. 592

[2] *Idem*

[3] J.-B. RACINE, *L'arbitrage commercial international et l'ordre public*, Thèse, *Op. cit.*, p. 274. Voir [Najjar], p. 592

[4] [Najjar], p. 592

[5] Voir application des intérêts légaux du droit koweïtien : sentence finale, affaire No. 5428 de 1988, *Bull. CCI*, mai 1992, Vol. 3, No. 1, p. 16 ; application des intérêts contractuels en droit libyen : sentence finale, affaire No. 5440 de 1991, *Bull. CCI*, mai 1992, Vol. 3, No 1, p. 16 ; application du droit yéménite : sentence finale, affaire No. 5597 de 1990, *Bull. CCI*, mai 1992, Vol. 3, No. 1 p. 16 ; application du droit égyptien : sentence finale, affaire No. 6162 de 1990, *Bull. CCI,* mai 1992, Vol. 3, No.1, p. 22. Jp citée par [Najjar], p. 593

[6] Sent. CCI n° 8677/FMS, Héritier de M. X c. État Y, *Majallat al-Tahkim*, No. 5 de 2010, p. 763, note S. AL-AWWA. Cité par [Najjar], p. 593

[7] Cour Cassation égyptienne, section commerciale, No. 64/2010 du 22/1/2008, *Majallat al-Tahkim*, No. 1 de 2009, p. 482. Cité par [Najjar], p. 593

[8] CA Caire, 7e ch. com., No. 90 de la 126e année jud., du 8/6/2011 : *Majallat al-Tahkim al-Aalamiyya*, No. 12 de 2011, p. 672. Cité par [Najjar], p. 593

[9] Arbitrage *ad hoc,* sentence, 12 avril 1991, *Majallat al-Tahkim*, No. 3 de 2009, p. 515, note M. I. EL-OUERFELLI. Cité par [Najjar], p. 593

En présence d'une règle d'ordre public islamique faisant partie du droit applicable, l'arbitre international est obligé de la respecter même si cela aboutit à l'annulation du contrat.[1] Néanmoins, dans certains cas, l'arbitre international peut écarter une règle de la *charia* sous prétexte de respect de l'ordre public international.[2] Cela étant dit, ceci reste exceptionnel parce que « seule une contrariété manifeste entre l'ordre public de la *lex causae* et les besoins du commerce international devrait justifier l'éviction par l'arbitre d'une disposition impérative déterminée ».[3]

§ 4 - Les détours légaux utilisés par les arbitres pour assouplir les prohibitions du Coran

Les *fuqaha'* (spécialistes du *fiqh*) ont trouvé dans la pratique des moyens pour assouplir la *charia.* La doctrine souligne la différence entre la théorie et la pratique dans les domaines contractuels et des obligations musulmans. Bien évidemment, la théorie issue du Coran et de la *sunna* influence la théorie et en constitue la base mais, étant immuable, s'adaptait difficilement aux nouveaux besoins de la société et du commerce, ce dont, en revanche, a fait preuve la pratique en recourant à des fictions juridiques le plus souvent.[4] La pratique prend en considération le principe de nécessité (*darura*) et ce que les *fuqaha'* appellent « la corruption des temps » (*fasad al-zaman*) accordant alors à la *charia* une certaine souplesse.[5] Le principe de nécessité constitue l'un des fondements du droit musulman[6] parce qu'il autorise les exceptions et justifie les changements de la loi exigés par les évolutions économiques et sociales, c'est-à-dire « la corruption des temps ».[7] Le principe de la nécessité et la « corruption des temps » sont mentionnés dans plusieurs versets du Coran[8] et dans la *Majallat* ottomane.[9]

Les intérêts contractuels sont un exemple de l'assouplissement des prohibitions islamiques dans le Coran par le principe de nécessité.[10] Du temps

---

[1] [Najjar], p. 592

[2] *Idem*

[3] J.,-B. RACINE, *L'arbitrage commercial international et l'ordre public*, Thèse, *Op. cit.*, p. 274. Cité par [Najjar], p. 592

[4] J. SCHACHT, *Introduction au droit musulman, Op. cit.*, p. 70-71, 74. Cité par [Najjar], p. 407- 408

[5] S. JAHEL, « Chari'a et contrats internationaux », *Op. cit.*, p. 295-296. Cité par [Najjar], p. 594

[6] A. R. EL-SANHOURY, « Le droit musulman comme élément de refonte du Code civil égyptien », *In Introduction à l'étude du droit comparé : Recueil d'études en l'honneur d'Edouard Lambert*, t. II, Paris, LGDJ, 1938, p. 621, spéc. p. 634. Cité par [Najjar], p. 594

[7] [Najjar], p. 594

[8] « Mais pour quiconque est forcé d'en manger [de la bête morte, du porc…], sans gourmandise ni intention de transgresser, Dieu sera indulgent et compatissant » (sourate XVI, Les Abeilles, verset 115) ; « Il vous a expliqué ce qui est interdit sauf en cas de nécessité » (sourate VI, Le Bétail, verset 119). Cité par [Najjar], p. 594

[9] Exemple : « La nécessité autorise ce qui est interdit » (article 21, *Majallat* ottomane) ; « le besoin a la même valeur que la nécessité » (article 32) ; « Nul doute que les règles de droit changent avec les époques » (article 39). Cité par [Najjar], p. 594

[10] [Najjar], p. 595

du Prophète, le prêt était considéré comme un acte gratuit, un service d'ami.[1] Avec l'évolution des besoins socio-économiques, la doctrine a cherché une nouvelle interprétation selon laquelle la monnaie est devenue un bien productif, un moyen d'épargne faisant partie des facteurs de production.[2] D'où l'immobilisation d'une somme d'argent mérite d'être rétribuée.[3] L'interdiction du prêt à intérêt serait même contraire au but de protection de la partie faible au contrat prônée dans le Coran,[4] le préjudice subi par le prêteur du fait de l'immobilisation d'un montant d'argent devant être compensé.[5] Cette interprétation a permis à de nombreux législateurs arabes d'introduire des taux d'intérêt dans leurs codes civils et commerciaux, ainsi qu'aux arbitres d'allouer des intérêts dans leurs sentences.[6] Par exemple, dans la sentence Liamco[7], le demandeur considérait que l'arbitre pouvait fixer le taux d'intérêt à sa discrétion et réclamait un taux de 12% d'intérêts moratoires.[8] Désignant le droit libyen comme applicable et prenant en considération la prohibition des intérêts en Islam, l'arbitre a considéré qu'il était juste et équitable de considérer les intérêts réclamés comme une compensation équivalent au taux réclamé (et non comme usuraires), ainsi que de réduire le taux à 5% pour être conforme au code civil libyen (article 229, code civil libyen).[9]

Autre exemple, dans une sentence CCI rendue en 1993,[10] entre deux parties saoudiennes, concernant l'exécution d'un contrat de construction en Arabie saoudite, il s'agissait de savoir si le demandeur pouvait demander des intérêts supplémentaires en plus de l'indemnisation du préjudice subi au vu du droit musulman hanbalite.[11] Pour contourner l'interdiction des intérêts et « ménager la sensibilité de la *charia* », le tribunal arbitral impose un taux de 5% annuel sur cinq ans, en évaluant le préjudice subi sur la base du taux annuel d'inflation au cours de la période de rupture du contrat.[12] Grâce à ce subterfuge, l'arbitre ne recourt pas au taux d'intérêt commercial et considère que la non-exécution du contrat entraîne une augmentation du coût de production qui se répercute sur le prix de la marchandise (inflation).[13] Le droit musulman hanbalite permettant ainsi de dédommager un préjudice direct.[14]

---

[1] *Id.*
[2] *Id.*
[3] *Id.*
[4] *Id.*, p. 595-6
[5] *Id.*, p. 596
[6] *Id.*
[7] Liamco c. Libye, sentence *ad hoc*, 21 avril 1979, *YCA*, 1981, Vol. 6, p. 89. Cité par [Najjar], p. 596
[8] [Najjar], p. 596
[9] *Idem*
[10] Sent. CCI n° 7063 [1993] : *YCA* 1997, p. 87. Cité par [Najjar], p. 597
[11] [Najjar], p. 597
[12] *Idem*
[13] *Id.*
[14] *Id.*

Une partie de la doctrine[1] considère que seuls les croyants sont tenus de respecter les prohibitions islamiques et qu'elles ne devraient pas avoir lieu en dehors des terres d'Islam (dar el-harb ou territoire de belligérance).[2] Les chrétiens et les Juifs (les *dhimmis*) pouvaient pratiquer le prêt à intérêt en terre d'Islam.[3] Ceci permit aux musulmans de recourir au *riba* dans leurs relations avec les non-musulmans.[4] En se basant sur un *hadith* du Prophète, l'école hanéfite considère que le *gharar* et le *riba* peuvent être pratiqués en dehors des terres d'Islam que cela soit avec un musulman ou un non-musulman établi en terre étrangère.[5]

Dans un *hadith* sur le *gharar*, le Prophète aurait accepté un pari conclu par un de ses compagnons en *dar el-harb*. Sur cette base, le *fiqh* a accepté la validité du contrat d'assurance conclu en *dar el-harb*, au bénéfice d'un musulman.[6] C'est sur ce fondement que l'article 4 des TBI conclus entre l'Arabie saoudite, d'une part, et la France, l'Autriche et l'Allemagne, d'autre part, dispose qu'en cas d'expropriation, l'indemnisation « produit jusqu'à la date de son versement, des intérêts calculés aux taux d'intérêt appropriés du marché ».[7] Si un arbitrage se déroule à l'étranger, il a été admis qu'un usage peut ne pas respecter une règle fondamentale islamique.[8] Par exemple, en application du code civil syrien (article 233), la Cour de cassation d'Alep a considéré que les intérêts composés peuvent être admis si un usage est appliqué dans la sentence.[9] Cela étant dit, l'efficacité de ces subterfuges dépendra de l'opinion de chaque école : les écoles chaféite et malékite y sont opposées, l'école sunnite doute des *hadiths* sur lesquels ils s'appuient, et les hanéfites sont plutôt nuancés.[10] Les chiites imamites permettent le recours au *riba* dans les relations avec les étrangers (*harbi*) à condition que le musulman puisse seul bénéficier des intérêts.[11]

Dans le cadre de la finance islamique, une technique appelée *Murabaha* permet de contourner le prêt avec intérêt.[12] Avec cette technique, afin de ne

---

[1] S. JAHEL, « Chari'a et contrats internationaux », *Op. cit.*, p. 316, No. 387 et s. ; I. FADLALLAH, « La spécificité de l'arbitrage international », *Euro-Arab Arbitration III*, Graham et Trotman, 1989, p. 30. Cité par [Najjar], p. 597

[2] [Najjar], p. 597-598

[3] *Idem*

[4] *Id.*, p. 598

[5] *Id.*

[6] *Id.*

[7] *Id.*

[8] *Id.*

[9] Cour Cass. d'Alep, 1er ch. civ., No. 1116/2010 du 27/12/2010 : *Majallat al-Tahkim al-Aalamiyya*, No. 20, p. 378, note H. ISSA. Cité par [Najjar], p. 598

[10] S. JAHEL, « Chari'a et contrats internationaux », *Op. cit.*, p. 323, No. 403 et s. Cité par [Najjar], p. 599

[11] C'est sur ce fondement que l'Iran a réclamé des intérêts pour le prêt accordé au Commissariat à l'énergie atomique français dans le cadre des contrats conclus avec EURODIF et la Société franco-iranienne d'enrichissement de l'uranium par diffusion gazeuse (SOFIDIF). Voir Cour de cassation française, 1er ch. civ., 14 mars 1984, *JCP*, 1984, II.20205, conclusion de l'avocat général GULPHE, note SYNVET. Cité par [Najjar], p. 599

[12] W. BEN HAMIDA, « La finance islamique internationale : quel rôle pour la CNUDCI », *Op. cit.*, p. 3, note 15

pas s'endetter pour acheter un bien, « la banque achète comptant un bien sur les instructions de son client qui s'engage à le lui racheter simultanément pour un prix comprenant la marge du banquier payable à terme ou par échéance ».[1]

Toutes ces techniques ou subterfuges permettent d'assouplir les règles de la *charia*. Cependant, elles semblent être réservées aux seuls initiés aux techniques d'élaboration du droit musulman et supposent donc une connaissance profonde du *chareh*.[2] Le principe de nécessité reste imprévisible parce que le juge islamique peut choisir une interprétation restrictive du droit islamique (textes saints et *fiqh*).[3]

Ainsi, les principes prohibitifs de la *charia* peuvent être assouplis ou contournés grâce à ces subterfuges légaux ou expédients juridiques (*hiyal char'iyya*).[4] Cela étant dit, les prohibitions islamiques ne peuvent pas toujours être contournées.[5] Dans le rapport de la Commission PECIF (point 5.6.10), le cheikh Nizâm Yaacoubi affirme que la question des intérêts est incompatible avec la *charia*.[6] Dans ce cas, l'arbitre international confronté à ce problème serait obligé d'écarter la règle islamique, même si elle fait partie de la *lex causae*.[7] Les économies arabes ne peuvent exister à l'écart du commerce international, d'où la nécessité du législateur de s'adapter aux besoins du commerce international.[8] Il est vrai qu'il est possible d'assouplir certaines règles islamiques. Néanmoins, certaines règles relèvent de l'ordre public islamique et il est donc impossible d'y déroger.[9] Tout d'abord, et paradoxalement, il s'agit de la question des intérêts (capitalisables, conventionnels ou moratoires).[10] Les intérêts capitalisables sont interdits dans toutes les législations arabo-musulmanes parce qu'ils violent le *riba el-nassi'a* du Coran.[11] La prohibition des autres intérêts, conventionnels ou moratoires, varie selon chaque pays, excepté au Liban où les intérêts sont autorisés.[12] En Arabie saoudite, où l'application de la *charia* est très stricte, ces intérêts sont complètement interdits qu'ils soient en matière civile ou commerciale et aucun texte ne l'autorise, et la jurisprudence l'a affirmé dans plusieurs affaires.[13] Par exemple, dans une sentence arbitrale *ad hoc*, rendue en Arabie saoudite, où le droit applicable au fond du contrat convenu par les parties était la *charia*, les arbitres annulent un contrat de *moudaraba* d'office en considérant qu'il est de

---

[1] *Idem*
[2] [Najjar], p. 599
[3] *Idem*, p. 600
[4] *Id.*, p. 594-595
[5] *Id.*, p. 600
[6] *Id.*
[7] *Id.*
[8] *Id.*
[9] *Id.*
[10] *Id.*
[11] *Id.*
[12] Les intérêts capitalisables sont autorisés pour 6 mois maximum. [Najjar], p. 600, 602
[13] [Najjar], p. 601

leur devoir d'annuler d'office, sans qu'une partie en fasse la demande, une opération violant la *charia*.[1]

Les droits tunisien, égyptien, syrien et irakien autorisent les intérêts conventionnels, mais pas au-delà des limites fixées par la loi.[2] Au Koweït, au Bahreïn, au Yémen, à Oman, au Qatar et en Jordanie, les intérêts sont interdits en matière civile, mais admis en matière commerciale selon un plafond qui varie entre 5% à 9% selon les pays.[3] En droit algérien, libyen et émirati, les intérêts ne sont autorisés qu'entre personnes morales ou entre une personne morale dans sa relation avec une personne physique (interdits entre personnes physiques),[4] et dans les limites des taux autorisés par la loi.[5] Au Maroc, les musulmans entre eux ne peuvent pas stipuler des intérêts[6] mais y sont autorisés avec des non-musulmans.[7]

Pour ce qui est des intérêts moratoires, au Maroc, en Algérie, en Tunisie, en Égypte, en Libye, en Syrie et en Irak, les indemnités de retards pour simple constat du retard dans l'exécution d'une obligation sont permises, que cela soit en matière civile et commerciale, et selon des taux variables selon les pays.[8] Au Koweït, aux Émirats arabes unis et au Yémen, les intérêts moratoires en matière civile sont autorisés uniquement avec l'obtention de preuves contraignantes du préjudice subi par le créancier, alors qu'en matière commerciale ils sont de plein droit sans preuve nécessaire.[9]

À Oman, comme le code civil 2013 ne traite pas la question, ces intérêts moratoires sont gérés par le *fiqh* et la *charia*.[10] En matière commerciale, le prêteur peut obtenir « une compensation conventionnelle pour le retard » du paiement de la dette et c'est le tribunal qui fixe son montant (article 81, code de de commerce omanais).[11] En l'absence de texte de convention entre les parties, le créancier doit démontrer la faute du débiteur, le dommage

---

[1] Arbitrage *ad hoc*, sentence, 31 juillet 2005, rendue en Arabie saoudite, *Majallat al-Tahkim*, No. 7 de 2010, p. 203, note I. JANNOUN. Voir aussi exemple, sentence finale rendue à Dammam, Arabie saoudite, 20 novembre 1987 et corrigée le 20 février 1988, *JCA* 1989, p. 47. Jp citée par [Najjar], p. 601

[2] Voir articles 226-227 du code civil égyptien qui fixent les intérêts conventionnels à un plafond de 7 % ; articles 510 et 228 du code civil syrien qui fixent un plafond de 9 % ; article 172 du code civil irakien qui fixe le plafond à 7 % ; article 1096 et s. du c.o.c. tunisien. [Najjar], p. 602

[3] [Najjar], p. 602

[4] Article 1 loi libyenne No. 74 de 1972 ; article 454 code civil algérien ; article 409 et s. code pénal fédéral émirati. [Najjar], p. 602-603

[5] Article 230 du code civil libyen plafonne le taux d'intérêt contractuel à 10 %. [Najjar], p. 602

[6] Article 277 et s. du code des obligations et des contrats marocains. [Najjar], p. 603

[7] [Najjar], p. 603

[8] Article 277 et s. du code des obligations et des contrats marocains ; articles 182 et s. du code civ. algérien ; articles 345 et 1100 du c.o.c. tunisien ; article 226 code civil égyptien ; article 229 code civ libyen ; l'Irak et la Syrie ont adhéré à la Convention de Vienne relative à la vente internationale de marchandises de 1980 (voir article 78 de cette convention) ; [Najjar], p. 603

[9] Article 114 du code de commerce koweïtien ; articles 386, 390 et l'exposé des motifs du code des transactions civiles émirati ; articles 354 et 358 du code civil yéménite. [Najjar], p. 603

[10] [Najjar], p. 603

[11] *Idem*, p. 604

occasionné par le retard et le lien de causalité.[1] Ainsi, dans certaines matières, l'obtention des preuves est compliquée dans certains pays arabes.[2]

La jurisprudence égyptienne[3] a précisé que pour accorder des intérêts supérieurs à ceux autorisés par la loi, le préjudice doit dépasser le montant des intérêts accordés et le débiteur doit être de mauvaise foi, c'est-à-dire qu'il ne remplit pas ses obligations tout en connaissant le préjudice causé au créancier.[4] Dans ce cas, l'intérêt complémentaire à celui prévu par la loi n'est pas contraire à l'ordre public. Le juge apprécie le montant de l'intérêt et la date à partir de laquelle il commence à courir.[5]

En Égypte, les intérêts moratoires sont d'ordre public et ne peuvent dépasser la limite des 5% fixée par l'article 226 du code civil égyptien.[6] Ainsi, la Cour de cassation égyptienne,[7] saisie d'une demande d'annulation, annule de son propre chef et d'office une sentence ordonnant le paiement de dommages-intérêts moratoires supérieurs à ceux prévus par le code civil égyptien, et se permet ainsi un contrôle du fond du litige.[8] L'ordre public est souvent invoqué par les parties pour annuler une sentence.[9] Ceci amène les tribunaux nationaux à se prononcer sur le fond du litige afin de vérifier si les arbitres ont rendu une décision injuste ou moralement injustifiée sur le fond.[10] De même, aux Émirats arabes unis, les intérêts usuraires sont contraires à l'ordre public faisant partie de la *charia* (article 3 et 27 du code civil émirati).[11] La Cour de cassation de Dubaï annule une sentence comportant de tels intérêts.[12]

En matière d'interdiction du *gharar*, le jeu Pokémon pour enfant, impliquant parfois le paiement d'argent entre les collectionneurs des cartes, fut prohibé en Arabie saoudite et aux Émirats arabes unis parce que assimilé à un jeu d'argent interdit par l'Islam.[13] De même, certains livres comme *Harry Potter and the Philosopher's Stone* de J.K. Rowling sont interdits par le ministère de l'éducation émirati en raison de leur non-conformité aux lois

---

[1] *Id.*

[2] *Id.*

[3] Cour Cass. égyptienne, section com., No. 64/3161 du 10/3/2009 : *Majallat al-Tahkim al-Aalamiyya*, No. 10 de 2011, p. 516, note Nader Mohamed IBRAHIM ; Cour Cass. égyptienne, section com., No. 9736 de la 65e année jud., du 11/3/2008 : *Majallat al-Tahkim*, No. 3 de 2009, p. 616. Cité par [Najjar], p. 604

[4] [Najjar], p. 604

[5] *Idem*

[6] *Id.*

[7] Cour Cass. égyptienne, section com., No. 12790 de la 69e année jud., du 22/3/2011 : *Majallat al-Tahkim al Aalamiyya*, No. 21 de 2014, p. 689. Cité par [Najjar], p. 604

[8] [Najjar], p. 604

[9] S. RAJOO, « Annulment of investment arbitration awards (Chapter 12) », *Op. cit.*, p. 167

[10] *Idem*

[11] Cour Cass. Dubaï, No. 146/2008 du 9/11/2008 : *Majallat al-Tahkim*, No. 7 de 2010, p. 239. Cité par [Najjar], p. 604-605

[12] [Najjar], p. 604

[13] *Idem* p. 605-606

islamiques.[1] Cela étant dit, un auteur affirme qu'en pratique l'interférence de la *charia* dans le droit commercial reste minime.[2]

Mis à part le Liban, l'Algérie et la Tunisie, où la *charia* n'est pas une source de droit, la notion d'ordre public international n'est pas consacrée dans les autres pays arabes.[3] Or, la reconnaissance de l'ordre public international aurait permis d'atténuer les effets de l'ordre public islamique interne au niveau international.[4] Il est peu probable que la *charia* ayant une valeur divine supérieure puisse céder sa place la notion d'ordre public international.[5]

De nombreux auteurs ont souligné la nécessité de réformer le droit musulman. Mohammed Charfi insiste, par exemple, sur la nécessité de séparer droit et religion parce que les lois doivent suivre les évolutions économiques, sociales et culturelles alors que la religion relève de la conviction.[6] Sobhi Mahmassani considère que la *sunna* doit être suivie uniquement en cas de consensus entre toutes les écoles islamiques, que ses règles impératives doivent être respectées, et que les *hadith* douteux doivent être écartés sauf ceux reconnus par les *ulémas* et conformes à la raison.[7] William Ballantyne ajoute également que les législateurs dans les pays arabes devraient abandonner les efforts de codification du droit musulman parce qu'ils ne feraient que figer les principes de la *charia* qui nécessitent, au contraire, une adaptation aux évolutions du commerce international actuel, tout en respectant le Coran et la *sunna*, seules limites à respecter, selon l'auteur.[8] Il ajoute que si l'interdiction des intérêts (*riba*) est clairement prescrite dans le Coran, il faudrait redéfinir le *riba* de façon restrictive, ce qui rendrait l'opération licite car fondée sur le principe d'intérêt général (*istislah* ou *istihsan*).[9]

§ 5 - Le boycott d'Israël

Dans les sentences impliquant une partie arabe, l'arbitre peut faire face à une exigence d'ordre public spécifique aux pays arabes qui est le boycottage

---

[1] *Id.*, p. 606

[2] W. BALLANTYNE, « The Sharia & its Relevance to Modern Transnational Transactions », *In Arab comparative & commercial law : the international approach : proceedings, International Bar Association, first Arab regional conference, Cairo 15-19 February 1987*, Boston London, England : Graham & Trotman International Bar Association, 1987, p. 3, spéc. p. 5. Cité par [Najjar], p. 606

[3] [Najjar], p. 606-607

[4] *Idem*, p. 606

[5] *Id.*, p. 606-607

[6] M. CHARFI, *Islam et liberté. Le malentendu historique*, Paris, Albin Michel, 1999, p. 150 et s. Voir K. ABDULMAGD, « The Application of the Islamic Sharia », *Arab Comparative and Commercial Law : The International Approach*, First Arab Regional Conference, Cairo 15-19 February 1987, IBA / Graham & Trotman International Bar Association, 1987, p. 28. W. BALLANTYNE, « The Sharia & its Relevance to Modern Transnational Transactions », *Op. cit.*, p. 22-23. Cité par [Najjar], p. 607-608

[7] S. MAHMASSANI, *La situation législative dans les pays arabes, son passé et son présent*, Dar el-Ilm lil Malayin, Beyrouth, 3e éd. 1965 [en arabe], p. 139-140. Cité par [Najjar], p. 608

[8] W. BALLANTYNE, « The Sharia & its Relevance to Modern Transnational Transactions », *Op. cit.*, p. 8. Cité par [Najjar], p. 608

[9] [Najjar], p. 608

d'Israël.[1] En 1950, la Ligue arabe adopte une résolution (No. 357) à cet effet, crée un Bureau central du boycott et des bureaux nationaux de boycottage dans chaque pays membre, et trace les principes généraux de boycottage en 1972 correspondant à l'interdiction de tout échange direct de biens avec Israël ou des sociétés israéliennes ou indirect avec des entreprises non israéliennes qui ont des relations économiques et militaires avec Israël.[2] Ce boycott consiste à interdire l'entrée des produits de cette entreprise sur le marché arabe, le but étant de décourager les efforts militaires israéliens contre les pays arabes étant donné que les pays arabes considèrent que tout échange commercial avec des entreprises ayant des relations avec Israël contribue au développement militaire de cet État.[3] Cette forme de boycott a été qualifiée par le commissaire général du BCBI de « résistance pacifique » fondée sur « le droit de s'autodéfendre et sur la liberté de choisir ses partenaires commerciaux ».[4] Dans l'arrêt Licra, cette forme de boycott a été considérée comme incompatible avec le droit interne français et avec les principes de liberté de commerce et de non-discrimination dans l'ordre juridique communautaire.[5]

Une autre forme de boycott se présente sous forme de discrimination contre des individus de religion juive ou d'organes (presse, conseil d'administration) sionistes.[6] Certains pays occidentaux, comme la France et les Pays-Bas, ont condamné cette forme de boycott, la considérant comme raciste et discriminatoire.[7] En France, en vertu de l'article 32 de la loi No. 77-574 du 7 juin 1977 qui introduit de nouvelles dispositions dans le code pénal, est sanctionnée toute conduite de la part d'un « dépositaire de l'autorité publique ou [d'un] citoyen chargé de la part d'un ministère de service public » (art. 187-2) et de « quiconque » (art.416-1) contribuant à « rendre plus difficile l'exercice d'une quelconque activité économique dans des conditions normales par toute personne physique ou morale à raison de sa situation de famille, de son origine nationale, de son sexe, de ses mœurs, de l'appartenance ou de la non-appartenance, vraie ou supposée à une ethnie, une race ou une religion déterminée de celle de ses membres ou de certains d'entre eux ».[8] Un

[1] Sur le Boycottage d'Israël : S. SALEH, *Commercial Agency and Distributorship in the Arab Middle East, Op. cit.*, p. 1-22 et s. ; A. FRANCHI, « Impact of Boycott Actions Against Israel », *In The Relations Between European Union - Israel and the Middle East : Legal and Political Dimension*, Colloque organisé les 20-21 octobre 1994 à Gand. Cité par [Najjar], p. 609

[2] [Najjar], p. 609-611

[3] *Idem*, p. 610-611

[4] « Informations générales », *L'Orient-Le Jour*, 30 juillet 2001, Cité par [Najjar], p. 612

[5] Arrêt Licra et Mouvement pour la liberté et le commerce c. Aéroports de Paris, 8 nov. 1982, *Gaz. Pal.* 1983-1, somm. 135. Cité par [Najjar], p. 612

[6] [Najjar], p. 611

[7] *Idem*

[8] *Id.* Voir J.-H. MOITRY, « L'arbitre international et l'obligation de boycottage imposée par un État », *JDI*, 1991, p. 349, spéc. p. 355 et s.

juge néerlandais a considéré que le boycott d'Israël est contraire à l'ordre public.[1]

L'application des mesures de boycottage a varié au fil du temps et d'un pays arabe à un autre.[2] Par exemple, l'Égypte fut le premier pays à renoncer à ces mesures en 1980 à la suite de la signature des accords de paix avec Israël.[3] En 2005, l'Arabie saoudite et le Bahreïn auraient mis fin au boycottage pour se conformer aux lois des États-Unis et aux règles de l'OMC (Organisation Mondiale du Commerce).[4] Aujourd'hui, le Liban et la Syrie, pays voisins d'Israël, seraient les seuls pays à respecter scrupuleusement les mesures de boycott.[5]

Si certaines mesures de boycott sont racistes et discriminatoires, l'arbitre international serait-il tenu de les appliquer lorsqu'elles font partie de la *lex causae* ?[6] Une grande partie de la doctrine considère que l'arbitre ne doit pas être neutre lorsqu'il s'agit de respecter les droits fondamentaux.[7] Le boycott politique peut être toléré et Moitry encourage l'arbitre, dans ce cas, à rester neutre.[8] Or, dans le cas des pays arabes, il est difficile de distinguer les mesures de boycott purement politiques de celles basées sur la religion et la race.[9] Cette distinction étant une question controversée et sensible, dans la pratique arbitrale, les arbitres essayent de résoudre les litiges en contournant la question de la contrariété des mesures de boycott à l'ordre public lorsque celles-ci sont soulevées par les parties.[10]

Par exemple, dans l'affaire Götaverken[11], la partie libyenne commande à une entreprise suédoise trois navires. Cette dernière s'était engagée à fournir un certificat attestant que le matériel et l'équipement utilisés pour construire les navires ne provenaient pas d'Israël.[12] La partie libyenne refuse de recevoir les navires commandés au motif que l'entreprise suédoise a violé la loi

---

[1] Arrêt du 26 juin 1984 (juge Hoge Raad). Cité par H. VAN HOUTTE, « The Impact of Trade Prohibitions on Transnational Contracts », *Revue de droit des affaires internationales,* 1988, p. 141, spéc. p. 150. Cité par [Najjar], p. 611

[2] [Najjar], p. 609

[3] *Idem*

[4] C. HAMILTON, *Effects of the Arab League Boycott of Israel on US Businesses*, Diane Publishing, Washington, DC, 1994, p. 8. Cité par [Najjar], p. 610

[5] *Idem*, p. iii & 8. Cité par *idem*

[6] [Najjar], p. 612

[7] J.-B. RACINE, *L'arbitrage commercial international et l'ordre public*, *Op. cit.*, p.403-404, No. 72 ; J.-H. MOITRY, « L'arbitre international et l'obligation de boycottage imposée par un État », *Op. cit.*, p. 365 ; Y. DERAINS, « Les normes d'application immédiates dans la jurisprudence arbitrale internationale », Mélanges B. Goldman, p. 37. [Najjar], p. 613

[8] J.-H. MOITRY, « L'arbitre international et l'obligation de boycottage imposée par un État », *Op. cit.*, p. 363. [Najjar], p. 613

[9] L. MATRAY, « L'embargo national et international dans l'arbitrage », *Revue de droit international et de droit comparé,* Vol. 74, 1997, p. 7, spéc. p. 33. [Najjar], p. 613

[10] [Najjar], p. 614

[11] Sent. CCI n° 2977/2978/3033 [1978] : *YCA*, 1981, p. 133 ; Rec. CCI, I, p. 58 ; voir Obs. Y. DERAINS, « L'ordre public et le droit applicable au fond du litige dans l'arbitrage international », *Revue de l'arbitrage,* 1986, p. 409. [Najjar], p. 613

[12] [Najjar], p. 613

libyenne de boycottage d'Israël.[1] Les arbitres décidèrent d'appliquer la loi suédoise étant donné que la construction, la livraison et le paiement devaient s'effectuer en Suède.[2] La loi suédoise étant appliquée, la loi libyenne ne s'applique donc pas ni, par conséquent, la loi libyenne de boycottage d'Israël.[3] Le tribunal arbitral ajouta que la loi libyenne de boycottage aurait pu être prise en compte si le contrat y faisait une référence spéciale.[4] Le tribunal admet comme clause de boycottage partiel l'exigence stipulée dans le contrat de fournir le certificat concernant la provenant du matériel.[5] Les arbitres ont ainsi évité de recourir à la violation de l'ordre public international, même pour rejeter une clause de boycottage partiel.[6]

Dans une autre affaire, opposant deux sociétés demanderesses suisse et ouest-allemande, d'une part, à une entreprise publique de droit syrien, d'autre part, concernant le non-paiement par l'entreprise syrienne des services fournis par les deux sociétés suisse / allemande relatifs à la supervision technique, *know-how* et d'entretien d'une nouvelle usine syrienne, la société syrienne invoque comme motif d'annulation du contrat, la violation par les demanderesses de la loi syrienne applicable au contrat, notamment de la loi No. 286 de 1956 relative au boycott d'Israël prohibant les relations d'affaires avec les sociétés ou établissements nationaux étrangers, ayant des intérêts, succursales ou agences en Israël.[7] La partie syrienne considérait que l'une des sociétés demanderesses avait des relations commerciales avec Israël.[8] Au lieu d'apprécier les mesures de boycott au regard de l'ordre public international, le tribunal arbitral, plus subtil, rejette la prétention de la partie syrienne sur le fondement d'une confusion sur le nom et l'identité de la société qui a des liens avec Israël et la société demanderesse : les deux sociétés avaient des initiales qui se ressemblaient avant une certaine date.[9]

---

[1] *Idem*
[2] *Id.*
[3] *Id.*, p. 614
[4] *Id.*
[5] *Id.*
[6] *Id.*
[7] *Id.*
[8] *Id.*
[9] *Id.*

Conclusion

Aux termes de cette analyse, il ressort que malgré les tentatives de hiérarchisation des sources et les controverses doctrinales et différentes opinions, l'agencement de différents droits et règles est une tâche complexe qui sera décidée au cas par cas, tout dépendamment des circonstances de l'affaire. Comme l'exprime Walid Ben Hamida, « Dans les rapports transnationaux, le choix du droit applicable s'opère au cas par cas. Il exprime les besoins pratiques et juridiques des parties ».[1]

L'arbitre, au bout du compte, ne semble pas être aussi libre qu'il paraît dans le choix du droit applicable. Il tient ses pouvoirs de la volonté des parties.[2] Son autonomie est donc soumise avant tout à leur autorisation.[3] Mise à part l'obligation d'appliquer le choix du droit convenu par les parties, l'arbitre se retrouve, d'une part, face à leurs attentes légitimes d'aboutir à une solution équitable et, d'autre part, face à l'obligation de rendre une sentence efficace susceptible d'être reconnue et exécutée dans le nombre maximal de pays, du moins dans le pays du siège de l'arbitrage ou celui où l'exécution est recherchée. Tous les systèmes posent, d'une manière ou d'une autre, que la sentence contraire à l'ordre public ne recevrait pas l'exequatur et peut-être annulée. Chaque ordre juridique détermine ce qui est considéré comme appartenant aux principes auxquels il ne peut absolument pas être dérogé. L'ordre public constitue ainsi une contrainte. Dans un différend euro-arabe, à son obligation de respecter l'ordre public transnational et l'ordre public international de tel ou tel for, s'ajoute la tâche de se conformer à un ordre public islamique restrictif où la *charia*, loi divine immuable, peine à s'adapter aux exigences du commerce international évolutif malgré l'existence de techniques et de subterfuges légaux mais qui n'aboutissent pas toujours. Malgré les efforts de modernisation du droit de l'arbitrage dans les pays arabes, une influence islamique demeure teintée de prudence par rapport à la culture juridique occidentale.[4] En Arabie saoudite, cas le plus extrême, il est vrai que le nouveau règlement de 2012 autorise les parties à choisir des règles étrangères, mais à condition de respecter la *charia* qui reste supérieure aux conventions internationales car c'est une loi divine qui prime sur toute norme humaine, même internationale. L'ordre public international du for d'un pays de l'Union européenne n'est pas des plus faciles à appréhender non plus parce qu'il intègre aussi celui de toute l'Union européenne. Rendre une sentence efficace avec toutes ces limites exigera de la part de l'arbitre des

---

[1] W. BEN HAMIDA, « L'Interprétation des Clauses des Traités d'Investissement Déterminant le Droit Applicable à l'Arbitrage », *Op. cit.*, parag. 13

[2] Z. OBEID, *Le recours en annulation des sentences arbitrales dans les pays arabes, Op. cit.*, parag. 911

[3] [Najjar], p. 575

[4] *Idem*, p. 945

connaissances des pays des diverses régions étudiées. Or, il semblerait qu'une connaissance approfondie du droit de l'arbitrage des pays arabes semble réservée seulement à des érudits, notamment à cause des structures universitaires insuffisantes et du manque de publications à nos yeux dans le domaine.[1] D'ailleurs, les décisions révisant les sentences au fond s'en ressentent. L'ordre public n'existe pas sans ordre juridique. Si chaque ordre juridique impose son ordre public, l'arbitre aurait-il un ordre public arbitral variable qui serait formé de l'ensemble des normes d'ordre public intéressant le litige, sélectionnées dans le but de produire une sentence valable dans les différents ordres juridiques en question ?[2] Dans la logique d'accorder davantage de liberté à l'arbitre, un auteur se demande si, en cas d'absence d'accord entre les parties, il n'était pas plus simple de laisser le tribunal arbitral désigner le droit applicable au fond du litige directement au lieu de prévoir des clauses qui risquent de soulever des débats inutiles.[3]

Pour ce qui est des TBI conclus par l'UE avec les pays tiers et l'arbitrage d'investissement, la position de la Commission européenne a évolué. En 2006, la Commission européenne n'avait pas rendu public le *Minimum Platform on Investment*[4] qui ne contenait aucune clause modèle de règlement des différends.[5] En 2010, elle indique dans sa communication « vers une politique européenne globale en matière d'investissements internationaux » que le règlement des différends entre les investisseurs et l'État est une composante essentielle de l'héritage que l'Union reçoit des États membres sans quoi les investissements seraient moins attrayants[6]. Après l'entrée en vigueur du traité de Lisbonne, l'Union a montré sa volonté d'être un nouvel acteur du droit des

[1] *Id.*

[2] S. MANCIAUX, E. LOQUIN, « L'ordre public et l'arbitrage », Actes du colloque des 15 et 16 mars 2013, Dijon, Paris, LexisNexis, 2014, p. 246-247

[3] W. BEN HAMIDA, « L'Interprétation des Clauses des Traités d'Investissement Déterminant le Droit Applicable à l'Arbitrage », *Op. cit.*, parag. 8

[4] La Commission a fait adopter par le Conseil de l'UE le 26 novembre 2006 une *Minimum Platform on Investment* ou Convention-type sur les investissements qui est un chapitre type sur l'investissement à insérer dans les futurs accords de libre-échange entre la Communauté et les pays tiers. Ce texte est partiellement confidentiel et est considéré comme formant un réseau de Free Trade Agreements sur le modèle américain qui comporte un volet « investissements » avec la différence que le modèle américain couvre la libéralisation et la protection des investissements alors que le MPol traite de la phase de libéralisation uniquement. Le MPol exclut ainsi que les protections comme l'expropriation, le traitement juste et équitable et la protection pleine et entière et la résolution des différends entre investisseurs et États et exclut aussi certaines activités comme le nucléaire et le transport aérien. Source : S. NAPPERT, « Le droit dérivé et les investissements », *In Le droit européen et l'investissement*, C. Kessedjian et Ch. LEBEN (dir.), Panthéon-Assas Paris II, 2009, p. 92-93

Selon Armand DE MESTRAL, la *Minimum platform*, constitue déjà un modèle de TBI partiel à qui il suffit d'ajouter des dispositions sur la protection des investissements et d'effectuer quelques amendements pour qu'il devienne complet. (A. DE MESTRAL, « Is a model EU BIT possible - or even desirable ? », *Columbia FDI Perspectives*, n°21, March 24, 2010, p. 2 : http://ccsi.columbia.edu/files/2014/01/FDI_21.pdf (20 décembre 2020). Cité par G.-A. JEAN, *Le droit des investissements internationaux face à l'Union européenne*, Thèse, *Op. cit.*, parag. 778

[5] S. MENETREY, « La participation « amicale » de la Commission européenne dans les arbitrages liés aux investissements intracommunautaires », *Op. cit.*, parag. 38

[6] *Idem*

investissements directs étrangers, par son souhait de mettre fin progressivement aux TBI conclus entre les États membres de l'UE et les pays tiers et la conclusion de multiples ALE.[1]

L'objet du règlement 1219/2012 du 12 décembre 2012 est de remplacer progressivement les TBI conclus entre les pays de l'Union européenne et les pays tiers par des traités conclus par l'Union. Le processus prendra probablement plusieurs décennies. Parmi les accords bilatéraux d'investissement concernés par le règlement, on trouve des TBI conclus par l'Union économique belgo-luxembourgeoise avec l'Algérie, Bahreïn, le Koweït, la Libye, des accords conclus entre la Bulgarie et l'Algérie, Bahreïn, la Jordanie, le Liban, etc. Tous les TBI existants doivent être conformes avec le droit de l'UE : cette obligation de renégocier ou de résilier les TBI non conformes s'applique aux accords signés avant 2009, entre 2009 et 2013, ainsi qu'après 2013 sauf si l'UE est en train de négocier un remplacement pour ce TBI particulier.[2] Depuis le 9 janvier 2013, les États membres doivent obtenir l'autorisation de la Commission pour signer un TBI avec un pays tiers. Comme le remplacement des TBI entre les États membres et les pays tiers prendra du temps, la Commission n'a pas précisé d'agenda concernant l'émission de telles autorisations.[3] Pour mettre en place la politique commune en matière d'investissements internationaux, la Commission, dans sa communication du 7 juillet 2010, présente son approche concernant les futurs accords. Elle indique que « Les accords d'investissement doivent être compatibles avec les autres politiques de l'Union et de ses États membres, y compris les politiques en matière de protection de l'environnement, de travail décent, de santé et de sécurité sur le lieu de travail, de protection des consommateurs, de diversité culturelle, de développement et de concurrence. Toute politique commune d'investissement doit aussi être guidée par les principes et objectifs de l'action extérieure de l'Union en général, dont la promotion de l'état de droit, des droits de l'homme et du développement durable ».[4] Le Parlement souligne que la future politique de l'Union européenne en matière d'investissement devra promouvoir le développement durable, le respect de l'environnement et des conditions de travail de qualité.[5] Tous ces éléments auront certainement une influence sur le droit applicable. Si l'UE affiche une trop grande ambition, les pays tiers risquent de refuser de

---

[1] S. MENETREY, « Droit international des investissements et droit de l'Union européenne », *Op. cit.*, p. 638

[2] F. BAETENS, « L'importance des dispositions transitoires pour les traités bilatéraux d'investissement conclus entre les États membres de l'UE et les États tiers », *Op. cit.*, p. 641

[3] *Idem*, p. 642

[4] Communication de la Commission au Parlement européen, *Op. cit.*, 7 juillet 2010, COM (2010) 343 final, point c, parag. 4

[5] Parlement européen, Kader Arif, Commission du commerce international, *Rapport sur la future politique européenne en matière d'investissements internationaux*, (2010/2203(INI)), 22 mars 2011 : http://www.europarl.europa.eu/sides/getDoc.do?pubRef=-//EP//TEXT+REPORT+A7-2011-0070+0+DOC+XML+V0//FR

conclure de tels accords.[1] La Norvège avait pour ambition d'inclure dans son modèle de TBI de 2007 des dispositions sur la protection de l'environnement et le respect du droit social mais cette tentative n'a pas abouti.[2] D'ailleurs, la doctrine s'est interrogée s'il est possible de déduire un modèle européen[3] de TBI extra-communautaire à l'instar du modèle américain qui a commencé à se former dès 1975.[4] Les TBI européens présentent certaines caractéristiques communes : ils encouragent le contrôle de l'admission de l'investissement par l'État hôte[5] et appliquent les dispositions sur le traitement à un investissement uniquement après son établissement (alors que dans le modèle américain, les dispositions sur le traitement s'appliquent avant et après l'établissement de l'investissement)[6] ; au niveau de la rédaction des règles de protection, ils accordent une place importante à l'interprétation des tribunaux arbitraux[7], contrairement aux traités américains qui sont plus détaillés et précis, comme par exemple dans la rédaction des clauses d'arbitrage.[8] Par ailleurs, ils n'imposent pas à l'investisseur une obligation de résultats (contrairement au modèle américain).[9] Un auteur estime que ces points communs dans les TBI extra-communautaires pourront former une base pour une politique européenne d'investissement.[10] La Commission européenne, dans sa communication du 7 juillet 2010, a considéré que « l'adoption d'un modèle unique d'accords d'investissement avec les pays tiers ne serait ni réalisable, ni souhaitable [parce que [l]'Union devra tenir compte des particularités de chaque négociation ». Elle a ajouté que « [b]ien que leur structure et leur contenu se ressemblent beaucoup, les TBI récemment conclus par les États

[1] G.-A. JEAN, *Le droit des investissements internationaux face à l'Union européenne*, Thèse, *Op. cit.*, parag. 785

[2] *Idem*

[3] Plusieurs projets de code des investissements ont été élaborés et qui ont sans doute inspiré les TBI conclus par les pays européens. Les plus notables sont le code du traitement équitable des investissements étrangers de la CCI, le projet de convention Abs Shawcross et le projet sur la protection des biens étrangers de l'OCDE. (Ph. CHAPUIS, E. I. NWOGUGU, « The Legal problems of foreign investment in developing countries », *Revue Tiers-Monde*, Vol. 8, No. 31, 1967, p. 774, spéc. p. 776)

[4] K. J. VANDEVELDE, « The BIT program : a fifteen-year appraisal », *In Proceeding of the ASIL 86th annual meeting*, 1992, pp. 532-540 ; P. JUILLARD, « L'évolution des sources du droit des investissements », *Op. cit.*, p. 163. Cité par G.-A. JEAN, *Le droit des investissements internationaux face à l'Union européenne*, Thèse, *Op. cit.*, parag. 312, 317

[5] P. JUILLARD, « L'évolution des sources du droit des investissements », *Op. cit.*, p. 161-165 ; voir G.-A. JEAN, *Le droit des investissements internationaux face à l'Union européenne*, Thèse, *Op. cit.*, parag. 318

[6] M. LEVARLET, « A propos du modèle américain de traité bilatéral d'investissement », Les blogs pédagogiques de l'Université Paris Nanterre, 8 janvier 2007 : https://blogs.parisnanterre.fr/content/propos-du-mod%C3%A8le-am%C3%A9ricain-de-trait%C3%A9-bilat%C3%A9ral-dinvestissement-par-malika-levarlet

[7] G.-A. JEAN, *Le droit des investissements internationaux face à l'Union européenne*, *Op. cit.*, parag. 319

[8] P. JUILLARD, « L'évolution des sources du droit des investissements », *Op. cit.*, p. 128 ; G.-A. JEAN, *Le droit des investissements internationaux face à l'Union européenne*, *Op. cit.*, parag. 1279

[9] M. LEVARLET, « À propos du modèle américain de traité bilatéral d'investissement », *Op.cit.*

[10] G.-A. JEAN, *Le droit des investissements internationaux face à l'Union européenne*, Thèse, *Op. cit.*, parag. 320

membres présentent des différences qui pourraient également déterminer les objectifs à atteindre dans un contexte de négociation spécifique ».[1]

Malgré la volonté de l'Union de mettre fin progressivement aux TBI conclus entre les États membres de l'UE et les pays tiers et son ambition de réunir dans un seul instrument les règles de protection post-établissement et les règles de libéralisation pré-établissement et de conclure seule les accords de libre-échange au nom du principe d'unité de la représentation extérieure de l'Union, la CJUE en a décidé autrement en affirmant, dans son avis 2/15 du16 mai 2017, que l'accord de libre-échange (ALE) avec Singapour sera mixte (comme le CETA d'ailleurs), que les investissements indirects et les dispositions relatives au règlement des différends feront partie des compétences partagées avec les États membres de l'UE. Les autres dispositions relèvent de la compétence exclusive de l'Union européenne (investissements directs étrangers, commerce des marchandises et services, concurrence, quotas de produits agricoles sensibles, règlementation sanitaire et phytosanitaire, environnement et développement durable).

Les éclaircissements de cet avis comme celui de l'avis 1/17 pourraient s'appliquer aux éventuels futurs accords que l'Union conclurait avec d'autres pays tiers, comme des pays arabes. Dans l'avis 1/17, la CJUE énonce que le dispositif de règlement des différends inséré dans des accords de nouvelles générations (comme le CETA) est compatible avec les traités européens et la compétence exclusive de la CJUE pour interpréter le droit de l'Union européenne parce que « le mécanisme RDIE envisagé se situait en dehors du système juridictionnel de l'Union. En effet, le for envisagé par l'AECG est distinct des juridictions internes du Canada, de l'Union et des États membres de celle-ci. Partant, elle a jugé que le droit de l'Union ne s'oppose ni à ce que l'AECG prévoie la création de tribunaux ni à ce qu'il leur confère la compétence pour interpréter et appliquer les dispositions de l'accord. En revanche, de tels tribunaux ne sauraient être habilités à interpréter ou à appliquer des dispositions du droit de l'Union autres que celles de l'AECG ou à rendre des sentences qui puissent avoir pour effet d'empêcher les institutions de l'Union de fonctionner conformément au cadre constitutionnel de celle-ci. »[2] Les fondements juridiques de la compétence exclusive affirmée par la Commission ne sont peut-être pas aussi solides que celle-ci le souhaiterait.[3] Cette position diffère de celle qui ressort de l'arrêt Achmea qui concernait les TBI dans le cadre intra-européen. Dans Achmea, les tribunaux arbitraux

---

[1] Communication de la Commission au Parlement européen, *Op. cit.*, 7 juillet 2010, COM (2010) 343 final

[2] Répertoire de jurisprudence - Plan de classement systématique après le traité de Lisbonne, Partie 6 (Politique extérieure), Compétences respectives de l'Union et des États membres, point 42 « Avis du 30 avril 2019, Accord ECG UE-Canada (1/17) », https://curia.europa.eu/common/recdoc/repertoire_jurisp/bull_6/data/index_6_07_01.htm

[3] I. FADLALLAH, Ch. LEBEN et E.TEYNIER et autres, « Chroniques, Investissements internationaux et arbitrage - L'Union européenne, partie défenderesse dans l'arbitrage investisseur-État ? », *Cahiers de l'arbitrage*, 2014, No. 4, parag. 3

avaient vocation à interpréter les règles du droit de l'Union européenne, ce qui est incompatible avec ce droit parce que, selon la CJUE, la clause d'arbitrage remet en question le principe de confiance mutuelle entre États membres et n'est pas compatible avec la coopération loyale.

De plus, il n'est pas sûr que les ALE conclus par l'Union européenne puissent englober toute la substance des TBI.[1] Par exemple, l'Union européenne, ne disposant pas de la puissance publique ni de compétence principale en matière de sécurité intérieure, ne pourra pas garantir seule la « sécurité pleine et entière » des investisseurs étrangers.[2] De même, l'UE ne pourra pas recourir à la protection diplomatique que l'État d'origine de l'investisseur pourrait être amené à exercer en cas de difficultés rencontrées par ses investisseurs sur le territoire de l'État hôte surtout si un État refuse de se conformer à une sentence, comme cela est prévu dans le cadre du CIRDI (article 27 de la Convention). La protection diplomatique reste encore une prérogative étatique.[3] En tout cas, il semble que, dans les prochaines années, ce sont les traités de libre-échange, malgré leurs imperfections, qui prendront de l'envergure à la place des TBI.[4] Une chose est sûre, comme l'a évoqué Emmanuel Gaillard, avec le transfert des compétences étatiques en matière d'investissements directs à l'Union européenne avec l'entrée en vigueur du traité de Lisbonne, l'Europe sera très probablement au cœur des futurs changements du droit de l'investissement.[5]

---

[1] *Idem*, parag. 5

[2] *Id.*

[3] *Id.*

[4] S. MENETREY, « Droit international des investissements et droit de l'Union européenne », *Op. cit.*, p. 638

[5] E. GAILLARD, « L'avenir des traités de protection des investissements », *In Droit international des investissements et de l'arbitrage transnational*, Ch. LEBEN (dir.), Paris, Pedone, 2015

Annexe 1 : Influence de la *charia* dans les pays arabes étudiés[1]

Pays	Poids de la *charia*
Arabie saoudite	Article 1 de la Constitution ou loi fondamentale du 1er mars 1992 : « Le royaume d'Arabie saoudite est un État islamique arabe pleinement souverain, dont la religion est l'Islam, et sa constitution est le Coran et la *sunna* du Prophète (que la paix soit sur Lui). Sa langue est l'arabe et sa capitale est la ville de Riyad ».
Bahreïn	Article 2 de la Constitution : « La religion de l'État est l'Islam et la *charia* islamique est une source principale de droit. La langue officielle est l'arabe ».
Égypte	Article 2 de la Constitution : « L'Islam est la religion de l'État, l'arabe sa langue officielle et les principes de la *charia* islamique sont la source principale de la législation ».
Émirats arabes unis	Article 7 de la Constitution du 2 décembre 1996 : « L'Islam est la religion officielle de la Fédération, la *charia* islamique y constitue une source principale de législation et la langue officielle de la Fédération est l'arabe ».
Iraq	Article 2 de la Constitution : « Premièrement : l'Islam est la religion officielle de l'État et une source fondamentale de la législation : a- Il n'est pas permis de promulguer une loi qui contredit les principes établis de l'Islam. b- Il n'est pas permis de promulguer une loi qui contredit les principes de la démocratie. c- Il n'est pas permis de promulguer une loi qui contredit les droits et libertés fondamentaux énoncés par la présente Constitution ».
Jordanie	-Article 2 de la Constitution « L'islam est la religion d'État et l'arabe est sa langue officielle. » - Article 2 du Code civil (loi No. 43 de 1976) « En cas de lacune du texte de loi, le tribunal statuera selon les principes de la doctrine du droit musulman, et conformément au présent code civil, et à défaut, conformément aux principes de la *charia* islamique ».

[1] Ces extraits sont une traduction libre de l'auteure.

Koweït	Article 2 de la Constitution : « La religion de l'État est l'Islam et la *charia* islamique sera le fondement de la législation ».
Liban	La *charia* n'a pas d'influence. Préambule de la Constitution, point C : « C- Le Liban est une république démocratique, parlementaire, fondée sur le respect des libertés publiques et en premier lieu la liberté d'opinion et de conscience, sur la justice sociale et l'égalité dans les droits et obligations entre tous les citoyens sans distinction ni préférence ».[1]
Qatar	Article 1 de la Constitution : « Le Qatar est un État arabe souverain et indépendant. Sa religion est l'Islam et la *charia* constitue la source principale de sa législation. Son système politique est démocratique. La langue arabe est sa langue officielle. Le peuple du Qatar fait partie de la nation arabe ».
Syrie	Article 3 (2) de la Constitution : « Le droit musulman est une source principale de la législation ».

[1] Traduction tirée du site officiel du parlement libanais : https://www.lp.gov.lb/backoffice/uploads/files/La%20Constitution%20Libanaise-%20correction%202018.pdf

Annexe 2. Tableau des articles sur le droit applicable des règlements d'arbitrage des centres et institutions d'arbitrage administrant des litiges d'investissement (par ordre alphabétique)

Institution / Centre arbitrage	Articles
BCDR-AAA (Bahrain Chamber for Dispute Resolution – American Arbitration Association)	**Règlement d'arbitrage de 2017** **Article 32** « 32.1 Le tribunal arbitral applique au fond du litige les règles de droit choisies par les parties. À défaut de choix par les parties, le tribunal arbitral applique la loi désignée par les règles de conflit de lois qu'il estime applicables. 32.2 Dans les arbitrages concernant l'exécution des contrats, le tribunal arbitral tranche conformément aux dispositions du contrat et prend en considération les usages du commerce applicables au contrat. 32.3 Le tribunal arbitral ne statue en amiable compositeur ou *ex aequo et bono* que si les parties l'y ont expressément autorisé par écrit ».[1]
CCG (Centre d'arbitrage du Conseil de coopération du Golfe)	**Article 12 des statuts et article 29 du règlement d'arbitrage** « - Le tribunal arbitral tranche le litige conformément à la loi choisie par les parties et conformément au contrat ou à tout acte conclu ultérieurement. - À défaut, c'est la loi qui a les liens les plus étroits qui s'applique conformément aux règles de conflits de lois que le tribunal estime adéquates. - En tout état de cause, le tribunal devra tenir compte des usages du commerce internes et internationaux ».[2] **Article 30** « Les règlements du CCG et ses décisions ainsi que la convention économique unifiée et ses interprétations sont applicables dans les litiges qui naissent de son exécution ». [3]

[1] Z. OBEID, *Le recours en annulation des sentences arbitrales dans les pays arabes*, *Op. cit.*, p. 673
[2] *Idem*, p. 674
[3] *Id.*

CCI	**Règlement de la Chambre de commerce internationale de 2017** **Article 21** « Règles de droit applicables au fond 1. Les parties sont libres de choisir les règles de droit que le tribunal arbitral devra appliquer au fond du litige. À défaut de choix par les parties des règles de droit applicables, l'arbitre appliquera les règles de droit qu'il juge appropriées. 2. Le tribunal arbitral tient compte des dispositions du contrat entre les parties, le cas échéant, et de tous les usages du commerce pertinents. 3. Le tribunal arbitral statue en amiable compositeur, ou décide *ex aequo et bono*, seulement si les parties sont convenues de l'investir de tels pouvoirs ».[1]
CIRDI	**Convention de Washington** **Article 42** « (1) Le Tribunal statue sur le différend conformément aux règles de droit adoptées par les parties. Faute d'accord entre les parties, le Tribunal applique le droit de l'État contractant partie au différend — y compris les règles relatives aux conflits de lois — ainsi que les principes de droit international en la matière. (2) Le Tribunal ne peut refuser de juger sous prétexte du silence ou de l'obscurité du droit. (3) Les dispositions des alinéas précédents ne portent pas atteinte à la faculté pour le Tribunal, si les parties en sont d'accord, de statuer *ex aequo et bono* ».[2]
CNUDCI	**Règlement d'arbitrage de 2010** **Article 35** « 1. Le tribunal arbitral applique les règles de droit désignées par les parties comme étant celles applicables au fond du litige. À défaut d'une telle désignation par les parties, il applique la loi qu'il juge appropriée. 2. Le tribunal arbitral ne statue en qualité d'amiable compositeur ou *ex aequo et bono* que s'il y a été expressément autorisé par les parties. 3. Dans tous les cas, le tribunal arbitral statue conformément aux stipulations du contrat, le cas

[1] Règlement d'arbitrage de la CCI, 2017 Arbitration Rules and 2014 Mediation Rules (French version) : https://iccwbo.org/

[2] Convention pour le Règlement des Différends Relatifs aux Investissements entre États et Ressortissants d'autres États : http://icsidfiles.worldbank.org/icsid/icsid/staticfiles/basicdoc-fra/partA-chap04.htm#s03

	échéant, et tient compte de tout usage du commerce applicable à l'opération ».[1]
CPA (Cour Permanente d'Arbitrage)	**Règlement d'arbitrage de 2012** **Article 35** « 1. Le tribunal arbitral applique les règles de droit désignées par les parties comme étant celles applicables au fond du litige. À défaut d'une telle indication par les parties, le tribunal arbitral : [...] d) Dans toutes les autres affaires, applique la loi qu'il juge applicable en l'espèce. Dans de telles affaires, le tribunal arbitral décide conformément aux stipulations de l'accord et tient compte des usages du commerce pertinents. 2. Le tribunal arbitral ne statue en qualité d'amiable compositeur ou *ex aequo et bono* que s'il y a été expressément autorisé par les parties ».[2]
CRCICA (Cairo Regional Centre of International Commercial Arbitration)	**Article 35,** règlement d'arbitrage de 2011 « 1. Le tribunal arbitral applique les règles de droit désignées par les parties comme étant celles applicables au fond du litige. À défaut d'une telle désignation par les parties, le tribunal applique la loi ayant les liens les plus étroits avec le litige. 2. Le tribunal arbitral ne statue en qualité d'amiable compositeur ou ex aequo et bono que s'il y a été expressément autorisé par les parties. 3. Dans tous les cas, le tribunal arbitral statue conformément aux stipulations du contrat, le cas échéant, et tient compte de tout usage du commerce applicable à l'opération ».[3]
DIAC (Dubai International Arbitration Centre)	**DIAC Arbitration Rules 2022** « Article 30 (the law applicable to the merits) 30.1. The Tribunal shall decide the dispute in accordance with the law(s) or rules of law chosen by the parties as applicable to the merits of their dispute.

[1] Règlement d'arbitrage de la CNUDCI : https://uncitral.un.org/fr/texts/arbitration/contractualtexts/arbitration

[2] Règlement d'arbitrage de la CPA de 2012 : https://docs.pca-cpa.org/2015/11/R%C3%A8glement-darbitrage-de-la-CPA-2012.pdf

[3] New CRCICA Arbitration Rules (2011) : https://www.crcica.org/rules/arbitration/cr_arb_rules_fr.pdf

	If and to the extent that the Tribunal determines that the parties have made no such choice, the Tribunal shall apply the law(s) or rules of law which it considers to be most appropriate. 30.2. Any designation of the law of a given state shall be construed, unless otherwise expressed, as directly referring to the substantive law of that state and not to its conflict of laws rules. 30.3. In all cases, the Tribunal shall decide the dispute, having due regard to the terms of any relevant contract and taking into account applicable trade usages. 30.4. The Tribunal shall assume the powers of an amiable compositeur or decide ex aequo et bono only if the parties have expressly agreed in writing to grant it such powers ».[1]
DIFC – LCIA (Dubai International Financial Centre – London Court of International Arbitration)	**Arbitration Rules 2021** **Article 16** « 16.4 Subject to Article 16.5, the law applicable to the Arbitration Agreement and the arbitration shall be the law applicable at the seat of the arbitration, unless and to the extent that the parties have agreed in writing on the application of other laws or rules of law and such agreement is not prohibited by the law applicable at the arbitral seat. 16.5 Notwithstanding Article 16.4, the DIFC-LCIA Rules shall be interpreted in accordance with the laws of England and Wales ».[2]
ICDR (Le Centre International de Résolution des Différends)	**Règlement d'arbitrage de 2014** **Article 31** « 1. Le tribunal arbitral applique le ou les droits ou règles de droit choisis par les parties comme étant applicables au différend. À défaut d'un tel choix, le tribunal applique le ou les droits ou règles de droit qu'il estime appropriées.

[1] DIAC arbitration rules 2022 : http://www.diac.ae/idias/resource/Rules2022.pdf
[2] DIFC-LCIA Arbitration Rules 2021 : https://www.lcia.org/News/update-difc-lcia.aspx

	2. Dans les arbitrages impliquant l'application de contrats, le tribunal arbitral tranche le différend conformément aux termes du contrat et tient compte des usages du commerce applicables au contrat. 3. Sauf accord exprès des parties en ce sens, le tribunal ne statue pas en amiable compositeur ou *ex aequo et bono* ».[1]
LCIA (London Court of International Arbitration)	**Arbitration Rules of 2014** **Article 16 parag. 4** « The law applicable to the Arbitration Agreement and the arbitration shall be the law applicable at the seat of the arbitration, unless and to the extent that the parties have agreed in writing on the application of other laws or rules of law and such agreement is not prohibited by the law applicable at the arbitral seat ».[2]
SCC (Règlement de l'Institut d'Arbitrage de la Chambre de Commerce de Stockholm)	**Arbitration rules of 2017** **Article 27** « (1) The Arbitral Tribunal shall decide the merits of the dispute on the basis of the law(s) or rules of law agreed upon by the parties. In the absence of such agreement, the Arbitral Tribunal shall apply the law or rules of law that it considers most appropriate. (2) Any designation by the parties of the law of a given state shall be deemed to refer to the substantive law of that state, not to its conflict of laws rules. (3) The Arbitral Tribunal shall decide the dispute *ex aequo et bono* or as amiable compositeur only if the parties have expressly authorised it to do so ».[3]
SCCA (Centre saoudien pour l'arbitrage commercial / Saudi Center for Commercial Arbitration)	Arbitration Rules of 2018, Article 31 « 1. Without prejudice to the rules of Sharia, The Tribunal shall apply the rules of law designated by the parties as applicable to the substance of the dispute. Failing such designation by the parties, the Tribunal shall apply the law which it determines to be appropriate.

[1] ICDR Procédures de règlement Des Différends Internationaux (incluant les règlements de médiation et d'arbitrage) de 2014-2015 : https://www.icdr.org/sites/default/files/document_repository/International_Dispute_Resolution_Procedures_French.pdf

[2] The LCIA Arbitration Rules 2014 : https://www.lcia.org/Dispute_Resolution_Services/lcia-arbitration-rules-2014.aspx#Translations

[3] Arbitration Rules of the Arbitration Institute of the Stockholm Chamber of Commerce 2017 : https://sccinstitute.com/media/1407444/arbitrationrules_eng_2020.pdf

	2. If the two parties to arbitration expressly agree to authorize the Tribunal to decide the dispute equitably, it may rule on the dispute in accordance with the principles of equity and justice. 3. In all cases, the Tribunal shall decide in accordance with the terms of the contract, if any, and shall take into account any usage of trade applicable to the transaction. 4. This set of Rules will apply without prejudice to the rules of Sharia, and any international convention(s) to which the Kingdom is a party ».[1]
SCAI (The Swiss Chambers' Court of Arbitration and Mediation)	**Règlement suisse d'arbitrage international 2021** **Article 35** « 1. Le tribunal arbitral statue en appliquant les règles de droit convenues entre les parties, ou, à défaut d'élection de droit, en appliquant les règles de droit avec lesquelles le litige présente le lien le plus étroit. 2. Le tribunal arbitral ne statue ex aequo et bono ou en qualité d'amiable compositeur que si les parties l'ont expressément autorisé à le faire. 3. Dans tous les cas, le tribunal arbitral décide conformément aux stipulations du Contrat et tient compte de tous usages du commerce applicables à l'opération ».[2]

[1] Arbitration Rules of the Saudi Center for Commercial Arbitration (SCCA) : https://sadr.org/ADRServices-arbitration-arbitration-rules?lang=en

[2] Règlement suisse d'arbitrage international de la Swiss Chambers' Arbitration Institution SCAI, 2021 : https://www.swissarbitration.org/centre/arbitration/arbitration-rules/

Annexe 3 - Extraits des législations nationales en matière d'arbitrage relatifs au droit applicable au fond des pays européens et arabes étudiés (par ordre alphabétique)

Algérie	Loi No. 08-09 du 25 février 2008 portant code de procédure civile et administrative Article 1050 – « Le tribunal arbitral tranche le litige en application des règles de droit que les parties ont choisies, ou à défaut, selon les règles de droit et usages qu'il estime appropriées ».[1]
Allemagne	Arbitration Act 1998 Section 1051 – « (1) The arbitral tribunal shall decide the dispute in accordance with such rules of law as are chosen by the parties as applicable to the substance of the dispute. Any designation of the law or legal system of a given State shall be construed, unless otherwise expressed, as directly referring to the substantive law of that State and not to its conflict of laws rules. (2) Failing any designation of the applicable rules of law by the parties, the arbitral tribunal shall apply the law of the State with which the subject-matter of the proceedings is most closely connected. (3) The arbitral tribunal shall decide *ex aequo et bono* or as *amiable compositeur* only if the parties have expressly authorized it to do so. The parties may so authorize the arbitral tribunal up to the time of its decision. (4) In all cases, the arbitral tribunal shall decide in accordance with the terms of the contract and shall take into account the usages of the trade applicable to the transaction ».[2]

[1] New York Convention Guide : https://newyorkconvention1958.org/index.php?lvl=cmspage&pageid=11&menu=761&opac_view=-1 ou site du Secrétariat Général du Gouvernement algérien : https://www.joradp.dz/trv/fpcivil.pdf

[2] « German Arbitration Act 1998 (Book 10 ZPO) », *In ICCA International Handbook on Commercial Arbitration,* L. BOSMAN (ed.), Kluwer Law International ; ICCA & Kluwer Law International 2020, Supplement No. 98, March 2018, p. 1 - 13, spéc. p. 8

Arabie saoudite	<u>Règlement d'arbitrage du 16 avril 2012 du décret royal no M/34 du 24/5/1433 H.</u> Article 38 – « (1) After ensuring that the rules of Islamic Shari'a and the laws of the Kingdom are not contravened, the arbitral tribunal shall, in the course of hearing the dispute, proceed as follows: (a) It shall apply the rules agreed upon by the parties to the subject matter of the dispute; if the parties to the dispute have agreed to the implementation of the laws of a particular country, the substantive rules of that law, excluding the rules related to conflict of laws, shall be implemented, unless agreed otherwise. (b) If the parties fail to agree on the rules to be applied to the subject matter of the dispute, the arbitral tribunal shall apply the substantive rules of the law which the tribunal thinks that it is most closely related to the subject matter of the dispute. (c) Upon issuing an award on the subject matter of the dispute, the arbitral tribunal shall adhere to the terms of the contract at issue, and shall take into account the trade usages, the practice and the previous dealings between the parties. (2) If the parties to arbitration have expressly authorized the arbitral tribunal to reach a settlement, it may issue a decision on the dispute in accordance with the rules of equity ».[1]
Autriche	<u>Arbitration Act 2013, Austrian Code of Civil Procedure (1 January 2014)</u> Section 603 – « (1) The arbitral tribunal shall decide the dispute in accordance with such statutory provisions or rules of law as agreed upon by the parties. Any agreement as to the law or the legal system of a given state shall be construed, unless the parties have expressly agreed otherwise, as directly referring to the substantive law of that state and not to its conflict of laws rules. (2) Failing any designation by the parties of the applicable statutory provisions or rules of law, the arbitral

[1] « Arbitration Regulations of Saudi Arabia (7 July 2012) », *In ICCA International Handbook on Commercial Arbitration*, L. BOSMAN (ed.), Kluwer Law International ; ICCA & Kluwer Law International 2020, Supplement No. 104, February 2019, p. 1 - 15, spéc. p. 10-11

	tribunal shall apply the statutory provisions it considers appropriate. (3) The arbitral tribunal shall decide *ex aequo et bono* or as amiable compositeur only if the parties have expressly authorized it to do so ».[1]
Bahreïn	Décret législatif No. 30 de 2009 Article 11 – « a) Parties to the dispute before the Chamber, in accordance with the provisions of this section, may agree upon the applicable law relevant to the subject matter of the dispute provided that the provisions of the agreed law do not contradict the public order in the Kingdom. If the parties did not agree upon the applicable law, the Law of Bahrain shall be the applicable law to the subject matter of the dispute. b) If the parties have agreed to choose a law other than the Law of Bahrain in accordance with the provisions of Paragraph (a) of this Article, parties are obliged to submit that law to the Dispute Resolution Tribunal in accordance with the regulations and procedures cited in the regulation ».[2]
Belgique	Code judiciaire belge, sixième Partie (Loi du 24 juin 2013) Article 1710 – « 1. Le tribunal arbitral tranche le différend conformément aux règles de droit choisies par les parties comme étant applicables au fond du différend. Toute désignation du droit d'un État donné est considérée, sauf indication contraire expresse, comme désignant directement les règles juridiques de fond de cet État et non ses règles de conflit de lois.

[1] New York Convention Guide, Austrian Code of Civil Procedure (Part VI Chapter 4, parag. 577 et s.), Original in German, Translation in English :
https://newyorkconvention1958.org/index.php?lvl=cmspage&pageid=11&menu=562&opac_view=-1
ou site du Vienna International Arbitral Centre :
https://www.viac.eu/en/arbitration/content/austrian-arbitration-act-2013

[2] « Legislative decree No. 30 for the year 2009 with respect to the Bahrain Chamber for Economic, Financial and Investment Dispute Resolution », *In ICCA International Handbook on Commercial Arbitration*, L. BOSMAN (ed.), Kluwer Law International; ICCA & Kluwer Law International 2020, Supplement No. 68, March 2012, p. 1 - 12, spéc. p. 5

	2. À défaut d'une telle désignation par les parties, le tribunal arbitral applique les règles de droit qu'il juge les plus appropriées. 3. Le tribunal arbitral statue en qualité d'amiable compositeur uniquement si les parties l'y ont expressément autorisé. 4. Qu'il statue selon des règles de droit ou en qualité d'amiable compositeur, le tribunal arbitral décidera conformément aux stipulations du contrat si le différend qui oppose les parties est d'ordre contractuel et tiendra compte des usages du commerce si le différend oppose des commerçants ».[1]
Bulgarie	Law on International Commercial Arbitration of 1988, amended and supplemented in State Gazette No. 8 of 24 Jan. 2017 Article 38 – « (1) The Arbitral Tribunal shall resolve the dispute applying the law chosen by the parties. Unless otherwise agreed on, the choice of law shall concern substantive law and not rules of conflict of laws. (2) If the parties have not designated the applicable law, the Arbitral Tribunal shall apply the law indicated by the rules of conflict of laws which the Tribunal considers applicable. (3) In any event the Arbitral Tribunal shall apply the provisions of the contract, taking into account the trade usages as well. (4) The arbitral award shall be final and put an end to the dispute ».[2]
Chypre	International Commercial Arbitration Law (No. 101 of 1987) Article 28 – « The arbitral tribunal shall decide the dispute in accordance with such rules of law as are chosen by the parties as applicable to the substance of the dispute. Any

[1] New York Convention Guide : https://newyorkconvention1958.org/index.php?lvl=cmspage&pageid=11&menu=563&opac_view=-1 ou site « Le Moniteur belge » : www.ejustice.just.fgov.be/cgi_loi/change_lg.pl?language=fr&la=F&cn=1967101006&table_name=loi

[2] New York Convention Guide : https://newyorkconvention1958.org/index.php?lvl=cmspage&pageid=11&menu=566&opac_view=-1 ou site de la Chambre de Commerce et d'Industrie de Bulgarie : https://www.bcci.bg/bcci-lawofarbitr-en.html

	designation of the law or legal system of a given State shall be construed, unless otherwise expressed, as directly referring to the substantive law of that State and not to its conflict of laws rules. Failing any designation by the parties, the arbitral tribunal shall apply the law determined by the conflict of laws rules which it considers applicable. The arbitral tribunal shall decide *aequo at bono* or as *amiable compositeur* only if the parties have expressly authorized it to do so. In all cases, the arbitral tribunal shall decide in accordance with the terms of the contract and shall take into account the usage of the trade applicable to the transaction ».[1]
Croatie	Law on Arbitration of 2001 Article 27 – « 1. The arbitral tribunal shall decide the dispute in accordance with such rules of law as are chosen by the parties as applicable to the substance of the dispute. Any designation of the law or legal system of a given state shall be construed, unless otherwise expressed, as directly referring to the substantive law of that State and not to its conflict of laws rules. 2. Failing any designation by the parties under paragraph 1 of this article, the arbitral tribunal shall apply the law which it considers to be most closely connected with the dispute. 3. The arbitral tribunal shall decide *ex aequo et bono* or en qualité d'amiable compositeur only if the parties have expressly authorized it to do so. 4. In all cases, the arbitral tribunal shall decide in accordance with the terms of the contract and shall take into account the applicable usages ».[2]

[1] Site de l'« Universitat de València » : https://www.uv.es/medarb/observatorio/leyes-arbitraje/europa-resto/chipre-international-commercial-arbitration-law.pdf

[2] « Law on Arbitration », *In ICCA International Handbook on Commercial Arbitration*, L. BOSMAN (ed.), Kluwer Law International ; ICCA & Kluwer Law International 2020, Supplement No. 39, October 2003, p. 1 - 20

Danemark	<u>Danish Arbitration Act No. 553 of 24 June 2005 on Arbitration</u> Section 28 – « (1) The arbitral tribunal shall decide the dispute in accordance with such rules of law as are chosen by the parties as applicable to the substance of the dispute. Any designation of the law or legal system of a given country shall be construed, unless otherwise expressed, as directly referring to the substantive law of that country and not to its conflict of laws rules. (2) Failing any designation by the parties, the arbitral tribunal shall apply the law determined by the conflict of laws rules which it considers applicable. (3) The arbitral tribunal shall decide *ex aequo et bono* or as amiable compositeur only if the parties have expressly authorized it to do so. (4) In all cases, the arbitral tribunal shall decide in accordance with the terms of the contract and shall take into account the usages of the trade applicable to the transaction ».[1]
EAU	<u>The UAE Arbitration Law - Federal Law No. 6 of 2018</u> Article (37) – « 1. The Parties are free to choose the rules which the Arbitral Tribunal shall apply to the subject matter of the dispute. Any designation of the law of a given state shall be construed, unless otherwise expressed, as directly referring to the substantive law of that state and not to its conflict of laws rules, provided there is no conflict with the public order or morality of the State. 2. If the Parties agree to subject the legal relationship between them to the provisions of any model contract, international convention, or any other document, then the provisions of such document, including those related to

[1] New York Convention Guide : https://newyorkconvention1958.org/index.php?lvl=cmspage&pageid=11&menu=785&opac_view=-1 ou site du Danish Institute of Arbitration : https://voldgiftsinstituttet.dk/wp-content/uploads/2015/01/danish_arbitration_act_2005.pdf

	Arabitration, shall apply, provided there is no conflict with the public order or morality of the State ».[1] Article (38) – « Power of the Arbitral Tribunal to Determine the Law to Govern the Subject Matter of the Dispute 1. Failing designation by the Parties on the legal rules applicable to the subject matter of the dispute, the Arbitral Tribunal shall apply the substantive rules of the law it deems most closely connected to the dispute. 2. In deciding the dispute, the Arbitral Tribunal shall take into account the terms of the contract, subject of the dispute, the customs and practices applicable to the transaction and the course of dealing between the Parties. 3. The Arbitral Tribunal may, if it has expressly been authorised to do so or to act as an amiable compositor by agreement of the Parties, decide *ex aequo et bono* rather than on the basis of law ».[2]
Égypte	<u>Law Concerning Arbitration in Civil and Commercial Matters (No. 8/2000)</u> Article 39 – « 1. The arbitral tribunal shall apply to the substance of the dispute the rules chosen by the two parties. If they agree on the applicability of the law of a given State, only the substantive rules thereof shall be applicable and not its conflict of laws rules, unless otherwise agreed by the parties. 2. If the two parties have not agreed on the legal rules applicable to the substance of the dispute, the arbitral tribunal shall apply the substantive rules of the law it considers most closely connected to the dispute. 3. The arbitral tribunal, when adjudicating the merits of the dispute, shall decide in accordance with the terms of the contract in dispute and the usages of the trade applicable to the transaction. 4. The arbitral tribunal may, if it has been expressly authorized to act as an "amiable compositeur" by agreement between the two parties to the arbitration,

[1] « Federal Law No. 6 of 2018 - the UAE Arbitration Law », *In ICCA International Handbook on Commercial Arbitration*, L. BOSMAN (ed.), Kluwer Law International ; ICCA & Kluwer Law International 2020, Supplement No. 101, October 2018, p. 1 - 19, spéc. p. 13-14

[2] *Idem*

	adjudicate the merits of the dispute in conformity with the rules of equity and fairness (*ex aequo et bono*), without being restricted by the legal provisions ».[1]
Espagne	<u>The Consolidated Arbitration Law 60/2003 (with 2009 and 2011 amendments)</u> Article 34 – « 1. The arbitrators shall decide in equity only if the parties have expressly authorized them to do so. 2. Subject to the previous paragraph, where the arbitration is international, the arbitrators shall decide the dispute in accordance with such rules of law as are chosen by the parties. Any designation of the law or legal system of a given State shall be construed, unless otherwise stated, as referring to the substantive law of that State and not to its conflict of laws rules. Failing any designation by the parties, the arbitrators shall apply the law that they consider appropriate. 3. In all cases, the arbitrators shall decide in accordance with the terms of the contract and shall take into account the applicable usages ».[2]
Estonie	<u>Chapter 75 § 742 of the Estonian Code of Civil Procedure (in effect as of 1 January 2006)</u> « (1) In resolving a dispute, an arbitral tribunal applies the legislation, the application of which has been agreed upon by the parties. In making a reference to the law of a state, an agreement is not presumed to include the conflict of laws rule of such state unless the parties have expressly agreed otherwise. (2) An arbitral tribunal applies Estonian law if the parties have not agreed on applicable law and applicable law does not arise from an Act.

[1] « Law No. 27 for 1994 for Promulgating the Law Concerning Arbitration in Civil and Commercial Matters, as last amended by Law No. 8/2000 (Official Gazette No. 13, 4 April 2000) », *In* ICCA *International Handbook on Commercial Arbitration*, Kluwer Law International; ICCA & Kluwer Law International 2020, Supplement No. 73, March 2013, p. 1 - 15, spéc. p. 10

[2] « The Consolidated Arbitration Law 60/2003 (with 2009 and 2011 amendments) », *In ICCA International Handbook on Commercial Arbitration*, L. BOSMAN (ed.), Kluwer Law International ; ICCA & Kluwer Law International 2020, Supplement No. 93, February 2017, p. 1 - 20, spéc. p. 12

	(3) An arbitral tribunal may resolve a dispute based on the principle of justice if the parties have expressly agreed on it. Such agreement can be made until the time the arbitral court makes its decision. In resolving a dispute based on the principle of justice, an arbitral tribunal shall not deviate from the imperative provisions of the law of the state which would be applied in case the dispute would be resolved without the agreement on application of the principle of justice. (4) In resolving a dispute in the case provided in subsections (1) or (2) of this section, an arbitral tribunal takes account of the terms and conditions of the contract and of customary practices regarding contracts in so far as this is possible under the legislation which is applied ».[1]
Finlande	Finland Arbitration Act (23 October 1992/967 including amendments to 12 June 2015/754) Section 31 – « 1. The arbitral tribunal shall decide the dispute in accordance with the rules of law applicable to the substance of the dispute. 2. If the parties have designated the law of a given State as applicable to the substance of the dispute, the arbitral tribunal shall apply that law. 3. The arbitral tribunal shall decide *ex aequo et bono* only if the parties have expressly authorised it to do so ».[2]
France	<u>Code de procédure civile</u> Article 1511 – « Le tribunal arbitral tranche le litige conformément aux règles de droit que les parties ont choisies ou, à défaut, conformément à celles qu'il estime appropriées. Il tient compte, dans tous les cas, des usages du commerce ».[3]

[1] New York Convention Guide : https://newyorkconvention1958.org/index.php?lvl=notice_display&id=1744 ou https://www.riigiteataja.ee/en/eli/ee/Riigikogu/act/514032016001/consolide

[2] « Arbitration Act (23 October 1992/967 including amendments to 12 June 2015/754) », *In ICCA International Handbook on Commercial Arbitration*, L. BOSMAN (ed.), Kluwer Law International ; ICCA & Kluwer Law International 2020, Supplement No. 100, August 2018, p. 1-13, spéc. p. 6

[3] Legifrance :

Grèce	International Commercial Arbitration (Law 2735/1999) Article 28 – « 1. The arbitral tribunal shall decide the dispute in accordance with such rules of law as are chosen by the parties as applicable to the substance of the dispute. Any designation of the law or legal system of a given State shall be construed, unless otherwise expressed, as directly referring to the substantive law of that State and not to its conflict of laws rules. 2. Failing any designation by the parties, the arbitral tribunal shall apply the law determined by the conflict of laws rules which it considers applicable. 3. The arbitral tribunal shall decide *ex aequo et bono* or as amiable compositeur only if the parties have expressly authorised it to do so. 4. In all cases, the arbitral tribunal shall decide in accordance with the terms of the contract and shall take into account the usages of the trade applicable to the transaction ».[1]
Hongrie	Act LX of 2017 on arbitration Section 41 – « (1) The arbitral tribunal shall decide the legal dispute in accordance with the provisions of the law chosen by the parties as applicable to the assessment on the merits of the disputed matters. Unless otherwise agreed by the parties, any designation of the law or legal system of a State shall be construed as directly referring to the substantive law of the State concerned and not to its private international law rules. (2) In the absence of a choice of law by the parties, the arbitral tribunal shall determine the applicable substantive law in accordance with the private international law rules which it considers applicable. (3) The arbitral tribunal shall decide *ex aequo et bono* only if the parties have expressly authorised it to do so.

https://www.legifrance.gouv.fr/codes/section_lc/LEGITEXT000006070716/LEGISCTA000023427272/#LEGIARTI000023450571

[1] « Law 2735/1999 - International Commercial Arbitration », *In ICCA International Handbook on Commercial Arbitration*, L. BOSMAN (ed.), Kluwer Law International ; ICCA & Kluwer Law International 2020, Supplement No. 33, April 2001, p. 1 – 12, spéc. p. 9

	(4) In all cases, the arbitral tribunal shall decide in accordance with the terms of the contract, and shall take into consideration the commercial usages applicable to the transaction ».[1]
Iraq	Iraqi Draft Law on Commercial Arbitration Article 30 – « The arbitral tribunal settles the dispute referred to it according to the following : First - The rules of law agreed upon by the parties. Second - If the parties agree to apply the law of a specific State, then the substantive rules of that law, not those governing conflict of laws, shall be followed unless the parties agree otherwise. Third - If the parties fail to agree on the rules or law to be applied, the arbitral tribunal shall apply the rules of law it deems most closely related to the subject matter of the dispute. Fourth - The arbitral tribunal shall, when adjudicating the merits of the dispute, take into consideration the terms of the contract in dispute and the usages of commerce in similar transactions. Fifth - The arbitral tribunal may not settle the dispute *ex aequo et bono* unless by a written agreement between the parties ».[2]
Italie	Code of Civil Procedure (6 February 2006) Article 822 – « The arbitrators shall decide according to the rules of law, unless the parties have provided, by any expression, that the arbitrators render the award *ex aequo et bono* ».[3]

[1] New York Convention Guide : https://newyorkconvention1958.org/index.php?lvl=cmspage&pageid=11&menu=580&opac_view=-1 ou Ministère de la Justice de la République hongroise : http://njt.hu/translated/doc/J2017T0060P_20180102_FIN.pdf

[2] « Iraqi Draft Law on Commercial Arbitration », *International Journal of Arab Arbitration*, 2013, Vol. 5 No. 3, p. 143 - 159, spéc. p. 54

[3] « Code of Civil Procedure, Book Four, Title VIII, Arbitration, Amended by Legislative Decree of 2 February 2006, No. 40 », *In* ICCA International Handbook on Commercial Arbitration, L. BOSMAN (ed.), Kluwer Law International ; ICCA & Kluwer Law International 2020, Supplement No. 49, April 2007, p. 1 - 16, spéc. p. 9

Jordanie	Loi jordanienne No. 31 du 2001 Article 36 – « a) Le tribunal arbitral applique au fond du litige les règles sur lesquelles les deux parties se sont mises d'accord. Si elles se sont mises d'accord sur l'application de la loi d'un État déterminé, application sera faite des règles de fond de cette loi à l'exclusion des règles de conflit des lois. b) Si les deux parties ne se sont pas mises d'accord sur les règles de droit applicables au fond du litige, le tribunal arbitral applique les règles de fond de la loi qui lui paraît avoir les liens les plus étroits avec le litige. c) Dans tous les cas, le tribunal arbitral doit, lorsqu'il tranche le fond du litige, prendre en considération les stipulations du contrat, objet du litige, ainsi que les usages courants dans ce type d'opération, de même que les habitudes suivies et la manière dont les parties avaient coutume de traiter entre elles. d) Le tribunal arbitral peut, si les deux parties l'ont autorisé expressément à statuer en amiable composition, trancher le fond du litige en appliquant les règles de la justice et de l'équité sans être lié par les dispositions d'une loi ».[1]
Koweït	Code of Civil and Commercial Procedure (Law No. 38 of 1980) Article 182, al. 2 – « The award of the arbitrator shall be issued in accordance with the basic rules of law, unless he has been authorized to compromise, in which case he shall not be bound by these rules except those relating to public policy ».[2]
Liban	Code de procédure civile libanais (décret-loi No. 90/83) Article 813 – « L'arbitre tranche le litige conformément aux règles de droit choisies par les parties et à défaut d'un tel choix,

[1] « Loi Jordanienne No. 31 du 2001 », *Revue de l'Arbitrage*, Vol. 2002, No. 2, 2002, p. 493 - 509, spéc. p. 503

[2] « Code of Civil and Commercial Procedure (Law No. 38 of 1980) », *Journal of International Arbitration*, Kluwer Law International, Vol. 6, No. 3, 1989, p. 86 - 96, spéc. p. 89

	conformément à celles qu'il estime appropriées. Il tient compte, dans tous ces cas, des usages commerciaux. L'arbitre tranche le litige comme amiable compositeur si la convention des parties a précisé sa mission dans ce sens ».[1]
Libye	New Draft Law on Arbitration of 2011 Article 59 – « The arbitral tribunal shall settle the dispute in accordance with the law chosen by the parties to arbitration. Failing any designation by the parties, the arbitral tribunal shall apply the law deemed most closely connected to the subject matter of the dispute. In all cases, the arbitral tribunal shall decide in accordance with the terms of the contract, the parties' previous agreements and shall take into account the usages of the trade applicable to the transaction. The arbitral tribunal shall decide *ex aequo et bono*, i.e. as amiable compositeur, only if the parties have explicitly authorized it to do so ».[2]
Lituanie	Law on Commercial Arbitration of the Republic of Lithuania (2012) Article 39 – « 1. The arbitral tribunal shall resolve disputes in accordance with the law selected by the parties as applicable to the dispute. The reference to the applicable foreign law shall mean reference to the national substantive law of the respective state, rather than the conflict of laws rules of that state. 2. If the parties have failed to agree on the applicable law, the arbitral tribunal shall apply the law, which in the justified opinion of the arbitral tribunal, is applicable in resolving a particular dispute, including trade customs (*lex mercatoria*). 3. The arbitral tribunal acts based on the principles *ex aequo et bono* (at equity) or *amiable compositeur*

[1] « Code de procédure civile libanais », *Revue de l'Arbitrage*, Vol. 1993, No. 4, 1993, p. 750 - 763, spéc. p. 759

[2] « New Draft Law on Arbitration », *In* D. LUO, J. EL AHDAB, et al., *Arbitration with the Arab Countries*, Kluwer Law International 2011, p. 1002 - 1018, spéc. p. 1016

	(amicable mediation) only in cases where the parties expressly authorize it to do so ».[1]
Malte	<u>Arbitration Act 1996, as amended through 2018</u> Article 45 – « (1) The arbitral tribunal shall apply, subject to the provisions of this Act, the law designated by the parties as applicable to the substance of the dispute. Failing such designation by the parties, the arbitral tribunal shall apply Maltese law including the rules of Maltese law relative to the conflict of laws. (2) The arbitral tribunal shall decide as amiable compositeur or *ex aequo et bono* only if the parties have expressly authorised the arbitral tribunal to do so. (3) In all cases, the arbitral tribunal shall decide in accordance with the terms of the contract and shall, if relevant, take into account the usages of the trade applicable to the transaction. (4) Unless otherwise agreed to by the parties or otherwise provided for in or under this Act, the arbitral tribunal may conduct the arbitration in such manner it considers appropriate. The power conferred upon the arbitral tribunal includes the power to determine the admissibility, relevance, materiality and weight of any evidence ».[2]
Maroc	<u>Loi marocaine sur l'arbitrage et la médiation conventionnelle du 30 novembre 2007 n° 08-05 abrogeant et remplaçant le chapitre VIII du titre V du Code de procédure civile</u> Article 327-18 – « Le tribunal arbitral tranche le litige conformément aux règles de droit convenues entre les parties. Si les parties ne s'entendent pas sur les règles de droit devant être appliquées au litige, le tribunal arbitral applique les règles objectives de droit qu'il juge les plus proches du litige.

[1] « Law on Commercial Arbitration of the Republic of Lithuania (2012) », *In ICCA International Handbook on Commercial Arbitration*, L. BOSMAN (ed.), Kluwer Law International ; ICCA & Kluwer Law International 2020, Supplement No. 98, March 2018, p. 1 - 22, spéc. p. 16

[2] New York Convention Guide :
https://newyorkconvention1958.org/index.php?lvl=cmspage&pageid=11&menu=815&opac_view=-1 ou sur le site « Legislation Malta » : https://legislation.mt/eli/cap/387/eng/pdf

	Dans tous les cas, il doit prendre en considération les clauses du contrat objet du litige, les usages et coutumes commerciaux et ce qui est habituellement d'usage entre les parties. Si les parties s'entendent expressément pour conférer au tribunal arbitral la qualité d'amiable compositeur, celui-ci n'est pas tenu, dans ce cas, de se conformer aux règles de droit et statue selon les règles de justice et d'équité sur l'objet du litige ».[1]
Oman	Law of Arbitration in Civil and Commercial Disputes (1 July 1997) Article 39 – « 1. The arbitral tribunal shall apply to the subject matter of the dispute the rules which the two parties agree upon. If they agree upon the application of the law of a given State, the substantive rules thereof shall be followed, and not the rules as to conflict of laws, unless otherwise agreed. 2. If the two parties do not agree on the legal rules to be applied to the subject matter of the dispute, the arbitral tribunal shall apply the substantive rules of the law which it considers the most closely connected with the dispute. 3. In deciding the subject matter of the dispute the arbitral tribunal shall observe the stipulations of the contract in dispute, and current custom. 4. It shall be permissible for the arbitral tribunal, if the two parties to the arbitration have expressly agreed to empower it to effect a compromise, to decide upon the subject matter of the dispute in accordance with the rules of justice and equity, without being bound by the provisions of the law ».[2]
Pays-Bas	Code of Civil Procedure, Book 4: Arbitration (as amended by the Act of 2 June 2014) Article 1054 – « (1) The arbitral tribunal shall decide in accordance with the rules of law.

[1] New York Convention Guide :
https://newyorkconvention1958.org/index.php?lvl=cmspage&pageid=11&menu=823&opac_view=-1 ou https://newyorkconvention1958.org/pdf/jurisdictions/JO%20-%20Maroc%20-%20FR.pdf

[2] « The Law of Arbitration in Civil and Commercial Disputes, 1 July 1997 », *In ICCA International Handbook on Commercial Arbitration*, L. BOSMAN (ed.), Kluwer Law International; ICCA & Kluwer Law International 2020, Supplement No. 59, May 2010, p. 1 - 16, spéc. p.11

	(2) If a choice of law has been made by the parties, the arbitral tribunal shall decide in accordance with the rules of law designated by the parties. Failing such designation of law, the arbitral tribunal shall decide in accordance with the rules of law which it considers appropriate. (3) The arbitral tribunal shall decide as amiable compositeur if the parties, by agreement, have authorised it to do so. (4) In any event the arbitral tribunal shall take into account any applicable trade usages ».[1]
Pologne	Code of Civil Procedure (28 July 2005), Part V (as amended through August 2019) Article 1194 – « § 1. The arbitral tribunal shall settle the dispute in accordance with the law applicable to the relationship in question, or if explicitly so authorized by the parties, in accordance with the general principles of law or the principles of equity. § 2. In all cases, however, the arbitral tribunal shall take into account the provisions of the agreement and the established customs applicable to the legal relationship in question. § 3. In case of disputes resulting from underlying agreements to which a consumer is a party, the settlement of the dispute in accordance with general principles of law or principles of equity cannot result in depriving the consumer of the protection afforded to him by mandatory provisions of the law applicable to the given relationship ».[2]
Portugal	Loi portugaise n° 63/2011 du 14 décembre 2011 sur l'arbitrage volontaire Article 39 – « 1. Les arbitres jugent en droit, à moins que les parties conviennent, par accord, qu'ils jugent en équité.

[1] New York Convention Guide : https://newyorkconvention1958.org/index.php?lvl=cmspage&pageid=11&menu=588&opac_view=-1 ou site du Netherlands Arbitration Institute : https://www.nai-nl.org/downloads/Book%204%20Dutch%20CCPv2.pdf

[2] « Code of Civil Procedure, Part V (as amended through August 2019) », *In ICCA International Handbook on Commercial Arbitration*, L. BOSMAN (ed.), Kluwer Law International ; ICCA & Kluwer Law International 2020, Supplement No. 108, December 2019, p. 1 - 18, spéc. p. 11

	2. Si l'accord des parties quant au jugement en équité est postérieur à l'acceptation du premier arbitre, il ne produit d'effet que s'il est accepté par le tribunal arbitral. 3. Si les parties lui ont confié cette mission, le tribunal peut statuer en amiable composition sur le fondement de l'équilibre de leurs intérêts en jeu. 4. La sentence prononcée sur le fond ou qui, sans en connaître, met fin à la procédure arbitrale, n'est susceptible de recours devant le tribunal étatique compétent que si les parties ont expressément prévu cette possibilité dans la convention d'arbitrage et que le tribunal arbitral n'a pas statué en équité ou en qualité d'amiable compositeur ».[1]
Qatar	<u>The Qatari Arbitration Act No. 2 of 2017</u> Article 28 – « 1. The Arbitral Tribunal shall decide on the disputes brought to it in accordance with the legal rules agreed to by the Parties. Where the Parties agree to apply the law or the legal system of a given state, and unless the Parties do otherwise agree, the substantive rules of such law or legal system shall be followed, except those rules governing conflicts of laws. 2. Should the Parties fail to agree on the applicable legal rules, the Arbitral Tribunal shall apply the law provided for in the rules on the conflicts of laws. 3. The Arbitral Tribunal shall decide the dispute in accordance with principles of justice and equity, without being restricted by the provisions of this Law, only if this is expressly agreed to by the Parties. 4. In all cases, the Arbitral Tribunal shall decide on the disputes brought to it pursuant to the provisions of the contract in question, while observing applicable comercial customs and traditions ».[2]
Roumanie	<u>Romanian New Civil Procedure Code, Book IV</u> Article 601 – « (1) The arbitral tribunal shall resolve the dispute in accordance with the terms of the main contract and the applicable law, pursuant to Article 5.

[1] « Loi portugaise n° 63/2011 du 14 décembre 2011 sur l'arbitrage volontaire », *Revue de l'Arbitrage*, Vol. 2013, No. 2, 2013, p. 545 - 578

[2] « The Qatari Arbitration Act No. 2 of 2017 Applying the Civil and Commercial Arbitration Law », *International Journal of Arab Arbitration*, Vol. 9, No. 1, 2017, p. 223 - 246, spéc. p. 239

	(2) If the parties expressly agree, the arbitral tribunal may decide the dispute *ex aequo et bono* ».[1]
Royaume-Uni	<u>Arbitration Act 1996,Chapter 23</u> Article 46 – « (1) The arbitral tribunal shall decide the dispute (a) in accordance with the law chosen by the parties as applicable to the substance of the dispute, or (b) If the parties so agree, in accordance with such other considerations as are agreed by them or determined by the tribunal. (2) For this purpose the choice of the laws of a country shall be understood to refer to the substantive laws of that country and not its conflict of laws rules. (3) If or to the extent that there is no such choice or agreement, the tribunal shall apply the law determined by the conflict of laws rules which it considers applicable ».[2]
Slovénie	Arbitration act (Official Gazette of the Republic of Slovenia, No. 45/2008 of 9 May 2008) Article 32 – « 1. The arbitral tribunal shall decide the dispute in accordance with such rules of law as are chosen by the parties as applicable to the substance of the dispute. Any designation of the law or legal system of a given State shall be construed, unless otherwise expressly agreed by the parties, as directly referring to the substantive law of that State and not to its conflict of laws rules. 2. Failing any designation by the parties, the arbitral tribunal shall apply the rules of law which it considers applicable. 3. The arbitral tribunal may decide *ex aequo et bono* or as amiable compositeur only if the parties have expressly authorized it to do so. 4. In all cases, the arbitral tribunal shall decide in accordance with the terms of the contract and shall take into account the usages of the trade ».[3]

[1] « Romanian Civil Procedure Code », *In ICCA International Handbook on Commercial Arbitration*, L. BOSMAN (ed.), Kluwer Law International; ICCA & Kluwer Law International 2020, Supplement No. 111, July 2020, p. 1 - 26, spéc. p. 14

[2] « Arbitration Act 1996, Chapter 23 », *In ICCA International Handbook on Commercial Arbitration*, L. BOSMAN (ed.), Kluwer Law International; ICCA & Kluwer Law International 2020, Supplement No. 107, October 2019, p. 1 - 47, spéc. p. 21

[3] New York Convention Guide :

Suède	The Arbitration Act of 1999 Section 27 a – « The dispute shall be determined with application of the law or rules agreed to by the parties. Unless otherwise agreed by the parties, a reference to the application of a certain state's law shall be deemed to include that state's substantive law and not its rules of private international law. If the parties have not come to an agreement in accordance with the first paragraph, the arbitrators shall determine the applicable law. The arbitrators may base the award on *ex aequo et bono* considerations only if the parties have authorized them to do so ».[1]
Suisse	Loi fédérale sur le droit international privé du 18 décembre 1987, Chapitre 12 : Arbitrage international Article 187 – « 1. Le tribunal arbitral statue selon les règles de droit choisies par les parties ou, à défaut de choix, selon les règles de droit avec lesquelles la cause présente les liens les plus étroits. 2. Les parties peuvent autoriser le tribunal arbitral à statuer en équité ».[2]
Syrie	Loi syrienne No. 4 sur l'arbitrage du 25 mars 2008 Article 38 – « 1. Le tribunal arbitral tranche le litige conformément aux règles convenues entre les parties, et, si elles conviennent d'appliquer la loi d'un pays déterminé, seules les règles fond de cette loi seront appliquées à l'exclusion des règles relatives aux conflits de lois à moins que les parties n'en conviennent autrement. 2. Si les parties ne stipulent pas les règles applicables au fond du litige, le tribunal arbitral appliquera les règles de la loi qu'il juge la plus en relation avec le litige.

New York Convention Guide : https://newyorkconvention1958.org/index.php?lvl=cmspage&pageid=11&menu=607&opac_view=-1 ou site de The Ljubljana Arbitration Centre at the Chamber of Commerce and Industry of Slovenia (LAC) http://www.sloarbitration.eu/Portals/0/Arbitrazno-pravo/Law%20on%20Arbitration%20of%20Slovenia.pdf

[1] « The Swedish Arbitration Act 2019 (SFS 1999:116) », *In ICCA International Handbook on Commercial Arbitration*, L. BOSMAN (ed.), Kluwer Law International ; ICCA & Kluwer Law International 2020, Supplement No. 107, October 2019, p. 1 - 15, spéc. p. 7

[2] Site du Portail du Gouvernement suisse : https://www.admin.ch/opc/fr/classified-compilation/19870312/index.html

	3. Le tribunal arbitral doit trancher le litige en tenant compte des conditions du contrat faisant l'objet du litige et des usages en vigueur. 4. Le tribunal arbitral qui reçoit expressément des parties le pouvoir d'amiable compositeur tranche le litige en équité, sans être lié par les règles légales ».[1]
Tunisie	<u>Loi n° 93-42 du 26 avril 1993 portant promulgation du code de l'arbitrage</u> Article 73 – « 1. Le tribunal arbitral tranche les différends conformément à la loi désignée par les parties. 2. À défaut d'une telle désignation, le tribunal arbitral applique la loi qu'il estime appropriée. 3. Le tribunal arbitral peut statuer selon les règles de l'équité si les parties l'y ont expressément autorisé. 4. Dans tous les cas, le tribunal arbitral statue sur le différend conformément aux stipulations du contrat, en tenant compte des usages du commerce applicables à la transaction ».[2]
Yémen	<u>Arbitration Act (Presidential Decree No. 22-1992)</u> Article 45 – « The arbitral tribunal shall settle the award in compliance with the legal rules chosen by the parties. Should the parties agree to apply a law different from that of the Republic of Yemen, the arbitral tribunal shall apply the substantial rules of this law. Failing such an appointment of an applicable law, the arbitral tribunal applies the law held to be the correct law by the Yemeni rules of conflict of laws. The arbitral tribunal shall settle the dispute in compliance with the rules of international law and those of fairness and justice if the parties authorize it to do so. In all cases, the arbitral tribunal must settle the dispute in compliance with Yemeni law, the provisions of the contract by taking into account general social customs and the commercial customs applicable to the operation ».[3]

[1] « Loi syrienne sur l'arbitrage du 25 mars 2008 », *Revue de l'Arbitrage*, Vol. 2008, No. 4, 2008, p. 851 - 867, spéc. p. 861

[2] « Loi n° 93-42 du 26 avril 1993, portant promulgation du code de l'arbitrage », *Revue de l'Arbitrage*, Vol. 1993, No. 4, 1993, p. 721 - 749, spéc. p. 742

[3] « Presidential Decree No. 22-1992 Issuing The Arbitration Act », *Journal of International Arbitration*, Kluwer Law International, Vol. 11, No. 2, 1994, p. 70 - 76, spéc. p. 74

Annexe 4 - comparaison entre les TBI dans le monde et les TBI impliquant une partie européenne et une partie arabe

Le schéma classique des TBI

Le premier TBI a été signé en 1959 entre l'Allemagne et le Pakistan (et est entré en vigueur le 28 avril 1962).[1] Les deux pays ont signé un nouveau TBI le 1er décembre 2009 qui comporte une clause d'arbitrage investisseur-État, mais il n'est pas encore entré en vigueur[2] en raison de l'attente de l'autorisation de la Commission en vertu du règlement No. 1219/2012.

Historiquement, les TBI étaient conclus entre des pays développés et des pays en voie de développement afin de moderniser les économies de ces derniers, mais ce n'est plus le cas aujourd'hui.[3] Tous les pays concluent entre eux des TBI peu importe le niveau de développement. Notons que les premiers États membres de l'Union européenne n'ont pas conclu de TBI entre eux parce que les quatre libertés originelles du marché commun (libre circulation des marchandises, des personnes, des services et des capitaux) assuraient déjà les protections nécessaires pour leurs investisseurs, et ces premiers États membres avaient une confiance mutuelle en leurs tribunaux, surtout que le recours à la CJUE était possible par la procédure de question préjudicielle, tout comme le recours à la CEDH, une fois les recours internes épuisés.[4] Notons aussi que certains États ont longtemps affiché une méfiance à l'égard des TBI comme le Brésil qui n'a commencé à en conclure quelques-uns que depuis 2015.[5]

Ces TBI présentent des caractéristiques communes.[6] Ils comportent généralement trois ou quatre parties : une définition de la notion d'investissement (1), plusieurs dispositions détaillant le contenu des protections substantielles offertes à l'investisseur (traitement juste et équitable, protection contre l'expropriation et le versement d'une compensation, traitement de la nation la plus favorisée, garantie de libre transfert des capitaux...) (2)[7] ; et deux

---

[1] A. DE NANTEUIL, *Droit international de l'investissement*, *Op. cit.*, p. 43

[2] N. BERNASCONI-OSTERWALDER, « Le mécanisme de règlement des différends entre États dans les traités d'investissement », *International Institute for Sustainable Development*, Série bonnes pratiques de l'IISD, octobre 2014, p. 5 : https://www.iisd.org/system/files/publications/best-practices-state-state-dispute-settlement-investment-treaties-fr.pdf

[3] V. KOROM, *Soutenance de travaux en droit européen des sociétés et en arbitrage international*, *Op. cit.*, p. 2

[4] Ch. LEBEN, « Introduction », *In Le droit européen et l'investissement*, C. KESSEDJIAN et Ch. LEBEN (dir.), Panthéon-Assas Paris II, 2009, p. 17

[5] « Le Traité bilatéral d'investissement (TBI) entre le Brésil et l'Inde ; l'on attend la publication du texte », Investment Treaty News, décembre 12, 2016 : https://cf.iisd.net/itn/fr/2016/12/12/brazil-and-india-initial-bilateral-investment-treaty-bit-text-yet-to-be-published/. Voir aussi A. DE NANTEUIL, *Droit international de l'investissement*, *Op. cit.*, p. 49

[6] A. DE NANTEUIL, *Droit international de l'investissement*, *Op. cit.*, p. 43

[7] *Idem*, p. 45

clauses de règlement des différends (3). L'une porte sur les différends entre États signataires concernant l'interprétation et l'application du traité lui-même et prévoyant une option de règlement diplomatique et, au cas où elle n'aboutirait pas, la soumission du différend à l'arbitrage l'interprétation.[1] L'autre clause de règlement des différends est celle par laquelle l'État d'accueil ouvre aux investisseurs étrangers le choix de l'attraire afin d'être indemnisé pour le préjudice subi du fait de la violation du traité, soit devant ses propres juridictions, soit devant un tribunal arbitral *ad hoc*, soit devant le CIRDI ou une autre institution).[2]

Ces dispositions peuvent se regrouper en deux catégories : la première concerne l'acte-traité lui-même, et la seconde comporte des normes de fond qualifiées de dispositions de « droit substantiel ou matériel ».[3] Comme l'a énoncé un auteur, les premières dispositions se distinguent des secondes en ce qu'elles « disparaîtraient du texte si les objectifs poursuivis par le traité l'étaient par une voie non conventionnelle, par un acte unilatéral, à supposer que l'on soit dans un cas où cela est juridiquement possible ».[4] Et, en effet, les lois nationales (actes unilatéraux) protégeant les investissements étrangers comportent des dispositions identiques aux dispositions de fond des TBI, mais sans la première catégorie de dispositions.[5]

Les traités récents tentent de consacrer une place privilégiée aux considérations extra-économiques (développement durable, protection de l'environnement).[6]

Les TBI euro-arabes présentent-ils une particularité ?

Les TBI entre une partie arabe et une partie de l'UE suivent le même schéma classique avec un préambule, une définition de la notion d'investissement, plusieurs dispositions sur les protections substantielles (traitement juste et équitable, protection contre l'expropriation et le versement d'une compensation, traitement de la nation la plus favorisée, garantie de libre transfert des capitaux, subrogation, etc.), un article sur les différends entre les États signataires concernant l'interprétation et l'application du traité ; et très souvent un article sur le règlement des différends entre l'État d'accueil et investisseurs étrangers, comprenant des fois un paragraphe ou une clause explicite sur le

---

[1] S. LEMAIRE, « Treaty Claims et Contract Claims: la compétence du CIRDI à l'épreuve de la dualité de l'État », *Op. cit.*, parag. 11
[2] *Idem*, parag.3
[3] P. REUTER, « Le traité international, acte et norme », *Archives de philosophie du droit*, t. 32 1987, p. 111 reproduit *in* Le développement de l'ordre juridique international - Écrits de droit international, Economica, 1995, p. 331, spéc. p. 332. Cité par S. LEMAIRE, «Treaty Claims et Contract Claims: la compétence du CIRDI à l'épreuve de la dualité de l'État », *Op. cit.*, parag. 13
[4] *Idem*. Cité par *idem*
[5] S. LEMAIRE, « Treaty Claims et Contract Claims: la compétence du CIRDI à l'épreuve de la dualité de l'État », *Op. cit.*, parag. 13
[6] A. DE NANTEUIL, *Droit international de l'investissement*, *Op. cit.*, p. 93

droit applicable. Lorsqu'une clause explicite de droit applicable existe, elle se réfère à l'application du droit national y compris les règles de conflit de lois, du traité lui-même, d'une convention spécifique et/ou des principes ou règles de droit international.

La France a conclu des TBI avec tous les pays arabes étudiés excepté l'Iraq. Les dispositions de ces TBI donnent tous compétence au CIRDI et parfois, de plus, est prévu un arbitrage *ad hoc*. Une disposition expresse de droit applicable n'est prévue que dans le TBI France / Algérie en vigueur depuis le 27 juin 2000 qui indique l'application des Principes du droit international, des dispositions du traité, les dispositions d'un accord spécifique éventuel et le droit national y compris règles de conflit de lois.

La moitié des TBI conclus entre l'Allemagne et un pays arabe prévoient la compétence du CIRDI et conjointement au CIRDI, un arbitrage *ad hoc* est prévu dans trois traités (Liban, Koweït, Qatar). Dans l'autre moitié des traités, aucun mécanisme de règlement de différends entre investisseur / État n'est prévu. Les dispositions expresses de droit applicable sont absentes.

Les TBI conclus par l'Autriche sont parmi les plus complets et les plus détaillés, notamment concernant les dispositions relatives aux règlements des différends entre investisseurs / État. Les investisseurs ont un large éventail de choix parmi les juridictions compétentes pour soumettre leur litige. Ils ont la plupart des cas, le choix entre les juridictions nationales, le CIRDI, l'arbitrage *ad hoc*, le CCI, et le CRCICA (TBI avec l'Égypte) ou toute autre forme de procédure convenue par les parties. Les clauses de droit applicable sont détaillées également et proposent de régler les différends selon les règles du traité lui-même, les règles et principes du droit international, tout accord éventuel spécifique, et / ou le droit national y compris les règles de conflit de lois.

Les TBI conclus entre l'Union économique belgo-luxembourgeoise et les pays arabes se caractérisent par l'introduction de dispositions sur la protection de l'environnement et le respect du droit social et des travailleurs, comme ceux conclus avec le Bahreïn (2006), les EAU (2007), la Libye (2007), Oman (pas en vigueur) et le Qatar (2014). Les dispositions expresses sur le droit applicable ne sont pas toujours existantes. Lorsqu'elles existent, elles se réfèrent de manière classique, au traité lui-même, au droit national y compris aux règles de conflits de lois, aux règles et principes de droit international et aux conventions spécifiques. Tous les traités conclus par l'Union économique belgo-luxembourgeoise avec les pays arabes se réfèrent au CIRDI et certains traités ajoutent d'autres juridictions comme la CCI ou se réfèrent à l'arbitrage *ad hoc*. Ces TBI se réfèrent à d'autres juridictions comme le CRCICA (TBI avec l'Égypte de 2002), la chambre de commerce de Stockholm (TBI avec les EAU de 2007, et le Liban de 2004) et le Centre d'arbitrage du Conseil de coopération du Golfe (*Gulf Cooperation Council Commercial Arbitration*

Centre) et l'*Arab Investment Tribunal* (TBI avec Oman mais pas en vigueur encore).

Le TBI Slovaquie / Iran contient également en son article 10 des dispositions sur la protection de l'environnement et des travailleurs.

Les autres traités entre pays de l'UE / pays arabes adoptent la même structure des TBI classiques. Si la clause de règlement des différends État / investisseur existe, y est toujours faite une référence au CIRDI. La deuxième option qui est le plus souvent invoquée est l'arbitrage *ad hoc*. Moins fréquemment, une troisième référence est ajoutée à la CCI et rarement à la SCC. La référence au CRCICA n'est généralement effectuée que dans les TBI impliquant un État de l'UE avec l'Égypte. Curieusement, aucune référence n'est faite à la LCIA alors que les statistiques montrent que des arbitres arabes y sont désignés et les parties arabes la choisissent comme forum. Les autres centres d'arbitrage ne sont pas mentionnés.

Bibliographie sélective

La bibliographie suivante a été bien raccourcie pour les besoins d'édition. Une bibliographie détaillée peut être trouvée dans la thèse de doctorat de l'auteure.

ABDEL WAHAB M., « Demystifying Public Policy in International Commercial Arbitration: Curbing the Unruly Horse », *Journal of Arab Arbitration*, Vol. 9, 2006, p. 39

ALVIK I., « The Hybrid Nature of Investment Treaty Arbitration - Straddling the National/International Divide », *In The new international law – An Anthology*, Leiden, The Netherlands: Brill | Nijhoff, 2010, p. 89

ANOU G., « Les conflits entre le droit de l'Union européenne et le droit international des investissements dans l'arbitrage CIRDI », *Journal du droit international (Clunet),* Vol. 142, No. 2, avril-juin 2015, p. 505

AUDIT M., « Le droit applicable en matière d'arbitrage fondé sur un traité de protection des investissements, Le regard de l'internationaliste privatiste », *In La fragmentation du droit applicable aux relations internationales*, J.-S. BERGE, M. FORTEAU, M.-L. NIBOYET et al. (dir.), Paris, Pedone, 2011, p.65.

BADAWY T., « The General Principles of Islamic Law as the Law Governing Investment Disputes in the Middle East », *Journal of International Arbitration*, Vol. 29, No. 3, 2012, p. 255

BAETENS F., « L'importance des dispositions transitoires pour les traités bilatéraux d'investissement conclus entre les États membres de l'UE et les États tiers », *Cahiers de Droit Européen*, 2017/3, p.611

BANIFATEMI Y., « The law applicable in Investment Treaty Abitration », *In Arbitration Under International Investment Agreements a Guide to the Key Issues,* K. YANNACA-SMALL (dir), New York, NY, Oxford University Press, 2010, p. 191

BEGIC T., *Applicable law in international investment disputes*, Utrecht, Netherlands, Eleven International Pub., 2005

BEN HAMIDA W., « L'interprétation des Clauses des Traités d'Investissement Déterminant le Droit Applicable à L'Arbitrage », *Revista Brasileira de Arbitragem*, Vol. 10, No. 40, 2013, p. 86

BLACKABY N., « Investment Arbitration and Commercial Arbitration (or The Tale of the Dolphin and the Shark) », *In Pervasive Problems in International Arbitration*, L.A. Mistelis et J. Lew (eds.), The Hague, Kluwer Law International, 2006, p. 217

BORTOLOTTI F., MAYER P. (ed.), *The application of substantive law by international arbitrators*, Paris ICC Publishing New York Wolters Kluwer, Law & Business, 2014

CHUKWUMERIJE O., *Choice of law international commercial arbitration*, Wesport Connecticut, Quorum Book, 1994

CORDERO MOSS G. & BEHN D., « The Relevance of the UNIDROIT Principles in Investment Arbitration », *Uniform law review*, Vol. 19, No. 4, 2014, p. 570

CRAWFORD J., « Treaty and Contract in Investment Arbitration », *Transnational Dispute Management (TDM)*, Vol. 6, No. 1, 2 mars 2009

DE NANTEUIL A., *Droit international de l'investissement*, Paris, Pedone, 2014

DELANOY L. Ch., « Le contrôle de l'ordre public au fond par le juge de l'annulation : trois constats, trois propositions », *Revue de l'arbitrage*, Vol. 2007, No. 2, 2007, p. 177

DERAINS Y., « L'ordre public et le droit applicable au fond du litige dans l'arbitrage international », *Revue de l'arbitrage*, Vol. 1986, No. 3, 1986, p. 375

DOLZER R., SCHREUER Ch., *Principles of International Investment Law*, Oxford, Oxford University Press, 2008

Euro-Arab Chambers of Commerce, *Businessman's guide to the Euro-Arab arbitration system*, Paris, Euro-Arab Chambers of Commerce, 1988

FEUERLE P., « International Arbitration and Choice of Law under article 42 of the Convention on the Settlement of Investment Disputes », *Yale Studies in World Public Order*, Vol. 4, 1978, p. 89

FOUCHARD Ph., « Les usages, l'arbitre et le juge », *In Le droit des relations économiques internationales*, Mélanges offerts à B. GOLDMAN, 1982, p.67

HEPBURN J, « The UNIDROIT principles of international commercial contracts and investment treaty arbitration: a limited relationship », *International and Comparative Law Quarterly*, Vol. 64, No. 4, 2015, p. 905

IGBOKWE V. Ch., « Developing countries and the law applicable to international arbitration of oil investment disputes: Has the last word been said? », *Journal of International arbitration*, Vol. 14, No.1, 1997, p. 99

IGBOKWE V. Ch., *Applicable substantive law issues in international investment disputes : The implications for developing and transition economies*, Ph.D thesis, York University, Canada, 2004

JAHEL S., *La place de la Sharia dans les systèmes juridiques arabes*, Paris, Panthéon-Assas-LGDJ, 2012

JEAN G.-A., *Le droit des investissements internationaux face à l'Union européenne*, Thèse, Université Paris-Dauphine, Universidad autonóma de Madrid, France/Espagne, 2016

KEMICHA F., *Euro-Arab Arbitration III*, London, Boston, Graham & Trotman, 1991

KESSEDJIAN C., *Le droit européen et l'arbitrage d'investissement*, Paris, Éditions Panthéon-Assas LGDJ, 2011

KESSEDJIAN C., LEBEN Ch., *Le droit européen et l'investissement*, Paris, Éditions Panthéon Assas, 2009

KJOS H. E., *Applicable Law in Investor-State Arbitration : The Interplay between National and International Law*, Oxford, U.K., Oxford University Press, 2013

KOSHERI-EL A.S., RIAD T., « The Law Governing a New Generation of Petroleum Agreements : Change in Arbitration Process », *ICSID Rev-FILJ*, Vol. 1, No. 2, 1986, p. 257

KREINDLER R.H., « The law applicable to international investment disputes », *In Arbitrating Foreign Investment Disputes,* N. HORN, S. KROLL (eds.), The Hague, Kluwer Law International, 2004, p. 401

KRÖLL S. M., HORN N., *Arbitrating foreign investment disputes: procedural and substantive legal aspects,* The Hague, New York, Kluwer Law International, 2004

LANDO M. O., « The law applicable to the merits of the dispute », *In Essays on international commercial arbitration*, P. Sarcevic (ed.), Graham & Trotman/ Martinus Nijhoff, London, 1989, p. 129

LEBEN Ch. (dir.), *Droit international des investissements et de l'arbitrage transnational*, Paris, Pedone, 2015

LEBOULANGER Ph., « L'arbitrage international Nord-Sud », *In Études offertes à Pierre BELLET*, Paris, Litec, 1991, p. 323

LEW J. D. M., *Applicable law in International Commercial Arbitration*, Dobbs Ferry, Oceana pub., 1978

MA Winnie Jo-Mei, « The Law Applicable to the Substance of Arbitral Disputes: Arbitrators' Choice in Absence of Parties' Choice », *Contemporary Asia Arbitration Journal*, Vol. 8, No. 2, p. 185, November 2015

MAITA A., « Arbitration in Islamic Financial Disputes », *Annual Survey of International and Comparative Law*, Vol. XX, 2014, p. 35

MAYER P. (dir.), *Arbitrage et droit de l'Union européenne*, Paris, LexisNexis, 2012

MAYER P., « L'arbitre international et la hiérarchie des normes », *Revue de l'arbitrage*, 2011, p. 361

MAYER P., « La sentence contraire à l'ordre public au fond », *Revue de l'arbitrage*, Vol. 1994, No.4, 1994, p. 615

MOSS G. C., BEHN D., « The Relevance of the UNIDROIT Principles in Investment Arbitration », *Uniform law review*, Vol. 19, No. 4, 2014, p. 570

MUCHLINSKI P., & al., *The Oxford handbook of international investment law*, Oxford, New York, Oxford University Press, 2008

MULLAAL H., *Arbitration in the MENA*, Juris, 2016

NAJJAR N., *Arbitrage dans les pays arabes et commerce international*, Issy-les-Moulineaux, LGDJ, 2016

NOUVEL Y., « La compétence matérielle : contrat, traité et clause parapluie », *In la procédure arbitrale relative aux investissements internationaux aspects récents*, B. AUDIT, Ch. LEBEN (dir.), Paris, L.G.D.J, Anthemis 2010, p.13

OBEID Z., *Le recours en annulation des sentences arbitrales dans les pays arabes : Arabie saoudite, Bahreïn, Égypte, Émirats arabes unis, Iraq, Jordanie, Koweït, Liban, Qatar, Syrie*, Thèse, Paris 2, France, 2016

OKILASSALI M., *La détermination du droit applicable dans la jurisprudence arbitrale du centre international de règlement de différends relatifs aux investissements (CIRDI)*, Thèse, Université Paris 5, France, 2000

OPREA E.-A., *Droit de l'Union européenne et lois de police*, Thèse, Université Paris 2, France, 2011

OSMAN F., CHEDLY L., *Vers une lex mediterranea de l'arbitrage : Pour un cadre commun de référence*, Bruxelles, Bruylant, 2015

OSMAN F., *Les principes généraux de la Lex mercatoria : contribution à l'étude d'un ordre juridique anational*, Paris, Librairie générale de droit et de jurisprudence, 1992

OSMAN F., MAHIOU A., *Vers une "lex mercatoria mediterranea" : harmonisation, unification, codification du droit dans l'Union pour la Méditerranée*, Bruxelles, Bruylant, 2012

OSMAN F., *Vers une lex mediterranea des investissements*, Bruxelles, Bruylant, 2016

SCHREUER Ch., « Failure to apply the governing law in international investment arbitration », *Australian Review of International and European Law*, Vol. 7, No.1, 2002, p. 147

SHARIF-AL S. A., *Euro-Arab arbitration system and Islamic Sharia law*, University of Salford, United Kingdom, 1990

SHIHATA I. & PARRA A. R., « Applicable Substantive Law in disputes between States and Private Foreign Parties: The case of Arbitration under the ICSID Convention », *ICSID Rev-FILJ*, Vol. 9, No. 2, 1994, p. 183

SLIM H., « Le droit applicable au fond du litige et qui s'impose à l'arbitre : les règles choisies pour les parties et les usages de commerce », *Revue libanaise de l'arbitrage*, No. 18, p. 24

SLIM H., « Les contrats d'État et les spécificités des systèmes juridiques dualistes, les États dans le contentieux économique international », *Revue de l'arbitrage*, Vol.2003, No. 3, 2003, p. 691

SORNARAJAH M., *The settlement of foreign investment disputes*, The Hague Boston London, Kluwer Law International, 2000

TAMIMI AL E., *Practitioner's guide to arbitration in the Middle East and North Africa*, Huntington, N.Y., JurisNet, LLC, 2009

TRARI-TANI M., « L'ordre public transnational devant l'arbitre international », *Arab Law Quarterly*, Vol. 25, No. 1, 2011, p.89

Index

Table des matières

Structures éditoriales du groupe L'Harmattan

L'Harmattan Italie
Via degli Artisti, 15
10124 Torino
harmattan.italia@gmail.com

L'Harmattan Hongrie
Kossuth l. u. 14-16.
1053 Budapest
harmattan@harmattan.hu

L'Harmattan Sénégal
10 VDN en face Mermoz
BP 45034 Dakar-Fann
senharmattan@gmail.com

L'Harmattan Cameroun
TSINGA/FECAFOOT
BP 11486 Yaoundé
inkoukam@gmail.com

L'Harmattan Burkina Faso
Achille Somé – tengnule@hotmail.fr

L'Harmattan Guinée
Almamya, rue KA 028 OKB Agency
BP 3470 Conakry
harmattanguinee@yahoo.fr

L'Harmattan RDC
185, avenue Nyangwe
Commune de Lingwala – Kinshasa
matangilamusadila@yahoo.fr

L'Harmattan Congo
219, avenue Nelson Mandela
BP 2874 Brazzaville
harmattan.congo@yahoo.fr

L'Harmattan Mali
ACI 2000 - Immeuble Mgr Jean Marie Cisse
Bureau 10
BP 145 Bamako-Mali
mali@harmattan.fr

L'Harmattan Togo
Djidjole – Lomé
Maison Amela
face EPP BATOME
ddamela@aol.com

L'Harmattan Côte d'Ivoire
Résidence Karl – Cité des Arts
Abidjan-Cocody
03 BP 1588 Abidjan
espace_harmattan.ci@hotmail.fr

Nos librairies en France

Librairie internationale
16, rue des Écoles
75005 Paris
librairie.internationale@harmattan.fr
01 40 46 79 11
www.librairieharmattan.com

Librairie des savoirs
21, rue des Écoles
75005 Paris
librairie.sh@harmattan.fr
01 46 34 13 71
www.librairieharmattansh.com

Librairie Le Lucernaire
53, rue Notre-Dame-des-Champs
75006 Paris
librairie@lucernaire.fr
01 42 22 67 13

www.ingramcontent.com/pod-product-compliance
Lightning Source LLC
La Vergne TN
LVHW011434061026
849535LV00004BA/807
* 9 7 8 2 1 4 0 2 8 9 1 4 9 *